KB044528

이이화의
이야기
한국불교사

이이화의
이야기
한국불교사

역사가 이이화가 이야기해주는
한국불교사의 거의 모든 장면

불광출판사

머리말

오늘날 한국불교는
어떤 과제를 안고
어디로 가야 하는가

지은이는 오늘날의 한국불교를 보고 때로는 한숨을 토해내기도 하고, 때로는 안타까움에 가슴을 떨기도 한다. 왜 그럴까? 그 오랜 세월 동안 한국불교가 수행해온 역사적 역할과는 달리 제 몫을 못하고 있다고 여기기 때문일 것이다.

지은이는 어릴 때부터 불교와 끈끈한 인연을 맺어왔다. 아버지는 유학을 중심에 두고 유불선 합일을 제창한 주역 학자였다. 그런 탓으로 주역을 배우는 제자들에게 『화엄경』을 요약한 「법성게(法性偈)」를 외우게 했다. 지은이도 예외는 아니어서 10대 나이 때부터 그 깊은 뜻도 모르고 「법성게」를 기계적으로 외웠다. 이후 여러 사람의 성장 과정에서 흔히 보이는 종교적 방황을 일삼았다. 그러다가 차츰 불교에 지속적으로 관심을 기울였다. 불교 관련 신문사의 일을 보면서 전국의 사찰과 불교 유적지를 순례하기도 했고, 여러 선각의 스님들을 만나 나름 진지한 대화를 나누기도 했다. 또 정각사에서 이광우(李光雨) 스님의 주선으로 유명 불교학자의 강의를 듣기도 했다.

이런 과정에서 불교가 지향하는 '평등'과 '평화'의 이념에 빠져들었다. 하지만 어디까지나 국외자의 처지를 벗어나지 못했다.

한국사를 본격적으로 공부하면서 불교가 지향하는 이념은 지은이에게 큰 영향을 주었다. 대승불교의 '중생 제도'는 지은이의 역사관에 일정하게 반영되었다. 30대에 형성된 지은이의 이런 역사 인식은 오늘날에도 변함없이 지속되고 있다. 그리하여 불교 관련 출판물에 글을 써왔다. 그런 속에 '민중불교'에 관한 내용을 써달라는 요청이 많았으나 자료의 미비로 그 뜻을 제대로 충족시키지 못했다.

불교는 정치 이념에 있어서나 신앙적 측면에 있어서나 사회사적 부분에 있어서 한국사에 절대적인 영향을 끼쳐왔다. 유교는 통치 이데올로기와 실천 도덕 등 교화적 측면에 많은 영향을 끼쳤으나 신앙적 측면에서는 결함을 지닐 수밖에 없었다. 그런데 이 땅에 수용된 이래 불교는 본래 부처님의 가르침보다 지나치게 세속의 길을 걸어 때로는 시대정신을 외면하거나 천박한 현실 인식을 보여 주는 경우가 많았다. 고통 받는 중생을 외면하고, 세속과 타협하여 탐욕에 빠져들고 비리를 저질렀다. 중세 유럽 기독교의 '도그마'와 '타락'이 우리 불교에서도 연출된 것이다.

더욱이 조선시대에 들어와 유교도로부터 압제를 받으면서 불교 본래의 가르침을 변질시켰다. 어쩔 수 없는 시대 상황이라 할지라도 자기반성을 소홀히 했다. 이런 현실에서 불교는 타협과 자기 안존에 급급했다. 또 민족이 식민 지배를 받던 시기, 이 땅의 불교는 고통 받는 민족과 민중을 위한 작은 몸부림을 보였지만 대체로 현실에 안주했다.

우리는 과거에 대한 반성을 통해 현실을 돌아볼 수 있는 교훈을 얻을 수 있다. 한 예로 왕이 곧 부처라거나 부처가 나라를 진호한 다는 호국불교의 이념은 과거에 있었던 존재 양식이었을 뿐 한국불교의 전통이 될 수는 없다. 이는 전제군주 체제와 귀족 사회 체제에 의해 빚어진 변질된 불교관으로 현대에 와서는 마땅히 청산되어야 한다.

이처럼 오늘날의 한국불교는 몇 가지 청산해야 할 과제를 안고 있다. 첫째는 기복불교를 청산해야 한다. 50여 년 전에 법정 스님은 "불전함(佛錢函)을 치우라"는 글을 사자후처럼 써서 경종을 울린 적이 있다. 사찰 경제가 기복불교만을 통해 유지되지는 않을 것이다. 전통 시대의 대표적 잔재로 관상, 사주, 점을 들 수 있다. 승려들이 이를 직업의 하나로 삼는 현상을 적극적으로 타파해야 한다. 과거에는 이를 생계 수단이나 무속과 일정하게 타협하기 위한 방법으로 삼았으나 오늘날에는 반드시 청산해야 할 유산이다.

둘째, 신도와 비구니의 지위를 높여 주어야 한다. 청정 재물을 보시한 신도가 사찰 재정의 관리에 참여하고, 다 같은 부처님 제자인 비구니가 종단의 지도자로서 종단 운영에 참여해야 한다. 그리하여 남녀 평등의 이상을 구현해야 하며 청정 보시를 사회 복지로 전환하기 위한 방안을 모색해야 한다. 요란하게 절을 짓고 불상을 만드는 불사는 이제 지양해야 한다. 세계 최대의 불상이나 동양 최대의 도량을 만드는 것이 오히려 부처님의 가르침을 거역하는 일임을 알아야 한다. 오늘날 불교의 참된 의무는 큼직한 도량에서 안주하는 것이 아니라 대중 속으로 들어가 고통 속을 헤매는 중생을 구제하는 것이다.

불교는 평화, 평등, 인권의 종교이다. 현대에 들어 세계 곳곳에서 민족, 지역, 종교 사이의 갈등과 전쟁이 벌어지고 과학 문명, 물질 문명, 환경 파괴의 범람으로 정신문화와 생활문화가 황폐해가고 있다. 이런 현실에서 불교 본래의 가르침은 그 길잡이가 될 수 있을 것이다.

불교는 서로 평화를 모색하는 상생(相生)의 종교를 지향해야 한다. 이것이 오늘날 한국불교에 주어진 과제이다. 그렇다면 현대 한국불교는 통일의 시대를 앞둔 미래 사회에 어떤 모습이어야 하는가?

다시 지난 과거를 돌이켜보자. 지금까지 한국불교는 침체와 시련, 갈등의 역사를 걸어왔다. 불교는 조선 말기에 들어 주자학도들에 의해 침체를 면치 못했고 서학 세력들에 의해 도전을 받기도 했다. 더구나 근대 시기, 일본불교 세력에 의해 사찰 창건이나 도성 출입의 자유를 얻으면서 친일불교의 단초가 열렸다.

그 뒤 조선총독부에서는 불교 세력을 친일 세력으로 키우기 위해 본산 주지를 총독이 임명하는 등 불교예속정책을 폈다. 또한 식민지 시기, 불교계는 동방요배(東方遙拜)를 강요받았고, 부처보다 천황을 받들라는 압제를 받았으며, 사찰의 범종이 군수품으로 공출되는 수모도 겪었다. 선승들은 큰 절을 친일 세력인 사판승에 내주고 극히 일부인 절을 도량으로 삼을 수 있었다. 대처승들은 사찰 재산을 거머쥐고 함부로 유용했다. 물론 백용성, 송만공, 한용운 등은 대중 포교에 나서는 등 일제에 저항했다.

해방 이후 미군정 시기와 이승만 정권 시기, 그리고 한국전쟁 시기에 불교는 정치적·사회적으로 영향을 받아 차별받고 소외되었으며 사회봉사 등의 일에 물질적 토대를 마련하지 못하여 침체와 시련을 겪었다. 철저한 기독교 신자인 이승만의 정권 구성원 대부분은 기독교 교도들로 채워졌다. 또 이승만은 불교 분쟁을 유발하기도 했다. 이승만은 불교를 전통 종교로 보기보다 미신으로 다루었다. 그는 사찰 정화(淨化)를 빌미로 내걸어 비구와 대처 간 분쟁을 유발했다. 그리하여 사찰 재산 싸움이 일어났고 그 과정에서 폭력과 법정 소송이 치열하게 전개되었다. 그 결과로 비구승을 대표하는 조계종이 정화의 결실을 거두었으나 상처뿐인 영광이었다.

1970년대에 들어 불교 분쟁은 대체로 마무리되었으나 조계종 내부의 갈등이 잔존해 세속인의 눈살을 찌푸리게 했다. 사찰 이권을 두고 자기들끼리 치고받는 사태가 난무했으며 종권을 두고 치열한 분쟁이 야기되었다. 이런 과정을 거친 뒤 조계종 이외 여러 불교 종단이 창설되어 자기 나름의 종지를 내걸고 불교 발전에 공헌했다.

한편 불교계는 오랜 시련으로 독재 시대 민주주의를 지키기 위한 저항운동을 활발하게 전개하지 못했으며, 인권이 유린되는 현실에서 적절하게 대처하지 못한 한계를 보였다. 결국 현실 타협에 빠져 독재 정권에 협조했다는 비난을 감수해야 했다. 또 능동적으로 대중에게 파고드는 정열이 모자랐다는 지적도 받아야 했다. 특히 전두환이 주도한 신군부에 의해 도발된 이른바 '법난'을 겪으면서 내외로 심한 갈등을 겪었다. 법난은 현대 한국불교의 오점을 남긴 사건이었다. 이런 여러 모습은 분명 현대 한국불교의 한계였고 위기였다.

산업 사회에 들어, 일부 승려들은 많은 재산을 거머쥐고 고급 승용차를 타고 다니면서 민중의 고통을 담지하지 못하고 외면했다. 너무 세속화되어 자기 성찰이 부족했던 것이다. 또 일부 사판승들은 현대 사회가 갖는 모순과 상황에 대해 외면하거나 무지한 수준에 머물러 있었으며 현대 사조에 관심을 소홀히 했다.

하지만 한국불교는 전래된 이후 신앙으로서만이 아니라 삼국과 고려시대의 정치 이념으로도 작용했고, 수양과 교화의 방법으로도 수용된 정통을 지니고 있었다. 국가와 사회 현실이 위기에 처했을 때 중생 제도의 가르침에 충실했고 내부의 갈등과 분쟁의 조짐이 있을 때, 때로는 화쟁(和諍), 총화(總和), 쌍수(雙修) 등 조화의 이론을 폈으며 이단 논쟁이 일어날 때는 신앙과 사상의 합일을 이끌었다. 이것이 한국불교의 전통적 화합사상일 것이다.

또 현재 한국불교는 중국, 일본이나 다른 동남아시아 국가들보다 전통적 선풍을 가장 온전하게 지니고 있다는 평가도 받고 있다. 오늘날 양식 있는 승니(僧尼)들은 화합운동에 앞장서고 있으며 통일운동과 인권운동에도 소홀하지 않고 있다.

오늘날 세계 곳곳에서는 이데올로기 대립을 비롯하여 종교 갈등, 민족 갈등, 지역 갈등, 계층 갈등, 빈부 갈등 등으로 인해 쉴 새 없이 대립과 전쟁과 살육이 자행되고 있다. 이러한 시대에 한국불교의 전통은 하나의 자산이 될 수 있을 것이다.

이제 한국불교는 고통 받는 민중에게 더 다가가야 할 것이며 빈부 격차 등 여러 현실의 모순을 해결하는 데 관심을 기울여야 한다. 출세간의 산중불교를 존중하되 중생 제도의 가르침을 세간의 현실 속에서 찾아야 할 것이다. 그리하여 한국불교의 화두는 평화와 공존, 인권이 되어야 한다. 더욱이 통일의 시대를 맞아 남북 분단 현실로 인해 끝없는 소모를 낳았던 우리 현실에서 정신적으로나 물질적으로나 민족통일과 평화운동에 그 역할이 커져야 할 것이다. 미래의 한국불교는 고루한 습성을 버리고 대전환의 계기를 잡아야 그 본래의 소명을 다할 수 있을 것이다.

그동안 쓰인 한국불교사는 표면적으로 많은 업적을 이룩한 듯이 보였다. 그러나 사상사에 치중하면서 사회사적 접근을 외면해왔다. 또 한국불교에 대한 통사적 접근이 거의 없었으며, 총림불교에 중심을 두면서 민중불교를 소홀하게 다루었다. 더욱이 승려와 교단의 비리나 파행에 대해서는 애써 기술하지 않았다. 다시 말해 전체 한국사 속의 한국불교를 제대로 조명하지 않았다.

이 책은 과거를 반성하는 자료의 하나로 쓰였다. 사상사적 접근보다 역사의 실체에 치중했다. 그동안 지은이가 써 온 불교 관련 글을 다듬고 보충해 체계를 세워 편집했다. 2002년 『불교신문』에 연재한 내용을 『역사 속의 한국불교』라는 책으로 펴낸 바 있는데, 이를 새로 수정·보완해 이번에 출간하게 되었다. 본격적 연구를 통해 이루어진 것은 아니나 시대정신을 반영해 일정한 '메시지'를 담고 있다고 자부한다.

2018년 8월
통일의 시대를 맞이해 헤이리에서
임진강의 물길을 바라보며 지은이 쓰다

차례

제1부
불교의 전래

1

불교의 첫 전래, 고구려

___ 저항 없는 수용

우리나라 불교는 험난한 과정을 거쳐 전래되었다. 발상지인 인도에서 중국을 거쳐 북방으로 전래된 불교의 첫 기착지는 중국과 이웃한 고구려였다. 고구려는 4세기 말 무렵 부처의 가르침을 수용해 민중 교화의 수단이자 정치적 이념으로 삼았다.

고구려는 기원전 1세기 무렵 백제, 신라보다 한발 앞서 나라를 세웠다. 고구려 초기 왕들은 왕 노릇을 하기가 여간 힘들지 않았다. 국가의 중요한 결정은 지역을 대표하는 제가회의(諸加會議)를 거쳐 시행되었으며 왕의 군사 지휘권도 친위대인 기내병(畿內兵, 도성의 군대)에 한정되어 행사되었다. 왕은 6세기 초 무렵까지도 제가회의의 결정 사항을 지역 대표와 함께 공동 명의로 발표했을 정도였다.

그래서 왕들은 끊임없이 왕권을 확대·강화하려고 노력을 기울였다. 고구려는 쉴 새 없이 정복 전쟁을 벌였지만 이런 현실 속에서 왕권이 취약해 효과적으로 전쟁을 수행할 수 없었다. 왕들은 이름만 걸어 놓은 허울을 벗어나 전제권을 확보하기 위해 몸부림쳤으며, 죽음을 무릅쓰고 직접 전장에 나가 군사를 지휘했다. 왕들은 고국원왕같이 전쟁터에 나가 전사하기도 하고, 적국에서 보낸 자객의 손에 죽기도 했으며, 내부 반란으로 목숨을 잃기도 했다. 왕들은 검소한 생활로 모범을 보이고 자비로운 태도로 귀족과 백성을 대해야 했다.

왕들은 지방 세력을 억제하기 위하여 기회만 닿으면 관리를 파견해 다스리려 하는 한편 중앙 귀족들을 억누르고 권한을 강화했다. 그리하여 차츰 귀족의 사병을 억제하면서 조세권과 부역권을 독점 권한으로 확보해 나갔다. 그리고 형벌을 엄격히 하여 통치 체제를 강화했다. 반란을 일으킨 자와 전쟁에서 항복하거나 패전한 자, 살인자와 약탈자는 어김없이 사형에 처했다. 371년 왕위에 오른 소수림왕은 이런 형벌권을 기초로 하여 성문법인 율령(律令)을 반포했다. 불교의 전래·수용과 거의 동시에 시행되었던 것이다.

안악3호분 행렬도(모사도) 부분 | 황해남도 안악군에 위치한 고구려 고분의 벽화로 손수레를 탄 주인공과 이를 호위하는 병사, 군악대 등 약 250여 명의 인물이 등장한다.

한편 고구려는 중국과 국경을 맞대고 있어 때로 전쟁이 벌어지기도 했지만 끊임없이 교류하였다. 이를 통해 초기와는 달리 선진적인 사상과 문화를 수용할 수 있었다. 고구려는 북경의 북쪽과 요동 일대에 자리 잡은 연나라(역사에서는 이를 "전연(前燕)"이라 부른다)와 원수 사이가 되었는데 북방 흉노족이 세운 진나라(역사에서는 이를 "전진(前秦)"이라 부른다)가 370년 연나라를 멸망시켰다.

― 불법의 전도사, 순도와 아도

진나라 황제 부견(符堅)은 중국 통일을 꿈꾸면서 이웃 나라인 고구려의 우호와 협조를 바랐다. 부견은 중국의 화북 지방을 거의 통일하고 장안에 수도를 정한 뒤 황제를 표방했다. 그는 민족적 편견이 없어 다른 나라에 차별을 가하지 않은 너그러운 인물로, 불교를 적극 권장하면서 자신도 그 가르침에 깊이 빠져들었다.

부견은 장안에 오중사를 지어 놓고 명승 도안(道安)을 초청해 불법(佛法)을 가르치게 했다. 오중사에는 수천 명의 승려들이 거주했다. 또 서역 나라에 구마라즙(鳩摩羅什)이라는 고승이 있다는 말을 듣고 그 나라를 정벌해 고승을 빼앗아 오려는 계획을 세우기도 했다. 구마라즙은 부견이 죽고 난 뒤에 장안으로 들어왔으며 한어로 『법화경(法華經)』을 번역했다. 중국불교는 기원전 2세기 무렵 전래되었으나 고승들이 활동하면서 불법을 활발히 진흥한 시기는 바로 부견이 살아 있을 때인 4세기 말경일 것이다.

부견은 고구려와 우호를 다지고자 사신을 보냈고 이에 고구려도 우호적인 태도를 보여 연나라의 망명객을 잡아 보내주었다. 부

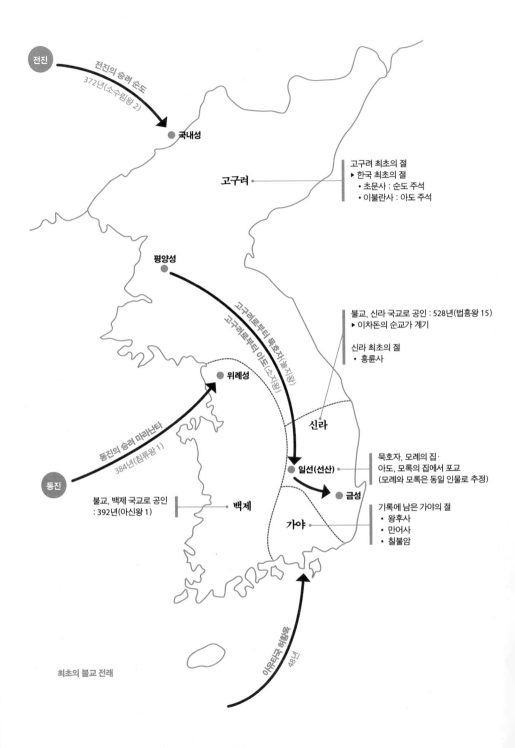

전진

전진의 승려 순도
372년(소수림왕 2)

국내성

고구려 최초의 절
▶ 한국 최초의 절
• 초문사 : 순도 주석
• 이불란사 : 아도 주석

고구려

평양성

고구려로부터 묵호자(눌지왕)
고구려로부터 아도(소지왕)

불교, 신라 국교로 공인 : 528년(법흥왕 15)
▶ 이차돈의 순교가 계기

신라 최초의 절
• 흥륜사

위례성

동진의 승려 마라난타
384년(침류왕 1)

신라

묵호자, 모례의 집·
아도, 모록의 집에서 포교
(모례와 모록은 동일 인물로 추정)

일선(선산)

동진

불교, 백제 국교로 공인
: 392년(아신왕 1)

백제

금성

기록에 남은 가야의 절
• 왕후사
• 만어사
• 칠불암

가야

아유타국 허황옥
48년

최초의 불교 전래

22

견은 372년 사신을 파견할 때 순도(順道)에게 불상과 경문을 들려 보냈다. 이때 보냈다는 경문은 아마 도안이 불법을 요약해 정리한 『종리중경목록(綜理衆經目錄)』일 것이다. 당시는 『법화경』이 한어로 번역되지 않았던 시기이기 때문이다. 아무튼 고구려 벼슬아치들은 순도를 정성을 다해 대우했다. 『삼국사기』에는 순도가 전진에서 왔다고 되어 있으나 『해동고승전』에는 동진에서 와 "부처의 법을 처음 전했다"고 기록되어 있다. 여러 정황으로 보아 이 기록은 신빙성이 떨어진다. 소수림왕은 그 회답의 사신과 함께 감사의 뜻으로 예물을 보냈다.

2년 뒤에는 어떤 연유인지 정확하게 알 수 없으나 진나라(역사에서는 이를 "동진(東晉)"이라 부른다)에서 승려 아도(阿道)가 고구려를 찾는다. 아도는 그 출신을 두고 인도 사람 또는 오나라 사람이라고도 하며, 본디 고구려 사람으로 위나라에 가서 수학한 뒤 돌아왔다고도 한다. 아무튼 동진은 동남쪽에 자리하며 전진과 대치하고 있는 상태에서 고구려에 불교를 전해 전진과 경쟁적으로 우호를 다지려 아도를 파견한 것으로 보인다.

고구려에서는 초문사를 창건해 순도가 거처하게 했고, 이불란사를 창건해 아도가 거처하게 했다. 두 승려는 고구려의 왕과 귀족들에게 열성적으로 설법하였다. 이를 두고 일연은 『삼국유사』에 "고구려 불법의 시작이다"라고 기록했다. 하지만 앞에서 본 대로 순도가 처음 불법을 전했고, 아도가 왔을 때에는 처음으로 절을 창건했다고 보는 게 좋을 것이다. 이 초전 불교를 두고 이설이 있다. 최치원이 지은 지증 도헌(智證道憲)의 비문에는 고구려에 불교를 처음 전래한 이를 담시(曇始)라고 했기 때문이다. 하지만 일연은 여러 기록을 고증해 그 오류까지 지적해 가며 기재했기에 군이 이를 부정할 필요는 없을 것이다. 더욱이 신앙사적·사상사적 측면에서 본다면 누가 처음 전래했느냐는 그리 중요한 문제가 아닐 것이다.

한편 이때보다 앞선 시기에 이미 고구려에 불교신앙이 전파되었다는 설도 있다. 지정학적·시대적 상황으로 보아 충분히 그럴 가능성이 있다. 다만 국가 공인이 아닌 일반적 신앙 형태였을 것임은 충분히 짐작하고도 남는다. 아무튼 우리나라에 정식으로 불법이 전래된 것은 중국 후한 때 인도승이 와서 불법을 편 연대로만 따져도 중국보다 305년이나 뒤진다.

고구려에서는 순도가 올 무렵 태학(太學)을 세워 유교 경전을 가르쳤으니 이것도 불교와 함께 선진 문물을 수용한 모습이다.

─ 새로운 관념 체계의 정치성

그런데 고구려는 왜 불법을 아무 저항 없이 수용했을까? 열렬한 불교도이자 강력한 힘을 가진 부견에게 잘 보이려는 몸짓이었을까? 그게 아니면 부처님이 가르친 중생 제도 같은 자비사상을 전파하려는 목적이었을까? 여기에는 더 큰 목적이 따로 있었다고 볼 정황 증거가 많다. 정치적 의도가 짙게 깔려 있었던 것이다. 이 무렵 지배 세력에게 있어 무속과 같은 민속신앙은 시대의 퇴물이 되어 가고 있었다.

이때 고구려 사회는 더욱 분화되어 조선의 건국 시조인 단군과 고구려의 건국 시조인 동명왕이 하늘에서 내려왔다는 천손설 같은 현실감 없는 신화적인 신앙 체계가 결함을 보이고 있었다. 고대부터 내려온 제정일치의 통치 방법도 제(祭)보다 정(政) 쪽으로 무게 중심이 쏠리고 있었다. 무당이 제단을 차려놓고 괴상한 소리를 지르며 하늘을 향해 비 오기를 빈다든지, 요란한 주술을 외며 사람의 병을 고치려 하는 따위의 의식에 차츰 회의를 갖게 된 것이다. 그렇다고 이런 무속이 궁중이나 귀족 사회, 민간에서 사라졌다는 의미는 아니다.

샤머니즘의 관념 체계에 바탕을 둔 종래의 신앙 체계나 사상 체계는 본질적으로 혈연에 근거한 것이다. 귀족은 귀족끼리, 지배자는 지배자끼리 똬리를 틀고 기득권을 거머쥐려는 혈연 중심의 신앙과 사상은 정복 전쟁으로 확대된 영토의 인민을 효율적으로 지배할 수 없었다. 또 여러 분야에서 새롭게 일어나는 사회 변동을 막을 수단도 되지 못했다. 이를 뛰어넘을 새로운 관념 체계가 요구되었다.

불교는 유학과 다르고 도교와도 다르다. 유학은 인간 생활의 실천 도덕을 강조하기에 신앙으로 받드는 데 한계를 지녔고, 도교는 무위자연(無爲自然) 또는 신선사상에 쏠려 현실감이 모자랐다. 불교의 가르침은 뭉뚱그려 자비로 요약할 수 있으며 모든 인간을 사랑하고 모든 인간을 불쌍하게 여긴다. 여기에는 평등의 원리가 들어 있다. 평등의 원리는 부처의 가르침 중 가장 상위의 개념이다. 인간은 신의 점지로 태어나는 것이 아니라 인연에 따라 이루어지며 누구나 자신의 노력에 따라 좋은 인연을 만들어낼 수 있다고 한다. 인간은 누구나 최고의 경지인 부처가 될 수 있고, 개에게도 불성(佛性)이 있다고 하여 그 경지의 무한한 가능성을 제시한다.

불교의 관념 체계는 율령을 통해 직접 지배를 강화하려는 왕의 뜻과 부합했다. 또 불교의 가르침은 왕실을 통하여 자신의 기반을 유지하고 확대하려는 신진 세력에게 환영받았다. 신진 세력은 대개 하급 관리였다. 샤머니즘은 귀족들이 신성한 몸으로 태어났기에 차별적 권리를 누릴 수 있다고 이념을 조작했다. 당연히 귀족들은 불교 수용을 반대했고 이는 필연으로 왕즉불(王卽佛)사상과 충돌한다.

2
왕즉불사상과의 접목

— 유학의 한계, 공허한 도교

소수림왕은 불교 수용과 함께 태학을 설립했다. 태학은 왕실
이 설립한 교육기관으로 귀족 자제들이 입학했으며 태학생들은 유
교경전과 중국역사를 필수 과목으로 배웠다. 유학은 황하문명권에
서 발생했다. 황하의 홍수와 범람은 고대 중국인들에게 자연에 대한
외경(畏敬)을 가르쳤고 그들은 자연 현상을 관찰해 조화를 도모하며
때로는 정복하면서 천심과 인심이 일치한다는 관념 체계를 세웠다.
따라서 제왕은 하늘을 대신해 인간을 통치하는 것[代天理物]이라는
규범을 만들어냈다.

유학은 충효와 오륜 같은 인간의 실천 윤리를 기본 덕목으로 제
시하고 신을 거부했다. 황하문명권을 중심으로 완성한 『주역』에는
"조화를 헤아릴 수 없는 것이 신"이라고 말했다. 여기에서의 신은 자
연을 의미한다고 해도 무리가 없을 것이다. 이들 신은 결코 초월적
인 존재나 창조주를 의미하지 않는다. 또 공자는 "괴력난신(怪力亂
神)을 말하지 말라"고 가르쳤다. 괴력난신의 주 대상은 무속이다.

고구려 초기에는 임금의 스승이라 할 수 있는 사무(師巫)가 있었다. 148년 차대왕이 사냥을 나갔을 때 흰 여우가 따라다니며 울어댔다. 사무는 "임금이 하늘의 뜻을 두려워해서 성실히 반성해[恐懼修省] 새로운 정치를 펴라"는 뜻이라고 풀이했다. '공구수성'은 유학의 가르침으로 이 말을 한 사무는 이미 전통적 무속인의 의식에서 벗어나 임금의 자문에 응하고 있었다. 유학은 불교보다 먼저 샤머니즘에 타격을 주었던 것이다. 이때 전통적 무속인들은 타협을 시도하지 않을 수 없었을 것이다. 태학의 설립은 바로 유학의 가르침에 따라 통치철학 또는 지배 이념을 도출하겠다는 또 다른 의지의 표현이었다. 하지만 유학은 인간의 미래를 제시하지 못하고 사람들이 끊임없이 궁금해 하는 초월적 존재에 대한 의문을 속 시원히 풀어주지 못하는 한계를 지녔다. 유학은 인간의 종교적 갈구를 채워주지 못했던 것이다. 유학의 본고장인 중국에서도 유학의 가르침을 치자의 통치철학과 인간 질서의 규범으로 수용했다. 공자는 숭앙의 대상이지 신앙의 대상이 아니었다. 맹자를 비롯한 다른 성인들도 마찬가지로 가장 상위의 인간으로만 보았을 뿐이다.

　　한편 도교도 고대 한민족의 사유에 깊은 영향을 주었다. 고구려에는 불교 수용 이전에도 도관(道觀)이 곳곳에 세워졌다. 도교는 동양 고대의 보편적 사유의 산물이었지만 이를 체계화한 것은 노자, 장자 등이었다. 무위자연사상은 자연과 인간의 조화 그리고 인간의 본성을 중시해 인위적인 율령보다 자연적인 본성에 근거하여 백성을 다스려야 한다고 강조했다. 여기에 곁들여진 인간 초월적 신선사상은 신앙적 측면에서 유학의 부족함을 채워줄 수 있었다.

　　그런 탓인지 고구려 도관은 전쟁으로 죽은 병사들의 영혼을 달래 주는 터전이 되었다. 적어도 절이 들어서기에 앞서 도관은 신당과 함께 신앙의 터전이 되었다. 그러나 너무 공허하고 소박했으며 왕과 귀족과 민중의 이야기가 구체적으로 담겨 있지 않았다. 도사들은 인간 사회에 뿌리를 내리기보다 산으로 떠돌면서 자기 수양에 치중했고 대중과 호흡을 같이하지 않았다.

― 왕과 귀족과 민중의 차이

불교는 모든 신들이 윤회의 범주를 벗어나지 않는다고 가르친다. 모든 것, 자연 현상이나 인간의 생사도 윤회의 틀 속에서 돌아간다. 오직 깨달음을 완전하게 실현한 부처만이 절대적 존재이다. 그러나 그 절대적 존재마저 기어오르지 못할 산이 아니다. 모든 존재에는 불성이 있으므로 인간은 언제나 부처가 될 수 있다. 모든 존재는 평등하다. 그러니 천강(天降)의 자손으로 자신들을 신성시하면서 기득권을 누렸던 귀족들에게 불교의 윤회설과 평등관은 도저히 받아들일 수 없는 해괴한 이야기였다. 그러나 불교의 정밀한 이론들은 귀족들의 의식에 쐐기를 박았다.

샤머니즘은 인간의 모든 일을 결정짓는 것은 인간의 노력이나 행위가 아니라 바다나 강, 산이나 들판, 나무나 돌맹이 따위의 자연계 구석구석에 깃들여 있는 신의 작용이라고 보았다. 하지만 불교는 인간의 의지와 노력과 이에 따른 인과응보(因果應報)를 중시한다. 또 샤머니즘은 인간이 죽었을 때 좋은 신을 만나면 저승에서 편안히 살 수 있지만 나쁜 신을 만나면 구천을 떠돈다는 사후관을 가지고 있었다. 하지만 불교는 인간이 살아 있을 때 행위가 사후세계를 결정짓는다고 본다. 이런 차이로 귀족과 민중은 인생관을 달리한 것이다. 귀족은 기득권의 고수를, 민중은 새로운 변화를 갈구했다.

하지만 왕은 달랐다. 왕들은 유학의 가르침에 따라 하늘을 대신해 덕으로 통치해야 한다고 배웠고 직접 지배의 한 방식으로 말 타기, 활쏘기 등 인간의 능력도 탁월해야 한다고 생각했다. 하지만 틈만 보이면 왕권을 침해하려는 귀족을 누르고 끊임없이 기회를 엿보며 통제를 벗어나려는 민중을 자신의 발아래 묶어 놓을 정교한 이념 틀이 현실 정치에서 요구되었다. 더욱이 "왕은 곧 부처이다"라고 외치며 일체감을 다지려는 의도가 있었던 중국 제왕들의 왕즉불사상에 깊은 관심이 생겼다.

소수림왕 이후의 왕들은 부처님을 섬겼다. 그들은 부처님께 경배했으며 승려들에게도 특권을 부여했다. 절이 여기저기에 지어졌고, 왕들은 틈만 나면 절에 가서 보시하였다. 또 반승(飯僧) 모임을 열어 승려들에게 밥을 먹였다. 그리고는 자신의 지위가 부처의 지위와 같다고 선언했다. 다시 말해 자신이 부처님처럼 민중의 고통을 풀어 줄 수 있는 '메시아'라는 것이다. 이런 이미지 조작은 완전한 성공을 거두었다. 귀족들은 떨떠름한 표정으로 이를 바라보거나 마지못해 따라갔겠지만 민중의 발길은 차츰 신당에서 절로 옮겨졌으며 부처님을 섬기듯 왕을 섬겼다.

─ 왕권 확립의 겉과 속

왕들은 이런 이미지 조작을 성공시킨 뒤에 강력한 왕권을 행사했다. 5세기에 들어 광개토대왕과 장수왕은 정복 전쟁을 활발히 벌

평양 대성산성 성벽 | 대성산성은 남한산성, 북한산성과 더불어 한반도 3대성으로 손꼽힌다.
427년(장수왕 15) 고구려 수도를 평양으로 옮긴 뒤 왕궁인 안학궁을 지키기 위한 역할을 수행했다.

였고 광활한 영토를 확보했다. 특히 장수왕은 평양으로 도읍을 옮긴
뒤에 귀족을 대거 숙청했다. 반대 세력을 조금의 사정을 두지 않고
마구잡이로 죽였다. 가혹하게 귀족을 죽인 장수왕의 행동은 부처님
의 자비사상과는 거리가 너무 멀었다. 그는 겉으로는 부처님을 섬기
며 자비와 중생 제도를 가장했으나 속에는 강력한 왕권 확립과 영토
확장에 뜻이 있었다.

　귀족의 숙청은 샤머니즘의 잔여 세력이 완전히 제거되었음을
의미한다. 아무튼 고구려는, 이민족에게 수도가 함락되고 선왕의 무
덤이 파헤쳐졌으며, 왕이 전쟁터에서 죽고, 주민 5만여 명이 포로로
끌려간 경험을 한 뒤에 위기에서 탈출하려는 몸부림으로 불교를 수
용했다. 또한 왕성한 정복 전쟁을 벌이면서 불교를 왕즉불사상에 접

목시켜 일체감을 형성했던 것이다.

피지배 세력인 민중이 처음부터 무속을 버리고 부처님을 섬긴 것은 결코 아니었다. 사람들이 병이 들거나, 재앙이 일어나거나, 가족이 죽었을 때 그들의 발길은 관습대로 신당을 향했고 무당들의 꽹과리와 치맛자락은 여전히 여염에 울리고 펄럭였다. 왕과 승려들은 초기부터 이런 풍조에 고심을 거듭했을 것이다.

현재 중국 당국에서는 고구려 유물 발굴에 많은 힘을 기울이고 있다. 고구려 절터에서는 대웅전이나 요사 같은 불교의 기본 건물 이외에 약사전과 명부전 같은 건물 터가 발굴되었다. 남쪽의 고대 사찰과 다를 바 없는 분위기를 알려준다.

명부전은 그 시대 사람들에게 사후세계를 알려주고, 약사전은 무속적 양법(禳法)보다 약의 효능을 중시하는 의식을 심어주었을 것이다. 물론 오늘날 산신각과 칠성당에 모셔진 탱화 같은 유물은 전해진 것이 없으나 고구려 초전 불교 시기, 적절하게 무속신앙을 수용하여 타협을 시도했을 것이다.

한편 절에는 사자(死者)에게 재를 올리거나 복을 비는 기복적 요소와 병이나 재앙을 물리쳐 달라는 주술적 요소도 가미되었다. 이런 분위기는 전통적 무속과의 충돌을 피하고 민중의 관습을 절로 끌어들이는 효과를 가져왔다. 이런 전통은 바로 고구려 초전 불교에서 이미 확립되어 백제로 전수되었다. 하지만 신라에서는 샤머니즘과 한때 충돌을 벌인 뒤에야 타협이 도모되었다.

3
고구려불교와 도교의 충돌

_ 호국불교 전통의 시작

광개토대왕은 391년 즉위하자 곧바로 "부처님을 받들어 복을
구하라"는 분부를 내렸고 이어 평양에 아홉 개의 절을 창건하게 했
다. 광개토대왕은 주변 국가를 정복하여 대제국을 건설하려는 꿈에
부풀어 있으면서 바쁘게 움직였다. 그런 가운데 왜 이런 조치를 내

일제강점기 당시 평양 금수산 영명사 | 광개토대왕이 평양에 창건한 아홉 개 절 중 하나라는 기록이 있다.
한국전쟁 당시 전소하였다.

렸을까? 『삼국사기』에는 절의 창건 사실만 기재하면서 그 동기에 대해서는 아무 언급이 없다. 『삼국사기』를 편찬한 김부식은 철저한 유학자였으므로 중국 역사책의 편찬 방식에 따라 이단의 이야기는 기재하지 않는 원칙을 지켰다. 이 때문에 당시 고구려불교는 미궁 속에 파묻혔다.

한편 『삼국유사』는 신라 중심의 불교 설화를 기재하면서 고구려불교를 소홀히 다루었다. 일연은 자료의 한계에 부딪혔을 것이다. 고구려는 이민족인 당나라와 원수 사이인 신라에게 멸망당했고 또 발해가 고구려를 계승했으나 다시 이민족인 요나라에게 멸망당해 기록과 유물, 유적을 보존할 수 없었기 때문이다. 그래서 고구려 후기 불교의 실상은 중국과 일본의 기록 그리고 단편적인 자료를 모아 재구성하는 수밖에 없다.

아무튼 위의 두 가지 조치는 불교를 통해 정복 활동을 벌이겠다는 의지의 표명이었다. 평양으로 천도하기 36년 앞서 먼저 절을 지었던 것이다. 이와 때를 같이해 서진의 승려 담시가 고구려 땅인 요동에 와서 불법을 폈는데 사람들은 얼굴보다 발이 희다고 하여 "백족화상(白足和尙)"이라 부르며 추앙했다. 그 무렵 요동성(지금의 요양) 옆에 육왕탑(育王塔)을 세웠다. 이것이 삼국 최초의 불탑이었는데 요동성이 철저히 파괴되어서 지금은 그 흔적을 찾을 수 없다. 요나라 때 세워져 지금도 보존된 백탑(白塔) 자리였을 것이라고 추정해 볼 수 있을 뿐이다.

장수왕은 427년 평양으로 정식 천도한 뒤에 남쪽의 백제와 전쟁을 벌이면서 신라와 우호 관계를 맺고 중국의 나라들과 활발한 교류를 벌였다. 북위(北魏)는 후연(後燕)을 격파하고 황하 북쪽을 석권

했다. 뒤를 이어 중국 남쪽에는 송과 제 등 여러 나라들이 일어나 남북조(南北朝)시대를 열었다. 고구려는 북위와 관계를 돈독히 하고 남쪽 나라들과도 교류했다. 이를테면 등거리 외교였다. 북위와 남조의 나라들도 중국의 패권을 놓고 다투면서 동쪽의 강력한 힘을 지닌 고구려와 끊임없이 손을 잡으려고 시도했다.

이런 사정에서 백제의 개로왕은 위기를 느껴 북위에 국서를 보내 고구려의 불법(不法) 무도를 낱낱이 지적하고 고구려 정벌을 간절히 요청했다. 장수왕은 이 사실을 알고 간첩을 보내 백제를 약화시키려는 음모를 꾸몄다. 이때 승려 도림(道琳)이 자청하고 나서면서 "어리석은 중이 도리를 알지 못하지만 나라의 은혜를 갚으려고 합니다. 대왕께서는 신을 어리석다고 여기지 마시고 이 일을 맡기시면 사명을 욕되지 않게 하겠나이다"라고 말했다. 그렇게 해서 도림은 망명객으로 위장해 백제로 침투했다.

도림은 바둑을 잘 두었는데 개로왕도 정사를 밀쳐놓고 바둑 놀이에 빠져 있었다. 두 사람은 바둑으로 나날을 보냈다. 어느 날 도림은 개로왕에게 "백제는 천혜의 요새를 차지하고 있으나 성곽이 제대로 보수되지 않았고 궁궐이 퇴락하여 위엄이 서지 않는다"고 은근히 말했다. 개로왕은 이 건의에 따라 대대적인 공사를 벌여 국고를 탕진시켰다. 도림이 도망쳐 이 사실을 장수왕에게 보고하자 장수왕은 백제를 공격했고 개로왕은 포로로 잡혀 한강가의 아차산성에서 처형되었다. 그런 뒤에 백제는 한강 주변을 버리고 웅진으로 천도했다.

이 사실대로라면 도림은 국가를 위해 큰 역할을 한 셈이다. 비록 불법으로 나라를 도운 것이 아니라 위장한 간첩으로 적국을 망친 비열한 수법을 쓴 꼴이지만 도림은 한국 호국불교 전통의 시원이라고 말할 수 있을 것이다.

혜량(惠亮)은 이와 다른 행동을 보였다. 신라의 귀족 거칠부(居柒夫)가 승려가 되어 고구려 지경으로 들어갔다. 그는 고승 혜량이 벌여 놓은 도량으로 가서 설법을 들었다. 혜량은 거칠부에게 어디서 왔느냐고 물었고 거칠부는 신라에서 왔다고 고백했다. 아마 거칠부는 신라 사투리를 썼을 것이다. 혜량은 거칠부가 초발심(初發心) 공부를 마친 뒤에 잡힐지 모르니 빨리 고국으로 돌아가라고 일렀고 돌아갈 때는 뒷날 무슨 탈이 생기더라도 자신을 해치지 말라고 당부했다.

551년(진흥왕 12) 백제와 신라의 연합군이 고구려를 공격했는데 거칠부는 장수로 나가 죽령 일대를 차지했다. 이때 혜량은 많은 무리를 거느리고 길가에 나와 거칠부를 만나서 "우리나라는 정사가 말이 아니어서 곧 나라가 망할 것이다"라 말하고 투항했다. 거칠부는 이들을 데리고 돌아왔다. 진흥왕은 혜량을 맞이해 승통(僧統)으로 삼아 강회(講會)를 베풀게 했다. 신라에서 불교가 공인된 지 23년 뒤 혜량을 통해 정식으로 고구려의 불법을 수용한 것이다.

한편 이런 이야기도 전해진다. 642년(보장왕 1) 신라 김춘추는 백제를 정벌하기 위해 고구려에 원병을 요청하러 평양에 들어갔다. 그런데 고구려가 그를 잡아 60일 동안 가두고 풀어 주지 않자 김유신이 3,000명의 병력을 이끌고 한강을 넘게 된다. 이때 국경 지대에서 간첩으로 활동하고 있던 승려 덕창(德昌)이 이 사실을 탐지해 보장왕에게 알렸고, 보장왕은 김춘추를 후하게 대우하고 돌려보내 전쟁을 막았다고 한다.

일본 도래승의 증가

6세기 중엽 고구려의 승려들은 도림이나 덕창처럼 국가를 위해 활동했다. 이 시기 민간에는 정토신앙과 미륵신앙이 널리 퍼졌던 것으로 보인다. 예를 들어보자. 1930년 황해도 곡산군에서 571년에 만들어진 무량수불상 하나가 발견됐다. 광배(光背)에 새겨진 글을 보면 다섯 사람이 죽은 부모를 위해 무량수불을 조성했다는 것, 미륵불을 만나 소원을 이루게 해달라는 것 등의 내용이 적혀 있다. 그런데 이 부처님을 조성한 다섯 사람들 속에 두 천한 종의 이름이 있다. 천민들이 정토신앙과 미륵신앙을 받들었다는 사실은 당시 이러한

금동신묘명삼존불입상(국보 제85호) │
황해도 곡산군에서 출토된 고구려
불상으로 주불인 무량수불과 두 보살이
조각되어 있다. 광배 뒷면에는 다섯
명의 도반들이 그들의 부모를 위해
이 불상을 조성한다는 명문이 새겨져
있다.

신앙 형태가 널리 퍼져 있었음을 단적으로 말해준다. 두 신앙 형태는 백제와 신라 시기를 거쳐 늘 민중과 가까이하면서 한국 민중불교의 중심을 이루어왔다.

이때 고구려에서는 중국에서 새로 일어난 통일 국가 수와 당에 틈틈이 구법승을 보내 새로운 불법을 전수해왔다. 유학승들은 서쪽의 장안(지금의 시안)까지 들어가 적게는 몇 년씩 불경을 공부하고 수행 방법을 배워 돌아왔다. 이들은 바다를 건너 일본으로 들어가기도 했다.

고구려에서는 일본에도 포교승을 자주 보냈다. 백제에서 먼저 일본에 불교를 전파하자 이에 자극받은 것으로 보인다. 그런데 고구려 승려들이 일본에 불교를 전파한 사실은 우리나라 기록보다 일본 쪽 기록에 더 자세히 적혀있다. 김부식이 이를 올리지 않은 탓이다.

583년 백제의 사신 녹량(鹿梁)이 돌로 조성한 미륵불상을 가지고 일본으로 건너갔다. 당시 세력 있는 대신 소가 우마코[蘇我馬子]가 정사를 짓고 미륵불을 안치했다. 그러나 절을 지키고 미륵불을 받들 승려가 없어서 애를 태웠다. 그때 소가는 양나라 사람 사마달(司馬達)에게 승려를 구해달라고 부탁했고, 사마달은 중국 파주 땅에서 고구려 승려 혜편(惠便)을 만나 허락을 얻었다. 혜편이 일본으로 건너가자 소가는 스승으로 받들고 절에 주석하게 했다. 혜편이 주석한 절은 지금 알려져 있지 않으나 사마달의 딸 선신과 다른 일본 여성 등 세 여성을 비구니로 출가하게 했다. 이들 세 비구니가 일본의 첫 비구니로 기록되었다고 한다.

595년에는 혜자(惠慈)가 일본으로 건너갔다. 이해 뒤따라 백제의 승려 혜총(惠聰)이 일본으로 건너갔다. 두 승려는 쇼토쿠[聖德]태자의 스승이 되었고 쇼토쿠태자는 섭정으로 정사를 돌보면서 두 승려로부터 불법을 익혀『법화경』,『유마경』,『승만경』등 세 경전의 소(疏)를 지어서 "불교 왕"이라는 칭호를 얻을 정도로 일본불교를 일으켰다. 혜자는 20여 년을 일본에서 보낸 뒤에 귀국했다.

602년에는 운총(雲聰)이 일본으로 건너갔으나 그의 행적은 자세히 알려져 있지 않다. 605년에는 고구려에서 일본에 황금 300냥을 보내 불상 조성에 사용하게 했다. 또 625년 영류왕의 지시로 혜관(慧灌)이 일본으로 건너갔다. 혜관은 수나라에서 유학하여 삼론종(三論宗, 대승불교 계통)의 종지를 배우고 돌아왔다가 일본으로 가 나라[奈良]의 원흥사(元興寺)에 주석하면서 가뭄에 비를 빌어 영험을 보여 주었다 한다. 그는 승정으로 추대되어 새 절을 창건하면서 삼론종을 펴다가 그곳에서 죽었다. 그리하여 그를 일본 삼론종의 개조(開祖) 또는 일본 종파불교의 시조라 불렀다.

628년 도등(道登)은 당나라에서 유학하고 난 뒤 당나라 사신을 따라 일본으로 건너가서 원흥사에 머물며 혜관의 뒤를 이어 삼론종을 가르쳤다.

610년에는 담징(曇徵)과 법정(法定)이 영양왕의 지시로 일본으로 건너갔다. 담징은 외전(外傳)에도 밝았으며 그림에도 능란했다. 그는 법륭사(法隆寺)에 주석하면서 불법과 외전을 전했고, 법륭사의 금당벽화를 그렸다. 이 벽화는 중국의 운강석불, 신라의 석굴암과 함께 세계 3대 미술품으로 꼽혔으나 1948년 애석하게도 불에 타 없어졌다. 그는 또 채색화 그리는 방법을 가르치고 종이, 먹, 칠의 제조기술을 전해 주었으며 맷돌과 연자방아의 제작법도 알려 주었다. 문화 사절 역할도 한 것이다. 쇼토쿠태자와 쇼토쿠태자가 창건한 법륭

법륭사 금당 아미타정토도(모사도) | 일본 나라현에 위치한 법륭사 금당의
아미타정토도. 우리에겐 고구려 승려 담징이 그린 금당벽화로 잘 알려져 있다.
하지만 현재 남아 있는 금당벽화는 과거 법륭사 화재로 금당이 소실된 이후 새로
그린 것으로 담징이 그린 벽화가 아니다. 법륭사에 화재가 있었던 해를 1948년으로
이야기하며, 『일본서기』에는 670년에 화재가 있었다는 기록도 전하고 있다.

사, 그리고 법륭사에 얽힌 담징은 바로 법륭사의 3대 상징이었다. 그
뒤에도 많은 승려들이 일본에 왕래했다.

    고구려의 승려들은 국가정책에 따라 일본에 파견되기도 했고
스스로 불법의 황무지인 일본에 가르침을 전하려는 의지에 따라 건
너가기도 했다. 더욱이 고구려 말기 도교의 유행으로 고국에서 불교
가 위축되자 일본 도래승이 늘어났다.

고구려 말기에는 도교가 크게 유행했다. 영류왕은 624년 도사들에게 도법을 널리 펴라고 지시하고 이어 도교경전을 강의하게 하여 임금 자신과 다른 사람들이 듣게 했다. 다음 해에는 사자를 당나라에 보내 불교경전과 도교경전을 구해오게 했다. 이때 당나라 도사가 천존상(天尊像)과 도교경전을 가져와 강론했다. 이 과정에서 도교를 더욱 받드는 풍조가 일어났다.

그 뒤 연개소문이 정권을 잡자 연개소문은 왕권을 제약하고 귀족을 누르면서 독재권력을 강화했다. 그는 보장왕에게 "유불선은 세 솥발과 같으니 하나라도 처져서는 안 됩니다. 지금 유학과 불교는 함께 일어났으나 도교는 미약합니다"라고 말했다. 이 건의에 따라 보장왕은 당나라에 도교를 요청하여 도사 여덟 명과 『도덕경』을 얻어 와 도사들을 절에 살게 했고 『도덕경』을 절에 보관케 했다. 연개소문은 계속해서 당나라에 도가 서적을 보내 달라고 여러 차례 요청했다. 이것이 유불선 합일사상이 공식으로 등장한 최초의 사례에 해당할 것이다.

고구려에는 곳곳에 도관이 세워졌고 부처 대신 천존상을 모셨다. 민간에서는 도가의 한 유파인 오두미교(五斗米敎, 쌀 닷 말을 내고 입도함)를 받들었다. 보장왕과 영류왕은 발걸음을 절에서 도관으로 돌려 불교계는 위기를 느꼈다. 불교를 물리적으로 탄압한 것은 아니었으나 이로 인해서 위축될 수밖에 없었다. 이에 보덕(普德)은 임금에게 여러 차례 "나라가 위태롭다"고 말하면서 불교 진흥을 건의했으나 들어주지 않았다. 그리하여 보덕은 백제로 망명하여 완산(전주)의 고달산(또는 고대산(孤大山))에서 살았으며, 혜량은 "고구려는 곧 망할 것이다"라고 외치면서 거칠부와 함께 신라로 들어왔던 것이다.

　이런 탓으로 6세기 말엽과 7세기 초 무렵에 고구려의 사상계는 분열되었다. 불교계와 도교계의 갈등이 유발되었고 따라서 고구려의 힘을 약화시켰다. 신라와 당나라 군사들이 평양성을 포위했을 때 승려 신성(信誠)이 적군에 내응하여 간첩 행위를 하며 조국을 배반한 일도 이와 무관치 않을 것이다. 어쨌든 고구려는 불교를 북방에서 수용하여 호국의 이념으로 내세웠고 정토신앙과 미륵신앙은 민중의 귀의처가 되었다. 이어 불교를 신라·백제·일본으로 전해 주었으나 말기에는 그 세력이 위축되어 종말을 고했다. 고구려의 멸망 원인을 불교 세력의 이반(離反)에서도 찾을 수 있을 것이다.

4
백제의 불교 수용

백제의 지배 세력은 북방에서 흘러와서 한강 유역에 터전을 잡았다. 한강 유역에는 먼저 이주한 주민이 있었으나 새로 흘러든 이주 집단에 대항할 엄두를 내지 못했다. 이주 집단이 시꺼먼 철제 무기를 들고 와 위협과 공갈을 가했던 것이다. 그러나 백제의 지배 계급은 선주민들과 무력으로 충돌하지 않고 타협하여 공존 관계를 모색했다. 그들은 한산 아래(남한산으로 보임) 한강가에 도읍을 정하고 정착했다. 이곳이 위례성으로 본디 마한의 땅이다. 마한은 당시 청동제 무기를 사용하면서 본격적인 철기시대를 열지 못하고 있었다.

마한의 대표적 신앙 형태는 소도(蘇塗)로 나타난다. 이에 대해 『삼국지』 위서 동이전은 이렇게 기록했다.

국읍(國邑)에서는 한 사람씩을 뽑아 천신에 올리는 제사를 주관케 했다. 이를 천군(天君)이라 불렀다. 이곳 여러 나라에는 별읍(別邑)이 있는데 소도라 한다. 큰 장대를 세우고 거기에 방울과 북을 매달아 놓고 신을 받든다. 도망한 자가 그 안으로 들어가면 돌려보내지 않은 탓으로 도둑질을 좋아한다. 이렇게 소도를 세운 것은 부도를 세운 뜻과 같으나 그 선악의 기준은 달랐다. (『삼국지』 위서 동이전)

이것은 고대 샤머니즘의 한 형태이나 그 형식이 북방의 경우와 달랐다. 무엇보다 소도는 도망한 자가 들어가면 체포하지 못하는 신성 지역으로 설정되어 있었다.

소도는 솟대를 세웠기에 신간(神竿)으로 풀이한다. 소도가 있는 별읍은 제의(祭儀)를 베푸는 성역이면서 마을의 경계였다. 그 경계

일제강점기 당시 충남 부여읍 입구의 장승과 솟대 | 긴 장대 위에 새를 깎아 달아서 장승과 같이 동리 입구나 동서남북 사방에 세워 수호신으로 삼았던 민간의 솟대도 소도에서 기원했다.

를 서로 존중하면서 침범하지 않는 것이다. 이곳을 도망자의 안식처로 설정한 것은 철기문화에 대항하는 청동기문화의 방어적 산물이라 할 수 있다. 고대국가 이전 단계인 성읍국가의 지배자들은 철기문화를 소유하고 지배권을 확보했다. 성읍국가 이전 단계인 군장(君長) 사회에서는 청동제 무기를 들고 지배권을 누렸다. 이때 일종의 무당인 천군이 소도에서 제례를 주관하면서 종교의식과 농경의식 같은 사회적 임무를 수행했다. 그리하여 소도는 자연스레 그 중심지가 되었다. 천군은 군장 같은 정치 지배자와 구분되었다. 따라서 소도는 그 안에 새로운 세력을 들이지 않고 기존의 권위를 누리는 신성 터전으로 선포한 지역이었을 것이다.

　백제의 선진적 지배자들은 소도를 주관하는 세력과 충돌하지 않았다. 하지만 고구려에서 보인 바와 같이 샤머니즘의 사상적 한계를 느껴 새로운 신앙 체계를 필요로 했던 것이다. 백제는 중국의 선진 문물을 수용하려 했으나 지정학적으로 많은 장애가 놓여 있었다. 그들은 고구려가 버티고 있는 북방으로 통로를 뚫을 수가 없었다. 그래서 어렵사리 뱃길로 중국 남조 국가들과 교류해왔다. 백제의 지배 세력도 고구려 귀족들처럼 유학과 도교의 수양을 쌓고 이를 정치 이념으로 삼았으나 새로운 사상과 사조를 수용해 신선한 기풍을 진작하기엔 늘 한계를 느꼈다. 이때 고구려가 먼저 불교를 수용했던 것이다. 백제는 먼저 유교와 도교를 수용하여 사상과 정치의 요체로 삼았다. 그리고 고구려보다 한발 앞서 아직기(阿直岐)와 왕인(王仁)의 경우에서처럼 불교를 일본에 전해주었다.

　백제의 불교 수용은 고구려와 길을 달리할 수밖에 없었다. 백제의 간첩들은 쉴 새 없이 고구려 땅을 드나들면서 동정을 살폈다. 고구려에서 불교를 공식 수용하여 절을 짓고 있다는 정보를 얻은 백제의 지배 세력은 질투로 속이 부글부글 끓어올랐을 것이다. 이후 384년에 사신을 남조의 나라인 동진에 보냈다. 고구려와 전진이 서로 교류를 돈독히 하면서 밀착하고 있을 때였다. 한편 동진은 전진에 맞서 산둥반도 아래 지역과 양자강 일대를 자신의 영역으로 확보하고 있었다.

　동진의 불교는 전진의 불교와 조금 달랐다. 도안이 전진의 초청을 받아 장안으로 들어갈 때 그의 제자 혜원(慧遠)은 따라가지 않고 남쪽으로 발길을 돌려 여산으로 들어갔다. 그곳 동림사에서 30여 년을 수도하면서 산문 바깥으로 한 발자국도 나가지 않았다. 동림사는 중국 남방불교의 중심지가 되었다. 혜원은 『사문불경왕자론(沙門不敬王者論, 중은 임금을 공경하지 말아야 한다)』을 지어 제자를 가르쳤고 불자들에게 청정운동을 전개하라고 강조했다. 그의 제자들은 스승의 뜻을 받들어 염불결사인 백련사(白蓮社)운동을 벌였다.

　동진의 효무제(孝武帝)는 불교를 좋아하여 많은 승려들을 궁중에 불러들여 가까이 지냈고 많은 재물을 들여 절을 창건했지만 때로는 비구니를 침실로 끌어들이는 이율배반의 행동까지 보였다. 많은 승려들이 궁중을 드나들며 이권과 뇌물을 챙겼고 궁중은 이들로 하여 풍기가 문란했다. 그래서 혜원이 『사문불경왕자론』을 지어 제자들을 깨우쳤던 것이다. 당시 동진 조정의 어용 승려들은 황제를 부처로 받들었고 황제는 서슴없이 부처로 행동했다. 효무제는 부견과 달리 방자한 인물이었다.

효무제는 백제에서 불교 수용의 의사를 보이자 망설이지 않고 인도의 승려 마라난타(摩羅難陀)를 보냈다. 전진과 경쟁하면서 고구려를 견제하고자 하는 정치적 계산이 깔려 있었을 것이다. 마라난타를 두고 『해동고승전』에는 "위험한 곳에 들어가 온갖 어려움을 겪었는데 인연이 있으면 아무리 멀어도 가지 않은 곳이 없다"고 기록했다. 이로 보면 그가 백제로 가는 길을 자원했을 것이다. 마라난타가 바다를 거쳐 한강을 거슬러오자 침류왕은 교외로 마중 나가 맞이했으며 궁중에 모시고 공경히 공양했다.

다음 해 한산(남한산일 것이다)에 절을 짓고 마라난타와 승려 10여 명을 거주하게 했다. 지금도 남한산성 안에는 많은 절들이 있다. 이곳이 백제 초기 불교의 요람이었을 것이다. 처음 전래된 지 8년 뒤인 392년 아신왕은 전국에 불교를 받들어 복을 얻으라고 분부했는데, 이는 불교를 국교로 공인한 것이다. 광개토대왕이 내린 분부와 거의 때를 같이했다. 고구려와 백제는 불법을 두고도 경쟁을 벌이고 있었다.

백제의 불교는 혈연적 분립성을 극복하는 초월적인 정신세계를 확립하여 국가의 사상적 통일을 이룩하는 데에 기여했다. 또 그것은 고구려의 강력한 남진(南進)정책을 감지하고 고구려보다 후진적인 제도와 사상 체계에서 벗어나려는 몸부림이기도 했다. 백제는 이런 기조에서 때로는 신라와 때로는 고구려와 전쟁을 벌이면서 일체감을 형성했다.

그런데 백제의 초전 불교 관련 기록은 고구려보다도 더욱 희귀하다. 오히려 일본의 『고사기(古事記)』와 『일본서기(日本書紀)』에 훨씬 풍부하게 기술되어 있다. 불교를 신라 중심으로 기술한 데 따른 폐단일 것이다. 그렇다고 하더라도 아신왕 이후 100여 년은 백제불교의 암흑기라고 보는 견해가 있다.(김동화, 『백제시대의 불교사상』 참조)

아무튼 백제의 정토신앙, 미륵신앙과 관음신앙도 남조에서 받아들였다는 증거가 많다. 523년에 즉위한 임금에게 처음으로 시호법을 써서 죽고 난 뒤 "성왕(聖王)"이라는 시호를 올렸다. 이는 전륜성왕(轉輪聖王)에서 따왔을 것이다. 성왕 때 겸익(謙益)은 인도에 가서 율학을 배워 왔다. 적어도 고구려보다 먼저 인도에 들어가 구법했던 것이다. 이어 여러 승려들이 남조에 가서 불법을 익혀 왔다.

── 일본과의 활발한 유대

545년 성왕은 일본에 장육불상(丈六佛像)을 조성하여 보냈다. 552년에는 석가상, 관음상, 미륵상 그리고 많은 불경을 보내면서 "이 법은 여러 법들 속에서 가장 뛰어나 주공, 공자도 오히려 알지 못하며 한없는 복덕이 생겨나고 위없는 보리를 성취할 수 있다"는 내용을 적은 국서를 전했다. 일본의 킨메이[欽明]천황은 기뻐해 마지않으면서도 마음대로 결정할 수 없다고 하여 군신 회의를 소집해 그 수용 여부를 물었다. 많은 사람들은 "고유의 천지 사직을 맡은 180신이 있는데 이를 변경하여 만약 다른 나라 신을 숭상한다면 나라 신의 노여움을 살 것이니 옳지 않다"(『일본서기』)고 반대했다. 일본에서도 신도사상을 기초로 한 토속신앙 세력이 불교를 배척한 것이다.

킨메이천황은 어쩔 수 없이 수용에 찬성한 소가에게 불교 신봉을 허락했으며 일부 인사들이 불상을 안치하고 받들었다. 이것이 일본불교의 시작이었다. 그런데 위 국서의 내용이 허위 조작되었다는 주장이 제기되었다. 위 인용한 내용의 문장이 당나라 때인 703년에 번역한 『금광명경(金光明經)』의 글귀와 같다는 것이다. 그러므로 일본 후세의 궁정 학자들이 조작했다고 보는 것이다. 하지만 국서의 내용이 위조되었다 하더라도 불상과 불경을 보내준 사실마저 부정되는 것은 아니다.

일본의 「선광사연기(善光寺緣起)」 기록을 보면 이렇다.

인도에서 도 닦기를 마친 미타여래는 백제국으로 날아와 왕국의 내전 위에 몸을 나투고 밝은 광명으로 대궐 안을 비추었다. 임금이 놀랐고 신하들은 얼이 빠졌다. 이때 여래는 '그대들은 놀라지 말라. 그대들을 제도하고자 이 나라에 현신했다'고 말했다. 이에 백제 왕은 밤낮으로 분발하여 신심을 냈다. 임금과 왕비와 신하들은 온갖 정성을 다해 별도로 대가람을 만들어 미타여래를 모셨다. 비구들은 안에 별처럼 모여서 주야로 독경했으며 임금과 신하들은 바깥에서 구름처럼 모여 아침저녁으로 염불했다.

이 기록은 성왕이 사비로 도읍을 옮긴 뒤의 사정을 전해준다고 추정된다. 미타여래를 모신 절은 바로 부여의 정림사일 것이다.

성왕이 신라와 전투를 벌이다 죽자, 그의 아들 위덕왕은 "아버지를 받들기 위해 출가 수도하려 한다"고 말했다. 신하들은 "그렇다면 백성을 대신 출가시키십시오"라고 요청했고 이에 따라 100명의 백성을 출가시켰다.

위덕왕은 부왕의 뜻에 따라 일본에 많은 승려와 불상, 그리고 가람 건축 기술자와 기와를 굽는 기술자를 보냈다. 595년 쇼토쿠태자를 가르친 혜총의 경우처럼 백제의 승려들은 유행처럼 일본으로 건너갔다. 이에 감화된 쇼토쿠태자는 불교를 반대하는 세력을 죽이면서까지 대왕사, 법륭사를 창건하고 곳곳에 가람을 세웠다. 이 국가적 역사에 백제의 승려와 기술자가 동원되었던 것이다. 일본에서는 쇼토쿠태자 때 최초로 불교를 공인했다.

백제에서는 계속해서 승려와 화공, 불사리를 보냈고 일본에서는 이들 승려로부터 불법을 배운 승려가 생겨났다. 일본의 승려들은 백제로 건너와 수계를 받기도 했다. 백마강 입구와 일본 규슈 언저리는 서로 왕래하는 배로 북적댔다. 백제는 불교를 남조에서 수용하여 일본에 전해주었던 것이다. 이로 인해서 백제는 불교를 매개로 하여

일본 나라현 법륭사

50

일본과 원만한 외교 관계를 맺고 군사적 지원을 받기도 했다.

백제는 쉴 새 없이 고구려, 신라와 긴장 관계를 유지하면서 일본과 남다른 유대를 보이려 했다. 그리하여 유교, 도교, 불교 등 사상과 신앙을 전달해주었고, 선진적 문화와 기술을 전수했다. 그 결과 백제는 고구려, 신라보다 우선하여 일본의 군사적 지원을 받을 수 있었다. 그런데도 대승불교 전파 지역에서 가장 불교신앙이 왕성한 현재 일본에서는 백제의 불교 전수 내력과 영향을 굳이 드러내지 않으려는 경향을 보이고 있다.

5
백제의 미륵불은 국가 수호신

서동 설화는 정밀한 각본

6세기 말 무렵 위덕왕과 법왕이 불법을 한창 펼 때 백제는 심각한 고민에 빠져 있었다. 한강 일대와 가야 지역을 신라에 내준 뒤 군사력과 외교 발언권이 예전보다 현저히 위축된 것이다. 신라와 고구려의 변경을 있는 힘을 다해 더러 공격해보기도 했으나 아무런 성과를 거두지 못했다. 이런 형편인데도 귀족들은 정치의 실권을 쥐고 나약한 위덕왕과 법왕을 흔들어댔다. 백제는 마지막으로 중국의 새 주인이 된 수나라에 전력을 기울여 외교전을 펼치며 고구려 정벌을 요청했다. 그런 끝에 수나라가 고구려를 침략했으나 백제가 덕을 본 것이라고는 아무것도 없었다.

이럴 때에 법왕은 백성들에게 살생을 금지하고 민가에서 기르는 매와 비둘기를 놓아 보내줄 것이며 낚시와 그물을 불태우라고 지시했다. 그리고 대규모의 왕흥사(王興寺)를 창건케 했다. 법왕은 완성되지 않은 왕흥사에서 기우제를 치르는 등 국가의식을 불교의 법도에 따라 시행했고 자비로 백성을 다스리려 했으나 재위 1년 만에 죽었다. 그의 아들 무왕은 아버지의 뜻을 받들어 30여 년에 걸쳐 왕흥사를 완성했으니 그것이 634년의 일이다. 왕흥사는 백마강가에 화려하게 지어졌다. 무왕은 많은 벼슬아치나 귀족 그리고 궁녀를 거느리고 왕흥사에 배를 타고 다니면서 예불했다. 이것은 궁중의 정례행사였다. 이 절은 그 이름에서 볼 수 있듯 왕의 권위를 세우고 나라를 불법의 힘을 빌려 보호하겠다는 백제 호국불교의 표상이었다. 무왕은 다른 지방에도 큰 불사(佛事)를 벌였다. 무왕은 익산에 미륵사를 창건하면서 정밀한 각본을 짜고 기발한 아이디어를 냈다.

『삼국유사』에 기록된 서동(薯童) 설화를 알아보자. 서동의 어머니는 과부로 도성의 남쪽 연못가(지금 부여에 궁남지가 남아 있다)에서 살았다. 어느 날 그녀는 연못에 사는 용과 잠자리를 같이하여 아들을 낳았다. 이 아들이 어릴 적부터 마를 캐 팔아서 살림을 꾸려 나갔고 사람들은 '마를 파는 아이'라 하여 그를 "서동"이라 불렀다. 서동은 신라 진평왕의 셋째 딸 선화(善花)공주가 매우 아름답다는 소문을 듣고 경주로 갔다. 이 무렵 경주에는 성을 쌓느라 사람들로 북적댔다. 서동은 동네 아이들에게 마를 나누어주며 친해진 뒤에 동요를 지어 아이들에게 부르게 했다. 그 동요는 이러하다.

선화공주님은 남몰래 시집가서, 서동의 방을 찾아 밤마다 무얼 안고 뒹군다네.(『삼국유사』)

이 동요는 아이들의 입을 통해 경주에 널리 퍼졌으며 끝내 진평왕의 귀에 들어가 왕은 공주를 먼 곳으로 귀양 보냈다. 공주가 길을 떠날 때 왕후는 순금 한 말을 주었다. 공주가 가는 길에 서동이 따라

붙었고 공주는 그가 누구인지 몰랐으나 믿음직하여 통정했다. 공주는 마침내 서동임을 알고 함께 백제 땅으로 왔다. 그리고 공주가 순금을 내놓자 서동은 이게 무슨 물건이냐고 물었고 공주는 황금인데 이 정도면 100년을 살아갈 수 있다고 대답했다.

서동은 크게 웃고 나서 내가 마를 캐면서 이따위 물건을 진흙처럼 쌓아놓았다고 대꾸했고 공주는 신라 궁전으로 보내면 부모님이 기뻐할 것이라고 말하면서 이를 보내자고 제의했다. 서동은 금오산 밑에 금을 언덕처럼 쌓아놓고 용화산 사자사에 머물고 있는 지명법사를 찾아가 금을 신라 궁전으로 실어나르는 방법을 물었다. 지명은 신통력을 부려 하룻밤 사이에 금을 경주로 실어날랐고 진평왕은 이를 받고서 서동을 칭송하는 글을 보냈다. 이 일로 서동은 명성을 얻어 왕위에 올랐다 한다.

또 다른 전설에는 서동의 어머니가 지금의 익산 금마에 살았는데 여기에서 서동이 태어났다 하기도 하고, 법왕이 미륵사 터가 있는 금마로 순수를 나갔을 때 사통하여 사생아를 낳았는데 그가 서동이라 하기도 한다. 아무튼 이 이야기는 허구이다. 무왕은 엄연히 법왕의 아들인데 용의 정령을 빌려 태어났다고 꾸몄다. 서동이 꾀를 써서 나쁜 소문을 퍼트려 선화공주를 아내로 맞이한 것도 그가 범상한 인물이 아님을 뜻한다. 그러나 아무리 이런 일이 있었다고 귀여운 공주를 홀몸으로 귀양을 보냈겠는가? 더욱이 서동은 보잘것없는 평민 출신인데 어떻게 전통 있는 왕국 백제에서 왕위에 오를 수 있겠는가? 또 진평왕의 사위라지만 당시 두 나라는 원수 관계에 있었다. 역사적 사실에 비추어 보면 전혀 사리에 맞지 않는다.

당시 백제와 신라는 동맹이 깨지고 적대 관계에 있었다. 이 설화는 미륵 관련 내용을 제외하고도 두 나라가 혼인을 통해 적대감을 해소하고 철천지원수인 고구려에 공동으로 대처하자는 수사적 의미를 내포하고 있다. 무왕은 부왕과는 달리 귀족의 발호를 제거하고 왕권을 강화하는 일에 열중했다. 서동 설화는 그가 이런 일을 강력하게 추진하는 데 도움을 주었을 것이다. 선화공주는 신라에 없는 가공의 인물이다. 설화가 사실이든 아니든 떠도는 이야기를 듣고 한바탕 웃어 버릴 테니까 흠이 잡힐 이유는 없을 것이다.

그가 미륵사를 창건하는 과정에 얽힌 이야기도 있다. 어느 날 무왕과 왕비는 용화산 사자사로 가는 길에 산 아래에 있는 큰 연못가에 이르렀다. 마침 미륵삼존불이 나타나자 두 사람은 여기에 머물면서 치성을 드렸다. 그런 뒤에 왕비가 이곳에 큰 가람을 짓자고 요청하자 무왕도 그런 생각을 가지고 있던 터라 흔쾌히 허락했다. 무왕이 지명법사에게 연못 메우는 일을 물어보자 지명법사는 신통력으로 하룻밤만에 연못을 모두 평지로 만들었다. 여기에 미륵불을 모시고 미륵사를 창건했다 하며 이 절을 지을 때 진평왕이 많은 기술자를 보내주었다고도 한다.

용화산의 "용화"는 미륵불이 있는 용화회상(龍華會上)을 뜻하거나 미륵불이 하생하여 성불하는 곳인 용화수(龍華樹)를 뜻한다고 풀이할 수 있다. 처음부터 용화산이었던 게 아니라 미륵사가 들어선 뒤에 이 이름이 붙여졌을 것이다. 미륵은 미래불로 부처님이 열반한 뒤 56억 7,000만 년이 지나서야 현세에 출현한다고 한다. 미륵불이 출현하면 병고도 없고 차별도 없는 이상적인 세상이 열린다고 미륵경에 적혀 있다. 뒷날 『미륵하생경』은 고통 받는 민중이 주로 받들었고 『미륵상생경』은 귀족들이 주로 받들었다. 다음 지명법사는 현세에 출현하기 이전의 미륵보살을 상징했을 것이며 그가 거처하는 사자사의 명칭은 도솔천의 사자상좌(獅子床座)에서 빌려왔을 것이다.

아무튼 미륵사 이야기는 미륵하생의 신앙을 아주 도식적으로 잘 짜서 그대로 재현한 각본이다. 무왕은 자신을 미륵이 성불한 뒤에 세상을 다스리는 왕인 전륜성왕이라 자처했던 것 같다. 그는 이를 최초로 이용해 이미지를 조작한 통치자였다.

미륵사 터는 익산 용화산 아래(현재 익산시 금마면 미륵산 기슭) 정남향에 자리 잡고 있다. 발굴 조사에 따르면 당시 동양 최대의 가람으로 몇 가지 특징을 지니고 있었다. 경주에서 가장 큰 절인 황룡사는 탑 하나에 금당 하나를 설치했으나 미륵사는 탑 셋에 탑마다 금당이

익산 미륵사지(사적 제150호) | 백제 무왕 때 창건된 것으로 여겨지는 백제 최대의 사찰인 미륵사의 절터.

딸렸다. 곧 3탑 3금당 구성인 것이다. 또 황룡사에는 목탑을 세웠는데 여기에는 석탑을 세웠다. 이것이 한국불교사에서 최초로 나타나는 석탑이다. 미륵사 터 서탑은, 14.5미터의 높이로 6층으로 구성되어 있는데 조선 후기에 일부 허물어져 일제 시기인 1915년 콘크리트를 덧씌워 보강했다. 이후 2001년부터 국립문화재연구소에서 이 석탑의 해체 작업을 벌여 2009년 탑의 1층 심주석 구멍에서 사리장엄구(舍利莊嚴具)가 발굴되었는데 금판으로 만든 사리봉영기(舍利奉迎記)에는 다음과 내용이 기재되어 있다.

우리 백제 왕후는 사택적덕의 딸로 오랜 세월 선인(善因)을 지어서 금생에 태어나 만민을 기르고 삼보를 받들고자 청정한 재물을 내어 가람을 조성했다. 기해 정월 29일 사리를 봉안했다.

익산 미륵사지 서석탑 출토 사리장엄구 중 금제사리봉영기(보물 제1991호) | 앞은 금판 앞·뒷면에 음각된 193자의 내용을 통해 미륵사 조성 연대와 주체에 대한 새 역사적 사실이 밝혀지게 된 계기가 되었다.

여기 기해년은 무왕 40년 곧 639년에 해당되는데 이를 통해 연대가 확실하게 밝혀졌다. 이 기록에 따라 선화공주 설화는 사실이 아니라 허구로 밝혀졌으며 무왕의 왕비는 선화공주가 아니라 백제에서 좌평을 지낸 벼슬아치의 딸로 밝혀졌다. 이제 선화공주 설화는 동화로 전승될 것이다.

　　한 가지 더 밝혀둘 것은 국립문화재연구소에서 20여 년 동안 발굴 조사한 끝에 미륵사 터 서탑이 2018년 완전 복원되어 공개를 앞두고 있다는 점이다. 1,400여 년의 신비가 사람들 앞에 자태를 드러내게 되었다.

익산 미륵사지 서석탑(국보 제11호) | 2018년 복원을 마친 석탑의 모습.

그럼 무왕은 왜 이렇게 많은 재물을 들여 왕흥사와 미륵사를 웅장하게 지었을까? 다시 말해 백제 사회를 정토의 터전으로 여기게 하고 무왕 자신이 미륵불의 도움을 받았거나 자신이 현세한 미륵이라는 암시를 풍겨, 전쟁에 시달리는 민중에게 현세의 희망을 주고 일체감을 다지며 귀족들을 억눌러 절대 왕권을 확보하려는 의도였을 것이다. 무왕은 이런 바탕에서 침체된 나라 분위기에 활기를 불어넣고 신라와 다시 맞섰으며 고구려와 수나라가 전쟁을 벌일 때에는 수나라에 군사를 보내 조연급 역할을 했다.

어쨌든 백제는 불교를 수용한 뒤에 한동안 침체기를 거쳤으나 후기에는 멸망될 때까지, 고구려가 말기에 도교로 대체한 경우와 달리 끝까지 불법을 수호했다. 일본이 백제 부흥군에게 원군을 보내 도울 때 많은 일본 장수들은 "만일 전쟁에서 공을 세우면 좋은 가람을 지을 것이며, 공을 이루어 개선해 돌아가면 많은 절을 창건하겠노라"고 서원할 정도로 백제불교를 숭앙했다.

백제가 멸망할 때와 부흥군이 패배했을 때 백제 승려들은 떼를 지어 일본으로 망명했다. 이 망명승들은 백제사 등 일본의 여러 절에 흩어져 살면서 최고의 지식인과 법문(法門)의 영수로 추앙받았으며 기우제 등 국가 의식을 주관했다. 백제불교는 본고장보다 일본으로 건너가 그 법맥이 계승되었다고 해도 지나친 말이 아닐 것이다.

6

뒤늦게 전래된 신라불교

___ **고구려에서 온 진객**

후발국인 신라는 후미진 경주에서 똬리를 틀고 겨우 명맥을 유지하고 있었다. 신라의 지배자들은 서쪽으로 백제, 북쪽으로 고구려, 바다 쪽으로 왜의 눈치를 살피면서 살아남기 위해 몸부림쳤다. 399년에는 왜의 대거 침입으로 수도 경주가 위태로운 지경에 빠졌는데 이때 고구려가 5만 병력을 보내 구원해 준 뒤 복속국으로 전락했다. 이를 앞뒤로 왕자를 고구려와 왜에 볼모로 보내는 치욕을 겪으며 나라의 목숨을 겨우 유지하는 지경에 이르렀다.

중국 측 기록인 『양서(梁書)』에는 다음과 같이 쓰여 있다.

그 땅은 동쪽으로는 큰 바다에 닿아 있고 남북쪽으로는 고구려, 백제와 경계를 짓고 있다. 그 나라는 작아서 스스로 사신을 보낼 수도 없다. 문자가 없어서 나무를 새겨 뜻을 통하며 말은 백제를 거친 뒤에야 뜻을 통한다.

이처럼 초기에는 고구려, 백제를 통해야 중국과 교류할 수 있었다. 더욱이 백제의 사신을 따라 중국 남조의 나라들과 교류를 텄으며 차츰 선진 문물을 받아들였던 것이다. 초기 신라는 불교를 받아들이기에 앞서 유교를 공부하고 한문을 배웠다.

어쨌든 5세기에 들어 광개토대왕의 뒤를 이은 장수왕은 더욱 강력한 남진정책을 펴서 수도를 평양으로 옮겼다. 그 뒤 신라를 부용국으로 두는 정도에 만족하지 못하고 병탄해버리려는 위협적인 행동을 보였다. 신라는 연달아 사신을 고구려에 보내 계속 복속 의사를 전달했다. 이런 현실 조건에서 두 나라 사이에 교류가 활발하게 전개되었다. 하지만 고구려에서 불교를 공식적으로 수용한 것과 달리 신라에서는 여전히 불법 수용을 외면한 채 샤머니즘 중심의 정치·사회 질서를 유지하고 있었다.

이때 고구려에서 한 진객(珍客)이 가사를 입고 신라 땅으로 들어왔다. 그의 이름은 묵호자(墨胡子)이다. 여러 기록을 종합하건대 묵호자는 인도 승려였을 것이다. 이름을 풀이해보아도 '까무잡잡한 오랑캐 사람'이라는 뜻이 아닌가? 묵호자는 인도에서 중국을 거쳐 고구려로 들어와 불법을 펴다가 신라에 불법이 전해지지 않은 사실을 알고 스스로 잠입한 것으로 보인다.

아무튼 그는 일선군(지금의 구미시 선산읍)의 백성인 모례의 집에 거처를 정하고 토굴을 파서 그 안에 숨어 지냈다. 『삼국유사』에 따르면 마침 양나라에서 사신을 보내 옷감, 불경, 불상 그리고 향물(香物)을 보내왔다고 한다. 일연은 이것이 눌지왕 때의 일이니 진이나 송에서 보냈을 것이라는 의문을 제기했다. 하지만 양나라가 중국 남쪽에서 일어나 남조 국가의 하나로 참여한 시기를 따지면 439년(눌지왕 23)일 수 있다. 신생 국가 양나라는 주변국에 자신의 존재를 알리고 친선을 도모하고자 멀리 신라에도 사신과 선물을 보냈을 것이다. 고구려에서 불교를 공인한 지 67년 뒤가 된다.

'3,000의 달'을 보낸 묵호자와 아도

신라의 조정에서는 듣도 보도 못한 이 선물을 놓고 많은 논란을 벌였다. 그중에서도 향물을 두고는 이름이 무엇인지 어디에 쓰는 물건인지 도통 몰랐다. 그래서 사람을 시켜 향물을 싸들고 지식이 많은 사람들에게 보내 두루 물어보게 했다. 심부름하는 사람은 묵호자가 토굴에서 살고 있는 사실을 알아냈다. 묵호자는 향물을 보고 "이것을 사르면 향기가 가득하게 퍼져 사람의 정성이 신성한 데 미친다. 신성한 대상은 삼보이다. 만약 삼보 앞에 이를 사르고 발원(發願)한다면 반드시 신령의 응답이 있을 것이다"라고 말했다.

또한 눌지왕의 한 공주가 병이 들었는데 으레 하던 대로 무의(巫醫, 무당)를 불러 치료하게 했으나 낫지 않았다. 그래서 묵호자를 불러들여 병을 치료하게 했다. 묵호자가 부처님 앞에서 향을 사르고 서원을 내자 공주의 병이 씻은 듯이 나았고 눌지왕은 기뻐하면서 많은 선물을 주었다. 그런 일이 있은 후 얼마 지나지 않아 묵호자는 홀연히 어디론가 사라졌다. 묵호자는 왜 행방을 감추었을까? 아마도 임금의 신임을 받은 그의 행동에 무의를 비롯한 샤머니즘 세력이 제약을 걸었을 것이다. 그리고 그는 아직 신라 땅에서 불교의 공인이 이루어지기에는 이르다고 판단했을 것이다.

묵호자가 사라진 지 20여 년 뒤에 아도가 시봉 세 명을 데리고 고구려에서 신라로 넘어와 모례의 집에 거처를 정했다. 아도의 모습과 차림새가 묵호자와 닮았다고 한다. 아도는 어떻게 모례의 집을 알았을까? 묵호자가 고구려로 가서 모례의 집을 일러주었는지 아니면 묵호자가 이름을 바꾸고 다시 신라로 들어왔는지, 그도 아니면 모례가 비밀스럽게 고구려 땅을 넘나들며 아지트를 제공했는지 모를 일이다. 아도는 몇 년 뒤에 병도 없이 열반에 들었고 그의 시봉 세 사람이 몇몇 신자를 대상으로 설법을 계속했다.

아도가 묵호자와 같은 인물이 아니라면 어떤 내력을 지니고 있었을까? 그를 인도 사람이라고도 하고 중국 남쪽 지방에서 왔다고도 한다. 불교가 공인되던 해 김용행(金用行)이 쓴 그의 비문에는 그 내력을 상세히 적어놓았는데 요약하면 이러하다.

위(魏, 북위 이전 삼국의 하나)의 아굴마(我堀摩)가 정시(正始)연간(240~248)에 고구려에 왔을 때 그의 어머니와 사통하여 그를 낳았다. 아도의 어머니 고도령(高道寧)은 아도를 출가시켰고 그는 16세 때 위 나라로 가서 아버지를 만났으며 불법을 배우고 돌아왔다. 그의 어머니가 "신라는 지금까지 불법을 알지 못한다. 이후 3,000의 달이 지난 뒤에 계림에 성스런 임금이 나와 크게 불교를 일으킬 것이다"라고 말했다. 이어 경주에 부처님이 오시기 이전에 세워졌던 일곱 군데의 가람 터가 있으니 그곳에 절을 일으키라고 당부하고 신라로 갈 것을 권유했다. 그 일곱 군데의 절터는 흥륜사, 황룡사, 분황사, 영묘사 등 뒷날 큰 절을 지은 곳이라고 설명했다.

아도는 신라로 와서 경주의 서쪽 마을에 거처를 정하고 말추왕(末雛王, 味雛王의 잘못)에게 나아가 불법을 펼 것을 요청했다. 임금은 듣도 보도 못한 이야기여서 그를 미워했고 심지어 죽이려는 사람들도 있었다. 그래서 몸을 피해 모록(毛祿, 모례와 같은 인물로 봄)의 집에 숨어 지냈다. 그 3년 뒤에 공주가 병이 들어 무의를 불러 치료하게 했으나 효험이 없자 사방으로 사람을 보내 의원을 구했다. 그때 아도가 대궐로 나아가 그녀의 병을 고쳐 주었다.

이에 임금이 기뻐하며 소원을 묻자 "절을 천경림(天鏡林)에 세워 크게 불교를 일으켜 나라의 복을 빌고 싶다"고 말했다. 그렇게 하여 창건한 절에서 설법할 때 하늘에서 꽃이 땅에 떨어져[天花落地] 절 이름을 "흥륜사(興輪寺)"라 불렀다. 또 아도가 절을 짓고 설법하자 겨울인데도 복숭아꽃과 오얏꽃이 피었다 하여 사람들은 그 산을 도리산, 그 절을 "도리사(桃李寺)"라 불렀다 한다. 이때 모록의 누이가 출가하여 비구니가 되었다. 그런데 미추왕이 죽자 나라 사람들이 그를 해치려 했고 아도는 다시 모록의 집으로 돌아와 무덤을 파고 문을 닫아걸어 다시 세상에 나타나지 않았다. 이렇게 해서 불교는 폐지되

구미 도리사 | 아도 화상이 창건한 신라 최초의 절이라 전해지는 절. 정면에 보이는 석탑은 보물 제470호로 지정된 구미 도리사 석탑이다.

었다. 마지막으로 고도령이 말한 '3,000의 달'은 그때부터 법흥왕이 공인할 때까지 250년의 기간이 지나므로 맞아떨어진다고 덧붙였다.

샤머니즘 세력과의 갈등

이 기록대로라면 신라에는 고구려보다 앞선 시기에 불교가 전래되었다. 일연도 그 불합리한 점을 들어 "그때 계림에는 문물과 예교가 갖추어져 있지 않았으며 나라의 이름도 전해지지 않았는데 어느 겨를에 아도가 와서 부처 받들 일을 청했겠는가? 또 고구려에 전래되지도 않았는데 뛰어넘어 신라에 이르렀다는 것도 합당치 않다"고 지적했다. 참고로 한 가지 더 지적해보자. 아도가 신라에 온 시기는 비처왕 시기라 했다. 그가 고구려에 왔을 때의 나이를 줄잡아 20대라고 하여도 이 기준을 따르면 신라에 올 때의 나이는 120여 세가 된다. 도인이니 120세까지 살아서 활동했다고 볼 수 있을까?

이 비문의 기록은 설화 형식을 빌려 정교하게 짜여 있다. 아도의 어머니 성이 고구려의 왕족 성인 '고(高)'라는 점도 신빙성을 주려는 의도가 깔려 있다. 이어 불교 교리를 교묘하게 짜깁기해서 경주의 지형을 그럴듯하게 결부시켜 설명하였으며 후기에 지은 절을 아도 어머니의 말을 빌려 삽입했다. 그 의도는 고구려나 백제보다 앞선 시기에 신라에 불교가 전래했다는 사실을 강조하려는 것으로, 신라가 두 나라보다 우월하다는 자부심을 키우려는 뜻이 깔려 있었다.

일연은 여러 정황을 들어 백제에 불교를 전한 마라난타와 묵호자, 아도를 동일 인물로 보고 있다. 아무튼 불교가 공인되기에 앞서 고구려에서 신라로 전래되었음을 알려 준다. 또 두 승려는 병을 치료해 역대 임금들의 환심을 사 불법을 펴려고 한 의지를 읽을 수 있으며, 그들이 무의보다 탁월한 능력을 지녔고 역대 임금들이 불법을 옹호했으나 무의와 이를 동조하는 세력들이 방해한 사실을 일러 준다. 또 처음 부처를 받든 사람들은 신라의 지배 세력이 아니라 모례와 모례 누이 같은 평민이었음을 암시했다. 마지막으로 불교를 통해 나라의 복을 가져올 수 있다는 기복불교 또는 호국불교의 분위기를 전해준다. 이 기록에서 신라불교가 공인되기에 앞서 샤머니즘 세력과 일으킨 갈등, 충돌을 충분히 읽을 수 있다. 또 모례의 토굴이 신라불교의 요람이라는 사실을 믿어도 좋을 것이다.

7

죽음으로 얻은 불법 공인

___ 이차돈의 준비된 순교

514년에 법흥왕이 왕위에 올랐다. 법흥왕은 고구려의 끊임없는 침입에 맞서고 신라의 후진성을 탈피하기 위해 율령을 반포하고 모든 벼슬아치의 관복을 통일했으며 대외적으로는 가야와 혼인 관계를 맺고 멀리 중국 남조의 양나라와 수교했다. 그동안 불교는 민간으로 전승되고 있었으나 왕실과 귀족들은 이를 외면했다. 그들은 여전히 무속을 받들었고 무속은 그들의 정신적 지주였다. 신당은 많은 토지를 소유하고 있었으며 무당들이 이를 관리하고 지배 세력들도 끈을 대고 있었다. 또 무속 의식으로 국가 제사를 받들면서 지배를 강화하는 수단으로 삼았다. 이때까지도 제정일치 시대 부족장의 잔재가 남아 있었다.

법흥왕은 이런 정신적 체계로는 새로운 사회 변동에 대처할 수 없다고 보았다. 게다가 고구려와 백제는 불교라는 이념을 통해 사상적 통일을 도모했다는 사실도 익히 보고 들었다. 또 신라는 양나라와 활발하게 교류하면서 사신이나 상인을 통해 불교의 이념을 새롭게 인식하게 되었다. 법흥왕은 불교를 국가 이념으로 삼아 호국불교를 지향하려는 의지에 차 있었고 그래서 그 자신이 먼저 신도가 되었다. 하지만 그가 불법을 일으키려고 하면 대신들이 벌떼처럼 들고 일어나 반대했다. 법흥왕은 무속 세력에 둘러싸여 옴짝달싹하지 못했다. 오직 사인(舍人) 벼슬을 하며 자신의 수발을 드는 젊은 이차돈(異次頓)만이 그의 심정을 알아주었다.

이차돈은 무속의 터전인 천경림(天鏡林)의 나무를 베어버린 적이 있었다. 천경림은 월성의 남쪽에 울창한 숲을 이루고 있는 당산목(堂山木) 지대였다. 이 당산목을 벤 것은 바로 무속과의 전쟁을 선포한 것이나 다름없었다. 또 사람들이 부처님을 '오랑캐의 신'이라고 조롱하는 말을 무시하고 아도가 죽은 뒤 폐사가 되었던 흥륜사를 다시 설립하려고 했다. 그에게 지탄과 비난이 쏟아졌다. 528년(법흥왕 15) 법흥왕은 결단을 내리고 불교 수용의 문제를 두고 군신회의를 열었다.

〈법흥왕〉 성스런 조상 미추왕께서 아도와 더불어 불교를 펴려고 했으나 그 뜻을 이루기 전에 돌아가시지 않았소. 짐이 매우 통한스럽게 여기오. 이제 가람을 크게 세워 불교를 중흥시켜서 선왕의 공렬을 따르려 하는데 경들의 생각은 어떻소?

〈대신들〉 근래에 흉년이 들어 백성들이 편안치 못한데다가 이웃 나라의 군사들이 우리 지경을 침범하여 전쟁이 그치지 않습니다. 이런 처지에 백성을 괴롭혀 쓸데없는 집을 지어서야 되겠습니까?

이에 법흥왕은 탄식해 마지않으면서 "신하들이 거슬려서 따르지 않으니 누가 묘법(妙法)의 술수로 어리석은 사람들을 깨우칠 수 있겠는가?"라고 중얼거렸다. 이차돈이 이 말을 듣고 이렇게 건의했다.

자신이 천경림에 절을 지으라는 왕명을 거짓으로 꾸며 담당관에게 전달하면 신하들이 반대할 것이다. 그때 왕이 "내가 이런 분부를 내린 적이 없다. 누가 이를 거짓으로 꾸몄느냐?"고 말하면 신하들이 자신을 죄주라며 들고일어날 것인데, 그때 자신이 신하들과 논쟁을 벌인 뒤 그 자리에서 이차돈 자신의 목을 베라는 것이었다. 그러면 이변이 일어날 것이요, 이를 본 신하들이 감동해 다시는 반대치 않을 것이라고 했다. 두 사람이 이렇게 짜고 일을 벌였다. 대화 자리에서 이런 문답이 오갔다.

〈신하들〉 지금 중들을 보니 어린애처럼 머리를 빡빡 깎고 벌이는 논의가 기괴하니 떳떳한 도리가 아닙니다. 만일 이를 따르면 후회가 있을 것입니다. 신들은 비록 죽더라도 분부를 받들지 못하겠나이다.

〈이차돈〉 지금 여러 신하들이 하는 말은 틀렸습니다. 무릇 비상한 사람이 있은 뒤에야 비상한 일이 있는 법입니다. 내 들으니 부처님의 가르침이 심오하여 행하지 않아서는 안 됩니다. 어찌 뱁새가 기러기의 뜻을 알리오.

〈법흥왕〉 뭇사람의 말이 깨뜨릴 수 없을 정도로 굳건한데 너만이 이상한 말을 하는구나. 두 가지 말을 따를 수는 없지. 너는 죽음을 받아야겠다.

이렇게 해서 이차돈은 형장에 끌려갔고 그곳에서 하늘을 우러러 "부처님이 신통력이 있다면 내가 죽은 뒤에 반드시 이상한 일이 벌어지리라"고 외쳤다. 이윽고 그의 목을 칼로 내리치자 목에서는 흰 젖이 수십 발 높이 솟았고 머리는 북쪽으로 날아가 경주 외곽에 있는 금강산 정상에 떨어졌다 한다. 또 햇빛이 사라져 갑자기 어두워지고 하늘에서는 묘화(妙花)가 쏟아져 내렸으며 땅이 크게 울렸다. 사람과 만물이 슬피 울고 동물과 식물도 움직였다. 그러자 모든 신하들이 두려움에 떨며 서로 마주서서 곡을 했다. 길에는 통곡 소리가 이어졌고 우물과 방앗간에는 사람의 발길이 끊어졌다.

그의 시체는 머리가 떨어진 금강산 서쪽 마루에 묻혔고 금강산 아래에 그의 순교를 기리는 백률사를 지었다. 이차돈의 순교가 있은 뒤 임금과 신하들은 "지금부터 부처를 받들고 스님에 귀의하리. 이 맹세를 어기면 밝으신 신명의 죽임이 있으리로다"라고 맹세했다. 이어 법흥왕은 살생을 금지하는 명령을 내렸다.(『삼국유사』, 『해동고승전』, 『백률사석당기』의 내용을 종합)

이 이미지 조작은 완전한 성공을 거두었다. 신라는 불교 수용의 과정에서 고구려와 백제보다 더욱 완강한 반대에 부딪혀 비상 방법을 써서 반대파를 눌렀던 것이다. 이차돈은 반대파에 의해 피살되었을 것이고, 법흥왕은 이 처리 과정에서 범인들을 잡아 죽이고 불교 설화를 빌려 이차돈을 순교자로 만들었을 것이다. 그리고 불교 수용의 완전한 합의를 끌어냈을 것이다. 이를 두고 일연은 "이 임금이 없었더라면 이 신하가 없었을 것이요, 이 신하가 없었더라면 이런 공업을 이룩할 수 없었을 것이다"라고 기록했다.

이차돈순교비

신라사상계의 통일

817년(헌덕왕 9)에는 백률사에 석당(石幢)을 세워 이차존의 처형 장면을 새겨놓았다. 여기에는 이차돈의 목에서 뿜어 나온 피가 솟구치고 땅이 흔들리고 하늘에서 꽃이 떨어지는 모습을 그렸다. 그런데 날아갔다는 머리는 땅에 떨어져 있다. 왜 날아가는 형상으로 만들지 않았을까? 또 순교 사실에 대해 "목을 베었을 때 벤 곳에서 피가 솟구쳤는데 색깔이 우유와 같이 희었다"라고만 쓰고 있다. 물론 1미터 정도의 돌기둥에 자세한 내력을 모두 적을 수는 없었을 것이다.

또 원화(元和)연간(806~820)에 일념(一念)이 예불결사문을 지으면서 이차돈의 내력을 적어 놓은 글을 『삼국유사』에 전재했다. 여기에는 아주 자세하게 그 과정을 적으면서 과장과 미화를 곁들였다. 이차돈의 내력은 세월이 지나면서 더욱 윤색되거나 미화되었을 것이다. 여기에는 이차돈이 죽은 뒤 "집집마다 예불을 하여 세속의 영화를 얻었고 사람마다 도를 행하여 법리(法利)를 깨우쳤다"고 했으며 다시 불법이 널리 퍼져서 "이로 하여 삼한의 땅을 아울러 나라를 만들었고 사해를 덮어서 집으로 삼았다"고 했다.

어쨌든 이차돈의 죽음을 계기로 법흥왕은 불교를 공인하고 아무 제약 없이 절을 지었다. 고려 시기 각훈(覺訓)이 지은 『해동고승전』에 따르면 법흥왕은 아무 반대도 받지 않고 천경림의 나무를 베어냈으며 그 자리에 땅을 다지고 초석을 박아 베어낸 나무로 기둥을 세우고 대들보를 놓아 "흥륜사"라 불렀다고 한다. 법흥왕은 어느 정도 공사가 이루어지자 왕위를 동생에게 물려주고 자신은 출가하여 이 절에 머물렀다. 다시 말해 임금의 상징인 면류관을 벗고 머리를 깎았으며 몸에는 화려한 옷을 벗고 가사를 걸쳤다. 그는 아침저녁으로 불공을 드리면서 자비행(慈悲行)을 민중에게 몸소 보여주었다. 그의 불명은 법운(法雲)이었고 자는 법공(法空)이었다. 또 왕비도 출가하여 비구니가 되어 새로 지은 영흥사에 머물렀다. 한편 김용행을 시켜 아도의 내력을 적은 비문을 짓게 하고 그 비를 세워 널리 알렸다.

그런데 여기에도 문제가 개재되어 있으니 『삼국사기』의 기록은 이렇게 다르다. 흥륜사는 진흥왕 시기에 창건되었고, 법흥왕이 왕위를 물려준 사실이 기술되지 않았다. 그리고 진흥왕의 나이가 7세여서 태후가 섭정했다고 하였으며 진흥왕의 법호가 법운으로 왕위를 물려주고 왕비와 출가하여 영흥사에 머물렀다고 되어 있는 것이다. 따라서 진흥왕의 행적을 법흥왕의 사적으로 혼돈했는지, 진흥왕의 사적이 잘못되었는지, 법흥왕을 높이려 고의로 조작했는지 우리는 함부로 재단할 수 없겠다.

아무튼 그가 죽자 불법을 일으켰다 하여 시호를 "법흥왕"이라 했으며 흥륜사를 그가 머물렀다 하여 "대왕흥륜사"로 명명했다 한다. 그는 불교 이념으로 신라사상계를 통일했으며 샤머니즘은 곁다리로 밀려났다. 이차돈은 최초의 순교자였으며 법흥왕은 불교를 이용해 통치 이데올로기를 창출했다. 이와 함께 왕권을 강화하여 샤머니즘 계열 귀족들의 권력을 약화시켰다. 이 일련의 과정은 고구려의 방식과 너무도 닮았다. 아주 치밀하게 준비된 각본이었을 것이다. 그 과실은 바로 동생인 진흥왕이 계승했다.

8
남방불교의 요람, 가야

＿ 서역 나라에서 온 왕비

가야는 백제와 신라 사이에 끼어 있었다. 가야의 여섯 나라는 백제와 신라의 압박을 받으면서 살아남기 위해 연맹 체제를 구축하고 가락국의 수로왕을 맹주로 받들었다. 이들 가야의 나라들은 삼국의 통합전쟁에 참여하지 못해 사국 시대를 이룩하지 못하고 역사의 뒤안길로 사라졌다. 그래서 신비로운 이야기만 뒷사람들에게 남겼다. 하지만 불교의 흔적을 여러 곳에 많이 남겨 주목을 받는다. 수로왕은 서기 42년에 처음 나라를 세우고 158세를 살았다고 전한다. 가야의 건국 연대도 확실하지 않고 생존 연대도 믿을 수 없으나 그가 나라를 세울 때에 얽힌 설화에는 불교의 분위기가 짙게 배어 있다.

허황후(許皇后, 이름은 황옥)는 먼 곳에서 와 수로왕의 왕비가 되었다. 수로왕은 하늘에서 내려준 알에서 나왔다는 인물이다. 이는 다른 곳에서 이주해왔음을 뜻하기도 한다. 수로왕은 왕비를 고르면서 굳이 가야의 여인을 마다하고 먼 아유타국(阿踰陁國)에서 온 허황옥을 맞이했다. 그녀는 아마 고향의 여인이라고 추정할 수 있겠다. 그럼 아유타국은 어디에 있는 나라일까? 이 나라를 인도 갠지스강 중류에 있는 "아요디아"라는 고을로 추정하기도 한다. 아요디아는 인도 태양왕조의 옛 도읍지인데 그 나라 왕자를 태양신의 화신으로 숭배했다. 이 왕자가 다른 왕조에 도읍지를 빼앗기고 어디론가 떠났다는 인도 쪽의 기록이 전해지며 그 시기가 바로 허황옥이 김해로 오기 28년 전에 해당한다.

또 태국에 "아유티아"라는 고도가 있다. 이 나라는 메남강 근처에 있었는데 아요디아가 건설한 식민지였다. 아요디아가 멸망한 뒤 지배 세력들이 이곳으로 망명했을 것이라고 추정하기도 한다.

한편 허황옥의 시호가 보주태후(普州太后)인데, 보주는 중국 사천성에 있었으며 이곳에는 파족(巴族)에 속하는 허씨들이 지배 세력을 형성하고 있었다. 이들 허씨는 한나라 조정에 반기를 들었다가 추방되었는데, 허황옥은 바로 이곳 허씨의 딸일 것이라고 보는 견해도 있다. 마지막으로 중국 남쪽의 상인들이 김해까지 진출해서 무역을 벌였는데 수로왕에게 그곳 처녀를 왕후로 맞이했을 것이라고 보기도 한다. 수로왕이 중국 남쪽 출신으로 임금이 된 뒤에도 그곳 사람들과 잦은 교류를 텄다는 의미를 풍긴다. 실제로 가야에는 중국 남쪽에서 수입해온 물건으로 볼 수 있는 유물들이 많이 출토되었다.

그녀는 가락국으로 올 때 비단 같은 옷감과 함께 파사탑을 세울 돌을 배에 싣고 왔다고 한다. 『삼국유사』는 이때의 사정을 비교적 자세히 알려준다. 이를 요약하면 다음과 같다.

금관(金官, 김해)의 호계사에 파사석탑이 있다. 이 탑은 예전 이 고을이 금관국(가락국의 다른 이름)일 때 허황옥이 서역의 아유타국에서 배에 싣고 온 것이다. 처음 공주(허황옥)가 어버이의 분부를 받고 배를 띄워 동쪽으로 나오는데 수신이 성낸 탓으로 파도에 가로막혀 되돌아갔다. 이때 아유타국의 왕이 이 탑을 싣게 하여 항해한 끝에 아무 탈 없이 건너왔다.

허황후가 수로왕과 함께 나라를 다스린 지 150년이 되었으나 그때에도 바다의 동쪽 지방에는 절을 짓지도 않았고 불법을 받들지도 않았다. 부처님의 가르침이 이르지도 않았고 토인들이 믿지도 않았기에 이 나라의 기록에는 절을 지은 내력이 없다. 제8대 질지왕 2년(서기 452)에야 그곳에 절을 지었다. 또 왕후사(王后寺)도 창건하여 지금까지 복을 빌기도 하고 남쪽의 왜를 진압해달라고 빌기도 했다. 이 나라의 기록을 보니 탑은 네모지고 5층으로 되어 있는데 조각이 매우 기이하다. 돌에는 붉은 얼룩점이 있고 석질이 부드럽고 연한데 이 지방에서 나는 것이 아니었다.

위의 기록에서는 아유타국을 서역의 나라라고 단정 짓고 있다. 처음 허황옥이 탑을 가지고 왔을 때는 절을 짓지 않았고 불법도 믿지 않음을 말하고 452년에 와서야 허황옥이 처음 배를 댄 곳과 바지를 벗어 산신에게 바친 곳에 절을 세우고 왕후사를 창건한 사실을 말하고 있다. 더욱이 절을 복을 비는 곳만이 아닌 왜적을 막는 기도처로 삼았던 일을 적고 있다. 또 처음 탑이 전래되었으나 불법은 전래되지 않았음도 알려준다. 그런데 그 탑을 설명하면서 "네모지고

76

파사석탑(경남 문화재자료 제227호) | 아유타국 공주이자 수로왕비인 허황옥이
서역에서 바다를 건너올 때 실어왔다고 전해지는 가야의 석탑.

조각이 매우 기이하다"고 기록했다. 이런 표현은 신라의 다른 탑을
연상하기 쉽기 때문에 오해를 불러일으킬 수 있다.

　　이 탑은 호계사에 보존되어 있다가 1873년(고종 10) 구지봉의 수
로왕비릉(허황후릉) 입구에 옮겨져 지금도 보존되어 있다. 탑은 5층
으로 되어 있으나 전체 돌의 개수는 기단까지 포함해 일곱 개이며
돌은 자연석을 약간 다듬은 형태로 쌓아놓았다. 호계사는 김해 시내
를 가로질러 흐르는 호계천 옆에 있었다. 탑의 돌은 위의 기록대로

이 지방이나 우리나라에서는 나지 않는 약돌로서 중국의 남쪽 지방과 인도 지역에서 생산되는 홍석(紅石)이라는 사실이 근래에 확인되었다. 한편 왕후사를 창건한 연대도 신라에서 흥륜사를 세운 연대보다 70여 년을 앞선다. 또 이런 이야기도 『삼국유사』에 실려 있다.

> 만어사는 옛날 자성사이다. 그 옆에 아라국이 있었는데 예전 하늘이 알을 바닷가에 내려 사람을 만들어 나라를 다스리게 했으니 곧 수로왕이다. 수로왕이 살아 있을 때 절 안에 있는 옥지(玉池)에 독살스런 용이 살았다 한다. 절 뒤 만어산에는 요사한 계집 귀신 다섯이 살고 있었다 한다. 이들이 서로 왕래하면서 해찰을 놓아 철마다 번개와 폭우가 내려 4년이 지나도 곡식이 여물지 않았다. 수로왕이 주문을 외워도 막지 못했는데 부처님을 모시고 머리를 조아려 설법을 한 뒤에 요사스런 계집 귀신들이 마음을 고쳐먹고 오계를 받았다. 그 뒤에야 해찰이 없어졌다. 여기에 절을 지으니 만어사이다.

위의 이야기는 수로왕이 잡귀를 토속의 주술로 막지 못하고 불법으로 감화시켰다고 전한다. 그런데 일연은 이 설화를 소개하면서, 만어사는 고려 명종 때 지었다는 설이 있음도 함께 알려 주었다. 따라서 위의 이야기는 후세에 만들어낸 연기(緣起) 설화이다. 그 줄거리는 『관불삼매경(觀佛三昧境)』의 내용과 같고 만어사라는 이름도 경전에 나오는 아나사(阿那斯)의 번역어이다.

가야불교의 개성

하지만 만어사라는 이름은 허황후와 관련이 깊다. 1792년에 세워진 수로왕릉 정문에는 태양 무늬, 두 마리의 물고기 무늬와 연꽃 봉오리 따위의 도형이 그려져 있다. 이들 문양은 왕릉을 새로 건축하면서 예전부터 전해오던 문양을 재현했을 것이다. 이런 문양은 지금도 인도 아요디아 고을에서 큰 건축물에 쓰이는 조각이나 장식과 닮았다. 북방불교에서 물고기를 문양으로 쓰는 일은 아주 드물다. 만어사는 많은 물고기를 상징하고 있으니 이런 물고기 문양과 깊은 관련이 있다고 볼 수 있다. 아무튼 만어사는 지금 옛 가야의 영역이었던 삼랑진에 있다.

가야의 영역이었던 지리산 화계골에 있는 칠불암도 허황후와 얽힌 전설을 간직하고 있다. 이 절은 허황후가 일곱 아들을 성불시키고 이를 기려 세운 원찰(願刹)이라 한다. 여기 요사채의 구들은 층

하동 칠불암 | 허황후가 일곱 아들을 성불시키고 이를 기려 세운 원찰. 한국전쟁 때 불타 터만 보존되어 오다가 1982년 복원하였다.

을 짓는 따위, 한반도에 널리 퍼진 고구려 양식의 구들과 다른 구조였다 한다. 그밖에 가야시대에 세워진 것으로 보이는 김해의 은하사와 장유암, 부산의 명월사, 밀양 부은암 같은 절들은 이름과 분위기에서 남방불교의 특성을 보이고 가야불교의 개성을 나타내고 있다. 이렇게 해서 신라·백제불교의 영향을 별로 받지 않았다는 풀이가 가능해진다.

허황후가 처음 불탑을 들여온 뒤에 수로왕이 불교를 받들었다면 고구려에서 불교를 공인한 시기보다 몇백 년 앞선다. 452년 왕후사의 창건도 신라 흥륜사의 창건보다 70여 년 이상 앞선다. 하지만 가락국 건국 설화와 함께 그 정확한 근거를 댈 수 없으며 그렇다고 하더라도 가야불교는 이런 특수성을 지니고 있어서 한국불교사에서 다른 의미를 던지고 있다.

어쨌든 가야의 나라들은 532년 신라에 통합되어 김해는 금관군(金官郡)이 되었고 따라서 가야불교도 신라의 영향을 받을 수밖에 없었다. 그런 탓으로 칠불암의 경우와 같이 그 원형을 잃어 단지 편린만을 주워 짐작하는 정도일 뿐이다.

제2부
화려한 신라의 불교사상

2
신라 진호불교의 기반

___ **방편이 된 불교**

법흥왕이 죽자 신라는 왕의 시호에 고구려와 백제처럼 "왕"이
란 글자를 붙였다. 전통적으로 써 온 "마립간"이라는 토속적 호칭을
버린 것이다. 또 불법을 일으킨 임금이라는 의미를 담은 법(法) 자를
시호에 붙였다. 이는 신라가 불법 공인으로 토속성을 불식하고 보편
성을 추구했다는 상징적 의미를 지닌다.

법흥왕의 뒤를 이은 왕은 그의 조카인 진흥왕이다. 법흥왕은 진
흥왕에게 왕위를 물려주면서 불법을 따르라고 간곡히 당부했다. 또
그의 어머니가 태후의 자격으로 섭정했는데 그녀도 왕실의 정책에
따라 부처님을 받들었을 것이다. 진흥왕이 벌인 불교 진흥정책을 보
면 이런 추론이 가능하다. 진흥왕은 즉위 첫 무렵부터 심각한 외교
적 갈등을 겪었다. 백제는 고구려에 대한 원한이 더욱 고조되어 대대
적인 고구려 정벌을 계획했고 신라에 지원을 제의해 왔다. 이에 진흥
왕은 "나라의 흥망은 하늘에 달려 있다. 하늘이 고구려를 버리지 않
는데 우리가 어찌 멸망하기를 바라리오"(『삼국유사』)라는 말로 거절했

다. 작은 나라 신라는 백제보다 고구려를 더 무서워했던 것이다.

고구려는 이 사실을 알고 신라에 우호의 신호를 보냈으며 백제
는 신라에 더욱 원한을 품었다. 하지만 548년(진흥왕 9) 고구려가 백
제를 공격할 때 백제의 요청에 따라 군사 3,000명을 보내 막았다.
554년에는 백제가 신라의 지경을 침범해 남녀 3만 9,000명과 말
8,000필을 약탈해갔다. 백제는 신라를 응징하면서도 그 주된 전선
은 고구려에 맞추어져 있었다. 고구려와 백제 사이의 쉴 줄 모르는
전쟁은 두 나라를 모두 피로하게 만들었다.

신라는 이런 틈을 교묘하게 이용하여 동북쪽으로 죽령 등지의
고구려 땅을, 서쪽으로는 완산주의 비사벌(전주)을, 서북쪽으로는 한

**서울 북한산 신라 진흥왕
순수비(국보 제3호)** |
신라 진흥왕이 한강 유역을
영토로 편입한 뒤 왕이
이 지역을 방문한 것을
기념하기 위해 세운 것이다.

강 주변의 땅을 차지했다. 그리고 멀리 중국 남조 국가의 맹주인 양나라와 외교 관계를 다졌다. 신라가 한강의 주인이 된 것은 역사적으로 커다란 의미를 지닌다. 555년 진흥왕은 순수(巡狩)의 길에 나서 남쪽과 북쪽을 포함해 확보한 영역을 고생스럽게 돌아보았다. 북쪽으로 북한산 비봉 꼭대기와 깊은 산골인 함경도 황초령에 순수비를 세웠고 이들 비석은 지금도 전해진다.

이런 영역의 확대는 내적 통합을 이룩한 성과였으며 내적 통합은 필연적으로 귀족 세력을 누르고 왕권을 강화하는 방향으로 진행된다. 그것은 불법의 진흥을 통해 이룩되었다. 쉽게 말해 불교를 방편으로 이용한 것이다. 진흥왕은 544년 누구든지 마음대로 출가하여 부처님을 받들라는 지시를 내렸다. 이에 힘입어 많은 남녀들이 다투어 승려가 되었고, 이때부터 "중"이라는 용어가 쓰이기 시작했던 것으로 보인다. 중은 흔히 승가를 한자로 번역한 "衆"에서 나왔다고 하며 신라 무당의 호칭인 "자충(慈充)"이 축음(縮音)되어 이 단어가 형성되었다고도 한다. '자충의 축음'이라는 풀이가 그럴듯하게 들린다.

이와 함께 선진적 불교를 배우도록 각덕(覺德)을 양나라에 유학 보냈다. 각덕이 배를 타고 양나라로 들어갔다고 했으니 아마도 신라가 확보한 한강 언저리나 미추홀(인천 지방) 근처에서 출발했을 것이다. 북쪽을 거쳐 들어가려면 어렵게 고구려 땅을 지나야 하고 중국 땅에 들어가서도 남쪽으로 내려가려면 많은 장애를 만나야 했다. 또한 남해에서 작은 배를 타고 황하를 건너려면 조류에 떠내려가기 일쑤였다. 각덕은 신라 최초의 구법승 또는 유학승으로 꼽힌다. 그는 중국 남쪽 일대를 누비고 다니면서 스승을 찾아 헤맸고 그의 발길은 예전 오나라 땅인 양자강 일대까지 미쳤다. 그곳에서 살아갈 생활비와 여행 경비는 그곳 절에서 부담해주는 것이 관례였기 때문에 걱정하지 않아도 되었다.

549년 그는 양나라 사신 일행과 함께 경주로 들어오면서 자신들 일행이 불사리를 가지고 간다는 소식을 보내왔다. 양나라는 국력이 위축되는 현실에서 신라의 지원을 염두에 두고 어렵게 얻은 불사리를 보내주었던 것이다. 진흥왕과 모든 벼슬아치와 중들은 흥륜사 앞길로 몰려나가 경배했다. 이때 신라에서는 최초의 불사리를 봉안했고 이 일은 신라의 자긍심을 키워주었다.

ㅡ 백좌강회와 팔관회

불사리를 봉안한 지 2년 뒤에는 고구려의 고승 혜량이 귀화해왔다. 그 과정을 다시 한 번 설명하면 이러하다. 거칠부는 고구려의 실정을 엿보기 위해 고구려로 들어가서 혜량을 만나 불법을 배우고 돌아왔다. 이후 거칠부가 죽령 일대를 점령하고 길가에서 망명해오는 혜량을 만났다. 혜량은 고구려 귀족들이 정치권력을 놓고 투쟁을 벌이고, 또 불법보다 도교를 더욱 숭상하는 현실에 불만을 가졌다. 진흥왕은 서슴없이 혜량을 승통으로 삼았다. 세력이 커진 불교계를 통솔할 책임자가 필요할 즈음에 혜량이 귀화해왔던 것이요, 또 고구려 귀화인을 우대할 현실적 필요성과 계략도 있었다. 이어 처음으로 백좌강회(百座講會)를 베풀었고 팔관회(八關會)를 실시했다. 백좌강회가 귀족을 대상으로 실시했다면 팔관회는 민중의 참여를 유도한 것이다.

그렇다면 백좌강회는 어떤 의미를 지니고 있는가? 높고 큰 상 100개를 벌여놓고 초대된 사람들이 그 자리에 앉는다. 이를 부처님이 앉은자리라 하여 "사자좌(獅子座)"라 부른다. 그리고 큰스님이 설법을 하는데 이 강회를 "백고강좌(百高講座)"라고도 부른다. 그 근거는 『인왕반야바라밀경』에 두고 있다. 이 경에는 무량한 공덕이 있으니, 곧 국토를 보호하는 공덕, 국왕 법약(法藥, 번뇌를 없애는 불법)의 공덕, 집을 보호하는 공덕, 일체 중생의 몸을 보호하는 공덕 등이다.

　　이 법회는 나라가 어지러울 때 이를 퇴치하려 베푸는 의식으로 나라의 혼란은 여러 귀신들의 작란에 있다고 했다. 그리하여 백부제신(百部諸神)과 천부제신(千部諸神)을 위안하고 선도하기 위해 모든 부처와 보살인 불보, 사부대중인 승보를 모시고, 법보인 경을 강독하는 법회를 경건히 여기는 것이다. 따라서 어지러운 국가를 진호(鎭護)하는 데 그 중심 목적이 있었다. 신라에서 이 법회는 613년 수나라 사신이 왔을 때 원광이 맞아들여 처음 벌였다고 전하기도 한다.

　　다음 팔관회는 어떤 의미를 지니고 있는가? 팔관회는 여덟 가지를 금지하는 법회라는 뜻을 지니고 있다. 따라서 8재계의 의미도 지닌다. 비구는 250계, 비구니는 500계를 지켜야 하나 우바새, 우바이는 이를 다 지킬 수 없으므로 달마다 6재일에 목욕을 깨끗이 하고, 하루 동안 밥을 먹지 않으며 여덟 가지 가르침을 지키는 것이다. 곧 중생을 죽이지 말고, 물건을 훔치지 말고, 음탕한 행위를 하지 말며, 거짓말을 하지 말고, 술 마시지 말고, 꽃다발을 쓰거나 향을 바르거나 노래하거나 풍류를 즐기거나 가서 구경하지 말고, 높고 넓고 크고 잘 꾸민 평상에 앉지 말며, 때 아닐 적에 먹지 말라는 가르침이다.

　　이는 악을 멀리하고 선을 닦는 것이므로 모든 천령 산신도 위무

하여 국가의 재난을 진호하는 일종의 위령 법회이기도 했다. 팔관회는 절에서 벌였다. 이 날을 맞이하면 신도들은 남녀를 가리지 않고 심신을 깨끗이 하고 절로 몰려갔다.

─ 삼국 통일의 원동력, 호국불교

553년 의신(義信)은 인도에 가서 구법한 뒤에 불경을 흰 나귀에 싣고 돌아왔다. 그때 신라 승려들이 인도로 가는 길은 두 갈래였다. 하나는 장안에서 실크로드를 거쳐 사막을 지나 들어가는 길이고, 다른 하나는 장안에서 중국 남쪽인 광주 등지로 가 배를 타고 가는 길이었다. 의신이 어느 길을 택해 갔다가 돌아왔는지는 확인할 수 없다.

이 무렵 명관(明觀)이라는 승려가 중국 남쪽의 진나라로 유학을 떠났다가 사신들과 함께 돌아왔다. 명관도 각덕이 걸은 길을 밟았을 것이다. 진나라는 양나라를 대신해 남쪽에서 패권을 잡고 있었다. 진나라에서는 그가 돌아올 때에 사신을 딸려 경론 2,700여 권을 보내주었다. 이런 과정을 거쳐 불교 이론을 깊이 캘 수 있는 경전을 확보한 신라불교는 고구려의 북방불교와 중국의 남방불교를 명실공히 총섭하는 계기를 만들었다. 이제 신라불교는 후진성을 탈피해 고구려와 백제를 능가하게 되었다. 신라불교도 중국처럼 대승불교의 전통을 이었고 따라서 진호불교나 호국불교의 길로 나가게 되는 도정이 잡히게 된 것이다.

이때 진흥왕은 월성의 동쪽에 새로운 궁궐을 지었다. 그런데 황룡이 새 궁궐에 나타났다는 소문이 돌았다. 진흥왕이 새 궁궐을 절

경주 황룡사 모형

로 만드는 일을 반대하는 세력을 염두에 두었던 건지, 아니면 불법의 신비성을 강조하려는 의도였던 건지 알 수 없지만 황룡 출현을 빙자하여 새 궁궐을 절로 만들었다. 이것이 황룡사이다. 황룡사는 속리산 법주사가 창건된 지 13년 뒤 낙성되었다. 어차피 성대한 백좌강회와 팔관회를 베풀고 많은 전사자를 천도하는 공간이 필요했던 것이다. 그리고 이 절에 구리 3만 5,000근, 금 100냥이 넘는 물량을 투입해 장육상(丈六像)을 조성했다.

그런데 『해동고승전』의 자장전(慈藏傳)에는 황룡사가 인도의 아육왕(阿育王)이 황금을 배에 실어 보내 조성되었다 한다. 아육왕은 기원전 2세기 무렵 인도를 통일하고 불교를 보호한 인물로서 이는 터무니없는 조작 설화이다. 이런 근거도 없고 사리에도 맞지 않는 설화는 뒷날 절의 창건 설화에 많이 보인다. 절의 권위를 높이려는 의도에서 만들어낸 것이다. 아무튼 이것이 신라 최초로 빚은 장엄한 장육상이나 통일 전쟁을 앞두고 지나친 불사로 국가 재정을 낭비하는 단초를 만들었다.

진흥왕 말년에는 화랑도가 탄생했다. 처음에는 두 젊은 미인을 뽑아 낭도들을 거느리게 했으나 서로 질투를 벌였다. 그래서 귀족 출신의 미소년들이 모여서 서로 도의를 연마하고 흥겨운 놀이를 통해 심신을 단련하게 했다. 최치원이 쓴 비문에 따르면 이 화랑도는 풍류도(風流道)를 익혔다. 풍류도는 유불선의 가르침을 합일한 조화 사상이다. 곧 유교의 충효, 도교의 자연사상, 불교의 악을 짓지 말고 선을 봉행하라는 가르침을 종합해 실천하자는 것이 그 요지였다.

그 첫 구절을 보면, "실내포함삼교(實乃包含三教) 접화군생(接化群生)"이라 했다. 이를 두고 그동안 "실로 삼교를 포함해 접해서 중생을 교화한다"고 해석해왔다. 이렇게 해석하면 풍류도의 이미지를 너무 단순화하게 된다. 하지만 "알맹이는 바로 세 가르침을 두루 내포하여 서로 접해서 융화돼 하나의 떨기로 나온 것이다"라고 풀이하면 삼교의 조화와 원융사상을 드러냄을 알 수 있다. "군생"은 중생이 아니라 한 떨기의 꽃잎처럼 조화를 이루는 모양을 표현한다고 볼 수 있다. 아무튼 이 풍류도가 신라에 나타난 유불선 합일사상을 압축해 보여주고 있다.

진흥왕은 화랑도를 사상적으로 무장해 지도자로 키웠다. 그래서 이를 "왕화(王化)의 방편이었다"라고 했다. 그는 말년에 법흥왕처럼 머리를 깎고 승려가 되어 계율을 지켰으며 왕비도 비구니가 되어 영흥사에 주석했다. 진흥왕은 시호 그대로 법흥왕의 뜻을 충실하게 받들어 불법을 확고하게 정착시킨 군주였다. 그는 신라 호국불교의 기반을 구축하여 국가를 지키고 확장하는 방편으로 이용했으며 통일의 원동력으로 삼게 했다.

10

당당히 떠나는 신라의 유학승

__ 장보고의 선배들

6세기 후반기 신라의 궁궐에는 목탁과 염불 소리가 끊임없이 들리고 향내로 진동했다. 임금과 왕비도 아침저녁에는 어김없이 예불했으며 궁녀들도 고기를 먹지 않는 풍조가 일어났다. 귀족들의 이름도 불명을 지어 불렀는데 진평왕의 왕비 김씨는 "마야부인(摩耶夫人)"이라는 불명을 받았다. 석가 어머니의 이름을 그대로 불명으로 삼아 자비로운 모습을 보이려 했을 것이다. 원효(元曉)의 어릴 적 이름이 서당(誓幢)이었던 것을 보아도 그런 풍습을 짐작할 수 있다.

한편 진평왕은 여러 제도를 고치고 연호를 사용하면서 고대 국가의 면모를 과시했다. 또 그 사회는 새로운 기풍으로 들떠 있었다. 각덕과 명관이 중국 남쪽 지대에서 불법을 배우고 돌아온 뒤 신라의 청년들은 신천지에 대해 새롭게 눈뜨기 시작했다. 그들의 세계관은 그동안 우물 안 개구리처럼 이웃나라 백제와 고구려 그리고 물 건너 왜국에 맞추어져 있었다. 하지만 중국의 새로운 문물과 남쪽의 기기묘묘한 풍광을 얻어듣게 된 후 중국 남쪽은 신라 청년들에게 동경의 대상이었다. 신라의 승려들은 선진적 불법을 배우기 위해 건너갔으며 청년들은 개척자의 모험심으로 건너갔다.

585년(진평왕 7) 지명(智明)은 체험을 통해 불법의 진수를 얻는다는 포부를 가지고 남조의 진나라로 들어갔다. 그는 불법을 익히면서 한편으로 중국 남쪽 일대를 10년 동안 두루 돌아다녔다. 만행과 같은 체험이었다. 4년 뒤에는 원광(圓光)이 뒤따라 들어갔다. 원광은 성이 박씨라 했으나 경주 출신이 아니어서 귀족 대열에 들지 못했을 것이다. 진한, 마한의 경계에서 태어났다고 기록되어 있으니 아마도 그의 부모는 충청도와 경상도의 경계 지대인 옥천이나 문경 언저리에서 살았을 것이다. 원광은 처음 남쪽의 번화한 도시인 금릉에 자리를 잡았으며 뒤에는 양자강 주변에 있는 호구산에 주석했다. 그는 호구산 언저리에서 현지 주민의 요청으로 법석을 베풀어 명망을 얻었다. 아마도 중국 남쪽의 사투리에도 익숙하여 설법하는 데 지장이 없었을 것이다.

지명과 원광이 떠날 무렵 왕족인 대세(大世)가 배를 타고 중국 남쪽을 찾아 나섰다. 그는 친구인 담수(淡水)에게 "여기 신라의 산골짜기에서 일생을 마친다면 연못의 물고기와 새장 속의 새처럼 창해의 넓음과 산림의 광대함을 알지 못하리로다"(『삼국사기』)라고 말하면서 함께 배를 타고 떠나자고 요청했다. 담수가 이 요청을 들어주지 않자 다른 동행자를 물색한 끝에 구칠(仇漆)이라는 청년을 찾아내 꼬드겼다. 대세와 구칠은 남해에서 조각배를 타고 떠났으나 끝내 그 행방이 알려지지 않았다. 두 청년은 바로 개척자였다. 이런 개척자들은 배의 난파를 무릅쓰고 먼 길을 떠났던 것이다.

엄숙주의 역사가인 김부식이 굳이 『삼국사기』에 이 이야기를 전한 것은 당시의 풍조를 알려주려는 의도였을 것이다. 그 당시 이런 모험 여행을 그 두 사람만이 시도하지 않았음은 말할 나위도 없겠다. 이들이 바로 장보고의 선배들이었다.

진나라에서는 이 유학승들에게 여러 편리를 제공했으나 590년 수나라에게 멸망당하자 사정이 달라졌다. 수나라 군사들은 원광이 주석하는 곳에 밀려들었고 원광은 수 군사들에게 잡혀 처형 직전에 놓여 있었다. 이때 장수가 절이 불타는 광경을 보고 군사들에게 가서 끄라고 지시했다. 그런데 절에는 화재가 일어난 것이 아니라 후광(後光)이 비치고 있었던 것이며, 그 장수는 놀라 원광의 결박을 풀어주었다. 아마 주민들이 원광을 살리려 그 장수에게 애원했을 것이다.

지명과 원광 두 승려는 혼란 속에서 목숨을 건지고 수나라 수도 장안으로 들어갔으며 장안에서 융숭한 대접을 받으면서 불법에 정진할 수 있었다. 장안에는 서역의 명승들이 많았고 남방불교와 사뭇 다른 분위기를 자아냈다. 두 승려는 만행보다 경전을 통한 불법 연구에 몰두했다. 한편 신라에서는 수나라가 중국을 통일하자 조공 사신을 수나라에 보냈다. 596년에 담육(曇育)은 선배들과는 달리 바로 수나라 수도로 들어갔다. 세 승려는 신라가 수나라와 우호적인 외교 관계를 트는 데 한몫 거들었다.

어용승 원광과 자장

600년 원광이 돌아왔고 뒤이어 지명과 담육도 돌아왔다. 지명은 17년 만에 환국했다. 이들은 누구보다도 수나라 정세를 잘 알았으며 중국 남북방 불교의 흐름도 환하게 꿰었다. 이를테면 일급 중국 전문

94

가 그룹이었다. 원광은 고국에 돌아와서 두 가지 역사적인 임무를 수행했다. 화랑도들은 더욱 심신을 단련하면서 지도 이념을 만들려고 노력했고 명망이 높은 원광을 찾아가 자신들의 행동 지침을 일러달라고 요청했다. 원광은 다섯 가지 조목을 일러주면서 당시 신라 현실에 맞춘 두 가지 조목을 추가해 넣었다. 곧 "전쟁에서는 물러가지 말라[臨戰無退]"와 "생명을 죽일 때에는 선택을 잘하라[殺生有擇]"였다. 그동안 역사책에 "살생"을 '살리고 죽이는 것'이라고 해석했는데 이는 오류이다. "살생유택"은 산 걸을 죽일 때 선택이 따른다는 것이다.

당시 고구려는 빼앗긴 한강 일대를 회복하기 위해 연달아 도전하고 있었다. 608년 진평왕은 수나라에 사신을 보내 고구려를 정벌해 달라는 청원을 하려 했다. 진평왕은 그 걸사표(乞師表)를 원광에게 지으라고 부탁했다. 이에 원광은 "자기의 생존을 위해 남을 죽이는 것은 승려가 할 일이 아니오. 하지만 빈도(貧道)는 대왕의 땅에서 대왕의 물을 마시고 살고 있으니 분부를 거역할 수 없습니다"라고 말하고 그 글을 지어주었다. 걸사표의 내용은 지금 전해지지 않으나 수 양제는 이런 일이 있은 뒤에 고구려를 대대적으로 침략했다.

부처의 가르침은 살생을 금지하지만 전쟁에는 살생이 필연적으로 따른다. 승려가 전쟁을 부추기는 것은 부처의 가르침을 배반하는 것이다. 원광은 불법과 전쟁이라는 두 축을 두고 고심하지 않을 수 없었으나 이 이율배반을 중립적 가치로 재단하여 민족 현실을 외면하지 않았다. 이것이 타협일까? 어쨌든 원광은 호국불교의 이론을 처음으로 제시한 승려였다. 그는 왕실의 극진한 대우를 받으면서도 계행(戒行)을 실천하며 손수 밥을 짓고 옷을 해 입었다.

618년(진평왕 40) 수나라는 당나라에 멸망당했다. 이때 백제의 무왕은 사비성에서 강력한 힘을 기르고 있었고, 고구려 영류왕은 계속 신라를 압박하면서 당나라로 들어가는 길을 차단했다. 신라는 이제 새로운 중국 정세에 대처했다. 양과 진과 수나라에 이어 당나라에 밀착하는 전통적 외교정책을 나라를 유지하는 한 방법으로 삼았다. 그리하여 많은 장애를 뚫고 연달아 당나라에 사신을 보냈다.

이 무렵 장안을 거쳐온 세 명의 인도 승려와 두 명의 당나라 승려가 경주로 들어왔다. 묵호자와 아도의 경우와는 달리 공식 경로를 통해 온 도래승이었다. 이들은 황룡사에 거처를 정하고 설법했다. 얼마 지나지 않아 당나라 승려들은 고국으로 돌아가겠다고 청원을 내서 허락해주었다. 이들은 신라의 유학생처럼 첩보의 임무를 띠고 왔을지도 모른다.

이제 신라의 승려들은 예전과 뱃길을 달리하며 서북쪽의 발해만을 거쳐 장안으로 들어갔다. 그 속에 자장(慈藏)이 끼어 있었다. 당 태종은 고구려, 백제, 신라와 남쪽의 여러 나라에서 많은 유학생과 유학승을 받아들이는 정책을 썼다. 당근을 주는 회유책이었다. 기록에 나타나는 것만 따져도 정관(貞觀)연간(627~649)에 신라 유학승의 숫자는 10여 명에 이른다. 자장은 636년(선덕왕 5) 문인 10여 명을 데리고

자장율사진영(경남 유형문화재 제276호) |
신라 승려 자장은 당나라 유학 후 신라로 돌아와 황룡사 9층탑을 세웠으며, 통도사·태화사 등을 창건하였다.

들어갔다. 유학승들은 한 걸음 나아가 인도까지 가서 성지를 순례했으나 대부분 돌아오지 않았다. 자장은 인도에 가지 않고 유학을 떠난 지 7년 만에 돌아왔다.

이때 선덕왕과 뒤이어 진덕왕이 임금 노릇을 하고 있었으나 위엄이 서지 않았다. 예나 지금이나 남성들은 여성에게 복종하거나 굽신거리려 하지 않는다. 여왕을 반대하는 반란이 일어나기도 했다. 선덕왕은 분황사를 창건하고 황룡사에 9층탑을 조성하는 등 불사를 자주 벌였다. 이때 자장이 불사를 주도했다. 계율승 자장은 통도사를 창건하고 거기에 계단(戒壇)을 설치했다. 또한 많은 불사를 벌이면서 신라의 제도와 관복을 당나라 식으로 고치게 하는 등 국가정책에도 관여했다.

원광과 자장은 신라의 어용승으로 국가에 많은 공헌을 했으며 왕실의 지원을 받으면서 불교 발전에도 힘을 기울였다.

양산 통도사 금강계단(국보 제290호) | 금강계단은 불가에서 승려가 되는 과정 중 가장 중요한 수계의식이 이루어지는 곳이다.

11
원효와 의상의 시대

— 신라불교의 두 흐름

이 무렵 신라의 유학승들 중에는 그저 경전의 자구를 읽고 간화선(看話禪)을 배우는 수준을 벗어나 독창적인 견해를 내는 학승들이 배출되었다. 끊임없는 자기 연마의 결과였다. 그런 학승 중에 주목할 인물이 원측(圓測)이다. 원측은 장안으로 들어가 인도에서 유식학(唯識學)을 배우고 돌아온 현장(玄奬)의 문하에서 수학했다. 유식학은 유(有)의 개념에 치중하여 현상을 모두 긍정하는 관점에서 보고 해석한다. 원측은 한문과 범어를 능통할 정도로 공부했다. 그는 서명사에서 지내며 『화엄경』 등 불경 번역에도 참여했으며 현장의 법맥을 이었다.

당나라의 중관(中觀)학파들은 유식학파와는 달리 공(空)의 개념에 치중하여 현상을 모두 부정하는 관점에서 보고 해석했다. 두 학파는 공과 유의 문제를 두고 대립했다. 원측은 중관학파들이 "모든 법은 공하며 생멸(生滅)이 없어 본래 고요한 것이다"라고 주장하는 이론에 대해 "주관적 인식의 경(境)은 비록 공하지만 인식 그 자체가 없다고 할 수 없으므로 모든 법은 유와 무에 통한다"고 반박했다. 원측의 주장은 공과 유의 대립을 화해시키는 데 주안점을 두었으며 이런 주장은 유식 논쟁을 불러일으켰다. 중관학파의 이론은 중국 본토에 수용되었으나 원측의 이론은 신라와 티베트를 휩쓸었다. 원측은 장안에서 죽어 고국에 돌아오지 못했다.

한편 백제가 멸망한 뒤 더 많은 유학생들이 장안으로 몰려갔다. 승려들은 장안의 여러 절에서 좋은 대우를 받으며 수도했다. 유학승 출신들은 고국에 돌아와 각기 잘난 체하면서 억지와 설익은 자기주장을 폈다. 그 결과 여러 종파로 분열하는 분위기로 치달았으며 더욱이 양대 맥인 교종과 선종이 대립하는 조짐도 보였다.

이때 신라에서는 원효(元曉)와 의상(義湘)이 성장하고 있었다. 원효는 경산의 6두품 집안에서 태어났으니 귀족의 맨 끝 자리에 들었다. 그는 스승 없이 이 절 저 절을 다니면서 공부했다. 원효는 스스로 지어 부른 호였는데 '이른 아침' 또는 '처음 부처의 해가 빛난다'는 뜻이기도 하다. 의상은 원효와 달랐다. 김씨 성을 가진 왕족으로 경주에서 태어났다. 의상은 탄탄한 가문의 줄로 이어져 있어 출가한 뒤에도 앞길에 별 장애가 없었다.

원효와 의상은 한때 당나라로 들어가려 요동까지 갔으나 고구려 첩자의 고발로 붙잡혀 감옥에 갇혀 있다가 요행히 풀려났다. 원효와 의상이 어떤 인연으로 만났는지는 알려져 있지 않다. 아마 두 청년은 경주에서 활동하면서 자연스레 만났을 것이다.

백제가 멸망하고 나서 나당연합군이 한창 백제 부흥군과 처절한 싸움을 벌일 무렵이다. 40대의 중늙은이 둘이 서해의 어느 바닷가에서 당나라로 들어가는 배를 기다리고 있었다. 아마 남양만 언저리였을 것이다. 이때 서해 연안은 백제의 멸망으로 신라가 차지하던 때였다. 두 사람은 어두워도 배가 보이지 않고 폭우까지 쏟아지자 하룻밤을 지내기 위해 어느 토굴을 찾아들었다. 다음 날 아침 일어나보니 토굴은 무덤이었고 옆에는 해골이 뒹굴고 있었다.

그 다음 날도 두 사람은 무덤에서 잠을 잤다. 원효는 눈을 감고 잠을 청하면 잡귀 소리가 들려오고, 깜박 잠이 들면 잡귀가 어른거려 뜬눈으로 지새웠다. 그러다 목이 말라 어둠 속에서 바가지의 물을 시원스레 마셨는데 아침에 일어나보니 바가지는 묵은 해골이었다. 원효는 해골을 보고 구역질을 하다가 모든 게 마음 탓이라는 깨달음을 얻었다 한다. 다음 날 의상이 길 떠나기를 재촉하자 원효는 "자네나 가게"라고 말하고 발길을 돌렸다. 이 장소를 두고 『송고승전』에는 "본국의 해문(海門)이 있는 당주계(唐州界)"라 기록했다. 곧 발해만 봉래를 뜻하며 뒷날 장보고가 신라방을 설치한 지역이다. 하지만 이 기록은 신빙성이 약하며 이 책의 기록은 의상을 박씨라고 하는 따위의 오류가 많다.

— **복성거사의 무애행**

두 사람의 갈림은 신라불교의 두 흐름을 만들어내는 계기가 되었다. 원효는 번뇌 속에서 새로운 깨달음을 얻고 고답적인 이론 공부보다는 신라 사회의 현실에 뛰어드는 것이 급선무라고 생각했을 것이다. 어쨌든 그는 유학을 가지 않고 혼자 읽고 깨쳤다.

원효는 선객이라기보다 타고난 이론가였던 것으로 보인다. 그의 명성은 나날이 높아갔다. 궁중에서는 당에서 가져온 『금강삼매경』을 강설할 준비를 하고 대안(大安)에게 강설을 부탁했는데, 대안은 고개를 흔들며 원효를 천거했다.

원효는 시골의 길거리에서 책을 전달받고 소를 타고 경주로 들어왔다. 그는 쇠뿔 사이에 벼루를 놓고 요지를 적으면서 경주에 이르렀다. 여덟 권 분량의 요론을 쇠등에서 완성했는데 그를 시기하는 무리들이 요론을 훔쳐갔다. 그는 밤을 새워 다시 요론 세 권을 마무리했다. 그는 황룡사의 법당에서 "주관적 나와 객관적 사물, 그 둘은 모두 절대적 특성을 가지고 있지 않다는 삼공(三空)의 바다를 진(眞)이니 속(俗)이니 하며 대립한다. 이를 모두 원융하여 그냥 길이 즐겁다"고 소리치며 주장자를 쾅 내리쳤다. 모인 대중들은 무엇인지 알아들을 것 같았다.『금강경』의 요지를 너무나 쉽고 간단명료하게 풀어나갔던 것이다. 그는 변설과 기지에도 천재성을 발휘했다.

원효는『금강삼매경론소』를 비롯해『대승기신론소』와『십문화쟁론』등의 저술을 남겼다. 이들 저술에서 일관되게 흐르는 사상적 맥은 무엇보다 일심(一心)이다. 유식학파와 중관학파가 공유(空有)를 두고 벌이는 논쟁에 대해 "긍정하면서 스스로 부정하고 부정하면서도 긍정해야 한다"고 갈파했다. 일심에 대해서는 "일심은 진여문과 생멸문의 두 문을 가지고 있다. 진여문은 발생도 없고 소멸도 없으며 증감이나 차별이 없는 절대적 본체이다. 생멸문은 발생과 소멸이 있

원효조사진영

101

으며 증감과 차별이 있다"고 선언했다. 진여문은 본질적 측면, 생멸문은 상대적·현상적 측면임을 말하고 "이 둘은 하나이면서 둘이고 둘이면서 하나이다"라고 마무리했다.

원효는 이런 이론을 신라 사회에 적용하여 "쓸데없는 이론들이 구름처럼 일어 어떤 자는 나는 옳고 남은 그르다고 말하며 어떤 자는 나는 그러하나 남은 그러하지 않다고 주장하여 드디어 하천과 강을 이룬다. 유를 싫어하고 공을 좋아함은 나무를 버리고 큰 숲에 다다름과 같다. 비유컨대 청색과 남색이 같은 체(體)이고 얼음과 물이 같은 원천이고 거울이 모든 형태를 그대로 받아들임과 같다"고 일갈했다. 원효는 원측의 이론을 깨버렸다. 일심은 모든 것의 근원으로 화합의 근본이 되고 평등하고 차별이 없으니 부질없이 다툴 까닭이 없다는 것이다. 그는 교리를 놓고 대립하거나 한 걸음 나아가 여러 세력이 벌이는 분열과 갈등을 화쟁사상으로 모았다.

원효는 어느 날 경주 거리를 누비고 다니며 "누가 자루 빠진 도끼를 빌려줄 테냐. 내가 하늘을 받친 기둥을 다듬겠노라"는 노래를 부르며 돌아다녔다. 이 소문을 들은 태종무열왕은 "귀부인을 얻어 아들을 얻겠다"는 뜻이라고 풀이했다. 왕은 그를 요석궁으로 불러 과부인 요석공주와 통정케 했다. 이리하여 태어난 아들이 유학자의 시조로 일컬어지는 설총(薛聰)이다. 그는 자의로 파계승이 되었다.

원효는 복성거사(卜性居士)라 자처하고 무애행(無礙行)을 벌였다. 바가지를 두드리며 골골을 누비고 다녔고 광인처럼 "모든 것에 걸림이 없는 사람이 한 길로 생사를 벗어났다"고 노래 불렀다. 그는 때로 술집에 들어가 기생을 희롱하기도 하고 때로는 여염에 들어가 살기도 했으며 마음이 내키면 토굴에 들어가 좌선에 열중하기도 했다. 그러다가도 거리를 쏘다니면서 민중들 틈에 끼여 춤추고 노래하며 즐거워했다. 임금이 법회를 열 때 원효를 대덕으로 초대했으나 시기하는 무리들이 '원효는 만인의 적'이라고 지탄하면서 참석을 방해했다. 하지만 그는 아무런 원망도 아무런 관심도 보이지 않았다.

원효는 70세에 깊은 토굴에서 외롭게 열반했다. 누구도 그의 기이한 행동을 흉내 내지 못할 것이며 그에게는 그럴 만한 이유가 있었을 것이다. 그는 전쟁으로 사람이 죽어가고 전쟁이 끝난 뒤에도 민중이 굶주림에 떨며 노역에 고통 받는 현실을 똑똑히 보았다. 그런데도 중생 제도에는 한 점 관심을 두지 않고 사치와 향락으로 지내는 귀족과 승려의 모습도 보았다. 그는 민중의 편에 서서 그들의 우상이 되었다. 그는 유학을 다녀오지 않았으나 신라의 화엄종 성립의 선구적 역할을 했으며 전등(傳燈)의 제자를 기르지 않았으나 가장 영향을 끼친 고승으로 우러름을 받았다. 또 분열의 조짐을 보이는 신라 사회에 통합 이론과 화합 이론을 제시했다. 오늘날에도 그의 이런 사상은 여전히 많은 영향을 끼친다. 이때 의상은 원효와 다른 길을 걷고 있었다.

12
실천적 포교승, 의상

— 화엄 평등 구현의 참스승

의상은 원효와 헤어진 뒤 661년 당나라 수도 장안으로 들어갔다. 그 무렵 조국 신라는 백제 부흥군과 한참 전쟁을 벌이고 있었고 이어 당나라와 연합해 1차 평양 공격에 나섰다. 장안도 고구려 정벌로 소란스러웠다. 의상은 고국의 소식에 귀를 막았을 것이다. 그가 화엄학의 요체를 배우러 종남산 지상사에 주석하고 있는 지엄(智儼)의 문하에 들어간 것으로 보아 짐작할 수 있다.

의상은 아무 어려움 없이 공부를 마치고 고국으로 돌아왔다. 당시 신라는 당나라와 연합하여 고구려를 정복하고 668년(문무왕 8) 삼국 통일을 이룬 뒤 새로운 시대를 맞이해 들떠 있었다. 이해 문무왕은 "긴 전쟁은 끝났다. 창과 칼을 녹여 가래와 쇠스랑을 만들라"고 선포했다. 하지만 당나라 침략군들은 평양에 안동도호부를 두어 고구려 땅과 신라 땅 일부를 식민지로 만들려 했다. 신라는 당나라 침략군에 도전했으니 어제의 동지가 오늘의 적이 되는 것은 변함없는 진리였다. 결국 다시 쇠스랑을 녹여 창을 만들었다.

의상조사진영

　의상은 육로를 따라 고국으로 돌아왔다. 목숨을 걸고 뱃길로 돌아오지 않아도 되었을 것이다. 그는 길가에 뒹구는 해골을 보고 무엇을 느꼈을까? 당나라와 신라 사이의 전쟁을 막아야겠다는 의지가 꿈틀거렸을지도 모른다. 아무튼 그는 당나라의 동정을 전달했고 문무왕은 불법으로 전쟁을 막아보고자 그에게 양법(禳法)을 쓰게 했다. 의상은 신라 화엄학의 중흥조가 되었다. 원효가 비록 화엄학의 요점을 소개하기는 했으나 학문적 체계를 세운 것은 아니었다. 의상은 왕실의 지원에 힘입어 화엄학을 널리 가르쳤다. 그의 동료 법장(法藏)이 측천무후의 지원을 입은 경우와 비슷하다.

　신라 왕실은 전쟁에 지치고 민심이 유리되어 있는 현실에서 의

105

상이 대중에게 삶의 희망을 던지기를 바랐다. 의상은 수행에 치중하는 실천적 성격이 두드러져 이론에 치중하는 법장의 관념적 성격과 차이를 보였다. 의상은 문무왕의 당부로 화엄종의 본산 사찰을 창건하려고 그 터를 찾아 전국을 돌아다녔다.

그가 중국 등주에 머물러 있을 때 선묘(善妙)라는 낭자가 그를 흠모했다. 고국으로 돌아오는 길에 의상은 다시 그 집을 찾았고 선묘는 법복과 집기를 상자에 담아 따라나섰다. 그러나 의상은 배를 타고 돌아보지도 않고 매정하게 가버렸다. 선묘는 감연히 상자를 바다에 던지고 "큰 용이 되어 그 나라에 따라가 불법을 전하겠다"고 말한 채 바닷물에 빠져 죽었다.

선묘는 용이 되어 의상을 따라다니며 그를 보호했는데, 어느 날 의상이 태백산의 한 중턱에 이르러 복선(福善)의 절터라고 여기고 가람을 짓자 자신의 몸을 큰 돌로 화신하여 가람의 지붕에 떨어질 듯이 날았다. 여러 승려들이 놀라 흩어져 달아났는데 의상이 절에 들어오자 그제야 내려앉았다고 한다. 지금도 부석사 옆에 큼직한 돌이 놓여 있다. 부석사의 창건 설화는 그의 행적을 교묘하게 꿰어 맞추었다.

676년 부석사가 창건되자 찾아오는 사람들이 골짜기를 메웠으며 문무왕은 기쁨을 감추지 못하고 토지와 노비를 하사했다. 하지만 의상은 "우리 법은 평등하여 높고 낮음이 고루 같고 귀한 이와 천한 이가 같은 가닥입니다"라고 말하며 거절했다. 그리고 스스로 밭을 갈면서 살아가겠다고 말했으니 화엄 평등을 구현하는 참스승다웠다.

영주 부석사 무량수전(국보 제18호) | 영주 봉황산 중턱에 있는 부석사는 676년(신라 문무왕 16) 신라 승려 의상이 왕명을 받들어 화엄의 가르침을 펴던 곳이다.

__ 대중불교의 좋은 방편

의상은 부석사에서 제자들에게 화엄학을 본격적으로 가르치며 일반인들에게도 설법했다. 그래서 종남산과 태백산을 화엄사상의 상징으로 받들었으며 이 사실을 종남산에 전달했다. 이에 법장이 편지를 보내 의상의 공덕을 찬양하고 화엄학 선양에 더욱 힘써줄 것을 당부했다. 그리고 지엄이 쓴 『수현기(搜玄記)』 등 화엄학 관련 저술을 다른 신라 승려가 베껴갔다는 사실도 알려주었다.

의상은 이 뜻에 따라 부석사를 비롯하여 해인사, 범어사, 화엄사 등을 화엄 10찰로 지정하고 본격적으로 화엄학 전파에 나섰다. 이어 668년에는 화엄학의 요지를 7언(言)의 한시 형식을 빌려 30구의 게송으로 만들어 적었는데 모두 210자였다. 이를 도면에 담아 "화엄일

승법계도(華嚴一乘法界圖)"라 부르며, 줄여서 "법성게"라 한다.

「법성게」의 몇 대목을 알아보자. 앞 네 구절을 보면 이러하다.

하나 가운데 모두가 있고 많은 가운데 하나가 있다[一中一切多中
一]. 하나는 곧 모두이며 많은 것은 곧 하나이다[一即一切多即一].
하나의 티끌 속에 온 누리가 포함되어 있고[一微塵中含十方] 모
든 티끌 속에도 온 누리가 포함되어 있다[一切塵中亦如是].

이를 다시 부연하면 본체 가운데 현상이 있고, 현상 가운데 본
체가 있다는 것이다. 본체는 곧 현상이며, 현상은 곧 본체이다. 이 둘
은 아무런 차이가 없으며 서로 잘 어우러진다. 이를 단순한 종교적
이념 체계로 보기도 하고, 지배 체제를 받쳐주는 이데올로기로 보기
도 한다. 곧 귀족과 평민을 일체로 보아 화합을 강조한 것으로 해석
한 것이다.

또 다음과 같은 구절이 있다.

비의 보배는 허공에 가득하여 거듭 중생을 살리는데[雨寶益生滿
虛空] 중생은 그릇대로 이익을 담아 얻는다[衆生隨器得利益].

불법은 얼마든지 사람을 이롭게 하는데 사람들은 근기에 따라
그 몫을 얻는다는 뜻으로 불법의 교화를 드러낸 말이다. 끊임없이
수행하여 선보(善報)를 지으라는 가르침이다. 이는 귀족이나 대중
모두에게 해당하는 교의로서 편리에 따라 얼마든지 원용할 수 있다.

의상은 『화엄경』을 방편삼아 자신의 인생관과 사생관을 드러

냈다고 볼 수 있다. 그는 「법성게」 전파에 많은 노력을 기울였다. 선승들과 대중들은 방대한 『화엄경』을 읽어낼 수도 없었고 평생을 바쳐 골방에 앉아 읽어내도 그 오의(奧義)를 알 수 없었다. 그 요체를 210자로 적어냈으니 노작임에 틀림없다. 「법성게」가 한번 전파되자 온 절간에서 불교의식 때마다 염송되었고, 여염에서는 그것을 주문처럼 외웠다. 대중불교의 좋은 방편이었다. 어쨌든 그는 학승이라기보다 실천적 포교승이라 말해야 옳을 것이다.

이 시기의 불교사상가들을 두고 정면으로 반대되는 두 견해가 있다. 우선 역사를 유물론적 관점에서 접근한 사회주의 역사가들은 이들의 이론이 관념에 빠져 사회 발전을 외면하고 수탈을 일삼는 지배 세력에 영합하여 화합과 복종을 강요하는 이념에 빠져 있다고 보았다. 다른 한편의 견해는 이들이 인간 구원의 정신문화에 크게 기여한 종교적 이념 체계를 세웠다는 것이다. 또 황폐한 사상문화의 풍토에서 이들이 내건 이론이 민족사상과 통합 이념에 크게 공헌했다고 보았다.

원효의 사상도 부분적으로는 관념에 젖어 있었고 지배 이데올로기에 간접적으로 공헌했다. 하지만 원효와 의상, 이 두 승려의 평등사상과 구원정신은 후기에 큰 영향을 끼쳤다.

한편 의상은 표훈(表訓) 등 10대 제자를 길러 화엄학 전파의 전령으로 삼았다. 이들 제자가 후기 신라불교의 맥을 이어나갔다. 그가 이렇게 많은 제자를 길러내고 많은 절을 창건할 수 있었던 배경에는 왕실과 귀족들의 지원이 있었다.

13

민중 속으로 퍼진 정토·약사·관음신앙

___ 널리 퍼지는 불교실천운동

고구려가 멸망한 뒤부터 신라는 후기로 접어들었다. 초기에 당나라나 후발국인 발해와 충돌하거나 갈등을 빚었으나 어디까지나 컵 속에서 흔들리는 물 수준이었다. 후기 신라시대 곧 문무왕이 죽고 신문왕이 즉위한 681년부터 935년 신라라는 국명이 사라질 때까지 250여 년 기간에 불교는 새로운 시대를 맞이하여 변화된 면모를 보여주었다.

문무왕은 비록 영토를 조각내기는 했으나 통일의 과업을 이룩하고 죽었다. 그는 죽으면서 두 가지 유언을 남겼다. 첫째는 화장을 하고 무덤을 쓰지 말 것이며 후대의 왕들도 이를 따르라는 것이요, 둘째는 화장한 재를 동해 수중에 보관해 왜구의 침입을 감시하게 해달라는 것이다. 이 유언은 그대로 충실하게 지켜졌다. 그래서 그의 능은 동해 바닷가 물속에 조성되었고 그의 아들 신문왕은 수중릉 언저리에 감은사를 지어 유지를 받들었다. 문무왕은 신라 장례문화에 큰 변화를 가져온 인물이다.

경주 문무대왕릉(사적 제158호) | 신라 문무왕의 유언에 따라 만들어진 수중릉.

  지금 경주 일대에 널려 있는 능이나 묘를 보자. 물론 유럽, 중동, 인도 지방의 능묘에 비하면 보잘것없으나 봉분을 만드느라 수많은 인력을 동원했다. 그리고 능 안에는 많은 껴묻거리가 들어갔다. 신라는 일찍이 순장을 금지하여 장례문화에 있어 선진성을 보여주었으나 커다란 능을 만들고 껴묻거리를 넣는 풍습으로 인해 여전히 국가의 막대한 재물을 들여야 했다. 문무왕은 이런 나쁜 풍습을 화장으로 막으려는 의지를 보였던 것으로, 여기에 역사적 의미가 있을 것이다.

  그런 뒤에 화장이 장려되었다. 불교적 생활문화를 하나씩 익혀나간 것이다. 하지만 역대의 왕들은 한 명의 왕(34대 효성왕)만 빼고 이를 지키지 않았다. 더욱이 그의 아들 신문왕은 조상의 제사의식을 강화하고 자신이 죽은 뒤에는 큼직한 능을 만들게 했다. 그러나 많은 승려들과 백성들은 화장하는 풍습을 따랐다. 오늘날의 관점에서 보면 이 화장 중심의 장례문화를 본받아야 할 것이다. 그렇다고 민중의 생활 형편이 나아진 것은 아니었다. 평화의 시대에 귀족들은 호화롭고 사치스런 생활을 꾸리면서 수탈을 더욱 일삼았고 민중의 생활은 상대적으로 찌들어갔다.

아무튼 불교사에서는 이 시기를 기준으로 신라시대를 전기와 후기로 갈라 그 특징을 말한다. 이런 시대 구분은 불교사상사로나 여러 시대 정황으로 보아 타당성을 지니고 있다. 김동화의 주장을 들어보자.

> 이 시기의 불교는 국가제도상으로도 불교의 발전이 있도록 견고한 지반이 이미 닦여 있었고 또 전기부터의 연구 축적이 이 시대 학자들로 하여금 신라적인 불교사상을 건립하게끔 그 실력이 양성되어 있었다. 그러므로 다수의 학자들이 속속 배출되었던 것이다.(김동화,『신라시대의 불교 사상』)

불교를 수용한 뒤 차츰 신라의 현실에 맞도록 이론을 세우고 제도를 정착시켰는데, 불교의 위신력(威神力)을 빌려서 나라를 보호하자는 진호불교가 정착되고 많은 절간이 건설되었다. 그리하여 이를 국가에서 보호하고자 승려를 관리하는 승통을 두고 절간을 관리하는 승관(僧官)을 두었다. 혜량, 원효, 의상, 자장 등이 그 중간 단계에서 이론가, 실천가로서 활동했다.

신문왕은 이를 계승하여 봉성사, 감은사를 창건했고 그 뒤 봉덕사, 봉은사가 연달아 창건되었다. 차츰 많은 사람들이 출가하여 승

경주 감은사지(사적 제31호) | 신라 문무왕이 조성하기 시작하였으나 아들인 신문왕이 완성하였다. 현재는 절터만 전해지고 있다. 정면에 보이는 석탑 두 기는 국보 제112호로 지정되어 있는 감은사지 동·서 삼층석탑이다.

려의 숫자가 늘어났으며 승직으로 나라에는 국통, 주에는 주통, 군에는 군통을 두어 승려를 통솔하거나 감독하게 했다. 더욱이 800년 이후에는 불교실천철학을 내건 학파들이 일어났으며 종파들도 여기저기서 일어나 똬리를 틀었다. 따라서 이론파들은 점차 쇠퇴하고 실천파들이 떨쳐 일어났다. 쉽게 말해 경전을 읽고 이론을 제시하기보다 "믿어라. 그러면 복을 받을 것이다. 극락왕생할 것이다"라고 외친 것이다. 현세에 찌든 삶을 사는 민중들은 이런 주장에 귀를 기울여 보물이고 곡식을 가리지 않고 싸들고 절로 올라갔다. 그리고 아미타불이나 관세음보살을 중얼거리며 경배했다.

　이 대목에서는 앞으로 이론보다 실천신앙을 중심으로 그 대강의 내용을 알아보려 한다.

7세기 말 무렵부터 신라에서는 정토신앙을 본격적으로 받들기 시작했다. 부처에는 법불인 석가모니불과 서방정토 극락세계에 있다는 아미타불, 미래에 현세로 하강한다는 미륵불이 있다고 한다.

그러면 아미타불은 어떤 존재인가? 이 부처의 유래를 '말씀'하고 있는 경은 『무량수경』, 『아미타경』, 『관무량수경』으로 이를 "정토삼부경"이라 부른다. 정토삼부경에서 석가모니불이 제자 아난에게 일러준 바에 따르면 이러하다. 어느 임금이 여래의 설법을 듣고 비구가 되었는데 그를 법장(法藏)이라 부른다. 법장은 여래 앞에서 48가지를 서원했다. 그 첫째가 "만약 내가 부처가 되었을 때 나라 안에 지옥, 아귀, 축생이 있다면 정각(正覺)을 취하지 않을 것입니다"라고 한 것이고, 이어 시방 중생의 목숨이 한량없고, 그들이 선근심을 받고 공덕을 쌓으며, 향기가 가득한 나라를 세우겠다는 등을 서원한 것이다.

아무튼 법장은 성불하여 서방에 현재(現在)했다. 그곳은 칠보, 금은 등 보배로 땅을 이루었으며, 높은 산과 바다와 개울이 없고, 지옥, 아귀, 축생이 없으며, 춘하추동이 없어 춥지도 덥지도 않다. 이 땅에 태어난 사람들은 이를 모두 누릴 수 있다. 그리하여 이곳에 현재한 부처를 아미타불, 이를 한자로 번역하여 무량수불(無量壽佛)

경주 감산사 석조아미타여래입상(국보 제82호)

등으로 부른다. 이런 내용은 『무량수경』에 담겨 있다. 『아미타경』에는 48원만 없을 뿐 그 내용은 『무량수경』과 비슷하다.

"정토(淨土)"란 무엇을 뜻하는가? 바로 극락세계이다. 그 나라에 사는 중생은 모든 고통이 없고 즐거움만이 있어서 "극락(極樂)"이라 부른다. 정토신앙의 수행 과정에는 염불이 따른다. 염불을 통해 정업(淨業)을 닦아서 서방 왕생을 약속받는 것이며 또 그 신심에 따라 왕생할 수 있게 된다. 중국에서 염불이 성행하자 신라에도 영향을 미쳤다. 그리하여 경주의 절에는 "나무아미타불"을 외며 극락 왕생을 기원하는 승려와 신도가 늘어났다.

민중의 찌든 삶을 본 원효는 『무량수경종요(無量壽經宗要)』를 지은 적이 있다. 수많은 병고와 수탈과 기아에 시달리는 민중은 현세를 낙토(樂土)로 보고 살 수 없었다. 죽어서라도 극락에 왕생하고자 원을 세우고 아미타불을 염송하며 수행했다. 이를 염불사상이라고도 부른다. 또 이를 받드는 집단을 염불종이나 정토종이라 부르기도 한다. 신라 시기 전설 속에는 어느 승려가 염불을 열심히 한 끝에 극락 왕생했다든지, 어느 계집종이 쉼 없이 염불한 끝에 정토로 현신했다는 이야기들이 퍼졌다.

정토신앙은 귀족과 노비에게도 유행을 탔다. 현세에서 부귀를 누리는 귀족들은 죽어서도 극락세계에 가서 영화로운 삶을 연장하고 싶었을 것이요, 노비들은 현세에 찌든 삶에서 벗어나 내세에는 극락세계에서 잘살아보겠다는 염원으로 아미타불을 신봉했다. 이런 신앙이 유행하자 모든 절들은 아미타불을 미타전에 모시고 신도를 끌어들였다.

비밀스런 가르침의 매력

후기 신라에는 밀교신앙이 널리 퍼졌다. 밀교는 '비밀스런 가르침'이란 뜻으로, 진언종(眞言宗) 또는 밀종이 성립되었다. "진언"이라 함은 범어의 "만트라(Mantra)"를 한문으로 번역한 말로 '진실하여 허망하지 않은 말'이라는 뜻이다. 그리하여 "주문", "신주(神呪)", "밀주(密呪)"라고도 번역한다. 또 진언은 방편이 되기 때문에 "다라니(陀羅尼, Dhāraṇī)"라고도 한다. 이는 단적으로 말해 귀신을 향해 말하는 신성한 어구이다. 한편 상대가 이해하지 못하게 하기에 비밀의 가르침이라 부르는 것이다.

본디 대일여래(大日如來)는 법신불이어서 응신불인 석가여래와 구분된다. 응신불의 설법은 누구나 알 수 있는 데 비해 법신불의 설법은 사바세계의 중생은 알아듣지 못한다고 한다. 따라서 중생이 직접 알아듣지 못하더라도 읽고 수행하면 현세의 중생도 이익을 입는다고 가르쳤다. 진언종에서는 즉신성불(卽身成佛)을 주장했다. 이 말은 부모라는 범부의 육신을 빌려 태어나 금생에 성불할 수 있다는 것이다. 다른 종파에서는 이런 말을 하지 않는다.

불국사 삼층석탑 사리장엄구 중 무구정광대다라니경(국보 제126호) | 1966년 10월 경주 불국사 석탑을 보수하기 위해 해체했을 때 발견된 사리장엄 유물 중 하나. 8세기 중엽 간행된, 현재까지 알려진 세계에서 가장 오래된 목판 인쇄본이다.

무엇보다 성불을 목적으로 대비만행(大悲萬行)을 해야 하며, 이는 구체적인 실천 요목인 몸, 입, 뜻의 세 가지 밀행(密行)을 하는 것을 뜻한다. 세 가지 밀행은 이러하다. 첫째 신밀(身密)은, 범부는 여래의 이상을 자기의 이상으로 삼아 그 신체에 따르는 모든 행위를 부처님과 같게 하라는 것이다. 둘째 어밀(語蜜)은, 부처의 진언은 진실한 것이므로 이를 외워 부처의 진언과 동일하게 하는 것이다. 셋째 의밀(意密)은, 한 마음을 한 곳에 모아 부처의 의업(意業, 뜻으로 동작하는 것)과 동일하게 하라는 것이다.

세 가지 밀행을 잘 닦으면 현신으로 성불할 수 있다고 했으니 신도들로서는 매력이 넘치는 수행이었을 것이다. 그 속에서도 어밀의 방법이 가장 대중에게 주목을 끌었다. 모든 주문의 처음에는 "옴"이라는 음을 놓았다. "옴"은 범어의 감탄사로 모든 문자를 대표하여 무량한 공덕이 있다고 믿었다. 또 "훔치 훔치"라든지 "옴마니밧메홈" 등 라마교의 주문을 외우기도 했다.

밀교를 중국에 처음 소개한 승려는 "선무외(善無畏)"라 불리는 삼장(三藏)으로 인도 유학승이다. 이어 삼장의 제자인 일항(一行)이 계승했다. 일항은 중국 비기(秘記)를 전수한 것으로 유명했다.

신라에 밀교를 처음 전파한 이는 635년 당나라에서 유학하고 돌아온 명랑(明朗)이었다 하며, 이어 삼장의 제자인 혜통(惠通)이 665년에 돌아와 전파했다고도 한다.

신라승 혜초(慧超)는 당나라에서 불법을 공부하다가 인도승 금강지(金剛智)를 만나 불법을 배우고 그의 권유에 따라 인도에 들어갔다. 혜초는 4년 뒤 당나라로 돌아와 금강지와 함께 밀교경전인 『유가경』을 번역하다가 죽었다. 그의 인도 기행문인 『왕오천축국전』이

돈황의 석굴에서 발견되어 더욱 유명해졌다. 그 뒤 신라의 유학승들은 밀교경전을 가지고 돌아와 신라에 전파했던 것이다.

이와 함께 약사신앙도 퍼졌다. 『약사경(藥師經)』도 밀교의 중심 경전이다. 밀교의 특징 중 하나는 경전이나 주문을 외워 재앙과 병고를 물리치고 수명을 연장해 장수를 비는 것이다. 현세의 성불보다 더 시급한 문제는 병을 치료하는 것이었다. 자식은 열 살이 못 되어 병들어 죽고, 남편은 부역에 나가 객사하고, 부모는 젊은 나이에 병드는 처지에서 약사여래를 구세주로 여겼다. 그래서 사찰에서는 약사전을 지어 약사여래를 받들었다. 이렇게 약사전은 대웅전과 함께 절의 기본 구조에 속하기 시작했다.

경주 **백률사 금동약사여래입상(국보 제28호)** |
모든 중생의 질병을 고쳐준다는 약사불을 형상화한
불상으로 경주 불국사 금동비로자나불좌상,
경주 불국사 금동아미타여래좌상과 함께
통일신라시대의 3대 금동불상으로 불린다.

다음 관음신앙은 더욱 빠른 속도로 퍼져나갔다. 관음보살은 자비의 화신으로 1,000개의 손과 1,000개의 눈을 가지고 중생을 살피고 도와준다고 한다. 민중은 관음보살을 이웃집 할머니처럼 친근하게 여겨 마음속으로 받들었고, 자비의 손길을 소구(訴求)했다. 그래서 절에서는 많은 경비를 들여 정교한 솜씨로 관음보살상을 조성했다. 보살은 본디 남성, 여성으로 가르는 것이 아니었으나 관음보살 상은 거의 여성 모습으로 그리거나 조성했다. 사람들이 떠올리는 인 정 많은 어머니의 이미지와 연결시킨 것이다. 아무튼 이 전통은 오 늘날에도 계속 이어진다.

율종의 실천사상

다음에는 율종의 실천사상이 승려 중심으로 널리 퍼졌다. 계 율은 대승, 소승을 가릴 것 없이 한 종파에서만 지키는 것이 아니라 통불교(通佛敎)적인 것이다. 따라서 구족계(具足戒)로서 비구에게는 250계, 비구니에게는 500계를 받아 지키는 것이 필수적 조건이었 다. 계율만을 종지로 하는 종파가 인도에서는 성립하지 않았는데 중 국에서는 여러 단계를 거쳐 율종이 창시되었다. 그리하여 7세기 무 렵에 남산종(南山宗)이 율종으로서 자리를 잡았다.

계율의 기본은 10계이며 다음과 같다. 첫째 중생을 죽이지 말 라, 둘째 훔치지 말라, 셋째 음행하지 말라, 넷째 거짓말하지 말라, 다섯째 술 마시지 말라, 여섯째 꽃다발 쓰지 말고 향 바르지 말라, 일 곱째 노래하고 춤추고 풍류 잡히지 말며 일부러 가서 구경하지도 말 라, 여덟째 높고 넓은 평상에 앉지 말라, 아홉째 끼니 때가 아닐 때에 먹지 말라, 열째 제 빛인 금이나 물들인 은이나 다른 보물을 갖지 말 라 등이다. 이는 사미, 사미니의 수행 기본으로 제시했지만 경에 따 라 이와 비슷한 10계들이 있으며 또 내용이 다른 여러 계율이 있기 도 하다.

한편 재가 남녀에게는 5계가 있다. 곧 첫째 중생을 죽이지 말라,

둘째 훔치지 말라, 셋째 음행하지 말라, 넷째 거짓말하지 말라, 다섯째 술 마시지 말라 등이다. 또 넓은 범위의 수계자로는 국왕, 왕자, 재상, 비구, 비구니, 서민, 노비 그리고 음탕한 남녀에 이른다. 계율은 대승경전의 하나인 『범망경(梵網經)』에 가장 자세히 언급되어 있다. 중국에서는 출가자를 중심으로 한 소승의 계율, 출가와 재가를 가리지 않고 모든 신행자에게 적용되는 대승의 계율을 모두 수용하여 이론을 세우고 지키게 했다.

신라불교에서는 당나라의 영향을 받아 율종이 성행했으며 그 대표적 승려가 자장이었다. 당나라에서 돌아온 자장이 계율을 주자 수계자들이 구름처럼 몰려들었다 한다. 그는 모든 승려에게 수계하는 전통을 확립했다. 특히 통도사를 창건하여 상설 계단을 만들고 재가자와 출가자를 가리지 않고 수계하여 제도했다. 그리하여 자장을 신라 율종의 창시자로 꼽는다. 그 외 많은 승려들이 『범망경』을 주소하는 일을 했는데 대승의 보살계를 중시했다 한다.

그러므로 신라불교는 도덕을 몸소 실천하는 신앙으로 자리를 잡았다. 역대 임금들은 스스로 고기와 술을 먹지 않으면서 왕명으로 불살생을 일반 국민에게 틈틈이 지시했으며, 승려들은 신도들에게 소, 말, 돼지 등 가축을 함부로 잡아먹지 말라고 가르쳤다. 이런 가르침으로 백성들이 음주 가무를 거부한 것은 아니나 국민신앙적 차원에서 억제하는 효과가 컸다.

미륵신앙도 전파되었는데 이와 관련된 이야기는 뒤에서 자세히 알아보기로 한다. 이에 따라 우리나라 불교의 3대 신앙은 아미타신앙, 관음신앙, 미륵신앙을 꼽는다. 그 전통이 후기 신라 시기에 확립되었다.

___ 신라 불교문화의 명과 암

7세기 이후 불교는 사상과 신앙의 측면에서 창조적인 사유와 삶을 바탕으로 다양하게 전개되었다. 따라서 수많은 절과 탑과 종과 불상이 조성되었다. 이런 불사는 왕실과 귀족의 지원 없이는 불가능하다. 왕실과 귀족은 자기네 안녕과 복을 빌기 위해서이긴 했지만 많은 토지를 절에 희사했다.

이에 힘입어 부석사가 창건된 뒤 8세기와 9세기 초 무렵 불국사, 금산사, 유점사, 월정사, 실상사 등 오늘날까지 명찰로 꼽히는 절들이 창건되었다. 이 절들은 도식적인 구도를 벗어나 주위 환경과 지형 조건에 맞도록 융통성 있게 배치되었다. 산줄기와 물, 언덕과 바위가 건축물과 조화를 이루었고, 여러 자연물을 신앙 요소에 결부시켜 이용했다. 대웅전 같은 중심 건물은 남북 축에 놓되 다른 부속 건물들은 중심 건물을 따라 높낮이를 헤아리면서 놓았다. 기본 건물

경주 불국사(사적 502호) | 신라 재상 김대성이 현생의 부모를 위해 지은 절이라 전해진다.

121

경주 석굴암 석굴(국보 제24호) | 석굴암 석굴은 신라 불교예술 전성기에 이룩된 최고의 걸작으로 평가받는다.

앞에 두는 탑은 1금당 2탑이 기본이었으며 왼쪽에는 종루, 오른쪽에는 경루(經樓)를 설치했다. 탑과 부도와 다리 등은 재료를 나무로 쓰지 않고 돌을 사용했다. 불상도 목불, 토불 중심에서 석불, 철불로 바꾸었다. 당시 신라의 발달된 철기문화와 원숙한 석공 기술에 영향받았다. 그래서 수많은 전쟁을 겪으면서 목조 건물들은 불에 타 다시 건축했으나 돌로 만든 탑과 불상은 고스란히 천년의 세월을 견디어냈다. 민족문화의 꽃을 피운 시기였다고 말할 수 있겠다.

불상도 신앙 대상의 중심이 되는 부처만을 안치하던 단조로움에서 벗어나 보살 등 여러 부처를 안치했다. 한 절 안에 석가모니를 모시는 대웅전을 비롯하여 아미타불을 모시는 극락전, 약사여래를 모시는 약사전 등을 함께 배치했다. 게다가 토착신앙의 상징인 산신각과 칠성각을 절 뒤나 옆에 지었다. 이런 다양함은 대중의 여러 신앙 형태에 따라 이루어진 것이다. 토착신앙과의 조화는 절 배치에 있어서도 영향을 끼쳐 한국불교의 전통이 되었다.

여기서 주목할 것은 불국사와 석굴암 그리고 성덕대왕신종이다. 불국사와 석굴암은 귀족 출신인 김대성이 효도하기 위한 원력으로 세운 것이라 그려져 있다. 불국은 극락정토를 뜻한다. 신라의 땅이 바로 극락정토라는 이미지를 빌렸던 것이다. 여기 다보탑과 석가탑을 조성할 때 백제 석공들이 동원되면서 백제 양식이 가미되어 기술적 완숙미를 보여주었다. 석굴암은 한층 더 기술적 완숙미를 보여주었고 석굴암의 돌 조각은 완벽한 기하학적 비율을 적용했다. 석굴암은 불교 설화까지 수렴하는 종합 불교의 표본이었다.

불국사와 석굴암은 신라 불교사상을 압축했으며 과학과 기술의 극치를 보여준다. 불국사는 당시 모든 종파의 신앙 체계를 융화한 사찰로 그 신앙 대상도 화엄, 정토, 밀교, 관음 등 다양하다. 왕이나 귀족이나 서민들은 이 절에 드나들면서 현세의 고통과 찌든 생활을 정화하며 인간세계를 떠나 극락 왕생했다는 환상에 젖었을 것이다. 또 석굴암 부처 앞에서는 무한한 신비감 속으로 잦아들었을 것이다.

종은 중생을 깨우친다는 의미를 담고 있다. 평화 시대를 구가하면서 무기 제작에 쓰일 구리를 종 빚는 일에 투입하여 활발히 만들어졌다. 이 무렵 만들어진 상원사의 종에는 구리 10만여 근, 황룡사의 종에는 구리 31만여 근, 봉덕사의 성덕대왕신종에는 구리 13만 근이 들었다. 황룡사 종은 귀족의 노예가 만들었으며, 성덕대왕신종에는 에밀레 전설이 깃들어 있다. 이 애잔한 전설을 누가 만들어냈을까. 절을 창건하고 종을 만드는 데 수많은 사람들의 고통과 희생이 따랐다. 지배자들은 시주라는 이름으로 민중에게서 무수한 재물을 갈취했으니 민중의 한이 에밀레 전설에 깃들어 있었을 것이다. 하지만 신도들은 즐거운 신심으로 내세를 위해 불사를 벌이기도 했을 것이다. 이렇듯 신라불교의 새로운 폐단이 전개되어 민중을 고통으로 몰아넣은 이율배반의 현상을 빚기 시작했다.

성덕대왕신종(국보 제29호) | 우리나라에 남아있는 가장 큰 종으로 신라 경덕왕이 아버지인 성덕왕의 공덕을 널리 알리기 위해 만들기 시작하여 혜공왕 때 완성되었다. 우리에겐 "에밀레종"이라는 명칭으로 더 잘 알려져 있다.

제3부
갈등과 새 바람

14

타락하는 승려, 뒤로 부는 새 바람

___ 사상·신앙계의 일대 개편

수많은 절을 짓고, 수많은 불상과 종을 빚고, 수많은 부도를 만들려면 경제적 뒷받침이 따르지 않으면 안 된다. 기록에는 불국사와 석굴암의 창건이 김대성 혼자의 원력으로 이루어진 것처럼 되어 있으나 말할 나위 없이 왕실과 귀족, 민중의 보시가 따랐을 것이다. 절에 보시하는 기본 재산은 토지와 양곡, 금은, 비단이었다. 신문왕은 백률사를 창건할 때 밭 1만 뙈기를 하사했다. 경덕왕은 민장사에 많은 토지와 비단을 보내주었으며, 영묘사의 장육상을 개금 불사할 때 벼 2만 4,000여 섬, 성덕대왕신종을 조성할 때는 구리 전량을 대주었다.

이 무렵의 왕들은 예전처럼 "왕이 곧 부처이다"라고 자처하면서도 왕 자신이 부처의 자비를 몸소 베풀려는 노력을 보이지 않았다. 그저 현세의 복을 빌려는 알팍한 생각으로 재물을 보시했다. 왕후나 왕자들도 이를 본받았다. 더욱이 귀족들은 원찰을 지정하여 보시의 공덕만을 믿어 민중에게 갈취한 재산을 서슴없이 쾌척했다. 이들 행위는 자비행과는 거리가 멀었으며 이들이 던져준 재물은 정재(淨財)가 아니었다. 그래서 절은 막대한 재산을 모으고 대지주로 군림했다.

한편 왕자, 귀족 중에도 출가하는 이들이 많았으며 서민들도 머리를 깎고 절로 들어갔다. 그리하여 큰 절에는 수천 명, 작은 절에는 수백 명의 승려들이 거주했다. 이들은 극히 일부를 제외하고는 무위도식하는 무리들로, 선방에 누워 배를 긁으며 낮잠을 자고 게으름을 피웠으며 절 옆의 채전 일도 절에 딸린 종이나 신도들에게 맡겼다. 손발 하나 까딱하지 않는 신흥 귀족이었다. 다만 비단 가사를 몸에 친친 감고 아침저녁으로 예불을 드리거나 때때로 불공을 드리는 정도였다.

심심하거나 새로운 불사를 벌이고 싶으면 신도 집을 찾아다니면서 권선문을 내밀었다. 이 무렵에는 불상 개금과 금은 사경(寫經)의 불사가 활발하게 일어났다.

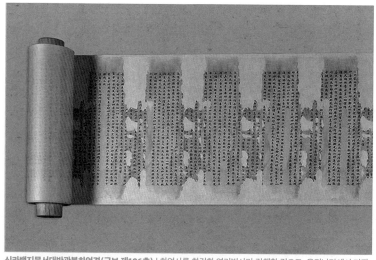

신라백지묵서대방광불화엄경(국보 제196호) | 화엄사를 창건한 연기법사가 간행한 것으로, 우리나라에서 가장 오래된 사경이다.

1966년 석가탑에서 발견된 다라니경은 목판 인쇄본이었으며, 755년 조성된 화엄경은 붓으로 베낀 것이었다. 초기에는 불경을 이처럼 목판에 새겨 찍거나 붓으로 베껴 보급했던 것이다. 그런데 후기에 들어 금과 은을 갈아 불경을 베끼는 풍조가 일었다. 이런 금은 사경은 물론 부처님의 보배로운 말씀을 금은으로 써서 오래 전하려는 의도였다. 불상 개금의 경우 초기 불상의 도금이 세월이 지나면서 벗겨져 불사가 유행을 탔던 것이다. 하지만 금은의 낭비로 품귀 현상을 빚었고 필요한 용도에도 사용하지 못하는 형편에 이르렀다. 810년 왕자인 김헌장이 당나라로 들어가면서 신라에서 금은으로 조성한 불상과 금은으로 베낀 불경을 헌납한 일도 있었다.

이와 함께 종파들의 분쟁과 갈등은 정도를 더해갔다. 수많은 종파들이 갈라져 너는 그르고 나는 옳다거나, 너의 행동은 나쁘고 나의 행동은 바르다거나 하는 따위로 입씨름을 벌였으며, 재산을 두고도 끊임없이 분쟁을 벌였다. 한편 유학승과 재지승들 사이에도 갈등이 유발되었다. 왕자 또는 귀족 출신의 유학승들은 당나라에 가서 견문을 넓혔다. 신라의 유학승들은 장안을 중심으로 그 주변 지역에 수백 명이 돌아다녔다고 기록될 정도로 많았다. 이들은 돌아와서 재지승들을 얕보았고 주로 서민 출신인 재지승들은 참다운 수행을 자부하면서 유학승들에게 맞섰다. 이런 재지승들은 뒷날 불교계 개혁에 앞장섰다.

일부 이성 있는 지배 세력은 이런 현실의 모순을 타개하려는 의지를 보였다. 일찍이 문무왕은 통일 전쟁을 앞두고 절에 재물과 토지를 보시하는 행위를 금지한 적이 있었다. 절로 몰리는 재산을 군사비로 돌리려는 정책을 폈던 것이다. 806년(애장왕7) 중앙 정부에서는 절의 창건을 금지시키고 개수와 보수만을 허용했으며, 절에서 금은과 비단으로 만든 의복과 그릇의 사용을 금지했다. 이때의 금령이 얼마나 지켜졌는지는 확인할 수 없으나 뒷시기에도 때때로 내려진 것으로 보아 잘 지켜지지 않았을 것이다.

이럴 때 도의(道義)가 당나라에서 귀국했다. 도의는 귀족도 아니요 경주 사람도 아닌 한강가 북한군 출신이었다. 그는 당나라 조계산에 가서 육조 혜능(六祖慧能)의 영당에 참배하고 혜능의 법맥을 이은 지장에게서 법을 이어받았다. 이후 821년 귀국하여 선의 무위법(無爲法)을 설파했으나 호응이 거의 없었다. 경교(經敎)를 위주로 무장한 승려들은 그의 말에 귀를 기울이지 않았던 것이다. 그는 설악산으로 들어가 40년 동안 수도하면서 제자를 길렀다. 신라불교의 갈등과 타락상을 보고 현실을 외면했던 것이다. 도의의 법맥을 이은 제자들이 뒷날 구산선문(九山禪門)의 하나인 가지산의 보림사에서

선풍을 크게 일으켜 불교 개혁에 앞장섰고 이로 인하여 도의는 오늘날 조계종의 개조(開祖)로 추앙되었다.

또 이 무렵 장보고(張保皐)는 해상 무역 활동을 활발

양양 진전사지 도의선사탑(보물 제439호) | 진전사 터 작은 언덕 위에 서있는 탑. 진전사를 창건한 선승 도의의 묘탑으로 추정된다.

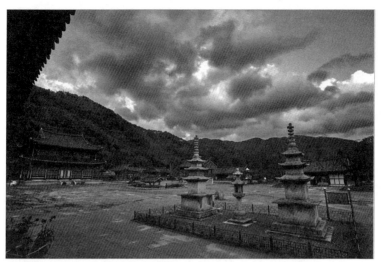

장흥 보림사 | 구산선문의 하나인 가지산 선문 사찰. 도의는 가지산 선문의 개산조로 추앙받았다.

히 벌였다. 중국 산둥반도의 안쪽 발해만 아래쪽에 자리 잡은 등주에는 신라방이 있었다. 신라방은 일종의 조차지로 당나라에 들어가는 사신과 유학승이 유숙하는 곳이었다. 장보고는 신라방을 중심으로 무역 활동에 주력했다. 그는 신라방 주변에 장원(莊園)을 두고 현지에서 농사를 지어 당나라에 있는 신라 사람들에게 공급했다. 산둥반도 아래쪽에 있는 적산벌의 장원에서는 해마다 곡식 500여 석을 수확했다고 한다. 이곳에 신라인 전용 사찰을 창건했는데 이를 적산 법화원(法華院)이라 불렀다. 여기에 승려 40여 명이 거주하면서 정기적으로 법회를 열었다 한다. 법화원은 신라 최초의 해외 포교당으로 꼽을 수 있겠다. 이곳 신도들은 상인과 뱃사람으로서, 이 절을 통해 이들의 일상생활 속에 불교의식이 자리 잡았음을 알 수 있다.

이런 과정을 거쳐 9세기 중엽 신라의 사상계 또는 신앙계는 일대 개편을 맞았다. 왕과 귀족들은 권력을 놓고 연달아 줄다리기를 하면서 역모 사건이 꼬리를 물고 일어났고, 왕들은 왕위에 올랐다가 곧바로 쫓겨나기도 했으며, 귀족들은 역모에 걸려 떼죽음을 당하기도 했다. 장보고도 그런 소용돌이 속에서 죽임을 당했다. 지배 세력 사이에 벌어진 이런 일들은 불교계에도 파장을 미쳐 변화를 가져왔다.

— 선종, 화두를 통한 깨침

다시 한 번 짚어보자. 왕실과 귀족의 타락과 갈등으로 지방 호족은 독자적인 기반을 구축하고 민중도 민활하게 움직였다. 화엄학을 닦는 승려들은 현실 문제를 외면하고 왕실과 귀족들의 손가락질에 놀아나 어용으로 전락했으며 정토신앙과 관음신앙도 민중과 유리되었다. 이런 승려들은 중생 구제에는 마음을 두지 않고 잿밥에만 마음을 쏟아 평민 위에 군림했다.

선종은 이런 시대 분위기를 타고 일어났다. 선(禪)은 '마음에서 마음으로 전하는 것을 벼리로 삼고 고요한 생각과 참선으로 안을 살펴 불성을 찾으며 설법이나 문자를 떠나 곧바로 부처님의 마음을 중생에게 전한다'는 종파이다. 본디 석가모니 부처님이 영산회상(靈山會上)에서 아무 말 없이 꽃을 꺾자 가섭존자만이 그 뜻을 알고 빙그레 웃었다는 데서 유래했다. 하지만 이미 고대 인도의 모든 사상에서 추구한 마음 다스리는 법이었으며 불교에서도 종파를 초월하여 공통으로 추구한 화두였다.

달마(達磨)는 470년 중국으로 건너와 소림사에서 '면벽(面壁) 9년' 하면서 선을 전해주었다. 선은 한문으로 사유수(思惟修) 또는 정려(靜慮) 등으로 번역된다. 선이 중국에 전해진 뒤 7세기 말기, 남종(南宗)을 일으킨 혜능과 북종(北宗)을 일으킨 신수(神秀)에게 전하여 크게 발전했다. 이후에는 임제종, 법안종, 조동종 등이 창시되어 발전을 보았다. 선종이 일어나는 당송(唐宋) 시기에는 유교의 성리학이 크게 발전했는데 선을 중심으로 한 심학(心學)이 그 이론적 토대를 제공했다.

신라에는 처음 선이 단편적으로 소개되었다. 821년 당나라 유학에서 돌아온 도의를 비롯하여 많은 유학승들이 이를 전파해, 불경을 중심으로 설법하여 불법을 펴는 교종에 반기를 들었던 것이다. 신라의 선종은 달마의 가르침에 충실했는데 그 요체를 간단히 설명하면 불립문자(不立文字), 교외별전(敎外別傳), 직지인심(直指人心), 견성성불(見性成佛)로 요약된다. 곧 문자를 세우지 않고 불경 밖의 별전으로 바로 마음을 꿰뚫어 본래의 성품을 보아 성불하는 것이다. 이는 또 대립과 부정의 문자를 뛰어넘어 초월의 세계를 지향하는 것이다. 여기에는 논리 체계가 없으며 주관적인 '논리 없음'이 논리가 된다.

8세기 중엽 지리산 언저리에 창건된 단속사의 비문에는 "선지식들께서 남보다 먼저 헤아린다면 손가락을 꺾어놓고 달을 찾으라고 하거나 달걀을 깨뜨리고서 새벽을 알리게 울라고 시킬 리가 있겠는가"라고 새겨놓았다. 문자를 세우지 않고 이런 화두를 통해 깨쳐야 하는 것이다. 교종에서는 수많은 불경을 읽고 터득해야 한다. 석가는 8만의 대장경을 남겼으며 승려들은 글자 하나하나를 놓고 끝없는 논쟁을 벌인다. 가난한 재가 불자들은 조용히 앉아 불경을 읽거나 스승을 찾아 가르침을 받을 여가가 없으니 화두를 가지고 깨침을 얻는다는 선정(禪定)의 방법에 끌리지 않을 수 없었다.

15
선문을 일으킨 선각자들

___ 선승의 진면목, 혜소

도의에 의해 선이 전래되었으나 초기 선승들은 떠돌이 신세를 면치 못했던 것으로 보인다. 교종계 사찰에 빌붙어 살면서 선을 말하고 선을 알리는 운동을 벌였다는 말이다. 도의가 설악산에 들어가 40년을 칩거한 것을 보아도 이를 추정할 수 있겠다. 따라서 초기의 선사들은 교종계 사찰에 살면서 선을 전수했고 교종 승려들은 이를 수용하고 새로운 선풍에 관심을 기울였을 것이다.

적어도 이때까지 교종, 선종의 갈등과 반목은 존재하지 않았다. 초기 선종의 본질은 교종과 대결하는 것이 아니고 단지 교외별전으로 수용했을 뿐이다. 따지고 보면 선종이 부처의 가르침을 거치지 않고 어찌 이런 수련 방법을 알았겠는가. 오히려 교종 종파끼리의 갈등을 화해시키는 수단이 되었을 수도 있다. 아무튼 화엄 사찰에서 먼저 선풍이 모락모락 피어올랐고 그 바람은 전국으로 불어갔다. 그런데 9세기에 분 선풍은 기성의 체계와 권위를 거부하는 방향으로 나아갔다. 교종의 썩은 승려들을 타매하고 왕의 권위를 거부하면서 지방의 유력자인 호족이나 하층민들과 연계하는 쪽으로 나아갔다. 이 시기를 살았던 두 승려의 삶과 행동을 통해 이 문제에 접근해보자.

혜소(慧昭)는 전주 출신으로 물고기를 잡아 팔아서 생계를 꾸려가던 평민이었다. 그는 출가하여 당 유학승으로 들어가 선을 익히고 만행을 거듭했다. 그는 830년(흥덕왕 5) 신라로 돌아와서 상주의 장백사(현재의 남장사)에 주석했는데 그의 명성이 널리 퍼져 사람들이 몰려들었다. 그는 발길을 지리산 화개골로 돌렸다. 화개골 입구에 폐사된 절이 있어 그 절을 수리하고 새 건물을 지어 머물렀다. 그곳은 처음 "옥천사"라 불렀으나 뒤에 "쌍계사"로 고쳤다.

이때 민애왕이 사자에게 선물을 들려 보내 혜소를 만나길 요청하자 "선정을 닦으면 되지 무엇을 원하리오"라고 말하고 응하지 않았다. 민애왕이 이 말을 듣고 깨달음이 있어서 그에게 "혜소"라는 불명을 내렸다. 민애왕은 경주에 와서 살기를 여러 차례 요청했고 법력(法力)을 빌었으나 혜소는 그때마다 모두 거절했다. 그러면서 "이 나라에 살면서 부처의 해를 이고 사는 자 마음을 기울여 부처를 받들면서 임금을 위해 공덕을 쌓지 않는 사람이 있으리오, 하필 멀리 임금의 말씀은 메마른 나무와 썩은 말목에 보내 구하리오"(진감국사 비명)라고 대답했다. 그는 임금의 사자에게 밥 한 그릇, 물 한 모금 주지 않으면서 확고한 거절의 의지를 보였다. 혜소는 제자들과 울력을 하면서 해어진 옷을 입고 꽁보리밥을 먹으며 정진했다. 찾아오는 사람들은 빈부와 귀천을 가리지 않고 한결같이 대해주었다. 또 인도산 향을 보내주면 "나는 무슨 냄새인지 모르겠구나. 마음을 경건히 할 뿐이다"라고 말하기도 하고 당나라에서 생산한 차를 공양하면 "나는 무슨 맛인지 모르겠구나. 배를 적실 뿐이다"라고 말했다. 그는 때

때로 범패를 부르며 스스로 환희에 젖었고 그래서 범패를 배우러 오는 자들이 밀려들었다. 이런 검소한 생활과 범패의 환희도 선정의 조화가 아니겠는가.

혜소는 죽음을 앞두고 제자들을 불러 "만법이 모두 공하다. 내 곧 가리라. 너희들은 한마음을 근본으로 삼아 힘쓸지어다"라고 당부하고 나서 부도를 만들지 말 것이며 비명(碑銘)을 쓰지 말라고 일렀다. 제자들이 처음에는 이 말을 지켜 열반한 지 하루 만에 시신을 땅에 묻었다. 하지만 헌강왕이 그에게 "진감(眞鑑)"이라는 시호를 내려주자 그가 머물던 쌍계사에 비를 세워 기렸다. 지금도 그 비는 지리산 쌍계사에 한국전쟁 시기 총탄을 맞는 등의 온갖 풍상을 겪으며 보존되어 있다.

하동 쌍계사 진감선사탑비(국보 제47호) |
승려 혜소 입적 후 887년 세워졌다.
혜소의 일생 행적 등을 적은 탑비명은
최치원의 사산비명 중 하나이다.

선승의 진면목을 그의 행적에서 찾을 수 있으리라. 임금이 부르면 허겁지겁 달려가고, 재물을 내리면 감지덕지 받고, 그 위세와 재물로 호화스런 생활을 누리는 어용승들과는 너무나 다른 행적을 보여주었다. 그는 심지어 비싼 향을 사르고 차를 마시는 풍조조차 거부했고, 손수 밭을 일구고 손수 밥과 옷을 지어 생활했다. 이것도 하나의 수행이었다. 이런 행적은 후배들의 귀감이 되었다.

혜철(惠哲)은 동리산(지금의 곡성) 태안사에 주석하면서 선풍을 일으켰다. 문성왕이 사자를 보내 위문하고 나라 다스리는 방책을 물으면 적당히 응대하면서도 산문을 나서지 않았다. 지금도 태안사에는 그의 흔적이 많이 남아 있다. 그의 제자로 도선(道詵)이 있었다. 이들은 선문의 한 파를 이루었다. 체징(體澄)은 가지산에 들어가 도의의 가르침을 충실히 따랐다.

무염의 특별한 산문 밖 행적

또 다른 선승에 주목해보자. 무염(無染)은 태종무열왕의 8대 손으로 진골 2등급 출신이다. 그러니 중간쯤 되는 귀족이었다. 그는 출가한 뒤 부석사에서 화엄학을 배우고 당나라에 사신으로 가는 왕자 김양(金陽)을 따라 당나라로 들어갔다. 그곳에서 만행을 거듭한 뒤에 845년(문성왕 7) 귀국했다. 혜소보다 15년 뒤에 돌아온 것이다. 그는 김양의 권유에 따라 공주의 성주산(지금의 보령)으로 들어갔다. 당시 그가 머물던 절은 영락하여 소유 토지는 거의 묵밭이 되어 있었다. 김양이 이를 걱정하자 "인연이 있으면 머물 것이다"라고 말하고 주석했다.

이곳에 머문 지 몇 년이 못 되어 문도들이 밀려들었고 이에 힘입어 가람의 여러 건물들도 완성되었다. 문성왕이 이 소문을 듣고 손수 편지를 써 사자를 격려하며 절 이름을 "성주사"로 부르게 했다. 이어 헌안왕이 왕위에 올라 글을 보내 시정을 물었고, 871년에는 경문왕이 "어찌 산림만을 친하고 성읍은 소홀히 하시오"라고 꾸지람을 섞어 경주로 오라고 일렀다. 무염은 제자들을 불러 "도가 장차 행해지려고 하니 때를 잃을 수 없다. 내 가리라"고 말하고 경주로 들어갔다. 경주에 들어가자 세자를 비롯해 모든 왕가의 사람들이 떠받들었으며 왕이 스스로를 제자라 부르면서 도를 묻자 "묵행(默行)이 있을 뿐입니다"라고 대답했다.

그런 뒤에 벼슬아치들과 서인들까지 몰려들어 그를 받들었다. 그는 이런 궁중 생활이 '새장 속에 갇힌 새의 신세'라고 여겨 왕궁을 떠나려 했다. 아마 그는 경주 왕실의 사치와 벼슬아치들의 부패를 보

보령 성주사지(사적 제307호) | 구산선문 중 하나인 성주산 선문 사찰, 성주사의 터. 현재는 5층석탑과 3층석탑 세 기 등을 비롯 최치원의 사산비명 중 하나가 새겨진 보령 성주사지 낭혜화상탑비(국보 제8호)가 남아 있다.

고 예토(穢土)를 벗어나려 했던 것으로 보인다. 그러자 경문왕은 상주의 심묘사가 경주가 가까운 곳이라고 말하고 그곳에서 거처하도록 당부했다. 876년(헌강왕 2) 헌강왕이 병들어 무염을 모셔오라고 분부했다. 무염은 왕의 사자에게 "산승의 발이 한번 궁궐을 밟은 것도 과분하다. 나를 아는 자는 성주사(聖住寺)를 무주사(無住寺)라 이르고 나를 알지 못하는 자는 무염(無染, 물들지 않음)을 유염(有染, 물들여짐)이라 이르는구려. 그러나 우리 임금과 향화(香火)의 인연이 있으니 도리(忉利)의 행을 기약할 수 있을 것이다. 어찌 한번 만나고 나서 이별하지 않으리오"라고 말하고 다시 걸음을 궁궐로 옮겨 병의 처방을 말해주고 잠계(箴戒)를 일러준 뒤에 성주사로 돌아왔다. 그 뒤에도 정강왕이나 진성왕의 초청을 받고 경주에 가서 자문에 응하기도 했다.

무염은 여섯 임금에게 특별한 대우를 받았으나 늘 산문으로 돌아가려는 뜻을 보였으며 산문에 가서도 정책 건의를 외면하지는 않았다. 그럼 당시 신라는 어떤 처지에 놓여 있었던가. 왕실과 귀족들은 부정을 서슴없이 저지르고 극도로 타락했으며 승려들은 더욱 나태와 향락에 빠져 있었다. 지방 호족들은 중앙 정부에 큰 반감을 가졌다. 한편 농민들은 여기저기에서 일어나 왕과 귀족에게 저항했고 교종 사찰을 타도 대상으로 삼기까지 했다.

양길(梁吉)은 강원도 아래 지역에서 큰 세력을 떨치고 신라의 통제력을 유린했다. 무염이 죽고 나서 3년 뒤에 궁예(弓裔)가 양길의 집단에 가담했으며, 12년 뒤에는 전주에서 진훤(甄萱, 甄이 성일 때는 진으로 발음)이 후백제를 세웠다. 이런 시대 상황에서 무염은 심적 갈등을 겪어 양면적인 행동을 보였을 것이다.

최치원이 쓴 무염의 탑비명에 따르면 그는 "저들이 물을 마셔도 나의 갈증을 풀어줄 수 없으며 저들이 밥을 먹어도 나의 주림을 구해줄 수 없다. 어찌 노력하여 스스로 마시고 스스로 먹지 않을 수 있으리오"라고 말했다. 그리고 때때로 스스로 물을 길어오고 땔나무를 해왔으며 울력이 있을 때에는 앞장서서 일을 했다. 또 대중과 같은 옷을 입고 보리밥을 먹었다. 사람이 찾아오면 귀천을 가리지 않고 똑같이 공경했다.

그가 산사에 머물면서도 때때로 경주로 들어가 자문에 응한 것은 그 자신도 왕실의 혈통으로서 외면할 수 없는 처지였기 때문이었을 것이다. 이 점이 혜소와 달랐다. 하지만 재물을 왕실이나 귀족들에게서 받았다는 기록은 없고 오히려 이를 거절하면서 새로운 불사를 벌였다. 그는 울력으로 자급자족하면서 철저한 검약 생활을 했다. 이 점이 혜소의 행적과 같은 실천적 면모였다.

또 한 사람의 선승을 소개해보자. 범일(梵日 또는 品日)은 당에 유학한 뒤 847년 무렵 경주로 돌아왔다. 그는 강원도 산골인 사굴산(지금의 오대산)의 굴산사(堀山寺) 숲속에 앉아 40여 년을 보냈다. 경문왕, 헌강왕, 정강왕이 그의 명성을 듣고 사자를 보내 예물을 바치고 국사로 봉하면서 경주로 맞이하려 했으나 아무 흔들림 없이 나오지 않았다. 그는 굴산사에서 많은 제자를 길러 하나의 선문을 이루었다. 이들의 행적을 통해 새로운 선풍에 접근해볼 수 있을 것이다.

16

구산선문 일어나 새 선풍 불다

― 아홉 산의 선문

앞에서 선진적인 몇 선승의 행적을 살펴보았다. 이들은 우리 땅에 선문의 기초를 닦았고, 그런 뒤 9세기 후반기에 들어 교종 사찰에서 벗어나 독자적으로 사찰을 마련하여 마음 놓고 선풍을 진작했다. 이들 사찰에 선객들이 꾸역꾸역 몰려들었으니 성주사에는 2,000여 명이 모였다고 한다.

선종 사찰은 지역적으로 분산되어 있었다. 이들은 스스로의 노역으로 절을 지었으나 적어도 대웅전, 불상, 불구 등 구색을 갖추는 데 재정적 한계를 드러냈다. 그래서 때로는 몰락한 왕족이나 부유한 평민, 지방신흥 세력들의 지원에 힘입기도 했다. 중앙 정부에 반감을 가진 신흥 세력들은 적극적으로 이들을 도왔으며 석물과 철물을 다루는 기술자들은 선종 사찰의 부도나 부처님을 조성하는 불사에 흔쾌히 동참했다. 쌍계사와 성주사도 이런 방식으로 이룩되었던 것이다.

이를 "선문(禪門)"이라 불렀는데 그중 아홉 산의 선문이 두드러졌다. 곧 실상산 선문은 남원의 실상사, 가지산 선문은 장흥의 보림

수미산 선문
광조사(지)

사굴산 선문
굴산사(지)

사자산 선문
흥녕사(현 법흥사)

성주산 선문
성주사(지)

희양산 선문
봉암사

실상산 선문
실상사

봉림산 선문
봉림사(지)

동리산 선문
태안사

가지산 선문
보림사

구산선문 | 아홉 군데 선문 외에도 승려 혜소의 쌍계산 선문(쌍계사)이나 승려 순지의 오관산 선문(서운사) 등 다른 선문도 있었다.

사, 사굴산 선문은 강릉의 굴산사, 동리산 선문은 곡성의 태안사, 성주산 선문은 보령의 성주사, 사자산 선문은 영월의 흥녕사(현 법흥사), 희양산 선문은 문경의 봉암사, 봉림산 선문은 창원의 봉림사 등이다. 그리고 가장 뒤늦게 일어난 수미산 선문은 해주 광조사에서 개산(開山)했다.

이들 아홉 선문 중에 범일 국사를 개조로 받드는 사굴산 선문이 가장 번창했다 한다. 그리고 무염이 주석한 성주산 선문과 도선이 주석한 동리산 선문이 후기에 큰 영향을 끼쳤으며 가지산 선문의 개조 도의는 오늘날 조계종의 종조가 되었다.

당시 선문에 머물고 있던 주요 선승 15명의 출신 성분을 보면 이러하다. 먼저 평민 출신으로는 전주 출신의 혜소, 경주 출신의 혜철, 철원 출신의 대통, 경주 출신의 도헌, 영암 출신의 도선, 경주 출신의 이관 등 여섯 명이 있다. 그밖에 낮은 귀족 벼슬아치 출신이 섞여 있고, 진골 출신이 한 명 있으며, 성골 출신은 한 명도 없다. 이런 신분 구성은 선승들이 평민 지향적이었음을 알려준다. 당시 화엄종 승려들은 왕자나 진골 귀족 출신들이 거의 차지하고 있었던 경우와 대조된다.

왕들도 민심이 유리된 현실 조건에서 선승들의 자문을 필요로 했다. 그래서 끊임없이 그들을 초청하고 구언(求言)을 부탁했던 것이다. 그러나 선승들은 교종의 어용승들과는 달리 이 핑계 저 핑계를 대면서 기피했다. 예전 교종 승려들이 이런 초청을 영광스럽게 여겨 한달음에 달려가던 사정과는 너무나 달랐다. 설령 초청에 응하더라도 곧바로 산문으로 돌아왔으며 국사의 지위를 내려주어도 탐탁하게 여기지 않고 그 교지(敎旨)를 골방에 처박아두었다. 또 그들은 권선문을 들고 왕가나 귀족 집을 찾아가지 않았으며 오히려 많은 보시를 하더라도 거절하는 경우가 많았다.

진성왕이 절중(折中)이라는 선승을 국사로 받들자 그는 "세상이 오랫동안 혼탁합니다. 반딧불로 긴 밤의 어둠을 밝힐 수 없고 아교로 황하의 거센 탁류를 미봉해 붙일 수 없습니다. 보이는 것마다 악으로 나가는 길이니 실로 삶을 꾸리기가 싫어집니다"라고 회답했다. 그러니 그 부류는 혜철이나 무염처럼 참담한 현실 앞에서 일정하게 협조하고 개선책을 제시하는 참여파와 혜소, 범일, 절중처럼 철저하게 거부하는 기피파로 구분할 수 있을 것이다. 기피의 또 다른 동기는 지배자들이 기성 승려들과 결탁하여 불법과 비리를 저지르고 있어 백성들이 원망하는 대상이었기 때문일 것이요, 선승들의 지지 기반이 지방 호족이나 평민이기 때문일 것이다.

__ 성속의 통일과 계급의 평등

최치원의 행동도 주목된다. 그는 당대 최고의 유학자 또는 문장가로 명망을 떨쳤다. 그는 당나라 유학생으로 그곳에서 출세를 거듭했으나 고국으로 돌아와 하찮은 벼슬을 얻으며 낙백하는 처지로 전락했다. 신라 귀족제의 장벽이 너무 높아 아무리 재주와 능력을 갖추고 있더라도 뒷전으로 밀려날 수밖에 없었다. 최치원은 국정의 문란을 통탄하여 지방관을 자청해 나가 민정을 살폈다. 그가 견당사로 임명되어 함양에서 경주로 들어올 때 도둑들로 길이 막혀 되돌아간 적이 있었다. 그는 당면한 문제를 해결하기 위한 개혁책을 올렸으나 제대로 시행될 리가 없었다. 그는 만년에 혜소와 지증, 무염 등의 탑비명을 써서 선승들의 행적과 사상을 전달했다. 마침내 최치원은 전국을 방황하다가 온 가족을 이끌고 가야산으로 들어가 종적을 감추었으니 한 지식인의 고뇌는 현실 도피로 종지부를 찍었다. 그는 유학 이론을 별로 저술하지 않았으나 선승의 동지였던 것이다.

아무튼 선종의 사회적 성격을 본래적으로 말하면 성속(聖俗)의 통일과 계급의 평등이었다. 인도와 중국은 봉건제적 신분제도와 경제 구조로 불평등 구조를 만들어냈다. 불교도 이 한계를 올바르게 벗어나지 못했으며 신라 사회도 다를 바 없었다.

이런 조건에서 선승들은 사회 구조의 이질성이 빚는 마찰을 변증법적으로 통일하려 노력했다. 선승들은 먼저 승려와 신도의 차별을 없애고 스스로 일하면서 자급자족하는 생활신조를 지켰다. 당시 큰절에는 나라에서 내려준 노비 외에 새로 노비를 두어 농사를 지었으며 온갖 허드렛일을 시켰다. 또 귀한 손님과 하찮은 손님을 차별하여 대접했으며 승려는 신도 앞에 군림했고 신도는 부처를 섬기기보다 승려를 받들었다. 삼보는 파행성을 면치 못했다.

일부 선승들은 이를 거부했다. 비록 전부는 아니지만 노비를 풀어주고 토지의 보시를 거절했으며 정재(淨財)만을 받는 것이 진정한 불제가라는 의식은 널리 퍼져나갔다. 민중은 자연스레 선종 사찰로 몰려들었다. 기성의 교종 사찰은 일대 위기감을 느꼈을 테지만 고착된 의식이 쉽사리 전환되지 않았다. 이렇게 선종은 신라 말기 화엄종을 대신하여 민중적 지배 이데올로기로 일단 자리 잡았다. 선종은 본격적으로 수용된 지 50여 년 만에 사상계의 주도권을 장악했으며 몇몇 선승들은 민중의 우상이 되었다. 따라서 선종이 주창한 노동관과 평등관은 실천성을 수반했고 중생 제도의 가르침에 근접한 행동

양식이라는 평가를 받는다.

한편으로 선종은 개인주의 또는 분파주의로 내닫고 직관을 지나치게 강조하여 배타적으로 흘러갔다는 지적도 받는다. 서로 유대 관계를 맺어 현실 문제에 대처하지 못했으며 산문 중심으로 수도 만행에 치중했다는 것이다. 선종도 후기에는 교종처럼 분파성을 되풀이했고 지나치게 총림(叢林)에서 맴돌았다. 다시 말해 자기네들끼리 아집을 세우고 산속에서 수도에만 정진하면서 민중 속으로 뛰어들지 않았던 것이다.

─ 신라 말 농민전쟁과 선종의 한계

이를 좀 더 역사성에 비추어 따져보자. 이 시기의 농민전쟁은 889년부터 전면적으로 전개되었다. 농민들이 곳곳에서 일어나 길이 막혀 행정력이 지방에 미치지 못했고 그래서 조세를 걷지 못해 국가 재정이 바닥났다. 지배 세력은 통제가 가능한 지역에 더욱 조세 납부를 강제한 탓으로 일부 농민의 부담이 늘어났다. 단계를 거치면서 농민전쟁은 더욱 거센 불길로 변했다. 이제 농민전쟁은 가래로 막을 수 없었고 둑이 터지고서야 그 기세가 꺾였을 것이다. 이 무렵 진성왕이 절중을 국사로 추대하자 절중은 이를 매정하게 거절했던 것이다. 또 최치원 같은 지식인도 도피의 방법으로 등을 돌렸으며 최승우(崔承祐) 같은 명망 있는 학자도 경주를 떠나 후백제로 가서 개혁의 꿈을 이루려 했다.

농민전쟁의 주도 세력은 기층민이었다. 곧 하층 농민과 노비들이 그 기저를 이루었다. 이들은 산속에 아지트를 마련하고 산사에도 출몰했으며 교종이나 선종의 사찰을 가리지 않고 닥치는 대로 불태웠다. 옥석을 가리지 않았던 것이다. 이를 두고 선승들은 한탄하면서 "옥석구분(玉石俱焚)"이라 불렀다. 절중도 영월에 머물다가 농민군의 출몰로 산중 생활을 더 지탱할 수 없어 유랑의 길을 떠나 강화도에서 죽음을 맞이했다. 굴산사 선문도 여러 차례 노략질을 당했으며 다른 산문들도 예외가 아니었다. 이들은 주석할 절을 잃었다. 이런 가운데 선종 승려와 호족들이 더욱 밀착하여 후삼국이 정립될 때까지 끈끈한 관계를 유지했다.

한편 당나라는 907년 북방 민족인 거란에게 멸망당했다. 신라 유학승들은 장안 일대에 갇혀 고국으로 돌아오지 못했으며 신라에서 가는 유학승들은 산동 언저리까지 갔다가 길이 막혀 맥없이 본국으로 발길을 돌렸다. 이제 신라불교는 당을 통한 새로운 선풍을 받아들일 조건을 상실했으며 선진적 문물의 수입 통로는 막혀버렸다. 이제부터 한국불교사에서 유학승 시대가 마감되고 자생적 불교 시대가 전개되었다.

이런 절박한 시기에 선승들은 자기들에게 주어진 소임을 다하지 못했다. 그들은 옥석이 구분되었다고 한탄했으나 민중적 정서는 그들을 기존의 교종 승려들과 같은 선상에 놓고 다루었다. 선승들은 농민들과 연계성을 갖지도 못했고 후원자도 되지 못했으며 어정쩡한 행동으로 피해만 입었다. 선승들의 심정적 동의와는 달리, 폭력적 방법으로 질서를 파괴하고 사회를 변혁하려는 농민 세력을 옹호하기에는 선승들의 이론적 토대가 약했고 그럴 만한 용기도 없었다. 결국 선종과 선승들은 민중적 이데올로기를 실천적으로 확립하지 못하고 새로운 전환기를 맞이했다.

17

미륵 현세를 열망한 민중

— 미륵상생, 미륵하생

선종이 실천을 통한 사상적 측면을 강조한다면 미륵을 받드는 사람들은 단순한 신앙에 치중한다. 신라 중대에는 정토신앙과 관음신앙이 미륵신앙을 앞질러 퍼졌으나 하대로 오면서 미륵신앙이 정토신앙과 관음신앙을 압도했다. 세상이 어지러울수록 미륵신앙으로 쏠리는 경향을 보였다. 미륵불은 사랑, 평화라는 의미를 지녔으며 미래에 출현하면 고통과 차별이 사라진다고 믿었기 때문이다.

먼저 미륵신앙의 수용 과정을 알아보자. 석가모니의 제자인 미륵은 석가보다 먼저 입멸(入滅)했다. 입멸하기 전에 석가로부터 미래 세상에서 세계의 주세불(主世佛)이 되라는 예기(豫記)를 받았다. 그리하여 그는 도솔천에 올라가서 도래할 시기인 56억 7,000만 년을 기다리고 있다는 것이다. 성불하기 전 미륵은 "미륵보살"이라고 부르며, 한자로는 "자씨(慈氏)"라고 번역했다. 인도에서는 여러 곳에 미륵을 모시는 신앙이 있었다.

미륵에 관련되는 내용은 『미륵상생경』과 『미륵하생경』에 적혀

경주 감산사 석조미륵보살입상(국보 제81호)

있다. 『미륵상생경』의 내용은 미륵을 받드는 자는 도솔천에 올라가 영생한다는 것이요, 『미륵하생경』의 내용은 미륵이 그 시기가 도래하여 용화수 아래에서 성불하면 도솔천에서 내려와 하생하는데 그 세계를 용화세계라 한다는 것이다. 용화세계는 고통과 차별이 없는 이상세계라 했다. 미륵은 『미륵상생경』에서는 교화주(敎化主)요, 『미륵하생경』에서는 용화교주가 된다.

인도의 경우처럼 중국에서도 미륵신앙이 널리 퍼졌다. 신라의 지배 세력도 미륵신앙에 경도했다. 원효는 『미륵상생경』과 『미륵하생경』을 주소(註疏)하거나 그 요지를 적은 저술을 하여 미륵사상을 전파하는 데 공헌했다.

6세기 초 무렵 흥륜사에 있던 진자(眞慈)가 "미륵께서 이 나라 화랑으로 태어나 우리들이 늘 뵈옵게 하소서"라고 발원했다고 한다. 그런 뒤에 어떤 미소년이 나타나자 국선을 삼아 화랑들에게 예의와 풍류를 가르치게 했다. 이는 신라가 화랑제도를 두면서 여기에 미륵불을 끌어들인 사실을 전해준다. 귀족 집안에서 제멋대로 자라 버릇없고, 또 비록 가려 뽑았다고는 하나 잡다한 젊은이들을 모아 교육시키는 일은 여간 힘들지 않았을 것이다. 그래서 미륵을 슬쩍 끼워 넣어 화랑도들을 교화시키는 수단으로 삼으려 했을 것이다. 화랑도를 "용화향도(龍華香徒)"라 불렀는데 이는 '미륵의 교화를 받은 무리'란 의미를 지니고 있다.

신라의 귀족들은 『미륵상생경』을 중심으로 믿고 받들었으나 때로는 이것의 의미를 강조하기도 했다. 자신들이 지배하는 사회를 미륵이 출현한 시대로 인식시키려는 의도가 숨어 있었다. 또 생사를 초월하고 고통도 없으며 차별도 없는 세상이 열린다는 의식을 피지배 세력에게 심어주고자 했다. 미륵신앙이 유행하자 많은 고승이 죽어서 미륵으로 환생했다거나 용화세계로 왕생했다는 설화를 꾸며냈다. 어떤 경우에는 왕이나 승려가 궁예처럼 자신이 현화(現化)한 미륵불이라고 자처했다. 초기 왕즉불사상에서 한걸음 구상화된 모습이다. 귀족들은 미륵을 이용해 인심을 호도하려 들었으나 민중의 미륵신앙은 그 본질이 달랐다.

미륵신앙에는 많은 설화가 얽혀 있다. 생의(生義)는 꿈에 한 승려와 함께 남산에 올라갔는데 그 승려가 한 지점에 이르러 "내가 이곳에 묻혀 있으니 마루 위로 내놓아주오"라고 부탁하여 그 장소를 풀로 묶어 표시해두었다고 한다. 꿈에서 깬 생의가 그곳에 올라가 파보니 돌미륵이 나왔다 한다. 이 돌미륵을 삼화령 위에 모셨는데 선덕왕이 이를 알고 절을 지어 "생의사(生義寺)"라 불렀다. 선덕왕은 자신이 다스린 시대에 미륵불이 출현했다는 이미지를 만들어냈던 것이다.

765년(경덕왕 24) 무렵, 충담사(忠談師)에 얽힌 이야기도 전해진다. 당시 승려들은 비단옷을 걸치고 다니는 따위의 화려한 생활을 일삼았고 불공을 올릴 때에도 온갖 과일과 곡식, 밥을 차렸다. 하지만 충담사는 남산에 올라 미륵불에게 차 하나만으로 공양했다. 그는 남루한 납의를 걸치고 허름한 바랑을 짊어지며 다녔다. 경덕왕은 그에게 「안민가」를 짓게 해 귀족과 승려들에게 교훈으로 삼게 했다. 경덕왕은 충담사와 남산의 미륵을 통해 나라의 안정을 도모하려 했다.

766년 무렵 진표(眞表)에 얽힌 이야기는 더욱 의미심장하다. 진표는 금산사에서 스승의 가르침에 따라 미륵보살과 지장보살의 현화를 보려고 변산의 내소사에서 정진했다. 마침내 두 보살의 현화를 본 뒤 금산사를 중창하려고 내려갔다. 그가 내려오는 길에 용이 나타나 가사를 바쳤고 8만 권속이 모시며 따라왔으며 사람들이 사방에서 몰려와 며칠 만에 이들의 힘으로 중창을 끝냈다. 더욱이 그의 어머니가 용화세계에 있으면서 내려와 도와주었다고도 한다. 토착 세력이 공사를 일사천리로 도와주었을 것이요, 그의 어머니가 미륵 세상에 있다는 말이 민중의 마음을 사로잡았을 것이다.

진표는 무쇠로 미륵장육상을 만들고 미륵이 용화세계에서 내려오는 모습을 금당 남쪽 벽에 그리게 했다. 이렇게 해서 금산사는 미륵사에 이어 백제권 미륵신앙의 근거지가 되었다. 진표는 그 뒤에도 속리산에 법주사, 금강산에 발연암을 세우고 미륵신앙을 전파했다. 이렇게 세 곳을 설정한 것은 미륵이 용화회상에서 세 번 설법하여 교화함을 상징한다. 진표의 설화는 미륵신앙과 연결되어 잘 짜여있다. 진표는 백제 미륵신앙의 전통을 살리면서 신라 미륵신앙과의 조화를 꾀했다.

김제 금산사 미륵전(국보 제62호) | 현재의 금산사 미륵전은 정유재란 당시 불타 1635년(조선 인조 13)에 다시 지은 것이다. 미륵전 내 미륵삼존불상 역시 정유재란으로 인해 소실되어 새로 조성된 것으로 다만 현재까지 불단 아래 남아 있는 청동대좌는 신라시대의 것으로 여겨지고 있다.

백제문화권의 미륵신앙 근거지가 미륵사와 금산사라면 신라문화권 미륵신앙의 중심지는 경주의 남산일 것이다.

남산은 468미터 높이의 야산이다. 작은 산이지만 산속에 기암괴석이 널려 있고 35개 골짜기에는 물이 마르지 않는다. 작은 만물상(萬物相)이라 불릴 만큼 남산은 신라 토착신앙의 중심지였다. 그 아래 천경림이 자리 잡아 무속의 제사 장소가 되었다. 이차돈이 여기의 나무를 베어낸 적이 있었다. 왕경 사람들은 남산을 신령한 산으로 여겨 처음에는 나라에서 산신을 제사 지내기도 하고 중요한 국사를 의논하는 장소로 삼기도 했다. 그러나 불교가 받들어지기 시작하면서 토착신앙은 뒷전으로 밀려나 남산마저 내주는 처지에 놓여 곁방살이를 하게 되었다.

6세기 말 무렵부터 이곳 바위들에 불상이 새겨지기 시작했다. 처음에는 밑에서부터 시작되었는데 점차 정상으로 올라가 10세기 무렵에 대충 끝을 맺었다. 남산에 붙어 있는 금오산 옥룡암의 삼층탑은 백제 양식으로 조성되었는데 이런 양식의 탑이 네 군데에서 발견되었다. 백제계 사람들의 손길이 여기에도 깃들어 있음을 알려 준다.

한편 남산에는 지금까지 절터 150여 곳, 불상 130여 체, 석탑 100여 기, 석등 20여 기 등의 유물·유적이 확인되었다. 바위가 있는 곳에는 모조리 불상을 새겼고, 평지에는 빈틈없이 절을 세우거나 탑을 세운 셈이다. 남산리의 석탑은 석가탑을 흉내 냈고 미륵곡의 석불은 석굴암 불상을 닮았는데 이 같은 모방은 이들이 이름 없는 민중의 손으로 조성되었음을 뜻한다.

경주 남산 칠불암 마애불상군(국보 제312호)

　　칠불암 쪽에 있는 일곱 체의 부처는 매우 세련된 모습인데 평지
에 큰 바위를 얹어 빚은 것이다. 부자나 세력가가 많은 경비를 들여
조성한 것으로 보인다. 탑골의 마애불상은 파격적이다. 중앙에 석가
불을 놓고 양쪽에 보살 열세 체를 새겼으며 후면에는 금강역사를 새
겨놓았다. 전통적 기법에서 벗어나 투박하면서도 자유분방한 민중
적 정서가 깃들어 있다. 용장사에는 여섯 발이나 되는 자씨석(慈氏石,
미륵돌이란 뜻)이 있는데 대현이 이곳에 머물 때 이 미륵상 주위를 돌
면 미륵의 얼굴도 따라 돌았다고 한다. 미륵곡에 있는 보리사 옆에
는 인자한 석불이 미소를 머금고 있다. 이 부처의 모습은 석굴암의
불상을 모방했으나 이를 석가불이라고도 하고 미륵불이라고도 한
다. 민중들이 그냥 미륵불로 받들자 그 골짜기 이름도 미륵곡이 되
었다.

경주 남산 미륵곡 석조여래좌상(보물 제136호)

　　이들 미륵불이 있는 곳은 8세기부터 경주 민중의 안식처였다.
민중은 미륵불이 현세에 나타나 고통 없는 이상세계를 실현해주길
열망했다. 경주 사람들은 남산을 용화회상으로 여겼고 온갖 재앙을
물리쳐주는 신성한 지역으로 생각했다.

　　불국사나 황룡사는 왕실 귀족이 차지하고 있어서 백성들이 함
부로 드나들 수 없었다. 한편 남산에는 절도 많고 불상이 널려 있는
데도 이름을 떨친 고승이 난 적 없었다. 충담사 같은 초라한 중들이
오가면서 민중의 기원을 들었을 뿐이다. 더러 이곳에 들어와 정진한
승려들의 이름이 가끔 보일 뿐이다.

　　진표의 미륵 설화에서도 확인되는 바와 같이 많은 승려들은 자
신이 미륵으로 화신했거나 용화세계로 올라갔다고 신도들에게 가
르쳤다. 미륵불 앞에서는 까다로운 예불 절차가 필요하지 않았으며

특별한 진언을 외우지 않아도 되었고 경의 가르침을 몰라도 나무랄 사람이 없었다. 그들은 교종이니 선종이니 따질 아무런 의미도 없었다. 그저 절하고 두 손 모아 자신의 소망을 빌면 되었다.

─ 마을과 집안으로 들어온 미륵불

미륵신앙은 전 국토에 퍼졌다. 민중은 서툰 솜씨로 곳곳에 미륵불을 새겨놓았다. 그래서 얼굴은 비뚤어져 균형이 안 맞고 코가 약간 비틀어지기도 하며 입이 옆으로 찢어지기도 했다. 불상의 권위와 위엄을 찾을 수 없다. 또 잘생기고 점잖고 덕스럽고 믿음직한 산이나 바위를 "미륵봉", "미륵바위"라 불렀다.

다른 한편 미륵불을 마을 뒤편 바위에 새기거나 바위를 주워와 적당히 미륵불로 다듬어 마을 앞에 세우고 성황당이나 당산나무와 함께 마을을 지켜주는 수호신으로 받들었다. 그리고 미륵불을 조그맣게 빚어 집안 뒤꼍이나 방안에 모셔두고 때때로 정화수를 떠놓고 빌었다. 미륵불이 마을로 내려오고 집안으로 들어온 것이다.

민중은 미륵불을 자기들 마음속이나 불경에 나오는 부처로 보지 않았다. 미륵을 마을과 집안과 자신을 지켜주는 수호신으로 여기고 받들었던 것이다. 9세기 이후 미륵신앙은 경주를 중심으로 공주, 김제, 진주, 보은 그리고 송악산, 금강산 등 전국에 걸쳐 전파되었다.

9세기 농민전쟁이 치열해질 때 궁예나 진훤은 이런 미륵 신도를 끌어 모으기 위해 자신이 미륵이라 자처하기도 하고 미륵이 자신을 도울 것이라고 외치기도 했다. 곧 자신이 미륵의 역할을 담당하는 구원자라고 충동했던 것이다.

제4부
불교정치술

18

신비에 싸인 도선과 풍수설

— 나쁜 기운을 막아야 한다

흔히 도선(道詵)을 우리나라 승려로는 최초의 풍수지리설을 연구하고 비보설(裨補說)을 전수한 인물로 연상한다. 그의 발길이 전국에 닿아 지리의 순역(順逆)을 점치고 이를 비기에 적어놓았다고 알고 있으며 여기에 도참설(圖讖說)에 따라 왕건의 탄생과 고려의 건국을 예언했다고 덧붙이기도 한다. 그리하여 도선이 지었다는 비기들이 수십 종 나돈다. 도선에 얽힌 이야기는 신비스런 분위기에 싸여 민중 속에 널리 퍼졌다. 과연 그는 이런 술승(術僧)이었을까? 그 실상에 접근하기 위해 먼저 그의 생애를 적은 비명을 간단히 살펴보자.

도선은 전라도 영암에서 태어났으며 속성은 김씨로 태종무열왕의 서손 계통이라는 말이 전해지지만 조상의 내력은 확실하지 않다. 그는 출가하여 처음에는 화엄사에서 불법을 익혔지만 교학의 현학적(衒學的)인 분위기에 염증을 느껴 선학으로 방향을 돌렸다. 그리하여 혜철이 동리산에서 개당(開堂)하자 그곳에 들어 선학을 배웠다. 그런 뒤에 전국을 떠돌며 수도를 거듭하다가 백계산(白鷄山, 광양)

에 옥룡사를 일으키고 그곳에서 조용히 참선에 들어 묵언으로 35년을 보냈다.

이때 헌강왕이 사자를 보내 경주로 초청하자 잠시 경주로 가서 현언묘도(玄言妙道)로 임금을 깨우친 뒤에 옥룡사로 돌아왔다. 그는 옥룡사에서 72세로 열반했다. 이 기록에서 그가 살아온 과정은 사실에 비추어 보아 거의 틀림이 없다고 판단된다. 곧 그는 구산선문의 하나인 동리산에서 당 유학승 출신인 혜철의 제자

영암 도갑사 도선국사·수미선사비(보물 제1395호) |
이 비문에 의하면 본래 이곳에 있던 도선의 비가 훼손되어 다시 세웠음을 알 수 있다.

가 되었으며 일생 동안 만행과 선승으로 지내다가 잠시 헌강왕의 초청을 받았다는 것 등이 역사적 사실과 일치한다.

그러면 혜철은 누구인가? 앞에서 선승 혜철을 설명한 바가 있으나 이 대목에서 좀 더 자세히 알아둘 필요가 있을 것이다. 혜철은 당나라로 건너가 선을 전수받고 이어 밀교에 깊이 빠져들었다. 밀교는 비로자나불을 받들되 모든 보살과 선신(善神), 무속까지 융화·포섭하는 통합사상을 기저로 삼았으며 원효의 화쟁사상과 본질적으로 상통한다. 또 밀교는 땅의 정령이 호생(好生)의 근본이 된다고 보아서 풍수지리설과도 연관이 되었다. 밀교에서는 수도할 때 장소를

매우 중요하게 여겨 그 장소가 바르면 수도도 잘되고 깨침의 효과도 쉽게 얻을 수 있다고 본 것이다. 그런 탓으로 밀교에서는 택지법이 중요시되었다. 혜철은 이런 밀교를 공부하고 일항의 사상을 전폭적으로 수용했다.

일항은 누구인가? 일항은 밀교의 교의를 배우고 나서 당나라 밀교의 개조가 되었다. 일항이 살던 시대에는 측천무후가 일어나 정치 세력이 분열되고 사상계가 혼돈을 겪었다. 당나라는 멸망을 앞두고 말기적 증상을 보이고 있었던 것이다. 이럴 때 불교적 통합사상이 요구되었으며 일항은 밀교를 통해 이를 풀어보려 했다. 그는 천문역수에도 밝은 천문학자이기도 했다. 이런 과정에서 한(漢) 시대에 유행했던 풍수지리설을 밀교의 지령(地靈) 이론과 결부시켜 부분적으로 수용했다.

혜철은 스승 지장을 통해 일항의 사상을 모두 섭렵했으니 그의 제자 도선이 이를 공부한 것은 너무나 당연한 순서가 될 것이다. 따라서 도선은 선승이면서 밀교를 받들어 비보설을 내세웠을 것이다. 곧 절을 지으려면 산천의 순역에 따라 짓되 거슬리는 곳을 골라 절을 지어 나쁜 기운을 막아야 한다는 주장을 폈을 것이다. 마치 독사를 무거운 돌로 눌러 움직이지 못하게 하거나 병이 든 몸 부위에 뜸을 뜨듯 절을 지어 눌러놓은 것이다. 이를 역으로 풀어보면 사찰을 함부로 짓는 일을 막는 효과를 가져올 수 있다. 신라 말기, 절을 너무 함부로 지어 민중에게 많은 고통을 안겨주지 않았던가? 그래서 도선은 아무리 좋은 재료로 절을 지어 복을 받는다 하더라도 참선으로 마음을 깨치는 것보다 못하다고 갈파했을 것이다.

일항, 지장, 혜철, 도선으로 이어지는 융합사상을 역이용하여 확대 재생산한 자들은 고려 건국의 지배 세력이었다. 그들은 왕건이 궁예를 몰아내 왕위를 찬탈한 일을 합리화하고, 고려 건국이 하늘의 뜻에 따라 이루어졌음을 끊임없이 조작해내는 데 도선을 좋은 미끼로 삼았다.

그 첫 조작이 『고려사』 세계(世系)에 다음과 같이 나타난다. 용륭이 개성의 곡령 밑에 새로 집을 지으려고 했다. 그때 마침 도선이 당나라에서 일항에게 지리법을 배우고 돌아와 백두산에 올라 그 아래 산맥을 두루 살펴보았다. 그가 곡령에 이르러 용륭이 지은 새 집을 보고 말했다. "기장을 심을 땅에 삼을 심어서야 되겠소?" 도선이 말을 마치고 옷깃을 휙 떨치며 갔다. 그런 뒤 용륭이 다시 모셔와 곡령에 올라서 산수의 맥을 보게 했다. 도선이 하늘과 땅을 살피고난 뒤에 이곳은 명당이며 그대는 물의 운명을 받았다고 말하고 집 36채를 지으면 큰 운수가 트인다고 했다. 또 명년에 성스런 아들이 태어나면 삼한의 주인이 될 것이니 이름을 "왕건"이라 지으라고 당부했다. 용륭은 물론 그 말대로 따랐고 다음 해에 왕건을 낳았다.

자, 이 대목은 여러 사실이 정교하게 짜여 만들어졌다. 도선은 당나라에 유학을 간 적이 없다. 일항이 죽은 시기와 도선이 태어난 시기는 꼭 100년 차이가 난다. 일항은 727년에 죽었다. 더욱이 혜철도 일항을 직접 만난 일이 없다. 도선이 백두산을 가보았는지는 모를 일이나 용륭이 곡령 아래에 산 것은 틀림없는 사실이다. "기장"은 당시 임금을 일컫는 발음과 비슷하다고 하니 아마 군장을 의미하는지도 모를 일이다. 궁예는 연호를 "수덕만세(水德萬歲)"로 삼았는데 당시에는 오행설에 따라 상생상극(相生相剋)을 인간의 운명에 원용하는 풍조가 일었다. 신라는 화덕(火德)을 표방했다. 물은 불을 이기며 또 만물을 소생케 하는 덕을 지녔으니 중생을 고통에서 풀어줄 덕을 지녔다고 선포한 것이다. 왕건은 쿠데타를 단행한 뒤에도 궁예의 수덕을 그대로 표방했다.

"36"이라는 숫자는 당나라 수도인 장안의 도시 구획 수인데 경주의 구획도 이를 본받았다. 어느 시인이 장안을 두고 "삼십육궁도시춘(三十六宮都是春)"이라 읊을 정도로 이 숫자는 평화와 번영을 상징한다. 개성은 비록 이런 도시 계획을 이룩하진 않았으나 민중이 정신적 고향으로 삼는다는 의미를 지니게 된다. 아버지의 성인 용을 따르지 않고 왕가로 바꾼 사실을 두고 뒷세상에 살았던 김관의는 조작이라고 비판하면서 본디 조상 때부터 왕가였다고 지적했다. 하지만 신라 시대에 특별한 귀족을 제외하고는 성을 바꿀 수도 있었으며 어머니 성을 따른 경우도 흔했다. 이런 설화는 도선에 의해 왕건의 탄생이 하늘의 뜻이라는 이미지를 깔아놓고 있으며 고려의 건국이 결정되어 있었다는 도참설을 원용한 것이다.

이런 조작은 결국 고려 건국 설화의 기본 틀이 되었다. 그래서 1150년(의종 4) 최유청이 의종의 분부로 도선의 비명을 쓸 때 도선이 화엄사에서 음양오행설과 여

도갑사도선국사진영(전남 유형문화재 제176호)

러 비기를 공부하고 왕건의 출현을 예언했으며 고려 건국을 도왔다고 기록했다. 이런 탓으로 역대 임금들이 그를 추존하여 왕사, 국사로 받든 사실을 적고, "스승이 전해준 음양술수의 책 몇 가지가 세상에 많이 떠돈다. 뒷세상에 지리를 말하는 자들이 모두 스승을 종조로 받든다"라 덧붙였다. 도선이 열반한 지 252년 뒤의 기록이다.

민지(閔漬)는 최유청보다 약 150년쯤 뒤에 활동했다. 민지가 저술했다는 『편년』에 다음과 같은 기록이 있었는데 『고려사』에서 이를 전재하여 전한다. 왕건이 17세 때 도선이 다시 찾아와서 그를 만나 "혼란한 시기에 창생을 구제할 운수를 지녔다"고 이르며 군사를 출동시켜 진을 칠 곳을 일러주었다고 한다. 왕건은 이 말에 따라 궁예에게 몸을 던져 처음 철원군 태수가 되었다고 한다. 도선이 왕건을 만난 때는 893년으로 용릉이 죽기 4년 앞선 시기이다. 당시 진성왕은 비정을 거듭하여 나라는 수습할 수 없을 지경으로 혼란스러웠다. 이러한 혼란의 틈을 타 진훤은 7년 뒤 완산주에서 나라를 세운다.

아무튼 고려 창건의 지배 세력은 도선을 철저히 이용했다. 도선은 혜철의 맥을 이어 새 바람을 일으킨 선승으로 명망을 얻었으며 밀교를 수용한 통합사상의 제창자였다. 풍수설이 새 유행을 타는 분위기에서 이에 대한 그의 지식을 정치적으로 이용한 것이다. 신라 왕실에서 먼저 그를 초청했을 때 왕건은 보물을 놓친 기분이 들었을 것이다. 더욱이 남쪽의 호족을 포용하는 과정에서 도선의 이미지는 이용 가치가 충분히 있었을 것이다. 그래서 도선을 고려 건국의 당위성을 설파한 술승으로 만들어나갔던 게 아닐까? 고려 건국 뒤에 도선을 이용한 여러 사실은 뒤에서 알아보기로 하자.

19

궁예와 미륵 세력의 결합

_ 복잡한 출생 비밀

궁예는 복잡한 출생 비밀을 지니고 있다. 『삼국사기』에는 그가 왕자라고 기록되었으나 아버지가 누구인지는 분명하게 알 수 없다. 한편 궁예의 후손을 자처하는 순천 김씨의 세보에는 궁예가 신무왕의 아들로, 광산 이씨 세보에는 경문왕의 서자로 기록되어 있다. 조상의 내력을 간단히 적은 가첩(家牒)은 고려 말기에 많은 사람들이 성을 가지면서 기록되기 시작했으며, 조선 초기부터 일부 사족들이 족보를 작성하기 시작하여 16~17세기에 본격적으로 널리 만들어졌다는 역사적 배경을 감안하면 위의 두 세보의 기록은 믿을 것이 못 된다. 더욱이 연대를 맞추어보면 궁예가 가장 뒷시기에 해당하는 신문왕이 죽은 해에 태어났다고 하더라도 왕건에게 쫓겨나 죽을 무렵에는 80세가 된다. 여러 정황으로 보아 결코 이렇게 늦은 나이에 죽었다고 볼 수 없을 것이다.

다만 그가 신라 왕실이 왕위 쟁탈전을 연달아 벌이고 귀족과 불교계가 타락하여 농민전쟁이 유발되는 시대에 태어났다는 점이 주목을 받는다.

그는 왕실의 음모에 휘말려 외가에서 태어나 죽음을 모면하고 절간에서 유모의 손에 자랐다고 한다. 그가 자란 절간은 "세달사"라고 하는데 여러 정황으로 보아 영주 부석사라고 보는 것이 일반적인 견해이다. 신채호는 궁예의 성을 궁으로 보고 해상왕으로 일컬어지는 장보고의 본디 성인 궁(弓, 이름은 福)과 같은 성으로 보기도 한다. 곧 궁예가 외가의 성을 받았을 것이라 보는 것이다. 기발한 착상이기는 하나 설화처럼 들린다.

아무튼 궁예는 10세 무렵 머리를 깎고 세달사에서 살았다. 그의 불명은 "선종(善宗)"이었는데 자라면서 도무지 불경 공부에는 관심이 없었고 계율에 얽매이지 않았으며 농담을 지껄이고 너털웃음이나 웃으며 주적거렸지만 담력과 용기가 뛰어났다고 한다. 그가 "재를 지내는 행렬에 끼었을 때 까마귀가 무슨 물건을 바리 안에 떨어뜨렸다"(『삼국사기』)는 기록도 있다. 이는 그가 정식 승려가 아니라 절간에 빌붙어 일을 해주고 몸을 기탁한 수원승도(隨院僧徒)였음을 의미한다. 그러니 수행보다 활쏘기, 권법 등 무예를 익히면서 뜻을 키웠을 것으로 보인다.

그는 전국에 걸쳐 농민전쟁이 일어나자 죽주의 두목 기훤에게 달려갔으나 찬밥 신세를 면치 못했다. 그래서 기훤의 부하 몇 명을 동지로 끌어들여 강원도 일대에서 세력을 떨치고 있는 양길에게로 갔다. 양길은 그들 일행을 따뜻이 맞이했다. 이제 비빌 언덕을 찾은 것이다. 기훤과 양길은 둘 다 호족인지 농민 출신인지 확인되지 않는다. 두 사람이 당시 지방에서 세력을 떨치던 호족이라면 신라 왕실과 귀족에 반기를 들어 왕실, 귀족과 결탁한 교종을 배척했을 것이다. 두 사람이 순수한 농민군 출신이었다면 호족이나 호족과 손을 잡은 선종마저 타도 대상으로 삼았을 것이다. 정황으로 보아 후자일 가능성이 높다.

___ 궁예의 새로운 이미지 창출

궁예는 양길의 휘하에서 장수가 돼 치악산 석남사에 둥지를 틀고 전공을 세워나갔다. 이 무렵 진훤은 남쪽에서 후백제를 건설하고 기세를 올리고 있었다. 궁예는 부하들과 고통을 함께 나누면서 명망을 얻어 양길의 휘하를 벗어났고 많은 무리를 거느리고 영역을 넓혀나갔다. 이런 과정에서 부하 100여 명을 이끌고 부석사를 손쉽게 손아귀에 넣었다. 아마 부석사에 있는 옛 동료들이 호응하여 자체 방위력을 무력화시켰을 것이다. 그리고 벽에 그려진 신라 왕의 화상을 칼로 찢어 신라에 대한 반감을 드러냈다. 부석사는 신라 왕실의 보호를 받는 화엄종의 본산이 아닌가. 이는 신라불교의 심장부를 자신의 영향 아래 두었다는 상징적 의미가 있었다.

궁예는 농민군에 투신한 지 불과 5년쯤 지난 뒤에 철원에 도읍을 정하고 나라를 열었으며 901년에는 정식으로 고려국(후고구려)을 선포했다. 욱일승천의 기세라 할 만하다. 이는 반 신라의 기치를 내걸고 농민군의 명망을 얻어 석남사, 부석사 등 불교 세력을 끌어들이고 왕건 같은 호족 세력마저 휘하에 거느린 위세 때문에 가능했을 것이다. 그가 개성으로 도읍을 옮긴 뒤인 898년에는 팔관회를 성대하게 열어 단합대회를 벌이기도 했다. 불교도를 끌어들이는 한 방법이었을 것이다. 다시 철원으로 옮겨가서는 국호를 "마진(摩震)"이라고쳤다. 마는 "마하"의 약자로 "크다"는 뜻일 것이요 "갈고 닦는다"는 의미를 내포하고 있기도 하다. 진은 "동방"이라는 뜻이다. 그러니 "큰 동방의 나라", "갈고 닦을 동방의 나라"로 해석할 수 있다. 석가가 도를 깨친 나라인 마타국(摩陀國), 또 석가의 어머니인 마야부인에서 글자를 따왔는지도 모른다. 이어 신라를 "멸도(滅都)"라 부르고 신라에서 투항해오는 자들을 모조리 죽여 철저한 반감을 드러냈다.

이때부터 궁예는 새로운 이미지 창출에 나섰다. 스스로를 미륵이라고 일컬었으며 큰아들은 "청광(靑光)보살", 막내아들은 "신광(神光)보살"이라 불렀다. 그리고 머리에 금빛 수건을 쓰고 몸에 도포를 입었으며 나들이할 때는 늘 갈기와 꼬리를 비단으로 장식한 백마를 타고 앞에는 일산과 향, 꽃을 든 동남동녀들이 인도하게 했으며 뒤에는 비구 200여 명이 범패를 부르며 따르게 했다. 이런 행동은 몇 가지 점을 시사한다.

당시 미륵신앙은 교종과 선종에 등을 돌린 민중 사이에 광범위하게 퍼져 있었다. 예전 진흥왕은 세상을 위엄으로 굴복시킨다는 전륜성왕을 자처했고, 진평왕과 왕비는 석가의 부모 이름을 빌려 사용했다. 궁예가 미륵을 자처한 것도 이런 경우와 같을 것이다. 그러나 미륵을 표방한 것은 시대 사정의 반영이었다. 또 청광보살은 관음보살의 푸른색, 신광보살은 아미타불의 광명을 상징하여 관음신앙과 정토신앙을 미륵의 보처(補處)로 삼은 것이다. 행차에 방포를 입고 향과 꽃과 범패를 공양 받은 것은 바로 부처님이나 임금 또는 고승의 장엄한 나들이를 흉내 낸 것이다. 더욱이 궁예가 영역으로 한 북쪽과 중부 지역은 선종 세력이 약했으니 미륵 세력을 끌어들이는 것이 정치적 효과가 더욱 컸을 것이다.

미륵 중심의 신앙 체계

　한편 궁예는 경전 20여 권을 자술(自述)했다고 한다. 이를 흔히 궁예가 경전을 창작한 것으로 해석한다. 하지만 공자는 "술이부작(述而不作)"이라고 말하며 술과 작을 구분했다. 곧 술은 조술(祖述)을 의미한다. 궁예는 새로운 경전을 만든 것이 아니라 원효처럼 자기 나름대로 경전을 풀이한 책을 만들었을 것이다. 그 내용이 요사스럽고 경도(經道)에 어긋난다고 했으니 경전 풀이에 독창성이 있었던 것으로 보인다. 그는 가끔 여러 사람들을 모아놓고 정좌하여 강설했다. 승려 석총이 그 내용을 두고 "모두 사설 괴담이어서 교훈이 될 만한 것이 없었다"고 떠들자 철퇴로 쳐 죽였다고 한다.

　궁예는 기성 불교의 경전 풀이를 매도하고 미륵 중심의 신앙 체계를 세웠을 것이다. 그의 불교관은 위의 기록이 전부이니 더 알아볼 수 없다. 하지만 지금도 전해지는 「함흥무가」의 내용은 많은 시사점을 준다.

　　지나간 세상에 미륵이 석가와 함께 도를 닦았는데 먼저 도를 이루는 자가 세상에 나가 교를 펴고 다스리기로 했다. 한방에 같이 자면서 무릎 위에 먼저 모란꽃이 피는 자가 이긴다는 조건으로 내기를 걸었다. 그날 밤 석가가 거짓으로 잠든 체하고 미륵을 바라보니 무릎에서 꽃이 피어오르고 있었다. 이에 석가는 도둑의 마음이 일어나 그 꽃을 꺾어 자기 무릎에 꽂았다. 미륵은 그것을 알고 석가에게 더럽다고 욕하면서 먼저 세상을 다스리라고 했다. 그러므로 석가 시대에는 사람들이 도둑의 마음을 가지게 되었으며 지금이야말로 미륵인 나의 시대이다.(이재범, 『슬 이런 이야기를 궁예가 만들어냈다면 교종이고 선종이고 가릴 것 없이 기성 교단에서 용납할 수 없었을 것이다. 불교 교의를 교묘하게 빌려 자신을 민중의 구세주로 비치려 한 것이다. 그러니 이런 교의를 거부하는 석총을 반역으로 보아 죽였을 것이다. 궁예로서는 석총의 언동이 단순한 문제가 아니었을 것이다. 자신의 말을 거역하는 무리는 왕국의 건설을 방해하는 세력이었다.

경기도 일대에는 궁예미륵이 몇 군데 조성되어 있다. 안성의 국사암에는 돌부처 셋이 있는데 가운데 돌부처를 "궁예미륵"이라고 하며 양쪽에는 약사여래와 지장보살이 보처로 서 있다. 그런데 궁예미륵의 머리에는 배광(背光)을 만들지 않고 대신 둥글고 편편한 모자를 머리 바깥으로 넓게 나오도록 씌워놓았다. 이런 형상은 경기도

안성 국사암 석조여래입상(안성시 향토유적 제42호) | 가운데가 궁예미륵, 양쪽으로 약사여래와 지장보살이 보처로 서 있다.

에서 많이 보이며 아래 지역의 경우 정읍이나 아산 등지에서 드물게 보인다. 이들 궁예미륵이 궁예의 지배 시기에 조성되었는지 그가 죽은 뒤에 조성되었는지는 확인할 수 없으나 민중이 궁예와 미륵을 일치시켜 본 역사성을 보여준다.

궁예는 미륵신앙을 정치적으로 교묘하게 이용한 지배자였다. 이런 점은 진훤의 경우와 조금 달랐다.

20

진훤의 불교 세력 이용

진훤의 출신 배경과 성장 과정은 궁예와 사뭇 다르다. 진훤이 살던 시대는 궁예가 살던 시대와 같았지만 그 활동 영역과 지향은 달랐다. 진훤은 상주 농부의 아들로 태어났으나 아버지가 장군으로 출세하자 그의 신분도 상승했던 것으로 보인다. 진훤은 경주로 진출하여 부관이 되었고, 이어 서남 지방의 왜구 방어를 맡은 중간급 지휘관인 비장(神將)으로 출세했다. 그는 순천 언저리에 주둔하면서 왜구를 막는 데 용맹을 떨쳤으며 부하들을 아껴 명망을 얻었다. 그도 신라 사회가 도둑 무리로 들끓고 농민전쟁이 곳곳에서 유발되어 무너져내리는 현실을 보고 다른 마음을 품었다.

아마도 이 무렵에 아버지의 성인 "이"를 버리고 "진"으로, 이름을 "훤"으로 바꾼 것으로 추측된다. 진훤은 '시루와 원추리 나물'이라는 뜻이니 흔해 빠진 물건, 즉 '민초(民草)'를 의미한다. 민중과 생사고락을 같이하겠다는 의지의 표현이었다. 그는 무리를 모아 신라에 반기를 들고 여러 고을을 석권했는데 그가 군사를 이끌고 가는 곳마다 민중이 몰려들었다. 마침내 남주의 중심부인 무진주(지금의 광주)를 점령하고, 처음에는 스스로 전주자사 같은 신라의 직함을 사용하면서 왕을 표방하지는 않았다. 진훤은 궁예가 북쪽에서 큰 세력을 떨치고 있는 양길에 귀부했다는 풍문을 듣고 양길을 막하의 비장으로 삼았다. 하지만 양길과 궁예가 이를 받아들일 리 없었다.

아무튼 진훤은 호남평야를 석권하고 그 중심부인 완산주(지금의 전주)를 무혈점령했다. 그는 완산주 사람들에게 백제가 멸망한 역사를 말하고 백제를 부흥시켜 원수를 갚겠다고 선언했다. 백제가 멸망한 지 230여 년이 지나 새삼스럽게 그 부흥을 강조했던 것이다. 사실 신라는 귀족제 사회였으므로 골품에 따라 출세가 보장되었던 것이지 백제 지역에 사는 사람들만 특별히 차별받았던 것은 아니었다. 그런 논법이라면 고구려의 옛 땅인 한강 북쪽 지대에 사는 사람들도 모두 여기에 해당할 것이다. 설령 그런 묵은 감정이 남아 있다고 치더라도 그다지 강렬하지는 못했을 것이다. 오히려 이를 통해 반란의 명분을 축적하고 정체성을 확보하려는 의도였다고 보는 것이 타당할 것이다.

진훤은 900년부터 후백제의 왕을 표방하고 호남평야의 풍부한 농업 생산을 기반으로 무력을 키워 영역을 넓혀나갔으며 멀리 중국 남쪽 나라들과도 교류를 텄다. 그리하여 북쪽의 궁예와 남쪽의 진훤은 팽팽히 대립하여 힘을 겨루었으며 한때 진훤은 북쪽을 압박하여 궁예를 궁지에 몰아넣기도 했다. 그의 막하에는 최치원과 쌍벽을 이루는 신라의 지식인이요 당나라 유학생 출신인 최승우가 활동했다.

후기에 그의 적수는 궁예가 아니라 궁예를 몰아내고 왕위에 오른 왕건이었다. 왕건은 북쪽의 호족 출신으로서 진훤에게는 남쪽의 호족들이 왕건에게 가지 못하게 할 정책이 절실히 요구되었다.

진훤은 왕건에 대해 화공(和攻) 양면 작전을 쓰면서 한편으로는 강력한 군사력으로 경주를 점령해 분탕질을 치기도 했다. 그는 한때 팔공산에서 왕건을 죽음 일보 직전으로 몰아가기도 하면서 승리를 기록했다. 이 무렵 왕건에게 보낸 격문에는 "내가 기약하는 바는 활을 평양의 다락에 걸고 말에게 대동강의 물을 마시게 하는 것"이라는 구절을 넣어 통일의 강한 의지를 드러냈다. 물론 최승우가 지은 글이었을 것이다. 이렇게 30여 년을 보내면서 진훤은 정치적 술수를 능란하게 구사했던 것으로 보인다. 그에게는 확고한 왕국의 기반을 다지기 위해 호족 세력을 끌어들여 단속하고 호족 세력과 연결된 선종 승려의 협력을 끌어내는 것이 과제였다. 다음 이야기를 보기로 들어보자.

___ 진훤을 찬양하는 뜻

921년 당나라 유학을 마친 경보(慶甫)가 고향에 돌아올 때 배가 임피(지금의 군산) 바닷가에 닿았다. 당시 서해와 남해는 고려, 후백제의 영역 안에 있었다. 이때 신라 사람들이 서해안에 배를 대고 육지를 거쳐 경주로 들어가는 길은 막혀 있었다. 당나라 유학승들이 경주로 들어가려면 적어도 뱃길로 남해의 낙동강 하구까지 가야 했다. 경보는 영암 출신이어서 고향으로 돌아가려 했을 것이다. 하지만 경주에 들어갈 필요가 없거니와 낙조가 드리워진 수도에 갈 엄두가 나지 않았을 것이다. 그는 더욱이 당나라에 20여 년 동안 머물면서 한

나라가 마지막 숨을 거두고 멸망하는 현실을 목격했다.

경보의 비명에는 그가 돌아온 때를 "도가 헛되이 행해지는 즈음이었고 시국이 불리하던 시초"였다고 했다. 왕건은 개성에서 왕노릇을 하면서 많은 호족들의 귀부를 끌어내고 있었으니 이는 진훤의 처지를 표현한 구절이었다. 더욱이 진훤이 고려에 사신을 보내 유화 제스처를 쓰면서 타협을 모색하던 시기였으니 불리한 정세에 처해 있었다.

경보가 어떤 연유로 진훤을 만났는지는 모를 일이다. 진훤은 경보를 만날 때 만민제(萬民堤)에서 군대를 거느리고 있었다. 그런데 두 사람이 만나는 장면에서 진훤을 두고 "본디 선근을 지니고 장수의 씨로 태어나서 웅장한 뜻을 펴려고 했다. 비록 사로잡고 놓아주는 지모를 먼저 썼으나 경보 스님의 자애로운 얼굴을 뵈옵고 우러르고 의지하려는 뜻이 많았다"고 썼다. 이로 보면 경보는 진훤의 부하들에게 사로잡혀 진훤에게로 끌려왔던 것으로 보인다. 진훤은 그에게 탄식하면서 "내 스승을 만나 뵘이 늦었으나 제자가 됨은 어찌 늦으리오"라고 말하고 앉았던 자리를 피해 상석을 권하면서 공경히 대하고 이름을 적으면서 조심스럽게 다루었다.

그리고 전주의 남쪽 땅에 세운 남복선원(南福禪院)에 머물러달라고 요청했다. 이에 경보는 "새도 앉을 나무를 가리거늘 내가 어찌 박이나 오이처럼 붙박이로 붙어 있겠습니까?"라고 대답하고 백계산 옥룡사로 들어가 참선 수도에 열중하겠다는 뜻을 밝히자 진훤은 이를 허락했다. 그 뒤에 진훤은 옥룡사의 단월(檀越, 시주)이 되어 물질적 후원을 아끼지 않았을 것이다. 경보는 본디 옥룡사 출신의 선승이었다. 그는 고향 선배인 도선이 걸었던 길을 따라 옥룡사로 출가했고, 화엄사에서 공부한 뒤에 성주사 등을 찾아다니면서 전국을 만행했다.

이런 간단한 내용에서 몇 가지 중요한 사실을 발견하게 된다. 진훤은 경보를 극진하게 대우하면서 자신의 긴 인생 역정과 포부까지 나누는 대화의 자리를 마련했다는 것, 진훤은 전주의 어느 곳에 '남쪽에 복을 내려달라는 선원'을 세워 선승들을 머물게 했다는 것, 경보는 이 만남을 인상 깊게 여겨 진훤의 웅지와 인품을 우러러보았다는 것 등이다. 진훤이 왕건에게 밀리는 처지에서 호족과 선승을 지원 세력으로 끌어들이려 많은 노력을 기울인 모습이다. 그러기에 고려 안정기인 958년 비문을 쓰면서 진훤을 찬양하는 뜻을 숨기지 않았던 게 아닌가?

___ 궁예, 진훤, 왕건의 각축전

신라 말기의 화엄종은 부석사를 중심으로 한 북악파와 화엄사를 중심으로 한 남악파가 대립·갈등을 보였다. 그런데 궁예는 부석사, 진훤은 화엄사를 영역 안에 두고 그러한 양상을 더욱 부채질했다. 또 구산선문은 고려 영역 안에 세 곳, 신라 영역 안에 두 곳, 백제 영역 안에 실상사·태안사·성주사·보림사 네 곳이 자리 잡고 있었다. 더욱이 백제 영역 안에 있는 선문들은 그 영향력이 가장 컸다.

또 백제와 신라의 미륵신앙 중심지인 미륵사와 금산사, 법주사도 후백제 영역 안에 있었다. 진훤은 궁예가 미륵을 표방한 모습을 보고 미륵불을 통해 후백제 민중들에게 더욱 접근했을 것이다. 진훤은 아들들의 반란으로 한때 금산사에 갇혀 있었는데 거기에는 지금도 진훤이 만들었다는 성문이 있으며 그 주변에 있는 상두산에 산성이 있기도 하다. 이들 유물은 진훤이 금산사를 중심으로 한 미륵 세력과 깊은 관련이 있음을 증명하고 있다. 그러니 기성 교단에 절대적 영향력을 끼치고 있는 화엄종과 새로운 바람을 일으키는 선종을 두고 세 나라는 치열하게 포용하려는 노력을 펼쳤던 것이다.

한편 진훤은 전처에게서 둔 세 아들의 이름을 "신검(神劍)", "용검(龍劍)", "양검(良劍)"으로 지었다. 이는 무속적·토속적인 분위기를 풍긴다. 이후 후백제를 세우고 얻은 후처에게서 난 아들의 이름은 "금강(金剛)"으로 지었다. 이는 순수한 불교 용어에서 빌려왔다. 불교의 여러 세력을 통합해 지원을 얻으려는 또 다른 모습이다. 궁예가 미륵 중심의 이미지를 빌렸고 왕건이 밀교, 풍수 비기와 여러 민간 신앙을 통한 이미지를 빌려 한 것과 조금 다른 모습일 것이다. 아무튼 궁예와 진훤, 왕건은 각기 통일 왕국의 건설이라는 큰 목표를 설정하고 정치적으로 불교 세력을 이용하려 치열한 각축전을 벌였다.

21

다양한 사상을 수용한 왕건

— 새로운 고려 건국 예정론

왕건은 밀교에 관심을 기울이면서 다양한 사상을 수용하려는 의지를 보였다. 그런 과정에서 명성이 높은 도선을 정치적으로 이용했다는 사실을 앞선 글에서 언급한 바 있다. 곧 자신의 탄생과 고려의 건국이 하늘의 뜻에 의해 예정되어 있었다는 예정론과 결정론을 펴나간 것이다.

초기에는 도선이 일러주었다는 풍수설과 비보설을 현실에 본격적으로 이용하지 않았다. 그런데 궁예를 몰아내는 과정에서 반발 세력이 나타나고, 궁예 휘하에 있던 홍성 등 10여 군현이 후백제로 투항하기도 하면서 새로운 예정론이 절실히 요구되었다.

왕건이 30세 때 꿈을 꾸니 바다에 9층 금탑이 솟아 있는 모습이 보였다 한다. 신라가 황룡사 9층탑을 세워 나라의 융성을 빈 끝에 삼한을 통일했다는 말이 있었다. 왕건이 이를 연상하여 이 꿈 이야기를 은밀하게 부하들에게 알렸을 것이다. 그렇지 않았다면 어떻게 기록되었을 것인가?

918년 궁예가 쫓겨나기 직전, 도성인 철원에 당나라의 장사꾼인 왕창근이 살고 있었다 한다. 어느 날 철원 저잣거리에 생김새도 괴이하고 수염이 새하얀 사람이 나타났다. 그는 도사의 관을 쓰고 왼손에는 주발, 오른손에는 거울을 들고 다녔다. 왕창근이 그 거울을 팔지 않겠느냐고 물었더니 쌀 다섯 말을 주면 팔겠다고 대답했다. 그 도사는 쌀을 받아 거지 아이들에게 나누어주고는 바람처럼 사라져버렸다. 왕창근이 그 거울을 벽에 매달아놓자 햇빛이 비쳐 거울 안에 들어 있는 가느다란 글자가 드러났다. 모두 147자로 이루어진 글의 내용은 이러했다고 한다.

> 삼수(三水) 가운데 사유(四維) 아래에,
> 상제께서 진마(辰馬)에 아들을 내려보내,
> 먼저 닭을 잡고 뒤에 오리를 치리라……
> 사년(巳年)에 두 용이 나타나는데,
> 한 용은 몸을 푸른 나무[靑木] 속에 감추고,
> 한 용은 그림자를 검은 쇠[黑金] 동쪽에 드러내리라.
> 지혜로운 자는 보고 어리석은 자는 까막눈이다.
> 구름을 일으키고 비를 내려 정벌하리라.

왕창근은 그 거울을 궁예에게 바쳤고 궁예는 신하를 시켜 왕찬근과 함께 거울의 주인을 찾게 했으나 한 달이 되어도 끝내 찾지 못했다. 그런데 동주(東州, 동쪽 고을)의 한 절에 있는 석가여래의 모습에서 빛이 났고 그 앞에 소상(塑像)이 놓여 있었는데 왼손에는 주발을 들고 오른손에는 거울을 든 모습이었다. 이 보고를 받은 궁예는 매우 기뻐하며 문사들을 불러 글귀를 풀이하게 했다. 문사들은 머리를 맞대고 이렇게 풀어냈다.

삼수(三水)는 태(泰) 자를 풀어놓은 것이니 태봉을 가리키고, 사유(四維)는 나(羅) 자를 풀어놓은 것이니 신라를 가리킨다. 진마(辰馬)는 진한, 마한이고, 닭은 계림(鷄林)이며, 오리는 압록강이다. 이를 다시 풀면 태봉과 신라의 시대에 상제께서 아들을 진한, 마한의 땅에 내려보내 먼저 신라를 멸망시키고 이어 압록강을 차지한다는 뜻이다. 용은 왕을 상징하니 앞의 성은 왕씨 성을 가진 왕건이고, 뒤의 용은 현재의 왕인 궁예이다. 청목은 소나무로 송악군을 말하고, 흑금은 무쇠로 철원을 말한다. 곧 뱀의 해에 송악 출신의 왕건이 몸을 숨기고 철원에 도읍한 궁예가 허깨비가 될 때 지혜로운 자는 알아보고 어리석은 자는 못 알아보는데 구름과 비를 몰고 와서 여러 사람과 통일을 이룩한다는 뜻이다.

─ 치밀한 상징 조작

이 설화는 그 구도가 잘 짜여 있다. 여기에 나타나는 '쌀 다섯 말'은 당나라에서 유행하던 오두미교(五斗米敎)를 나타낸다. 오두미교에서는 쌀 다섯 말을 바치고 들어오면 신선이 되는 복을 짓는다고 떠들었다. 오두미교도들은 황소의 난에 편승하여 당나라 체제에 도전하는 변혁운동에 가담하기도 했다. 고대에는 거울을 지혜의 상징물로 여겼다. 거울의 주인인 도사를 부처의 제자로 설정한 까닭은 궁예가 미륵을 자처하고 있던 터라 불교 이미지를 결부시켰을 것이다.

그리고 당의 상인을 메신저로 내세워 여러 세력이 왕건을 추대한다는 교묘한 복선을 깔고 있다. 왕건의 조상은 상인으로 중국 장사꾼들과 교류했다. 그 매개자를 왕씨 성을 가진 당나라 상인으로 꾸민 것은 심상치 않은 부분이다.

　　뱀의 해는 용룡이 죽고 왕건이 좌천되던 해인 정사년(897)을 뜻한다. 이 해에 왕건의 부하들이 그에게서 많이 이탈한 탓으로 세력이 한풀 꺾였다.

　　"구름"과 "비"는 『주역』 건괘 구오(九五)의 풀이에 나오는 글귀인 "운종룡(雲從龍) 풍종호(風從虎)"에서 빌려온 것이다. 구오는 왕의 자리를 상징하며 구름과 비는 임금을 상징하는 용의 조화이다. 그러니 불교, 도교, 유교의 내용을 두루 깔아놓은 것이다.

　　이 설화는 무엇보다도 당시에 풍미하던 도참비기(圖讖秘記)를 잘 이용했다. 흔히 비기의 풀이는 파자(破字)를 통해 이루어진다. 도참설은 천지 이치에 따라 인간의 운명이 결정된다는 결정론이 중심을 이룬다. 여기에 전통적 오행설을 가미했다. 이처럼 비록 운명론 또는 결정론이 짙게 깔려 있고 당시 유행하던 민간사상이 집약되어 있기는 하나 역사적 사실을 근간으로 하고 있다는 점에서 앞 시기의 건국 설화와는 확연히 구분된다. 하늘에서 내려왔다든지, 알에서 깨어났다는 따위의 비현실적인 설정으로 되어 있던 과거의 경우와 달리 인간 중심으로 구성되어 있는 것이다. 이는 부분적으로 인간에 의해 역사가 개척된다는 점, 곧 역사 추진의 주체가 인간이라는 점도 드러내고 있다.

　　아무튼 문사들은 사실대로 고하면 무슨 벌을 받을지 몰라 궁예에게는 거짓으로 뒤집어 보고했고, 궁예는 별 의심 없이 받아들여

기뻐했다고 한다. 왕건을 추대하는 세력들은 이와 같이 치밀하게 상징 조작에 나섰다.

왕건은 나라를 빼앗은 지 1년쯤 지난 뒤인 919년 도읍을 송악으로 옮겼다. 그는 도읍을 옮긴 뒤 도성에 절을 짓고 평양에 성을 쌓아 서경으로 삼는 등 내실을 다지면서 신라와 후백제에 도전하지 않았다. 이때 최치원은 경주 금오산에서 글을 읽으며 조용하게 지내고 있었다. 그는 왕건이 일어나 송악에 도읍을 정했다는 말을 듣고 편지를 보냈는데 이런 구절이 있었다 한다.

계림은 누런 나뭇잎이요[鷄林黃葉]
곡령은 푸른 소나무로다[鵠嶺靑松]

말할 것도 없이 계림은 신라이고 곡령은 왕건이 살던 집의 뒤쪽 산마루이다. 누런 나뭇잎은 떨어지는 잎으로 쇠락을 말하고 푸른 소나무는 한창 푸른, 강성함을 뜻한다. 신라의 왕이 이 말을 듣고 탐탁하게 여기지 않고 꺼리자 최치원은 가야산으로 들어가 은거했다 한다. 전설 같은 이야기다. 이것도 도선을 이용한 경우와 같이 최치원의 행적에 결부시켜 짜 맞춘 이야기가 아닐까?(『고려사』, 『고려사절요』 참고)

불교 세력의 통합과 사상의 융화

왕건은 철원에서 팔관회를 대대적으로 벌여 단합대회를 했다. 이 부분은 뒤에 설명하겠다. 그리고 도읍을 송악으로 옮긴 뒤 3개월에 걸쳐 송악 안에 10개의 절을 지었다. 그 절은 법왕사, 자운사, 왕륜사, 내제석사, 사나사, 천선원, 신흥사, 문수사, 원통사, 지장사 등이다. 또 자신의 옛집을 보시하여 광명사를 짓게 했으며, 연달아 외제석원, 신중원, 흥국사 등을 창건하게 했다. 이들 사찰은 모든 종파를 망라하고 선원과 무속까지 포괄하는 정책 방향을 설정하여 안배한 것으로 보인다. 호국불교를 제창한 것이다.

이렇게 불법과 도참설을 빌려 인심을 통합하고 상징을 조작했으나 당시 신라는 투항해오지 않았고 후백제의 도발이 그치지 않았다. 한편 왕건은 궁예에게 충성하면서 자신에게 귀부하지 않는 최응(崔凝)이 껄끄러웠다. 최응은 학문이 뛰어난 명망가로서 사제에 살며 병이 들었음에도 고기를 먹지 않고 옛 임금 궁예를 그리워했다. 왕건은 친히 그의 집으로 찾아가 고기를 먹게 하고 조정으로 불러냈다. 그리고 "예전 신라에서 9층탑을 조성하여 삼한을 통일한 공업을 이룩했다. 내 지금 개경에 7층탑을 세우고 서경에 9층탑을 세워 현묘한 공을 빌고 여러 나쁜 무리를 제거하여 삼한을 한 집으로 만들려 한다. 경은 나를 위해 발원문을 지어달라"고 당부했다.

왕건의 통일 의지와 노력은 이처럼 가상했다. 이후 그는 불교 세력의 통합과 여러 사상의 융화, 그리고 호족 세력의 지원에 힘입어 마침내 통일을 이룩했다. 궁예와 진훤의 행동 양식과 달랐던 것이다. 그가 불교 세력을 통합하여 지원을 얻지 못했다면 통일은 불가능했을 것이다. 왕건은 왕위에 올라 불교 대중화에 크게 이바지했다.

22
불교는 나라와 임금을 지켜야 한다

— 성대한 팔관회와 연등회

왕건은 936년 후백제를 완전히 멸망시키고 명실상부한 통일을 이룩했다. 초기에 그는 선종과 연결된 호족을 기반으로 하여 정치력을 키우고 세력을 확대했다. 그러나 통일을 이룩한 뒤에는 불교의 사상적 측면보다는 호국호왕(護國護王)의 정치적 의미를 더 강조했다. 그는 부처님이 나라와 임금을 지켜준다는 믿음을 확산시키고 사찰 창건을 지원했으며 승려를 우대했다. 호족을 누르고 왕권을 강화하는 한 수단이었다.

왕건은 먼저 후백제와 결전을 벌여 승리한 연산 땅에 절을 짓기 시작했다. 이 거대한 공사는 4년에 걸쳐 940년 낙성을 보았다. 그는 낙성을 기념하는 화엄법회를 열게 하고 스스로 다음과 같은 소문을 지었다.

병신년(936) 가을 9월에 숭선성가에서 백제군과 교전하여 한 번 소리치자 미친 흉물이 와해되었으며 두 번 북을 울리자 역당들이 얼음 녹듯하여 개선의 함성이 하늘에 떴으며 환호성이 땅을 울렸다. 이에 부처님의 보호에 보답하고 산신령의 찬조를 갚고자 특별히 담당 벼슬아치에게 지시하여 절을 창건했노라. 절의 뒷산을 천호산이라 부르고 절 이름을 개태사(開泰寺)로 지어라. 소원하는 바는 부처님의 위엄이 비호해주시고 하늘의 힘이 붙들어주시는 것이다.(『고려사』 세가)

여기에는 두 가지 의미가 담겨 있다. 부처님과 산신령을 동격으로 보는 의식이다. 그로서는 나라를 안정시키는 데 있어서 불교와 토속신앙의 두 세력을 모두 끌어안는 것이 현실의 요청이라고 여겼을 것이다. 고려 시기, 개태사는 화엄종과 정토신앙의 도량으로 지정되어 1,000여 명의 승려가 거주하면서 왕실의 비호를 받았다. 그런 뒤 신흥사를 중수하여 고려 건국에 공로를 세운 신하의 화상을

논산 개태사지 석조여래삼존입상(보물 제219호) | 개태사는 고려 태조가 후백제와의 결전을 벌인 후 이를 기념하기 위해 세운 절이다. 이 석불은 당시 후삼국 통일을 기념하여 조성된 것으로 추정된다.

모시는 공신당을 지어 해마다 무차(無遮)대회를 정기적으로 벌이게 했다. 또 다섯째 아들 증통(證通)을 출가시켜 국사로 받들게 하여 불가와 왕가의 끈끈한 줄을 달았다.

어쨌든 여러 세력을 아우르는 구체적인 모습이 팔관회와 연등회 행사에 잘 나타난다. 팔관회는 건국 초기에 "옛 임금도 해마다 한겨울에 팔관회를 크게 베풀어 복을 빌었으니 그 제도를 따르소서"라는 건의를 받아들여 시행하게 되었다. 여기의 "옛 임금"은 신라의 왕들을 말한다. 본디 팔관회는 신도들이 행사 날 하루만이라도 여덟가지 계율을 지켜 승려의 수행을 본받자는 뜻에서 이루어진 일종의 법회였다. 하지만 고려 왕실의 공식 행사가 되면서 차츰 그 뜻이 변질되었다. 이 행사는 하늘의 신령과 명산대천, 용신, 나라의 시조를 받드는 의식을 토속적인 방식과 불교의식을 섞어 치렀다. 그러니 토속신을 받들면서도 불교의식을 빌었고 여기에 고려 나름의 새 의식이 곁들여졌다.

팔관회는 11월에 거행되었으며 이 행사를 위해 대궐의 넓은 광장에 수많은 등불을 달아 밤새도록 환하게 비추었다. 두 군데에 설치한 15미터가 넘는 무대는 연꽃 형상으로 만들고 울긋불긋 온갖 색깔로 꾸며놓았다. 무대 위에서는 여러 가지 유희를 벌였다. 궁중악단이 나와 흥을 돋우었으며 용, 봉황, 코끼리, 말 그리고 수레와 배의 모양을 꾸민 가장 행렬이 이어졌다.

전야제인 소회일(小會日)에는 임금이 궁중에서 정장을 하고 태자와 종친들, 문무백관들로부터 하례와 헌수(獻壽)를 받는다. 지방관의 축하 선물이 이어지고 나서 노래와 춤 등 온갖 유희를 벌인다. 다음 날 본 대회에는 전날과 같이 하례를 받고 초대한 외국 사신의 조회를 받았다. 이어 큰 잔치를 베풀어 술잔을 돌렸다. 그야말로 뭇사람이 어우러져 먹고 마시며 질펀하게 놀았다. 모든 의식은 개방되어 있어서 이 행사를 보려고 사람들이 물밀듯이 몰려들어 개경 거리와 궁궐은 인해를 이루었다고 한다. 또 이 자리에서 외국 사람들과 흥정을 하여 무역을 벌이기도 했다. 송나라와 아라비아 상인을 비롯해 외국 '바이어'들이 꼬여들었던 것이다.

임금은 위봉루에 앉아 사람들이 노는 모습을 구경했다. 어느 때인가 왕건은 이 행사를 즐겨 보다가 문득 옛 신하들이 생각났다. 그는 근신을 불러 허수아비 두 개를 만들어 유회를 벌이라고 지시했다. 예전에 자기를 대신하여 전쟁터에서 죽은 신숭겸과 김락이 함께 즐기지 못함을 애석하게 여겨 두 신하의 허수아비를 만들어 잔치판에 끼게 한 것이다. 이때부터 허수아비 놀음이 처음 등장했다고 한다.

한편 참여한 사람들은 축제를 즐기면서 임금의 만수무강과 나라의 무궁한 복을 빌었다. 이 행사에는 많은 노비와 양민이 동원되고 엄청난 물자가 투입되었다.

서경(평양)에서도 별도로 팔관회를 벌였다. 팔관회에서 섬김을 받는 용신이나 산신, 오방신(五方神)에게 대왕이니 장군이니 하는 벼슬을 내려주었다. 아주 걸판진 축제였다. 불교의식을 빌면서도 술과 고기를 먹으며 국민적 축제로 변모시킨 것이다.

연등회도 국가 행사로 치렀다. 연등회는 팔관회와는 달리 부처님을 중심으로 받드는 행사였다. 절과 거리에 등불을 밝히고 다과를 베풀어 임금과 신하, 백성이 함께 춤을 추고 노래를 부르며 어울린다. 이렇게 부처를 즐겁게 하며 나라와 왕실의 안녕을 빌었다. 연등회는 궁중이나 절에서만 치르는 행사가 아니라 나라 곳곳에서 마을 단위로 벌였다.

그러므로 연등회는 불교도만이 아니라 모든 민중이 중심이 되어 벌이는 축제였다. 그 시기를 정월 또는 2월로 잡은 것도 농사를 준비하는 농경문화와의 결합을 의미한다. 또 이 행사는 팔관회의 경우처럼 남녀노소가 어우러진 사교장이 되기도 했다. 연등회는 오늘날까지 사월 초파일의 연등행사로 끈끈하게 이어져오고 있다.

이 두 행사에는 물자 소비와 노역 동원 같은 폐단도 있었으나 벼슬아치와 민중이 집단으로 모여 서로 즐기고 단합을 다지는 장이란 장점이 있었다. 이를 통해 서로 일체감을 형성하는 한편 음악과 유희의 발전을 가져오기도 했으며, 특히 외국 사람들과 교류하면서 무역을 활발하게 텄고 정보를 얻기도 했다. 이 연등회는 불교 대중화에 크게 기여했다.

합리적인 신앙관과 통치철학

왕건은 죽을 때 자손들이 지켜야 할 열 가지 사항을 남겼다. "훈요 10조"라 불리는 이 조항 중 세 조항이 불교와 관련된 내용이다. 하나는 "우리나라의 왕업은 어김없이 여러 부처가 보호해주는 힘을 입었다. 선종, 교종의 절을 창건하여 주지를 가려 보내 불업을 닦게 하라. 뒷세상의 간신들이 승려들의 청탁에 따라 절을 경영하려고 다투어 빼앗는 짓을 일체로 금지하라"였다. 또 하나는 "도선이 터 잡아 지정한 곳 외에 함부로 절을 지으면 지덕을 손상시켜 왕업이 길지 못할 것이다. 후세의 왕공과 귀비(貴妃)들이 각각 원당이라 하여 더 짓는다면 크게 근심되는 일이다. 신라 말기에 다투어 절을 지어 지덕을 손상시켜 망하기에 이르렀으니 경계하라"였다. 그리고 나머지 하나는 "연등은 부처님을 섬기는 것이요 팔관은 하늘의 신령과 명산대천, 용신을 섬기는 것이다. 후세의 간신들이 가감할 것을 건의하면 금지해 막아라"였다.

왕건은 지난날의 폐단을 잘 알고 있어서 비록 풍수설을 전면에 내걸기는 하였으나 상당히 합리적인 의식을 지니고 있었다. 이는 오늘날에도 귀담아 들을 대목이다. 하지만 이런 당부는 거의 지켜지지 않았다. 그는 선종만을 우대하지 않았다. 개태사를 화엄종과 정토신앙의 도량으로 지정했으나 개경에 창건한 절은 특정 종파에 치중하지 않았다. 결국 여러 종파가 성립됨으로써 불교가 더욱 발전한 측면이 있었다. 상반된 견해에 따라 교리를 수용·평가·해석하는 단계를 거쳤기 때문이다.

차츰 불교신앙이 왕실과 귀족 중심에서 일반 민중으로 퍼지고 왕경 중심에서 지방으로 확산되는 현상을 일으켰다. 초기부터 정토신앙, 관음신앙, 미륵신앙이 고루 유행한 것이 이를 증명한다. 또 그는 사찰을 함부로 짓는 행위를 경계했고 많은 사람들이 출가하여 승려가 되는 풍조를 못마땅하게 여겼으나 이를 강제로 금지하는 조치를 내리지는 않았다.

왕건은 불교만을 숭상하지 않고 정치와 교화에 중점을 둔 유교의 가르침도 장려했다. 이는 뒷날 과거제를 실시하여 유교 이념을 현실 정치에 수용한 배경이 되었다. 왕건의 신앙관과 통치철학은 여러 사상과 신앙을 고루 수용하려는 데 있었으며 이는 고려가 다양한 사상이 공존하는 사회로 나아가는 단초가 되었다.

제5부
반성하는 불교

23

불법과 충돌하는 유학

__ 고려불교의 새 전기

왕건의 뒤를 이은 두 임금은 왕건의 가르침과는 달리 맹목적인 신앙에 빠져들면서 새 사회에 걸맞은 새 옷을 입힐 줄 몰랐다. 3대 왕인 정종은 부처님 사리를 받들고 10리 길을 걸어가서 개국사에 봉안했다. 그는 946년 곡식 7만 섬을 내 여러 절에 헌납했으며 불명경보(佛名經寶)와 광학보(廣學寶)를 설치해 많은 승려들을 길렀다. '보'는 기본 자산을 만들어놓고 그 이자로 운영하는 장학재단이었다. 불교 일꾼으로 써 먹을 인재를 키워 왕실을 받쳐주고 나라에 봉사하는 세력을 만들려는 의도였지만 나라 재정을 거덜내고 있었다.

정종의 뒤를 이은 광종은 불교정책을 새롭게 펴나갔다. 널리 재회(齋會, 복을 지으려고 올리는 의식)를 베풀어 떠돌이 승려에게 밥을 먹였고 길가는 사람에게 떡과 곡식과 땔나무를 나누어주었다. 곳곳에 방생소를 두어 물고기를 풀어주었으며 궁중에서 도살을 금지하는 명령을 내렸다. 그래서 궁중에서도 고기를 저자에서 사 쓸 지경이었다.

여주 고달사지 승탑(국보 제4호) | 통일신라시대 창건된 것으로 알려진 고달사는 고려 광종 이후 왕실의 보호를 받는 사찰로서 면모를 유지했다. 고려 광종은 불교장려정책을 편 인물로 당시 조성된 선사들의 탑이나 탑비는 화려하게 조각된 경우가 많은데 이는 이 시기의 사회 분위기가 반영된 것이다.

광종은 불법을 몸소 실천하는 신앙인의 모습을 보여주었으나 나라 살림이 축나고 사회적 손실을 키웠으며 승려들의 타락을 부채질했다. 반대파들은 광종이 사람을 많이 죽여 그 죄를 불법을 빌려 씻으려 하는 것이라고 꾸짖었다.

한편 광종은 958년 과거제를 실시했다. 과거에는 진사과, 명경과, 잡과 등 세 종류를 두었다. 진사과에서는 시부(詩賦)와 시무책을 보았으며, 명경과에서는 주역 등 유교의 기본 경전을 보았다. 잡과는 기술직이어서 해당 과목 중심으로 시험을 보았다. 진사과와 명경과의 경우에는 응시 절차가 일정하게 짜여 있었다. 향공시(鄕貢試) 따위의 지방 시험 합격자나 국자감(國子監) 같은 중앙 교육 기관에서 공부하던 공사(貢士, 특별 선발)에게 응시 자격을 주었다.

과거제는 권력의 줄이나 혈연의 끈에 의해 관직이 주어지던 관례를 깨고 능력과 재주에 따라 벼슬을 주는 제도였다. 과거에 응시할 수 있는 자격 범위도 상당히 개방되어 기존 정치 세력의 폐쇄성을 깨뜨리는 역할도 해냈다. 과거 합격자는 앞길이 보장되어 지식인들은 과거를 관계 진출의 지름길로 받아들였다. 그런데 시험 과목이 유교경전 중심으로 짜여 있어서 고려 사회의 특성을 살리지 못했다. 이에 힘입어 유교경전을 읽는 풍조가 만연했다. 이에 따라 국가 이념의 정신적 역할은 불교가 맡고, 정치와 교화는 유교가 담당하는 기본 통치철학을 만들어냈다. 하지만 이는 승려와 유학도가 충돌을 빚을 소지를 안고 있었다.

　　광종은 뒤이어 불교 조직을 개편했다. 그는 승과(僧科)와 승계(僧階)제도를 마련하여 승려들에게도 자격시험을 보게 했다. 승과는 교종과 선종으로 나누어 진행했다. 시험에 합격하면 대선(大選), 대덕(大德), 대사(大師), 중대사(重大師), 삼중대사(三重大師)의 법계에 차례로 오를 수 있었다. 그 위의 단계로 교종계는 수좌(首座)·승통(僧統), 선종계는 선사·대선사라는 칭호를 주었다. 승려와 교단을 관리하는 국가 기관으로 승록사(僧錄司)를 두어 승려의 자격과 위계를 확립했고, 교단의 질서를 잡았다.

　　이어 종파의 개편을 단행했다. 그는 선교일치론과 선정(禪淨)일치론을 표방한 중국의 법안종(法眼宗)을 받아들여 널리 전파하게 했다. "부처님의 가르침은 선종과 교종이 궁극으로 하나"이고 "선종과 정토종이 서로 어긋남 없이 하나"라는 이론을 따른 것이다. 또 광종은 균여(均如)를 발탁하여 화엄종을 통합하게 했다. 화엄종은 신라후기에 남악파와 북악파로 갈라졌다. 북쪽 지방에 근거를 둔 북악파는 왕건을 지지하고 남쪽 지방에 근거를 둔 남악파는 진훤을 지지했는데 통일된 뒤에도 두 파는 갈등을 빚으며 대립했다. 북악파가 현실적으로 우세한 힘을 가지고 있었으며 균여도 북악파에 속해 있었다. 균여는 이때 "사람이나 만물은 모두 하나로 돌아간다"는 화엄종 교의를 정종의 뜻에 따라 민중에게 전달하려고 노력했다.

광종이 선교일치와 선정일치를 내세운 것은 선종 세력인 호족 세력을 누르고 일반 민중을 기반으로 하여 왕권을 강화하려는 의도였을 것이다. 그는 뿌리가 깊은 화엄종을 통합하고 실천신앙을 통해 왕실과 기층 사회를 연결시키는 매개체로 삼으려 했다. 광종의 다각적인 불교정책은 고려불교의 새 전기를 마련했다. 이 무렵 고려불교의 수준은 중국보다 앞선다는 평가를 받았다.

그러나 성종의 시대에 들어 불교는 점점 위축되어갔다. 그 원인의 하나는 과거제에서 찾을 수 있을 것이다. 유학자들이 배출되고 유학을 정신적 무장으로 삼은 문사들이 울창하게 일어났던 것이다. 이들은 불교 교리를 못마땅하게 여기며 일정한 거리를 두었는데 이는 말할 것도 없이 맹자가 주장한 이단론을 은근히 따르고 있었기 때문이다. 그 선봉장이 최승로였다. 최승로 등 유교 정치가들의 등장으로 유학이 집권 귀족의 이념으로 채택되어 상대적으로 불교의 체제와 기능이 축소되었다.

— **최승로의 상소**

982년 최승로는 시정을 개혁하라는 장문의 상소문을 올렸다. 그는 먼저 역대 임금의 실정을 말하면서 불법 진흥에 열을 올렸던 광종에 대해 이렇게 비판했다.

> 부처를 너무 믿어, 늘 거행하는 재가 많은데도 별도로 기원하는
> 불사를 적지 않게 벌였습니다. 오로지 복과 수(壽)만을 구하고
> 기도에만 의지하며 제한이 있는 재물을 다 써서 한이 없는 인연
> 을 맺으며 지극히 높은 몸을 스스로 낮추어 작은 선 베풀기를
> 좋아했습니다. 또 출입하고 잔치를 벌이고 놀이하는 경우에 극
> 도로 사치스럽게 했으며 눈앞에 큰일이 벌어지지 않는 것을 두
> 고 불법의 힘이라고 하여 자신이 저지른 여러 일을 반성하지 않
> 았습니다.(『고려사절요』 성종)

그는 다음으로 구체적인 사례를 적시하며 그 폐단을 지적했다.
첫째, 불교의 인과응보설에 미혹되어 광종 자신이 저지른 죄업을 없
애려고 백성의 고혈을 짜내 불사를 많이 베풀었으며 심지어 궁중에
서 도살을 금지해 시장에서 사다 바치는 지경에 이르렀다고 지적했
다. 둘째, 불보(佛寶, 불사를 위한 기본 재산)의 돈과 곡식은 여러 절의 승
려가 각 고을에서 사람을 시켜 관장해 해마다 장리를 주어 백성을
괴롭힌다고 말하고 그 돈과 곡식을 절에 옮겨두고 민폐를 없애라고
주장했다. 셋째, 팔관회와 연등회의 경비를 줄이거나 폐지하라고 했
고 절을 지으면서 백성을 부리는 일을 중지하라고도 했다. 넷째, 불
경을 베끼거나 불상을 만들 때 금은의 사용을 금지시켜 누런 종이를
쓰게 하고 돌·흙·나무만으로 만들게 하라고 했다.
끝으로 다음과 같이 말했다.

사람의 화복과 귀천은 모두 날 때부터 타고났으니 마땅히 그대로 받아들여야 할 것입니다. 하물며 불교를 높이는 자는 내생의 인과만을 위하여 덕을 심을 뿐이므로 현재의 응보에는 이익이 적으니 나라를 다스리는 요체는 여기에 있지 않을 것입니다. 더구나 유불선은 각기 업으로 삼아 행하는 것이 있으니 이를 혼합하여 통일할 수는 없습니다. 불교를 행하는 것은 몸을 닦는 근본이며 유교를 행하는 것은 나라를 다스리는 근원입니다. 몸을 닦는 것은 내생을 위하는 밑천이며 나라를 다스리는 것은 지금 당장 오늘 할 일입니다. 오늘의 일은 지극히 가깝고 내생은 지극히 머니 가까운 것을 버리고 먼 것을 찾는 일이 또한 그릇되지 않습니까?(『고려사절요』성종)

최승로는 불교와 유교를 대비시켜 이념 논쟁을 제기했으나 이를 반박한 당시 승려들의 글은 보이지 않는다. 하지만 이런 문제 제기는 뒷날 하나의 근거가 되었다. 최승로는 불교를 이단론으로 몰고 가지는 않았다. 그때 유학자, 정치가들은 아직 주자학적 성리학에 몰두하지 않은 탓이다. 다만 당시 왕실의 지나친 불사와 승려들의 비리를 지적하고 탄핵한 것은 귀담아 들을 가치가 있다.

성종은 이때 최승로의 요구를 다 들어주지는 않았으나 일부 그 폐단을 바로잡으려는 의지를 보였다. 그는 유학 정치를 표방한 고려 최초의 군주였지만 그렇다고 하여 정치적 부담을 감수하면서 최승로 등 유학자들의 요구를 모두 들어줄 용단은 없었다. 성종은 처음에는 팔관회와 연등회의 잡기만을 없앴다가 6년 뒤에는 완전히 폐지했다. 그는 왕건의 손자였으나 할아버지의 유훈을 지켜주지 않았던 것이다.

하지만 팔관회와 연등회는 1010년 부활되어 고려 말기까지 이어졌다. 앞선 부분에서 이야기한대로 이 행사에는 물자 소비와 노역 동원 같은 폐단도 있었으나 벼슬아치와 민중이 집단으로 모여 일체감을 다지는 등 긍정적인 효과도 있었다. 이를 엄숙주의를 표방하는 유학자의 눈으로만 재단해서는 바른 모습을 보기 힘들 것이다.

24

승려들이 장사를 벌이다

＿ 절도를 잃은 왕실과 사찰

고려가 건국된 뒤 불교가 진흥되는 과정에서 연출된 승려의 타락상을 한번 살펴보자.

정종의 맹목적 신앙은 불교를 타락의 길로 이끌었다. 사람들이 다투어 승려가 되어 국사, 왕사로 출세하려 들었으며 승려들은 높은 벼슬아치나 지방 호족 같은 귀족 신분의 대우를 받았다. 이런 분위기를 타고 가난한 자들과 떠돌이들은 승려가 되어 밥을 얻어먹거나 몸을 절에 의탁했다. 이들은 때로 만행과는 다른 단순한 구걸 행각에 나서기도 했다. 또 요역(徭役)을 피하고자 출가하기도 했고, 심지어 부모에게 불효한 자와 상전을 배반한 종들이 승려가 되어 관가의 눈을 속이기도 했다. 사찰에서는 이들을 포용했으나 지배자의 처지에서 보면 모두 사회 질서를 어지럽히는 빌미가 된다.

절은 대토지를 소유하고 많은 노비를 거느렸으며 승려들은 호사스런 생활을 누렸다. 그들은 풍족한 생활 속에서 불법에는 한 점 관심 없이 빈둥빈둥거리며 놀았다. 각종 불사도 극도로 사치스럽게

대보적경 권 32 중 사경변상도 | 일본 교토국립박물관 소장. 현존하는 고려 사경본 중 가장 오래된 것으로 일본 중요문화재로 지정되어 있다. 이 사경본의 특징 중 하나는 변상도의 경우 은니로, 글자는 금니로 조성되어 있다는 점이다.

벌였다. 금은을 모아 이겨서 사경을 하는 풍조가 경쟁적으로 벌어졌다. 불상을 조성할 때도 목불이나 토불, 석불보다 수많은 경비와 인력이 드는 금불이나 철불로 조성되는 일이 절마다 유행처럼 번졌다. 당시에는 주조 기술이 발달하여 쇠부처를 쉽게 만들 수 있었던 것이다. 금부처와 쇠부처가 흔하다보니 장사꾼이나 도둑들이 훔쳐 팔아먹는 일도 자주 벌어졌다.

탑에 화려한 팔부신중(八部神衆)을 조각했으며 불구와 가사를 비단으로 치장하는 따위 겉치레로 부처를 받들었다. 이런 시대 배경에서 968년 은진에 관촉사가 창건되었다. 이 절에는 고려 최대의 야외 돌부처가 조성되었다. 이를 일반 신도들은 미륵보살상으로 받들었다. 또 묘향산에 보현사를 창건했다. 산속 깊이 자리 잡은 보현사

묘향산 보현사 | 묘향산 보현사는 고려 중기 불교의 상징이었다.

는 고려불교의 상징물로 여겨졌다.

부유한 절에서는 베나 곡식 따위를 가지고 장리 놀이를 했다. 중들은 각 고을에 관리인을 보내 해마다 이자를 거두어들였다. 중들은 일을 보려고 다른 지방에 나들이하면서 역관에서 잠자고 먹었다. 벼슬아치가 아닌 승려가 역관을 이용하는 것 자체가 불법인데도 도리어 역에서 일보는 벼슬아치와 백성들에게 접대를 강요하고 말을 듣지 않으면 서슴없이 매질을 가했다.

중들은 곳곳을 돌아다니며 권선(勸善)하여 절 짓는 일을 강요했고, 절을 지을 때는 관아에 공사를 맡기는 경우도 잦았다. 관아에서는 관가의 공사보다 우선하여 절을 건립했으며 공사에 백성들을 동원했다. 절 짓는 일을 삼가라는 태조 왕건의 가르침은 찾아볼 수조차 없었고 비보사찰의 개념을 무시하고 마구 절을 지었다.

한편 기복불교가 만연하여 사람들은 너도나도 부처님께 재앙과 고통을 물리치고 복을 달라고 빌었다. 나라에서도 복을 비느라 자주 불사를 벌였다. 연례적인 행사 말고도 수시로 막대한 재물을 들여 재를 올렸다. 광종은 불법을 진흥하면서 수많은 참회법회와 무차수륙회를 열었고 사람을 수시로 절에 보내 설법을 듣게 했다.

광종은 관음보살의 자비사상을 실천하기 위해 걸식하는 승려에게 밥을 먹이는 반승대회를 자주 벌였다. 신하들에게 참회하라고 엄한 명령을 내려 쌀과 땔감과 말먹이를 개경이나 지방에서 길가는 사람들에게 보시하게 했다. 유학을 남달리 숭상했던 성종도 역대 왕가의 전통을 이어 공덕재를 베풀고 스스로 다(茶)를 맷돌에 갈기도 하며 보리방아를 찧기도 했다.

왕실과 사찰은 신라 말기보다도 더욱 절도를 잃고 있었다. 그리하여 부정한 일을 저지르면 참회하는 법회를 열어 씻어내고 나쁜 짓을 하고도 작은 선으로 보상받을 수 있다고 믿었다. 부처에게 빌기만 하면 일을 하지 않아도 잘살고 복을 받는다는 의타적 의식이 왕실과 민중을 가릴 것 없이 온 나라에 팽배했다.

유행처럼 번진 사찰의 상업 활동

또 10세기, 국내 장시가 발달하고 무역도 활발하게 전개되었는데 중들도 여기에 뛰어드는 풍조가 일었다. 당시 조정에서는 국가 수입을 올리기 위해 관영상점 또는 직영상점을 두었다. 대부분의 관아에서는 소속 장인들이 수공업 제품을 생산했다. 이 제품들은 해당 관아에 소용되는 물건들이었는데 남는 것은 관영상점에서 직접 판매했다. 때로는 조세로 거두어들인 물품도 관영상점에 공급하여 팔았다.

사찰에서는 많은 잉여 생산물이 나왔고 사찰에 소속된 노비들이 만드는 물건이 남아돌았다. 사찰은 자체로 생산하지 않는 물품을 필요할 때마다 사들였다. 또 계속 사찰을 짓고 불구를 만드는 불사가 이어졌으니 자재와 물품은 거의 날마다, 달마다 사들여야 했다. 관아를 제외하고는 사찰이 가장 큰 구매 집단이었다. 10세기 무렵 전국 승려의 수가 10만 명을 넘었다고 한다.

사찰은 조정의 직영상점을 본받아 상점 경영에 뛰어들었다. 그 보기의 하나로 금강산의 장안사에서는 개경에 점포를 내 절에서 직접 생산한 물건을 팔거나 필요한 물건을 사들였다. 직접 거래로 중간 마진을 제외시켜 이득을 노렸던 것이다.

사찰에서는 마늘과 파를 재배하여 신도나 일반인에게 팔기도

일제강점기 당시 금강산 장안사 | 장안사는 개경에 점포를 내 절에서 직접 생산한 물건을 팔거나 필요한 물건을 사들였다.

했다. 파와 마늘은 불가에서 고기와 함께 먹지 못하게 하는 금기 식품인데도 어엿하게 생산하여 상거래 품목으로 팔았던 것이다. 또 술도 빚어 팔았다. 그 보기의 하나로 양주의 한 절은 360섬의 술을 빚은 사실이 드러나 이 절에서 술을 빚은 중이 처벌받았다. 파·마늘의 생산 판매는 묵인되었으나 술 제조 판매만은 이렇게 지탄하여 처벌을 내렸다.

또 소금·꿀·기름 따위의 식품을 가공해 팔아서 이익을 남겼다. 절에 딸린 노비들은 단순 노동자만이 아니라 전문 기술자도 많아 이들을 시켜 종이나 자기 따위의 물건을 만들게 하여 팔았다. 승려들은 팔관회에 참여하여 외국 상인과 교역하기도 하고 경전 인쇄나 단청에 필요한 염료 따위를 구입하려고 직접 외국 무역에 뛰어들기도 했다.

한편 원(院) 같은 숙박 시설도 운영했다. 장안사의 승려가 전라도에 토지를 소유하고 도조를 받으러 간다든지 통도사의 승려가 개경의 직영상점에 물건을 공급할 때 많은 수의 사람들이 왕래하게 마련이다. 이럴 때 관아에서 운영하는 역참(驛站) 이용에 불편을 겪자 독자적으로 숙박업을 벌인 것이다. 이에 따른 이익이 만만치 않았을 것이다. 사찰의 왕성한 상업 활동은 고려 사회에 특수하게 드러난 현상이라 하겠으나 이를 통해 불교 승려의 타락과 변질 양상을 잘 보여준다.

— **문벌 귀족의 농락**

한편 11세기에 들어 문벌 귀족이 형성되면서 불교는 다시 한

번 이들에게 농락당했다. 문벌 귀족은 특정 종파를 대변했다. 그들은 여기저기 원당을 세워 재산을 도피하는 수단으로 삼거나 절의 경계에 있는 개인 땅을 강제로 거두어 차지했다. 또 자신들의 아들을 출가시켜 교단의 주도권을 움켜쥐었다. 당시 가장 큰 종파였던 화엄종과 법상종(法相宗)은 문벌 귀족과 결탁하여 정치권력을 배경으로 다른 교단을 무리하게 장악하려 하면서 부패를 부추겼다.

1018년(현종 9) 현종은 자기 부모의 명복을 빌기 위해 현화사(玄化寺)를 창건했다. 이 원찰은 개풍군(현재의 개성시)에 지었는데 광종이 송악산 아래 지은 같은 이름의 현화사와 구분된다. 이 절은 왕의 특별한 비호 아래 법상종을 받들었다. 법상종은 화엄종의 무차별 이론에 반대하여 "사람은 누구나 성불하는 것이 아니다"라고 주장하면서 귀족의 정서를 대변했고, 뒷날 인주 이씨와 같은 문벌 귀족이 도사린 중심 교단이 되었다.

어쨌든 이 무렵에는 법상종을 중심으로 경종, 성종 시대의 침체를 벗어나 불교 세력이 기력을 찾았다. 현종은 그동안 폐지되었던 연등회와 팔관회를 부활시켰으며 여러 곳에 사찰을 짓고 궁중에서 법회를 열었다. 1018년에는 승려 3,200명에게 승려 자격증인 도첩을 주는 행사에 벼슬아치와 신도 등 10만 명을 궁중으로 불러들여 잔치를 벌였다. 이후 궁중에서 승려를 위한 잔치를 베풀 때 적게는 몇천 명, 많게는 10만 명이 모여드는 것이 관례가 되었다.

외침이나 변란이 있을 때는 궁중에 도량을 설치하여 기도를 하거나 장경(藏經) 불사를 벌였다. 이를 본받아 지방 고을에서도 해마다 윤경회(輪經會)를 성대하게 벌였다. 이런 관례가 뒷날 팔만대장경의 판각을 낳게 만들었던 것이다. 현종은 이렇게 불법을 숭상했으나 개인이 집을 보시하여 절로 삼거나 여자들이 출가하는 풍조만은 막았다. 이때 의천(義天)이 일어나 새 바람을 일으켰다.

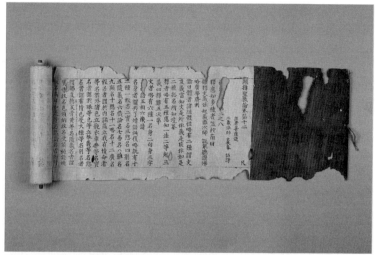

초조본 현양성교론 권 제12(국보 제271호) | 거란의 침입을 물리치기 위해 1011년(고려 현종 2) 판각하기 시작한 최초의 대장경인 초조대장경의 일부.

25
의천과 천태종의 창종

__ 문종의 개혁 조치

1055년 문종의 넷째 아들 의천이 태어났다. 그의 탄생은 궁중의 경사라기보다 고려불교의 서광이었다. 그 다음 해에 문종은 벼슬아치들의 학정으로 백성들이 극심한 고통을 겪고 있는 현실을 개선하고자 여러 곳에 어사를 내려보냈다. 문종은 불교의 폐단에도 깊은 관심을 보여 다음과 같은 조서를 내렸다.

부처님께서는 청정을 가장 먼저 가르쳐 더러움을 멀리하고 탐욕을 끊으라 하셨다. 지금 신역(身役)을 피하려는 무리들이 이름을 사문에 의탁하여 재물을 모으고자 농사짓고 가축 기르는 일을 본업으로 삼으며 장사에 힘쓰는 것이 풍습처럼 되었다. 그래서 나아가서는 계율을 어기고 물러가서는 청정의 서약을 업신여긴다. 어깨에 걸치는 법복으로 술동이를 덮고, 강론하고 범패를 외는 마당을 파와 마늘을 심는 밭으로 떼어주었다. 장사꾼과 손잡고 사고팔면서 술 마시며 놀이를 즐기고 있다. 절간의 꽃밭은 떠들썩하고 난초 화분은 지저분한데 중들은 속세의 관을 쓰고 속세의 옷을 입고 절을 수리한다고 핑계대고는 깃발과 북을 들고 노래하고 불면서 여염집에 들락날락한다. 그러면서 멋대로 시정 사람과 싸워 피투성이가 된다. 짐(朕)은 선악을 구분하고 기강을 바로잡고자 하여 온 나라의 이런 절을 도태시키고 계행(戒行)을 정성껏 닦는 자만을 편안히 도를 닦고 살게 하겠노라. 이를 범하는 자는 법으로 다스리겠노라.(『고려사』세가)

아주 준엄한 지시였다. 비리를 막자는 것이지 불도들을 탄압하자는 뜻이 아니었다. 이 지시에 따라 많은 절을 헐어버렸는데 대부분 귀족들이 벌여놓은 원당이나 권력을 끼고 중생 제도를 외면하는 사원이었다. 민중은 박수를 보냈다. 또 개인이 집을 보시하여 절로 삼는 일을 거듭 금지시켰으며 한 집안에 아들 셋이 있을 경우 15세가 넘은 아들 하나만 출가하는 것을 허락했다.

문종은 재위 37년 동안 누구보다도 불법의 진흥에 앞장섰다. 관례에 따라 조금도 소홀함 없이 궁중에서 법회를 열고 일곱 차례나 승려에게 반승 잔치를 베풀었는데 최고 3만 명이 모여든 적도 있었다. 또한 신하들의 반대를 무릅쓰고 10여 년에 걸쳐 개성 덕적산에 흥왕사를 짓고 원당으로 삼았는데 그 규모는 2,800칸이나 되었다. 그는 이율배반의 행동을 보였으나 어디까지나 사찰과 승려의 타락을 방치할 수 없어 위의 개혁 조치를 내렸던 것이다.

문종은 어느 날 여러 아들을 불러놓고 "누가 스님이 되어 복전의 이익을 얻겠는가?"라고 물었다. 다른 아들들은 아무 말이 없었으나 11세가 된 의천이 나서 "제가 출가할 뜻이 있습니다. 오직 부왕의 분부를 기다릴 뿐입니다"라고 말했다. 의천은 젊은 나이로 출가하여 화엄종의 교지를 배웠고 유교 학문까지 두루 섭렵했다. 그는 송의 명승 정원법사(淨源法師)에게 편지를 보내 교분을 넓혔으며 정원법사의 저술을 모두 얻어 보았다. 그의 탐구욕은 이에 머물지 않았다.

새로운 이념, 교관겸수

의천은 아버지와 형들에게 중국에 가서 불법을 배워오겠다고 청했으나 허락을 얻지 못했다. 특히 어머니는 한사코 말렸다. 그는 문종이 죽은 뒤인 1085년 사월 초파일에 어머니에게 편지를 남기고 제자 두 명과 함께 송나라 상선을 타고 송의 수도 개봉으로 들어갔다. 당시 개봉은 인도승, 라마승을 비롯하여 남쪽 여러 나라 승려들의 내왕이 끊이지 않았다. 그는 많은 승려들과 교류하면서 송의 철종황제를 만나고 그곳 벼슬아치들에게 융숭한 대접을 받았으나 이에 만족치 않고 고행을 거듭하여 항주 등지 남쪽의 여러 절을 두루 돌아보았다.

이렇게 1년 2개월을 보낸 뒤 의천은 고국으로 돌아왔다. 그는 흥왕사에서 머물면서 송나라에서 가져온 불경과 경서 1,000여 권을 나라에 바쳤다. 그리고 흥왕사에 교장도감(敎藏都監)을 설치하고 북쪽의 요나라와 송나라에서 책을 들여와 이를 원본으로 하여 찍어냈다. 이때 간행한 책이 4,700여 권에 이르렀으며 여기에는 원효의 저술도 포함되어 있었다.

의천이 국청사에 머물 때에는 고승 1,000여 명이 모여들었다. 이때 본격적으로 천태 교학을 강의하면서 천태종을 창시했고 2년

칠곡 선봉사 대각국사비(보물 제251호)

뒤 공인된 종파가 되었다. 그가 새로운 종파를 창시한 것은 시대 상황의 요구에 따른 것인데 이 무렵 선종과 교종의 대립·갈등이 재연되고 있었다. 한편 국제 관계로는 여진 세력이 크게 성장하여 고려를 위협하고 있었다. 그는 견문이 넓고 사려가 깊었으며 합리적 판단을 하는 품성에다가 왕자라는 사회적 신분도 지니고 있었다.

의천은 왕권을 강화하고 문벌 세력을 누르며, 불교의 타락을 막고, 민중을 추동해 여진의 침입에 대비해야 하는 책무를 걸머졌다.

이를 위한 이념을 처음에는 화엄종 사상을 중심으로 펼치려 했으나 나중에는 천태종을 통해 구현하려 했다. 의천은 중국의 절강성, 천태산의 국청사를 찾아가 천태종 교리를 깊이 있게 새겼다. 국청사는 천태종의 중심 사찰로 이 절 앞에는 고구려와 신라의 승려들이 공부할 때 거처했던 신라원이 있었다. 그는 고려에서 천태종의 교의를 펴보려고 마음을 굳게 먹었다. 천태종에서는 선과 지혜의 조화를 강조하는데 그는 특별히 조화에 관심을 기울였다.

천태종의 기본 경전은 『법화경』이며 이 경의 중심사상은 『화엄경』보다 구체적인 회삼귀일(會三歸一)에 있다. 곧 사람의 등급을 셋으로 나누는데 "아무리 모자라는 중생이라도 성불할 수 있다"고 했고, "마음이 바로 부처이고 중생"이라고도 했다. 그러니 셋은 마침내 하나로 돌아간다는 것이다. 의천은 부처님이 마지막으로 설법한 이 사상을 고려 현실에 뿌리내리려 했다. 신분 갈등을 해소할 수 있는 평등관의 구현이었다.

의천이 존숭하는 선사는 원효였다. 그는 원효의 화쟁사상을 어떻게 새로운 환경에 맞는 이념으로 만들 것인지 고심을 거듭했고 마침내 이론과 실천의 양면을 강조하는 교관겸수(敎觀兼修)를 제창했다. 화엄종을 비롯하여 교의만을 닦는 종파들은 마음의 실체를 버리고 바깥에서 허망하게 진리를 찾아 헤매 실천성이 없다고 보았다. 선종처럼 참선에만 치우치는 종파들은 바깥의 현실은 외면하고 마음에만 진리를 밝히려 하여 현실을 소홀하게 한다고 보았다.

의천은 한쪽에 치우치는 것은 아집이며 화엄종과 선종이 벌이는 다툼은 토끼뿔이 실재하지도 않는데 한쪽에서는 길다고 우기고 다른 한쪽에서는 짧다고 우기는 것과 다름없다고 갈파했다. 따라서

교의 공부와 함께 이를 실천해야 한다는 점을 강하게 주장했다. 이는 관념을 실천으로, 대립을 융화로 이끌 수 있는 이념이었다. 그래서 교관겸수를 "원융사상"이라고 하며 이를 표방한 천태종을 "총화(總和)불교"라고도 한다. 의천은 자신이 처음 몸담았던 화엄종의 일부 세력과 대립했고, 법상종을 받드는 문벌 귀족들로부터 많은 지탄을 받았다. 뒷날 왕사로 추대된 학일(學一)은 의천의 협조를 거절하고 선종의 독자성을 지키려 했다. 학일은 의천이 죽은 뒤 청도의 운문사에 은거하면서 선에 정진했다.

__ 대각국사 의천의 한계

의천의 실천적 현실 인식은 화폐의 통용을 강력하게 추진한 데서도 잘 드러난다. 그는 송나라에서 돌아와 형인 숙종에게 화폐를 통용하게 해달라는 건의를 올렸다.

> 돈은 몸은 하나이지만 그 역할은 네 가지입니다. 첫째, 생김새를 보면 몸은 둥글고 구멍은 네모집니다. 둥근 것은 하늘을 상징하고 네모난 것은 땅의 모양을 말합니다. 이는 하늘이 온갖 것을 완전하게 덮고 땅이 완전하게 받쳐주는 것을 나타냅니다. 둘째, 돈은 샘물처럼 끝없이 흘러나와 마르지 않습니다. 쓰면 없어지는 곡식과는 다릅니다. 셋째, 돈을 백성에게 퍼뜨리면 위아래 어디고 돌아다녀 길이 막힘이 없습니다. 넷째, 돈은 이익을 부자와 가난한 사람 모두에게 나누어줍니다. 그 날카로움이 칼과 같으나 늘 써도 무디어지지 않습니다.(『대각국사문집』)

의천은 송나라의 화폐 유통을 보고 고국에 널리 통용케 하여 민생에 도움을 주려는 의욕에 차 있었다. 그의 이런 주장과 이론은 숙종의 마음을 휘어잡았다. 고려 역대 조정에서도 화폐의 통용을 여러 차례 시도했으나 성과를 거두지 못했다. 숙종은 주전관(鑄錢官)을 배치해 화폐를 만들었으며 주전도감(鑄錢都監)을 두어 동전을 찍어냈다. 의천은 한국 화폐 발달사에 큰 이름을 올렸다. 이는 정치권력에의 개입이 아니라 중생 제도를 위한 한 방편이었다는 점에 의미가 있다.

숙종은 또 의천의 자문을 받아 불교 개혁을 서둘렀다. 그 보기 하나를 들어보자. 당시 비구와 비구니들은 친목을 위해 만불회(萬佛會)를 조직했다. 이 조직은 전국적으로 확대되었는데 비구와 비구니들은 서로 연계하여 가난한 이와 고통 받는 이들을 외면하고 고리대 등 이권 챙기기에 열중했으며 신도들을 유혹하여 시주를 받아냈다. 숙종은 이를 전면적으로 금지하는 조치를 내렸다.

아무튼 의천은 승려로서 최고직인 승통이 되고 "대각국사"라는 시호를 받았다. 이는 결코 왕자라는 혈통에 힘입은 것만이 아니었으나 그 혐의를 벗어날 수는 없었다. 그의 명망은 양식 있는 승려만이 아니라 신도들에게 더욱 높았다. 하지만 그에게도 한계는 있었다. 의천의 사상은 본질적으로 왕권 강화를 위한 의식 기반과 문벌 체계의 타파라는 안목에서 출발하여 불교의 전반적이고 구체적인 개혁 방향을 제시하지 못했다. 절들은 귀족의 원당으로 전락하여 재산 도피처가 되고 정치권력 투쟁에 이용되는 따위의 현실적 모순에 휩싸여 있었지만 이를 전면적으로 개혁하는 방향으로 나가지 못했던 것이다.

방향을 제대로 제시하지 못하여 귀족불교를 민중불교로 끌어내리는 데 실패했고 원효의 깊은 뜻을 올바르게 실현하지 못했다. 의천이 죽고 난 뒤에 그가 추구하려 했던 원융사상은 빛이 바랬고 불교의 타락은 더욱 심화되었다. 그 까닭은 첫째, 밑으로부터의 개혁을 시도하지 않았다는 점이다. 광범위한 승려와 신도를 중심으로 결사운동을 벌이지 않은 것이다. 둘째, 조직적인 개혁 프로그램을 만들어 실현해내지 못했다. 너무 이념 제시에 열중한 편향된 감이 있었다.

어쨌든 의천의 개혁사상은 뒷날 태어난 지눌에게 큰 영향을 주었으며 지눌에 의해 그 한계는 상당히 극복되었다.

26

사원 토지의 확대와 지눌의 출현

— 문벌 귀족의 득세

11세기에는 의천의 개혁 의지를 무색하게 할 정도로 사원 경제
는 사원전(寺院田)을 통해 더욱 확대되어갔다. 사원전은 임금이 내려
준 땅, 신도가 시주한 땅, 절에서 개간한 땅이 중심을 이루었는데, 이
무렵에는 절에서 사들인 땅이 더욱 늘어나는 현상이 빚어졌다. 절에
서는 도조를 받거나 상업적 이익을 얻는 것 외에 이자 놀이에 열중
했다. 이는 주로 보(寶)를 통해 쌀과 베를 빌려주고 이자 소득을 올리
는 방법으로 이루어졌다.

법정 이자는 1년 단위로 쌀 15말에 5말, 베 15필에 5필로서 원
물의 평균 3분의 1로 규정되어 있다. 그러나 법정 이자는 거의 무시
되고 원물에 가까운 이자를 물렸으며 이를 제때에 갚지 못하면 빌려
간 백성의 토지를 원물 대신 빼앗다시피 차지했다. 어떤 중은 질이
나쁜 베와 종이를 강제로 백성에게 떠맡기고 이자를 거두어들였으
며 어떤 중은 쌀 50만 섬을 빌려주고 이자를 독촉한 탓으로 백성이
나라에 조세를 내지 못했다는 사례도 있다. 이러한 이자 수입은 다

양산 통도사 국장생 석표(보물 제74호)

시 토지 확대로 이어졌다.

절에서는 소유 토지에 장생표(長栍標)를 세워 경계를 표시했다. 통도사의 경우 나라의 허가를 받아 12개의 장생표를 세웠는데 지금도 양산시 하북면 백록리에 1085년에 세운 높이 166미터의 장생표가 보존되어 있다. 장생표 안에는 국가나 개인 소유의 토지는 없고 절 소유의 토지와 산판만 있었다. 금강산 장안사의 경우 소유 토지가 경기 지방과 전라도, 황해도에 걸쳐 널려 있었다.

문벌 귀족은 불교 세력을 장악하려 들었다. 이자연(李子淵)은 딸 셋을 문종의 왕비로 들여보낸 뒤 권력을 독점하고 화엄종과 천태종에 맞서고자 법상종을 손아귀에 넣었다. 법상종의 본찰은 이미 말한 바와 같이 왕실 소속의 현화사였는데 왕실의 비호를 받으며 성장해왔었다. 이자연의 아들 이덕소(李德素)는 출가해 승려가 되어 현화사의 주지를 맡았다. 그리고 이자연의 손자인 이자겸(李資謙)은 외척으로 임금을 갈아치우는 따위의 막강한 권력을 행사했는데 그의 아들 이의장(李義莊)은 현화사를 마음대로 주무르는 실력자였다. 이 가문은 법상종을 세력 기반으로 하고 현화사를 통해 재산을 도피시켰다.

사원전은 사패지(賜牌地)여서 국가에 조세를 물지 않았으므로 승려들은 잉여생산물을 더욱 축적할 수 있었고, 문벌 귀족은 이를 재산 도피처로 삼았던 것이다. 그리하여 12세기에 이르러 진짜 사원전과 위장 분산된 사원전은 산천을 경계로 하는 대토지를 점유했다. 이런 과정을 거치는 동안 선종 세력은 쇠퇴의 길을 걸었으며 선종 계통 승려들은 기댈 곳이 많지 않았다. 한편 귀족과 연계되지 않거나 왕실의 원당이 아닌 절, 또는 낮은 신분의 승려가 살림을 어렵게 꾸려가면서 불법에 정진하는 절은 토지를 거의 소유하지 못하거나 생계만을 유지할 수 있을 정도만을 소유하고 있었다. 그래서 스스로 베를 짜서 팔거나, 농사일을 하거나, 또는 작은 규모의 장사를 벌여 생계를 꾸렸고 때로는 탁발로 연명하기도 했다.

이런 현상과는 달리 12세기 초 무렵에는 불교계의 다른 모습도 나타났다. 많은 승려와 신도로 이루어진 절의 자위 조직이 생긴 것이다. 처음에는 도둑을 막는 수단으로 자위 조직을 유지했던 이들은 외침이나 변란이 있을 때 국가의 군사 인력으로 동원되기도 했다.

12세기 초 무렵, 여진이 군사력을 길러 고려에 자주 침입해오자 숙종과 윤관이 여진 정벌을 계획하면서 별무반(別武班)을 조직했는데 여기에 특수부대로 승려를 뽑아 항마군(降魔軍)을 만들었다. 항마군은 사찰에 예속되어 노역에 종사하던 수원승도로 조직되어 사찰 자위 조직과 깊은 관련이 있었다.

항마군은 여진 방어에 크게 기여했으며 이는 뒷날 북방 민족이 침입할 때마다 승려들이 참여하는 전통을 만들었다. 승려는 군역을 면제받는 특혜를 누렸으나 수원승도는 특수부대에 종사하면서 그에 상응하는 역할을 해낸 것이다. 그런데 항마군은 국내 정치에도 한몫 거들었으니 문벌 귀족들이 지배하는 사찰에 국가적 통제를 가하는 효과를 가져왔던 것이다. 다시 말해 항마군은 국왕의 지휘를 받으면서 사찰을 통제하는 수단이 되어 문벌 귀족의 사찰 장악을 제약했으며 비리 사찰의 압력 집단이 되었다.

─ 무신반란과 불교의 수난

개성에는 문벌과 정치적 길을 달리하는 집단이 웅크리고 있었다. 김부식은 유학의 교양을 쌓은 문장가로 명망을 얻었다. 개성 출신의 벼슬아치와 문사로 이루어진 그의 세력은 무시하지 못할 정도였다. 한편으로는 서경 출신의 승려 묘청과 백수한이 인종의 신임을 받으며 서경천도운동을 벌였다. 인종은 여기에 현혹되었으나 김부식 일파는 이들을 규탄하고 나섰다. 묘청 일파는 대위국(大爲國)을 선포하고 자주적 황제 국가를 표방했으나 김부식이 토벌군 사령관이 되어 이들을 섬멸했다. 이를 두고 신채호는 불교파와 유학파, 자주파와 사대파의 결전이라고 규정했다. 이 사건으로 유학자 출신의 관료 세력은 더욱 힘을 얻었다.

1170년에는 정중부, 이의방 등이 김부식 일파를 제거하고 이른 바 무신반란을 일으켜 정권을 잡았다. 무신들은 의종을 죽이고 명종을 세워 꼭두각시로 삼았으며 더욱이 이의방은 딸을 태자빈으로 들여보내고 이를 빌미로 발호했다. 1174년 귀법사 승려 100여 명은 궁궐로 들어가 왕을 보호하려 했으나 이의방의 군사에게 수십 명이 죽었다. 뒤따라 2,000명의 승려가 봉기하여 궁궐로 들어가려 했으나 다시 이의방의 군사들에게 100여 명이 참살당했다. 이의방은 이 승려들이 머물던 여섯 곳의 절을 불태워버렸는데, 이들은 왕을 보호하려는 교종 계열의 승려들이었다.

강력한 무신 독재 정권에 눌려 교종을 후원하던 왕실이 위축되고 권력을 독점적으로 틀어쥐었던 문벌 귀족이 몰락했다. 교종은 치명적일 정도로 무너져내렸고 문벌 귀족이 싸고돌던 법상종은 쥐구멍 속으로 들어가지도 못하고 여지없이 와해되었다. 이들의 토지, 재물 등 기득권도 박탈되었고 살아남은 승려들은 오금을 펴지 못했다. 이 일련의 사건은 불교 전래 이후 최대의 수난이었다.

선종은 화엄종, 천태종, 법상종 등 교종이 득세할 때 계속 쇠퇴의 길을 걸으면서도 겨우 명맥을 유지했다. 앞에서 말한 대로 학일은 은퇴한 뒤 운문사에 거처하면서 선의 선양에 주력했다. 그리하여 선종의 가지산문이 경상도 지역으로 옮겨가게 되었다. 또 이자현은 청평산에 문수암을 세워 온갖 명리를 끊고 선종 고수에 정진했다. 이 두 선종 승려는 어두운 새벽에 작은 촛불의 구실을 했다.

새로운 전기는 머지않아 다가왔다. 1182년(명종 12) 정월, 개성

남쪽에 있는 보제사로 많은 승려들이 무리를 지어 모여들었다. 이 절은 국가 주요 행사를 벌이던 장소였으며 이 절의 나한보전은 규모가 왕궁보다 더 웅장했다. 역대 왕들은 이 절에서 수만 명의 승려를 불러 밥을 먹이는 의식을 치렀으며 만적은 노예 반란을 모의할 때 이 절을 집결 장소로 지정했다.

이런 유서 깊은 절에서 마침 담선법회(談禪法會)가 열리고 있었다. 이 법회에 참여하는 승려들은 적어도 왕실의 비호를 받거나 외척의 끈이 닿아 있는 인물들이었다. 당시 선종 승려들은 위축되어 실낱같은 명맥을 유지하면서 후진 절간에 묻혀 참선에 몰두했으며 애써 현실 문제를 외면했다. 선종 사찰에서는 이따금 담선법회를 열었다. 선에서는 문자를 거부하지만 헛된 침묵을 깨기 위해서는 때로 말이 필요하지 않았을까?

─ 청년 지눌의 '정혜결사'

이때의 보제사 법회에는 종파를 초월한 젊은 승려들이 많이 참여했다. 얼마 전에 치른 승과 시험에 합격하여 탄탄한 출세를 보장받은 젊은이들이었다. 이들은 대중방에 들었다. 한 젊은 승려가 같은 또래의 승려 10여 명을 모아놓고 토론을 벌이다가 열띤 어조로 이렇게 말했다.

법회가 끝난 뒤 마땅히 명리를 버리고 산속에 은둔해 뜻을 같이 할 결사(結社)를 만들자. 늘 선정(禪定)을 익히고 지혜를 닦는 것을 급무로 삼고 예불과 경전 공부를 하면서 직접 노동을 하여 각각 맡은 바를 이룩해나가자.(『보조법어(普照法語)』)

남의 복이나 빌어주는 행동을 하지 말고 본연의 참수행을 위한 길을 가자는 것이요 권력자에 빌붙어 후원을 받기보다는 스스로의 힘으로 살아가자는 취지였다.

이 말에 다른 견해를 말하는 승려도 있었고 동조하는 승려도 있었다. 이런 주장을 편 젊은 승려는 지눌(知訥, 시호 佛日普照)이었다. 지눌은 귀족불교에 대한 선승들의 반감을 익히 알고 있었으며 모든 승려들이 무신 정권의 발호를 개탄하는 분위기도 꿰뚫어보고 있었다. 그는 이와 같은 현실 조건에서 새로운 돌파구를 마련하고자 이런 주장을 편 것이다. 이 취지에 동감하는 승려들은 결사의 이름을 "정혜사(定慧社)"라고 붙였다. 그 첫 출발은 의미가 컸으나 아직 유명무실한 단계였다.

지눌은 황해도 출신으로 출가한 뒤에 '큰스님' 밑에서 수행하지 않고 주로 혼자 정진하여 승과에 25세의 나이로 합격했다. 비슷한 시기에 무신 정중부가 경대승의 손에 죽었다. 경대승은 무신 정권의 중심인물인 정중부보다는 비교적 문신과 승려를 존중했다. 지눌은 의천의 행적과 의천이 추진하던 개혁이 실패한 사정에 대해 잘 알고 있었으며 무신 정권 아래에서 왕권이 약화된 정치 현실을 안타깝게 여기고 있었다. 그동안 선종 승려들은 왕실과 문벌의 지원을 받지 못해 교종에 빌붙어 살면서 참선으로만 문득 도를 깨칠 수 있다는 자만에 빠져 있었다. 일반 승려들은 부처를 믿어야 극락에 간다든지 재앙을 물리친다든지 하는 기복불교로만 치달아 재를 올리고 천도하는 일을 축재 수단으로 삼으면서 참불법의 구현을 외면하고 있었다. 더욱이 사주나 관상을 봐주거나 점을 쳐주는 따위의 무속과 민간신앙에 지나치게 영합하여 명맥을 유지하기도 했다.

청년 지눌은 불교계의 비리와 승려들의 비틀걸음을 냉철하게 지켜보았고 무신 정권이 모든 일을 폭력으로 밀어붙이는 등 부조리로 뭉친 세상을 경험하고 있었다. 지눌은 모든 승려직을 내던진 채 개성을 벗어나 바리때를 짊어지고 전라도 창평(지금의 담양)에 있는 청원사로 들어갔다. 그곳에

순천 송광사 십육조사진영 중
제1세 보조국사(보물 제1043호)

서 참선에 몰두하는 한편 경전 연구를 거듭했다. 선교일치의 토대를 닦으려는 것이었다. 그는 몇 년을 이렇게 보낸 뒤 운수행각(雲水行脚)에 나서 여러 곳을 두루 다녔다. 만행을 통한 수행이었다. 그런 뒤 경상도 하가산 보문사에 머물렀다.

이즈음 옛 동지로부터 이제 결사운동을 시작해보자는 편지를 받았다. 시기가 무르익었다고 판단했을 것이다. 그는 의욕이 솟아나 곧바로 팔공산 거조사로 나왔다. 이 절은 비교적 교통이 편리한 곳이었다. 동료들은 그가 거조사에 오래 머물기를 바랐으며 그도 이 절에서 오랜 숙원인 정혜결사운동을 벌이기로 굳게 마음을 먹었다.

27

한뜻으로 전진하는 결사운동

___ 땅에 엎어진 자 땅을 짚고 일어난다

지눌은 거조사에 머물기 시작한 이후 몇 년 뒤인 1190년 『정혜
결사문』을 지어 돌렸다. 그의 나이 33세 때였다. 이 글의 첫머리는
"삼가 들으니 땅에 넘어진 자는 땅을 짚고 일어난다고 했으니 땅을
떠나 일어나려는 것은 있을 수 없다[恭聞 人 因地而倒者 因地而起 離地求
起 無有是處也]"로 시작된다. 마음을 떠나 부처를 구하는 것은 있을 수
없다는 논지를 펴기 위한 선언적 의미를 담고 있다. 첫머리는 이렇
게 연역법으로 시작했다.

그 다음에는 한쪽에 치우치지 말고 정혜(定慧)를 고루 닦아야
한다는 이론을 차분하게 펼쳤고, 참된 불자는 귀천을 가르는 신분에
얽매이지 말고 이 종파 저 종파를 가리지 말 것이며 온갖 명리를 버
리고 몸소 실천하여 혁신운동을 벌여야 한다고 힘써 주장하면서 대
중을 설득했다. 그의 주장과 논지는 명쾌했다. 그는 이 취지에 찬동
하는 사람들에게 참여의 문을 활짝 열어놓았다. 많은 승려와 신도들
은 거조사로 찾아와 다투어 『정혜결사문』을 얻어갔다. 그는 제자들

순천 송광사(사적 제506호) | 순천 송광사는 지눌을 중심으로 한 정혜결사의 본거지이다.

과 찾아오는 대중에게 정진할 것을 힘써 당부했다. 좁은 거조사는 찾아오는 대중을 다 수용할 수 없을 지경이었다.

지눌은 일대 결사운동을 벌이려면 좀 더 확실한 체계를 세우고 사상의 깊이를 담아낼 이론이 필요하다고 여겼다. 그래서 몇 명의 제자를 데리고 바리때 하나만을 든 채 지리산 상무주암으로 들어갔다. 이곳에서 정혜의 사상 체계를 하나씩 세웠다. 이렇게 3년을 보낸 뒤 현실세계로 뛰어들어 많은 대중과 접촉할 필요성을 느꼈다. 그의 나이도 이제 40세가 넘었다.

그는 송광산 길상사(뒤에 조계산 송광사)로 내려왔다. 길상사는 폐사 직전의 퇴락한 작은 절이었으나 교통이 비교적 편리한 곳에 자리를 잡았다. 하지만 토지를 넉넉하게 소유하지 않아 먹을 양식조차 모자랐다.

지눌이 길상사를 중창한다는 소문이 돌자 목수 일로 평생을 보내던 백암사의 승려가 찾아와 공사를 떠맡았고 나주 등지에 사는 향리들이 시주하여 비용을 댔다. 그는 절을 지을 동안 지리산 등지를 오가며 정진을 거듭했다.

우여곡절을 겪으며 절이 공사를 시작한 지 8년 만에 완성되자 지눌과 그의 제자들은 상주하면서 울력으로 농사를 지어 먹을거리를 마련하고 산에서 땔감을 해와 쌓아놓았다. 그들은 스스로의 손으로 땀을 흘리며 채전을 일구고 공양을 지었다. 쉽게 말해 왕실이나 권문세가, 벼슬아치들에게 손을 벌리지 않고 절을 중창했으며 스스로의 노동으로 먹고 살았던 것이다.

자, 이들은 신라 말기 개혁 선승들의 수행 방법을 그대로 재현하고 있었다. 그때의 개혁 선승도 지방 토호의 도움을 받아 절을 짓고 자신들의 손으로 빨래하고 울력으로 농사를 짓지 않았던가? 이들의 손은 농부나 나무꾼처럼 터지고 갈라졌다. 이런 소문이 차츰 퍼져나가자 길상사는 승려와 신도로 붐비기 시작했다. 지눌은 작은 서재를 차리고 정혜결사운동을 본격적으로 벌였다. 먼저 글을 통해 자신의 의지를 하나씩 담아내 전달했다. 『수심결(修心訣)』에서 이렇게 가르쳤다.

첫째, 자신이 바로 부처임을 알라. 자신이 부처와 똑같은 지혜의 성품을 가지고 있음을 알라. 이를 금방 깨달아야 한다.
둘째, 이를 깨달았더라도 예전부터 오랫동안 몸에 배어 있던 습관의 찌꺼기가 한꺼번에 없어지지 않고 남아 있다. 이 때문에 선정과 지혜로써 쉬지 말고 연달아 닦아야 한다.

첫 번째 가르침은 돈오점수(頓悟漸修), 두 번째 가르침은 정혜쌍수(定慧雙修)로 요약된다. 이 두 가지가 그의 수행관의 요지이다. 이는 불교사상의 요지를 뭉쳐놓은 표어라고도 할 수 있다.

이어 다음과 같이 말했다.

선은 곧 부처의 마음이요 교는 곧 부처의 말이다. …… 참과 지혜를 다 같이 공부하여 만행을 닦으면 어찌 헛되이 입을 꾹 다물고 있는 어리석은 선객과 글만을 찾아 헤매는 미친 혜자(慧子)에 비교하리오.(『보조법어』)

여기에는 "글만을 찾아 헤매는 미친 혜자[尋文之狂慧]"와 "참선만을 고집하는 백치 같은 선객[守默之痴禪]"이라는 명구가 들어 있다. 그의 변증법적 '부정의 부정' 논리는 점차 체계를 잡아갔다.

참으로 명쾌한 가르침

지눌은 "진심(眞心)"이라는 새로운 개념을 제시했다. 진심은 우주의 본체이자 생명의 근원으로 인과 관계를 초월해 시간을 관통하며 퍼져 있지 않은 공간이 없다고 했다. 그 모체는 태어나지도 사라지지도 않고, 있지도 없지도 않으며, 움직이지도 않고 흔들리지 않는 것도 아니며, 아주 맑아 언제 어디에나 존재한다고 규정했다. 따라서 자연계와 인간 사회에서 일어나는 현상 전부가 진심에서 나온

순천 송광사 승보전 벽화 | 정혜결사문을 읽는 모습을 그렸다. 전각의 현판에 "정혜사(定慧社)"가 보인다.

다고 설파했다.

지눌은 이런 진심의 개념에 입각하여 여러 교리를 분석하고 비판했다. 경전에서 말하는 보살이나 여래(如來), 진여(眞如), 불성(佛性) 따위는 진심의 다른 이름에 지나지 않는다고 하여 교종에서 내세우는 신비적 관점을 공격했다. 불성에 대해서는 이렇게 설파했다.

사람의 마음속에 있다. 사람은 마음을 잘 닦으면 누구나 불성을 갖출 수 있고 극락에도 갈 수 있다. 이것이 너희 몸 안에 있는데 스스로 자각하지 못할 뿐이다. 너희가 배고픈 줄 알고 목마른

줄 알고 추위와 더위를 느끼고 성내고 즐거워하는 것이 바로 불성이요 본래의 모습니다.(『수심결』)

지눌은, 부처는 초자연적이고 초인간적인 존재로서 인간의 생사화복을 주관한다는 교종 이론을 반박한다. 인간이 가장 존귀하다는 것을 전제로 깔고 인간 평등의 이론을 근원적으로 설파했다고 말할 수 있을 것이다. 교종의 중심 세력은 부처님께 공양하여 복을 빌며 재물을 시주하면 소원을 성취시켜준다고 떠들며 재산을 불리고 권력에 빌붙었으니 그들의 이런 이론을 귀담아 들을 리도 없으며 오히려 교리를 왜곡한다고 지탄을 퍼부었던 것이다.

이어 부처에 대해 이렇게 설파했다.

부처란 마음이다. 마음은 사람 몸속에 있다. 사람은 오래 미혹되어 있어서 마음이 참부처인 줄 알지 못하고 부처를 마음 밖에서 찾는다. 이렇게 되면 티끌처럼 많은 세월이 지나도록 몸을 사르고 팔을 태우며 뼈를 두드려 골수를 꺼내고 몸을 찔러 피를 내서 경을 베낀다 해도, 밤을 지새우고 밥을 굶으면서 그 많은 대장경을 읽거나 여러 가지 고행을 한다 해도 이는 모래알을 삶아 밥을 지으려는 것과 같아 헛된 수고일 뿐이다.(『수심결』)

얼마나 명쾌한가? 부처를 신앙의 우상에서 인간의 무리 속으로 끌어내리는 가르침이다. 부처와 인간을 일치시켜 대중에게 파고드는 처방이었다. 그는 기발한 문구와 쉬운 비유를 들어 어려운 이론을 풀어나갔고 직감을 통한 엉뚱하다 싶을 정도의 언어로 표현했다.

원효와 달리 세속 생활에서 일탈하는 기행 없이 계행을 지켰는데 이 점을 빼고 보면 원효의 환생을 보는 듯하다.

지눌은 진심이란 논리로 불교계의 당면 비리를 타개하고 이를 대중에게 널리 확산시키려 했다. 그는 비록 정혜쌍수를 주장했으나 선종에 더 가까운 이론을 펼쳐 궁극적인 세계관을 선사상에서 찾았다. 그는 불교계에 누적되어온 모순과 비리를 처절하게 자각하여 첫 단계에서는 이를 반성하고 비판했으며, 다음 단계에서는 이를 뜯어고쳐 새로운 기풍을 세우려는 실천운동으로 옮겨나갔다.

지눌에게 몰려온 결사운동의 주체들은 이런 그의 개혁 의지에 열성으로 동참했다. 이제 길상사는 그를 만나러 오는 사람들로 길이 메워질 지경이었다. 심지어 높은 벼슬과 많은 재물을 팽개치고 누더기 옷을 입은 채 찾아오는 사람도 있었고 뜻을 합해 무리를 지어 찾아오기도 했다. 이들은 신분의 귀천이 없었다.

― 공인된 수선사

지눌이 한창 결사운동을 벌일 때 중앙 정계는 무신들이 주름잡았다. 교종 승려들은 정중부 무신 정권에 맞서다가 많은 죽음을 당한 뒤에도 끊임없이 저항했다. 무신 정권은 이들을 탄압하면서도 한편으로 회유하는 전략을 썼다. 그리하여 교종 세력의 불만도 누그러지는 듯이 보였다.

명종은 누구보다도 부처님을 열심히 섬겼으나 무신들에게 둘러싸여 수족을 제대로 놀리지 못했다. 명종은 자기 나름대로 교묘한 책략을 구사했으니 바로 후궁 출신의 많은 왕자들을 출가시킨 것이다. 홍기(洪機) 등 왕자 출신의 승려 일곱 명을 "소군(小君)"이라 불렀으며 이들을 유명 사찰의 주지로 삼아 궁중에서 내보냈다. 소군들은 승려의 몸으로 궁중을 무상출입하면서 정치에 관여하기도 했고 수많은 뇌물을 받기도 했다. 또 명종은 운미(雲美) 등 몇몇 승려를 궁중으로 끌어들이고 많은 곡식을 주어 백성에게 장리대 놀이를 하게 했다. 이들은 명종의 주변을 싸고돌면서 임금의 친위 세력을 널리 키우고 이 일에 소용되는 정치 자금을 확보하려 했던 것으로 보인다.

하지만 1196년 최충헌은 이의민을 축출하고 최씨 무신 정권을 출범시켰으며 그런 뒤 명종의 친위 세력을 꺾고 나서 명종마저 폐위시켰다. 지눌은 이런 일이 있은 뒤에 조계산으로 들어갔던 것이다. 1211년에는 궁중 변란이 일어나 최충헌이 추대한 희종이 최충헌을 궁중 깊숙이 유인하여 암살할 작전을 꾸몄다. 이때 승려와 병사 10여 명이 궁중에 숨어 있다가 최충헌을 죽이려 했으나 실패했고 최충헌은 이 일을 구실로 희종마저 폐위시켰다.

최충헌은 개성의 교종 세력과는 타협의 여지가 없다고 판단했다. 그는 산속에서 수행에 열중하는 선종 세력, 특히 지눌 일파에 관심을 기울였다. 그는 지눌의 결사운동에 대해 일찍 들어 알고 있는 터였다. 1204년 최충헌은 이 결사를 공인하여 "수선사(修禪社)"라는 액자를 내려보내게 했다. "수선"은 이 결사가 선사상을 중심으로 운동을 벌인다는 뜻이고, "사"를 절 사 자로 쓰지 않음은 결사의 의미를 존중하고 기존의 절과 구분하여 승속이 모두 참여함을 나타냈다.

이 글씨는 새로 임금이 된 희종이 썼다. 희종은 무신 정권에 업혀 지냈으나 결사운동을 지지하면서 지눌을 흠모했다. 최충헌은 수선사를 이용하여 정치적 안정을 도모했을 것이다. 지눌은 53세로 죽었는데 조정에서 "불일보조국사(佛日普照國師)"라는 시호를 내려 기렸다.

지눌은 원효 다음으로 한국불교를 대중화한 공로를 세웠으며 독창적인 사상 체계로 현실과 인간의 문제를 풀어나갔다. 다시 말해 그는 불교 테두리 안에서나마 종교 해방을 통해 사회 개혁을 이룩하려 했다. 하지만 원효처럼 적극적으로 민중의 고통에 동참하지는 않았다. 또 사회 전반에 걸친 현실의 모순에는 큰 관심을 기울이지 않았다. 따라서 사회사상가로서보다는 불교사상가의 인식 수준을 벗어나지 못했다는 평가가 따를 수 있겠다.

28

참수행 피우는 백련결사

― 무심(無心)을 제시한 혜심

지눌이 죽은 뒤 제자인 혜심(慧諶)이 수선사를 이끌었다. 혜심은 화순 출신이었는데 아버지는 향공과(鄕貢科, 지방 사람에게 보이는 과거)를 거친 진사였으니 호족이나 평민과 줄이 닿아 있었을 것이다. 본래 그는 벼슬을 꿈꾸며 과거 준비를 위해 태학에서 유학 공부에 열중했다. 그러던 중 어머니의 죽음을 계기로 현실의 명리를 버리고 다시는 온통 똥물에 절은 개경에 발을 들이지 않기로 맹세하며 1202년 홀연히 길상사를 찾아왔다. 결사운동이 한창 무르익을 때였다.

혜심은 절 언저리에 이르러 아이를 부르는 소리와 함께 차 끓이는 냄새를 맡고 다른 세상에 온 것처럼 감격했다. 그래서 지눌을 만나보기도 전에 "노스님을 만난 것 같다"는 시를 지었다. 이 시를 보조에게 바치자 지눌은 쓰던 부채를 불쑥 혜심에게 주었다. 혜심은 부채를 받아들고 감격에 겨워 다음과 같은 시를 지었다.

옛적에는 스승 손안에 있더니 지금은 제자의 손바닥에 왔구나.

뜨겁고 바쁜 마음 미친 듯 달리면 맑은 바람 일으켜도 좋으리.

바로 새 바람을 예견하는 예언자적 외침이었을 것이다. 지눌은 이 시를 보고 "너는 불법을 소임으로 삼아 처음 뜻한 바를 결코 바꾸지 말라"고 당부했다. 이 일화를 두고 사람들은 지눌이 처음부터 도를 전한 것이라고 했다. 두 사람 사이에 직관이 통했겠지만 지눌은 후계자를 찾았다고 여겼

순천 송광사 십육조사진영 중
제2세 진각국사(보물 제1043호)

을 것이요, 혜심은 참스승을 만났다고 환희했던 것이다. 혜심은 유교와 불교의 경전을 두루 거친 학자의 면모를 지닌 인물이었으나 이를 팽개치고 선사상에 깊이 빠져들었다. 지눌은 그의 깊은 경지를 인정했다. 혜심은 이런 과정을 거쳐 지눌의 뜻에 따라 수선사를 이끌었다. 그러면서 스승과는 어느 정도 사상적 궤적을 달리하는 이론을 세웠으니 이것이 무심(無心)의 이론이었다.

혜심은 "사람은 태어나면서 모두 똑같이 눈도 있고 코도 있고 귀도 있는데 왜 어떤 사람은 부자로 살고 귀한 자리를 얻으며 어떤 사람은 가난하고 천하며, 어떤 사람은 잘생기고 어떤 사람은 못생겼는가?"에 대해 생각했다. 이 명제에 대해 그는 이렇게 설파했다.

사람은 본디 성품은 선하지도 않고 악하지도 않아 흰 종이처럼 아무것도 쓰이지 않은 백판이다. 사람의 성품은 자라는 환경과 배우는 정도에 따라 형성된다. 이에 따라 선하게도 되고 악하게도 되며 우매하기도 하고 지혜롭기도 하다. (『조계진각국사어록』의 법어 요지)

이 이론은 유교의 이기철학을 불교에 접목시킨 분위기도 풍기고, 도가의 무위 이론을 수용한 느낌도 든다. 공자는 "먼저 흰 바탕이 있은 뒤에야 그림을 그릴 수 있다[先素而後繪]"(『논어』)고 했다. 방불하지 않는가? 지눌의 '진심'을 부분적으로 수정했던 것이다. 그는 보조와 같이 인간 평등을 강조하면서도 실천운동에 좀 더 역점을 두었다. 『선문염송집(禪門拈頌集)』 등 선과 관련된 책을 내면서도 실천 공덕을 강조했다.

혜심은 「죽존자전(竹尊者傳)」을 써서 절개를 굳건하게 지키는 수행자를 대나무에 비유했으며, 「빙도자전(氷道者傳)」을 써서 구도자를 냉철한 얼음에 비유했다. 투철한 신념과 냉철한 이성을 강조한 것으로 이는 자신을 두고 다짐하는 말이기도 하다. 그는 이러한 비유법을 지눌에게서 배웠다. 혜심은 지식인 독서층의 폭넓은 지지를 받아 그의 문하에는 항상 유학자를 비롯해 많은 사람들로 들끓었다. 수선사는 지눌이 살아 있을 때보다 더 붐볐다. 지방 향리층과 일반 백성, 지식층까지 흡수하여 지지 기반을 넓혔던 것이다. 바라던 일이든 바라지 않던 일이든 사원의 규모도 더 커졌다.

무신 정권의 집정자인 최우도 아버지의 뒤를 따라 선종에 지원을 아끼지 않았다. 최우는 아버지보다 약한 정치 기반을 만회하려는 의도로 수선사를 지원했다. 수선사는 이에 힘입어 전국 불교 교단을 통괄하는 수준으로 발전했다. 신진 기예의 젊은 인사들이 외면하는 교종 사찰은 점점 노쇠해갔다.

그런데 결사운동을 주도하는 세력은 대체로 무신 정권에 맞서거나 비리를 지적하지 않고 타협적 자세를 보이며 현실에 안주했다. 무신 정권의 살육을 일삼는 강력한 무력 앞에 겁을 먹은 탓일까? 아니면 지난날을 거울삼아 정치에 초연하자는 자세 때문일까? 이는 역사의 '아이러니'였다.

혜심은 말년에 단속사, 월남사 등으로 옮겨 다녔으나 끝까지 정혜결사의 중심 지도자로 추앙받았다. 수선사는 1208년 희종의 지시에 따라 "송광사"로 이름을 바꾸었는데 지눌을 비롯하여 연달아 16국사를 배출했다. 유례가 없는 일이다. 그래서 송광사는 불보의 통도사, 법보의 해인사와 함께 승보사찰로 꼽혔다.

요세의 흰 연꽃 결사

다른 방향에서도 결사운동의 바람이 불었다. 요세(了世)는 수선사와 길을 달리하여 결사운동을 벌였는데 이를 뒷날 "백련사(白蓮社) 결사운동"이라 불렀다. 요세는 남쪽의 후진 지방인 의령 출신이다. 요세는 출가하여 천태학(天台學)을 배우고 승과에 합격했다. 그는 승과에 합격한 뒤에도 천태학 연구에 열중했으며 의천이 선교일치를 표방하고 개창한 천태종의 종지를 받들었다.

요세는 1198년 봄, 천태종 사찰인 개경 고봉사에서 열린 법회에 참석한 적이 있었다. 그는 이 법회에서 세속의 명리를 좇으면서도 한

점 자기 성찰의 기색이 없는 승려들의 작태를 보고 크게 실망했다. 이때부터 그는 신앙결사에 뜻을 두었고 불교계의 타락상을 몸소 겪으면서 비판의식을 지니고 새로운 결사운동을 벌이겠다고 결심했다. 지눌의 영향을 받은 것이 아니었다. 그는 여러 곳을 두루 다니면서 열성적으로 동지를 찾았고 이윽고 10여 명의 동지를 어렵게 얻었다. 그는 용기가 솟아나서 동지들과 함께 이리저리 만행을 거듭했다.

같은 해 그는 동지들과 함께 청도의 장연사에 이르러 그곳에 머물렀다. 요세는 한때 수선사로 지눌을 찾아가서 가르침을 받고 선을 체험하기도 했다. 지눌은 그에게 "어지러운 물결로는 달이 제 모습을 드러내지 못하니 골방에서 등불 다시 밝혀라"라는 시를 주었다. 혜심과는 달리 그는 수선사에서 흡족함을 얻지 못해 발걸음을 돌렸다.

요세 일행은 장연사에서 백련결사를 선언했다. 결사 이름을 "백련결사"라 붙인 이유는 중국의 불교개혁운동을 본받은 것이다. 동진시대인 384년 혜원(慧遠)은 여산을 지나다가 그곳에 흠뻑 빠져 그 자리에 있는 동림사에 머물렀다. 이곳에 주석하니 도속(道俗)들이 그의 문하로 모여들었다. 그는 123인과 함께 정업을 닦아 극락정토에 나기를 서원하고 염불에 열중했다. 염불당 앞 연못에 흰 연꽃이 피었기에 이곳을 "백련사"라 명명했고 이들의 모임을 세상 사람들이 "백련결사"라 불렀다. 염불을 중심으로 참수행에 정진하자는 운동이었다. 그러나 뒷날 이들의 한 유파는 변혁운동에 줄기차게 가담했다.

아무튼 요세는 장연사와 수선사를 떠나 영암의 약사암에서 정진했다. 요세는 궁리를 거듭한 끝에 처음의 뜻대로 천태학의 가르침을 백련결사운동의 사상 기저로 삼기로 결심했다. 그러면서 『법화경』을 바탕으로 한 참회법과 정토신앙을 실천운동의 핵심으로 설정했다. 『법화경』을 열심히 읽고 아미타불에게 빌어 서방정토에 태어나기를 염원하자는 것이다. 요세는 지눌이 죽은 뒤인 1216년 영암의 이웃 고을인 강진 토호들의 지원에 힘입어 만덕산 마루에 있는 퇴락한 만덕사를 80여 칸으로 중건하고 여기에 머물렀다. 이 절이 정약용이 머물렀던 다산초당 뒤편에 있는 지금의 백련사이다. 요세는 이곳에서 본격적으로 백련결사운동을 벌였다. 백련사는 바다가 내다보이는 산마루에 있어 갈아먹을 토지도 주변에 별로 없었다. 수선사보다 대중적 관심을 덜 끌었으나 주변 고을의 토호와 민중의 열띤 호응이 뒤따랐다.

요세가 백련사에 머물 때 시주로 들어온 물건을 모두 가난한 사람들에게 나누어주고 자기 소유물이라고는 옷 세 벌과 발우 하나뿐이었다고 한다. 날마다 참선하고 『법화경』 한 부를 외우면서도 '준

강진 백련사 | 요세가 백련결사운동을 본격적으로 벌였던 전남 강진의 백련사.

제신주'를 1,000번, '나무아미타불'을 1만 번 염송했다는 일화를 남겼다. 그리하여 수선사가 조금 근기(根機)를 가진 중생을 교화 대상으로 삼았다고 보고, 백련사는 이와 달리 근기가 낮고 업장(業障)이 두터워 스스로 해탈할 수 없는 평범한 사람을 교화 대상으로 삼았다는 평가가 있기도 하다.

___ 새 바람의 세력, 천인

1217년 개경에서 또 한 번 대참사가 벌어졌다. 최충헌은 부하 장수인 김덕명을 시켜 연달아 건축 공사를 벌이면서 여러 절의 인력과 재물을 우려냈다. 이를 원망하던 승려들은 궁중의 법회를 틈타 최충헌을 죽이려는 일을 꾸몄다. 마침 고종은 궁중에서 3일 동안 법회를 열고 있었고 최충헌도 여기에 참석하고 있었다. 승려군들은 궁궐 문 앞에 이르러 "거란 군사들이 쳐들어왔다"고 소리치고 궁궐 문을 열라고 외쳤다. 문지기가 문을 열어주지 않자 북을 울리며 궁궐로 난입했으나 궁중 호위병에게 막혔다.

승려군들은 시가를 누비며 김덕명의 집을 헐어버렸다. 이어 최충헌의 집을 파괴하려 내달아가는 도중에 저잣거리에 이르렀다. 최충헌이 휘하 군사와 순검군을 거느리고 와서 격전을 벌여 300여 명이 떼죽음을 당했다. 최충헌이 성문을 닫아걸고 대수색을 벌여 도망친 승려를 색출해 모조리 죽였다. 마침 큰비가 내렸는데 빗물과 피가 섞여 냇물을 이루었다. 이때 죽임을 당한 승려가 800여 명에 이르렀다고 하며 시가지에는 시체가 쌓여 있어서 몇 달 동안 길이 막혔다고 한다. 무신 정권 아래에서 가장 처절한 살육이었고 마지막

대규모 항거였다.

이 일이 있은 뒤에 곧바로 거란병의 침입이 있었다. 1231년에
는 몽골군의 대거 침략이 있었고 조정은 수도를 강화도로 옮겼다.
최충헌이 죽은 뒤 그의 아들 최우가 실권을 잡았다. 승려들은 승병
으로 나서 몽골군에 맞서 항전했다. 더욱이 승병 김윤후는 처인성
전투에서 몽골의 원수 살례탑을 화살로 쏘아 죽이는 공적을 세웠다.
백련결사 세력은 몽골 침략기에 적극적으로 항쟁을 표방했으며 전
쟁터에 뛰어들었다. 수선사의 승려들은 산속에서 조용히 전쟁을 지
켜보았다.

백련사 승려의 이런 행동은 몽골에 맞서는 최씨 무신 정권의 관
심을 끌었다. 최우도 아버지처럼 결사운동 세력을 끌어들이려 노력
했다. 최이(최우가 개명한 이름)는 1237년 고종을 꼬드겨 요세에게 선
사 직함을 주게 했다. 그의 나이 75세 때였다. 이때부터 백련사의 현
실적 영향력이 커지기 시작했다. 하지만 요세는 그 결실을 뒷사람에
게 맡겼다. 그리하여 백련결사를 정작 크게 키운 이는 요세의 뒤를
이은 천인(天因)이었다. 천인은 충청도 연산 출신으로 진사과에 합
격하여 성균관에 들었다. 하지만 그는 벼슬을 내버리고 친구 두어
명과 함께 요세를 찾아와 입문했다.

천인은 한때 요세처럼 수선사에서 참선하면서 혜심의 가르침
을 받았으나 결국 천태학을 주지로 삼아야 한다고 판단하고 백련사
로 돌아왔다. 요세와 천인은 여러모로 너무 닮았다. 천인이 주도한
결사운동은 새 바람을 일으켜 세력을 넓혔다. 더욱이 천인은 유학
지식이 뛰어났고 좋은 시를 많이 남겼다. 하지만 이들은 수선사 출
신들과는 달리 저술을 별로 남기지 않았다.

제6부
팔만대장경의 힘

29
바야흐로 맞은 압박과 비애의 시대

— **몽골 침략기의 비운**

천인은 유학에 해박한 지식을 가지고 있어서 이를 불교 교리에 접목시켰다. 그는 유학자들이 떠드는 불교 이단론을 능동적으로 대처할 수 있는 이론가였다. 천인이 백련결사운동을 주도한 뒤 이 결사운동은 새 바람을 일으켰으며 그 영향력은 수선사와 맞먹을 정도였다. 역사는 기록을 통해 쓰인다. 그들이 저술을 거의 남기지 않았기에 불교 역사를 쓰는 학자들은 그 실상을 제대로 적기에 여간 애로를 겪지 않을 수 없었다.

아무튼 신앙결사운동은 몇 가지 역사적 의미를 던져주었다. 첫째는 불교계를 보수적이고 소수 세력인 문벌 귀족이 장악하여 모순이 심화된 현실을 진보적인 지식인들과 지방 토호 세력이 자각하고 비판하여 개혁을 시도했다는 점이다. 이런 개혁은 대중으로 확산되어 대내적 모순을 극복하는 데 공헌했다.

둘째는 수행과 교화를 두 수레바퀴로 삼아 조화와 균형을 찾았다는 점이다. 승려의 본분은 수행이지만 교화를 소홀히 하면 실천적 의미를 상실한다. 이들은 실천운동을 벌여 대중 속으로 파고들어 부처의 가르침을 밑바닥 민중에게로 전달했다.

셋째는 사상적 차원을 높였다는 점이다. 이들이 불교 이론을 원효와 의상의 시대를 능가하는 수준으로 끌어올렸다고 말해도 지나치지 않을 것이다. 이들에 의해 한국의 불교사상은 한 단계 도약할 수 있었다.

하지만 몽골 침략기에는 결사운동도 침체를 면치 못했으며 원나라 지배 시기에는 더욱 피폐했다. 1232년 고종과 최씨 무신들, 그리고 벼슬아치들이 강화도에 웅크리고 있을 때 몽골군은 육지에서 큰 저항을 받지 않고 약탈과 방화를 일삼았는데 절도 예외가 아니었다. 그들의 눈에는 절이 귀족과 벼슬아치의 근거지로 비쳤다. 그 피해 사례 두어 가지를 들어보자. 몽골군 별동대가 남쪽으로 내려갔을 때 한 부대가 대구 근방의 부인사에 들이닥쳐 불을 질렀다. 이 절에는 거란 침략 시기에 부처님의 가호를 빌기 위해 만든 초조(初彫)대장경판이 보관되어 있었다. 그것이 이때 화염 속에 휩싸여 한줌 잿더미로 변했다.

1236년 몽골군이 침략했을 때 그들의 한 부대는 경주에 들이닥쳐 삼국시대 최대의 사찰이었던 황룡사를 불태웠다. 이때 황룡사의 9층 목탑이 한줌 재로 돌아갔고 신라 최대의 종인 황룡사 종도 사라졌다. 황룡사 종은 몽골군이 무기를 만들기 위해 녹였다는 이야기도 전해진다. 사실 사찰의 종은 전쟁 시기 자주 무기를 만들려는 정책에 따라 피해를 입었다.

한편 대내적으로도 양식 있는 승려들이 핍박을 받았다. 최충헌, 최이 부자는 불교계를 강온 양면 작전을 써서 회유하거나 협박했으며 자신들을 반대하는 교종 승려들을 몰아 죽였다. 그러면서 때때로 결사운동을 지원했다.

최이는 막대한 재산을 전국에 깔아놓고 졸개를 시켜 관리했으며 국법을 어기고 많은 처첩을 거느리고 살았다. 고려의 국법은 일부일처를 원칙으로 했다.

만종·만전의 불법탐학

최이의 아들로 만종(萬宗)과 만전(萬全)이 있었다. 두 형제는 첩의 아들이었는데 최이는 두 형제를 송광사로 보내 출가하게 했다. 그런 뒤에 이들 형제는 위세를 떨쳐 많은 무뢰배 출신 승려들을 끌어모았다. 만종은 경상도 단속사에 거처를 정하고, 만전은 전라도 쌍봉사에 거처를 정한 뒤 무뢰승을 동원하여 개인 재산과 사찰 재산을 약탈했다. 이들은 도당을 이루며 방방곡곡을 횡행했는데, 이들이 나타나면 절의 승려들은 말할 나위도 없었고 백성들도 벌벌 떨었다.

강화도에서 한창 몽골과 화의교섭을 벌일 무렵, 이들은 전국을 무대로 날뛰었다. 두 형제는 자신들을 선사라 일컬으면서 고승으로 위장했다. 그의 부하들은 말치장과 옷차림을 몽골식으로 바꾸고 벼슬아치처럼 행세하면서 관아의 역마를 마음대로 내와 타기도 하고, 벼슬아치를 능욕하기도 하며, 부녀자를 강간하기도 했다. 또 그의 부하들은 수많은 금은보화와 전곡, 비단을 창고에 쌓아놓았다. 이들은 하나의 사병(私兵) 집단이나 다름없었다.

경상도에서는 쌀 50만 섬을 비축해 백성에게 장리미로 대여해주고 가을에 이식을 거두어들였다. 만약 이식을 제때에 내지 않으면 가혹하게 다루었다. 그리하여 백성들은 관가에 내는 조세보다 이 이식을 먼저 내어서 조세미를 내지 못하는 지경에 이르렀다. 그동안 어용 사찰과 귀족 사찰에서 벌이던 재산 불리기 수법을 배워 써먹은 것이다. 양식 있는 승려들은 물론 벼슬아치와 백성들의 원망이 하늘을 찔렀다. 최이도 이 사실을 알았으나 세력이 너무 커져 어떻게 손대야 할지 몰랐다.

1247년(고종34) 형부상서 박훤은 최이에게 다음과 같이 건의했다.

> 지금 북쪽 군사가 해마다 쳐들어와 민심이 불안합니다. 비록 은덕으로 어루만진다 할지라고 오히려 변란이 일어날까 두려운데 만종, 만전의 무리가 백성의 재산을 긁어 원망이 치솟아 남방이 시끄럽습니다. 만약 적의 군사가 이르면 모두 반역하여 적에게 투항할 염려가 있습니다. 두 선사를 불러들이고 무뢰의 승려를 잡아 가두어 민심을 위로하면 변란이 일어나지 않을 것입니다.(『고려사절요』고종)

최이는 어사를 보내 두 아들을 회유하여 강화도로 불러올리고 그들이 쌓아놓았던 재산을 모두 빼앗아 백성들에게 돌려주었으며 문서를 불태웠다. 그리고 가장 악질의 문도를 잡아들였다. 그런 뒤에도 최이는 아들의 처지를 불쌍하게 여겨 만전을 환속하게 했으며 만전의 부하 몇 사람도 환속하게 하여 왕족들에게만 주었던 사공(司空) 벼슬까지 주었다. 최이는 만전의 이름을 "항(沆)"으로 바꾸어주고 자신의 정권을 넘겨주었다. 이렇게 해서 고려 건국 이후 승려 출신이 최고의 권력을 누리는 사례를 만들었다.

이런 승려들의 불법탐학이 벌어지는 한편에서는 비구와 비구니의 도덕 생활이 극도로 타락의 길로 빠져들었다. 비구와 비구니는 서로 섞여 살면서 버젓이 부부처럼 행세하였으며 아이를 낳아 기르기도 했다. 고려 조정과 불교계 내부 조직은 이를 통제할 능력이 없었다. 최항이 중앙 정계에 등장한 3년 뒤에 박훤은 끝내 죽임을 당했다. 최항은 박훤의 집을 몰수했고 1251년 박훤의 집을 정업원(淨業院)으로 삼았다. 정업원에는 강화성 안에 있는 비구니들을 모아 살게 했다. 그리고 정업원 주위에 담을 높게 설치하고 외부인의 출입을 통제했다. 제한적이나 비구와 비구니가 섞여 살지 못하게 한 조치였다. 이로써 최초로 정업원 제도가 설치되었다.

1250년대는 우리나라 호국불교에 획기적인 일이 이루어졌다. 하나는 '팔만대장경'의 경판이 완성된 것이고, 또 하나는 강화도의 행궁과 사찰에 수많은 도량이 설치된 것이다. 1250년부터 10년 동안 거의 달마다 천병신중도량(天兵神衆道場), 화엄신중도량(華嚴神衆道場) 등이 개설되었다. 신중에게 몽골병이 물러가게 해달라고 비는 도량을 벌인 것이다. 바로 몽골군의 침입을 겪고 이어 화의를 벌이는 가운데 불력의 힘을 빌려 나라를 지키려는 신앙의식이었다. 이 시기는 우리나라 불교사에서 가장 많은 호국 도량을 벌인 시기가 되었다.

신앙결사의 침체와 몰락

1270년 조정은 39년 만에 개성으로 환도했다. 불교계에 엄청난 영향을 끼쳤던 최씨 무신 정권은 무너졌다. 개성의 사찰들은 거의 파괴되거나 황폐한 채로 버려져 있었다. 그 정도가 얼마나 심했는지를 한 사례를 통해 엿볼 수 있을 것이다. 인종이 장경도량을 개경의 궁궐에 설치하고 39년 만에 친히 법가(法駕)를 갖추어 임어했다. 이 때 시종들도 몇 명밖에 따르지 않았으며 악공들이 없어 부처님을 찬양하는 음악도 갖추지 못했다. 관례에 따라 이 도량에 참석하는 문무백관들은 거의 말을 타지 못하고 걸어서 들어왔다.

어쨌든 고려의 임금들은 무신의 굴레를 벗어났으나 다시 원나라의 간섭을 받았다. 개성으로 환도하던 해 원나라는 티베트 출신의 라마승을 보내주었으며 이어 정식으로 국호를 "대원(大元)"이라 선포하고, 쿠빌라이[忽必烈, 世祖]가 황제에 즉위한 사실을 통고했다. 원나라 지배 시대, 불교계는 다른 양상으로 전개되었다.

신앙결사운동은 몽골 침략기부터 침체를 면치 못했다. 수선사는 혜심의 시대에 절정을 이루다가 최씨 무신 정권이 몰락하면서 서서히 꺼져갔고 원나라 지배 시기에도 몰락을 거듭했다. 몰락의 결정적 계기는 충지(沖止)의 시대에 벌어졌다. 충지는 6세 조사였다. 그는 명문 집안에서 태어나 과거에 장원을 한 재사였으나 박식하고 탁월한 그의 능력은 원나라의 지배를 받는 현실 조건에서 도리어 역작용을 일으켰다.

원나라는 고려를 손아귀에 완전히 넣고 별로 많지도 않은 수선사의 토지를 몰수하여 일본 원정군의 경비로 충당하려 했다. 물론 수선사에만 내려진 조치는 아니었다. 충지는 힘을 다해 이 일을 막으려 했으나 뜻을 관철시킬 수가 없었다. 그는 최후의 수단으로 원나라 황제인 쿠빌라이, 즉 세조에게 표문(表文)을 올리기로 마음을 굳혔다. 절을 지키기 위해 지조를 굽히기로 작정한 것이다. 그는 표문에 세조의 거룩한 덕을 온갖 미사여구를 써서 칭송하고 절절한 호소를 늘어놓으며 토지를 돌려달라고 간청했다.

> 산중에 들어앉아 스스로 농사를 짓지 않으니 아침 밥 저녁 죽도
> 먹기 어려운데 군량을 댄다고 토지를 몽땅 거두어가니 물 잃은
> 고기의 신세가 되었습니다.(『원감국사집(圓鑑國師集)』)

우여곡절을 겪은 끝에 토지를 돌려받아 뜻을 이루었으나 세조
는 그의 유려한 글에 반해 자신을 배알하러 오라고 알렸다. 그의 주
장자(拄杖子)는 어쩔 수 없이 원나라로 향했고 세조는 충지를 융숭하
게 대우했다. 충지는 황제의 명령에 따라 원나라가 일본을 정벌하는
일을 찬양하는 「동정부(東征賦)」를 지을 수밖에 없었다. 대가를 너무
비싸게 치르지 않았는가. 비록 타의이기는 하나 그의 이런 어용적
행동은 반원 세력들에 의해 지탄 대상이 되었으며 수선사의 몰락을
재촉했다. 그래도 수선사는 뿌리가 깊어 조계종으로 계승되어 전통
을 이어갔다.
　백련사는 천인이 열반한 뒤 어용으로 빠져 사상적 변질을 가져
왔다. 원나라 공주이자 충렬왕의 비인 제국대장공주는 묘련사를 세
워 원찰로 만들고 많은 지원을 아끼지 않았다. 여기에 백련사 출신들
이 참여하여 이권에 개입했다. 또 원나라에 빌붙어 정치권력을 거머
쥔 세력들이 묘련사를 장악했을 때 여기에 저항하지 않고 협조하는
따위의 행동을 보였다. 그리하여 백련결사는 그 본모습을 완전히 잃
고 세속에 빠져들었다. 수선사보다 더 심한 타락의 길로 나갔던 것이
다. 그런 뒤 완전히 기반을 잃고 마침내 명맥마저 유지하지 못했다.

30

화려한 고려문화, 고려미술

단청 단장의 유행

　고려 불교문화의 정수라 할 팔만대장경 조성(彫成) 과정을 설명하기에 앞서 고려의 불교문화와 불교미술을 살펴보는 것이 순서일 것이다. 지금까지 알아본 대로 고려 시기의 왕실과 귀족은 웅장한 원당을 짓고 화려한 단청을 올렸다. 단청은 붉은색과 푸른색 물감으로 단장하는 것을 말하며 이 두 가지 색깔 이외에 여러 간색(間色)을 썼다. 단청은 중국에서 유래하여 삼국시대에 도입된 것으로 보인다. 후기 신라시대에도 단청이 없었던 것은 아니나 염료를 만드는 데 경비가 많이 들어 물감을 쉽게 구할 수가 없었다.

　고려에 들어와서는 동식물을 재료로 한 염료 제조 기술이 발달했다. 쪽과 홍화, 땡감 따위가 재료로 이용되었고 먹물도 물감으로 사용되었다. 고려 후기에 승복은 거의 먹물로 물을 들였다. 또 송나라에서 염료를 수입하기도 했다. 당시에는 아무나 색옷을 입을 수 없었다. 벼슬아치와 궁녀, 군인과 승려의 예복 등 특수 신분층만이 색옷을 입을 수 있었다. 색깔로 옷을 구별해 입는 것은 신분을 나타내는 방법이기도 하지만 값비싼 비단과 염료를 아끼려는 의도가 포함되어 있었다.

고려시대에는 무늬 있는 비단이 주로 생산되었다. 비단은 수출품이었다. 발해가 망하고 요나라가 일어선 뒤 북방 민족이 대거 귀화했는데 이들 가운데 비단 짜는 기술자를 골라 비단을 생산했다. 비단에 질 좋은 염료를 사용하게 되면서 여러 사람들의 색감이 높아져 예술 작품에도 수용되었다. 승려의 기본 예복의 감은 비단이었다. 신라 시기 특수한 승려만이 비단옷을 입었던 경우와 사정이 달랐다.

고려 중기로 오면서 단청이 유행했다. 건물을 단청으로 단장하면 미관에도 좋거니와 목조 건물이 썩는 것을 방지하는 효과가 있다. 단청을 할 수 있는 건물은 세 곳으로 궁전과 대웅전, 대성전(大成殿) 등 전 자 돌림의 건물이 이에 해당한다. 궁전은 왕이 거주하는 건물이고, 대웅전은 석가모니를 모신 곳이다. 석가모니불과 동격인 아미타불을 모신 극락전, 미륵불을 모신 무량수전, 비로자나불을 모신 보광전, 그리고 관음전, 약사전, 명부전 등은 궁전과 동격으로 대우를 받았다.

대성전은 공자를 모시고 제사를 받드는 곳이다. 공자는 유교 국가에서 "대성지성문선왕(大成至聖文宣王)"이라 하여 왕처럼 받들어졌다. 공자는 왕 노릇을 한 적이 없으나 "크게 이룩한 성인으로서 제도와 문화를 편 왕"으로 추대되었다.

이렇듯 단청은 이름에 "전"이 붙은 건물에만 적용되었는데 그 주변의 부속 건물에도 차츰 허용되었다. 곧 궁궐의 모든 건물과 사찰에 딸린 건물, 공자를 모신 지방의 향교 등이 포함된다. 조선시대에 이룩된 사설 기관인 서원은 여기에 포함되지 않는다. 그런데 후기에 들어 여기에 예외가 생겼다. 나라에서 충신, 효자, 열녀를 기려 정려각이나 정려문을 세울 때에도 단청을 허락한 것이다. 특별히 공자와 왕의 교화를 잘 받들었다고 하여 장려하는 뜻을 나타낸 것이다.

─ 돌로 만든 불상들

불교신앙의 대중화와 단청의 유행은 고려예술의 새로운 장을 열었다. 고려 예술품의 대부분은 불교와 관련된 소재에서 나왔다. 신라의 예술품은 묘사가 치밀하고 세련된 미를 추구하는 등 미적 완결성을 지녔다는 평가를 받는다. 그렇다면 고려 예술품의 특징은 무엇일까? 먼저 불상 조각을 보자. 후기 신라에서는 불상을 만드는 재료로 흙과 나무를 가장 많이 썼으며 더러 돌을 쓰기도 했고 드물게 청동을 쓰기도 했다. 철불은 8세기에 들어와서 널리 보급되었다. 고려 전기에는 어느 정도 신라의 전통을 따랐으나 후기에 와서는 사뭇 사정이 달라졌다. 불상 주조에 주로 돌을 사용한 것이다.

사실 돌은 우리 땅에 흔하게 널려 있는 재료이다. 청동이나 무쇠보다 조각하기도 쉽고 경비도 적게 든다. 섬세한 고급 기술자가 아니라도 어느 정도 솜씨를 발휘할 수 있다. 따라서 재산이 넉넉하지 못한 지방의 신도들도 부담 없이 조성할 수 있었다. 돌로 된 불상 가운데는 섬세하고 우아한 조화를 이룬 것도 있으나 대부분 비례나 균형을 맞추기보다는 장대하고 풍부한 양감(量感)을 강조했다. 이로서 전국적으로 불상을 크게 만드는 풍조가 유행했다.

영주 부석사 소조여래좌상(국보 제45호) | 우리나라 소조불상 중 가장 크고 오래된 불상이다.

　영주 부석사의 무량수전에 안치된 아미타여래상은 12세기 말 무렵에 만든 소조불(塑造佛)이다. 앉은 높이가 3미터에 가깝고 무릎 높이만 2미터가 넘는다. 분명 전문 기술자의 작품일 텐데 좌불로서는 종전에 보기 드문 크기이다. 넓고 풍만한 가슴 아래에 잘록한 허리로 곡선미가 이어지는 석굴암의 불상은 여러 불상의 모델이 되었다. 고려 초기에는 이런 모델이 통용되었으나 아래 시기로 내려오면서 어깨가 좁다든지 몸매가 통통하다든지 하는 식으로 형태가 점점 다양해졌다.

　원나라 지배 시기에는 한쪽 다리를 세우고 팔을 그 위에 얹어 편안한 자세를 취한 관음보살상도 등장했다. 이 부처는 머리에 화려한 관을 쓰고 구슬 목걸이를 둘렀다. 얼굴 생김새와 몸체, 옷의 매듭이 티베트 양식과 닮은 불상도 있다. 조불소(造佛所)의 기술자들이

금동관음보살좌상 |
화려한 보관과 장신구를 걸친
이 보살상은 기본적으로 라마교
불상의 영향이 반영되어 있다.

중국 또는 티베트의 불상을 모방한 탓이기도 하나 귀족들이 우아하
고 아름다움을 지닌 불상을 원했을 것이다. 이와 달리 지방에 널려
있는 불상들은 투박하고 조잡하게 빚어진 것들이 많다.

　야외에 돌로 조각한 불상은 말할 것도 없이 매우 거대하다. 금
강산 내강리에 있는 마애미륵상은 벼랑에 부조로 새긴 미륵상으로
높이 15미터, 너비 9.4미터의 앉은 자세이다. 손가락 하나가 사람만
하며 우리나라 마애불 가운데 가장 큰 것으로 꼽힌다. 신라시대에
만들어진 경주 남산의 여러 마애불은 그 크기로 따지면 비교가 되지
않는다. 마애불은 대개 커다란 바위나 암벽 같은 자연 암석에 새겨
놓았는데 칼로 돌을 도려내는 부조와 선을 긋는 선각(線刻) 수법이

병행 사용되었다. 불상의 형태를 완전히 자연 암벽에 새긴 것도 있고, 몸체만 자연 암벽에 새기고 머리 부분은 다른 돌로 만들어 올린 것도 있다.

안동 이천동에 있는 마애불은 금강산 마애불과는 달리 머리 부분을 따로 만들어 올렸다. 머리 부분은 원각으로 새기고 천개(天蓋)를 올렸다. 천개는 부처의 머리 위에 모자 꼴로 씌우는 것을 말하는데 눈비가 부처의 머리 위에 내리는 것을 가려주려고 씌웠다고도 하고 새들의 배설물을 막으려고 씌웠다고도 한다. 천개는 모양을 곱게 다듬어 만드는 경우도 있고, 납작한 돌을 그대로 올려놓는 경우도 있다. 처음 불상을 만들 때부터 씌운 것도 있으나 따로 만들어 씌운 것도 있다. 천개를 쓴 형태는 야외에 만들어진 석조 불상의 특징이다.

금강산 묘길상 | 강원도 금강군 내강리에 위치한 마애아미타여래좌상이다. 이 마애불은 우리나라에 조성된 마애불 중 가장 크고 대표적인 불상이다.

안동 이천동 마애여래입상(보물 제115호) | 자연 암벽에 신체를 선으로 새기고 머리는 따로 올려놓은 불상이다. 이러한 형식의 불상은 고려시대에 많이 조성되었다.

— 새로운 신성(神性)의 이미지

은진 관촉사의 돌부처는 여러모로 주목을 받았다. 이 돌부처는 10세기 후반에서 11세기 초 무렵에 만들어진 것으로 보인다. 이 돌부처를 조성하기 위해 30여 년에 걸쳐 300여 명의 기술자가 동원되었다고 한다. 이 돌부처는 높이 18.2미터로 고려 때 만들어진 불상 가운데 가장 크다.

화강석으로 만들어진 관촉사 돌부처는 기단 위에 몸체 세 부분을 올린 형태로 몸체는 발에서 허리 부분, 허리에서 목 부분, 목에서 머리 부분으로 이루어졌고, 두 팔을 별도의 돌조각으로 만들어 올렸다. 그리고 머리 위에는 탑 모양의 보관을 얹었고 그 위에 천개를 씌웠다.

이중으로 올린 천개에 금속으로 만든 풍경을 네 귀퉁이마다 달았고 연봉의 고리를 곁들었다. 두 눈썹 사이의 백호(白毫)에는 수정을, 눈에는 빛이 나는 검은 색깔의 옥돌을 박았으며 입술에는 붉은 칠을 한 흔적이 있다. 이 불상은 머리 부분이 몸 전체의 4분의 1이나 되고 머리 둘레가 어깨 안쪽과 맞먹으며 몸체가 매우 비대하다. 보관에서 천개까지의 높이가 전체 높이의 3분의 1을 차지한다. 이렇게 균형이 맞지 않는 모양은 장육상(丈六像) 조성 원칙에 어긋나며 비례를 완전히 무시한 탓으로 기괴한 모습으로 비쳐지기도 한다.

석가의 키가 1장 6척이어서 부처상을 빚을 때 크든 작든 이 비율에 맞추는 것이 하나의 법칙이었다. 그런데 이 원칙을 비틀어 창조성을 강조한 것일까? 보통 불상을 만들 때 얼굴, 상반신, 다리를 따로 만들어 맞춰 세우는데 이런 거대한 돌은 어떻게 올렸을까? 전설에 따르면 이 불상 조성의 화주였던 승려가 꿈을 꾸니 어느 동자

논산 관촉사 석조미륵보살입상(국보 제323호)

둘이 진흙으로 사람 모양을 다리, 몸통, 머리 이렇게 따로 만들어놓았다. 동자들은 다리를 세운 뒤 모래를 날라다 그 위에 덮었다. 그리고는 모래 위에 물을 뿌리고 단단하게 다졌다. 이어 몸통을 경사진 모래 더미 위로 굴려 올려 세워놓고 이 방법으로 다시 머리를 올려놓았다. 맨 나중에 모래를 걷어냈다. 그 승려는 이 방식을 써서 돌부처를 올려놓았다 하는데 이는 고대 고인돌을 올려놓는 방식이다.

이 돌부처는 균형미가 없다고 하여 그동안 예술적 가치를 인정하지 않았고 서민 출신의 석공이나 기술자들이 마구잡이로 만든 것으로 치부했다. 이들 고고학자나 미술사가들이 고려 민중불교의 실상을 모르고 성급하게 내린 평가라고 말해도 좋을 것이다. 과연 석공과 기술자들이 장육상 조성의 기본 원칙을 몰랐을까? 그러므로 다른 해석을 내릴 수 있다. 이마에 박힌 백호의 수정과 눈에 박힌 옥돌은 환한 햇살에 비치지 않아도 멀리까지 빛을 내며 눈썹과 눈, 코, 입의 윤곽이 뚜렷하여 외경감을 불러일으킨다. 추상적인 수법을 써서 강렬한 인상을 풍기는 이 돌부처는 모습이 특이한 것 자체가 예술성이자 신비성이다. 여느 부처와 같게 만들지 않고 새로운 이미지를 창출하려는 종교적 신성(神性)에서 이런 형태를 만들었을 것이다.

이 불상은 이렇게 모양이 특이해서 미륵보살, 문수보살, 보현보살, 관음보살 등 여러 이름으로 불렸는데 뒷날 관음보살로 보는 것이 정설처럼 되었다. 하지만 주변 사람들은 대부분 이 부처를 미륵불로 받들었으며 많은 사람들이 자신의 고통을 이 부처 앞에서 공양 드리고 소구(訴求)했다. 그리하여 이곳은 미륵의 가호와 출현을 기대하는 민중불교의 고향이었다.

조선 후기 변혁 세력은 미륵이 출현할 시대라 선동하고 이 돌부처를 받들었다. 19세기 논산 인내에 살았던 김일부는 후천개벽설을 퍼뜨리고 관촉사 돌부처를 미륵불로 받들면서 관촉사를 후천개벽의 성지로 삼았는데 이들을 "정역파(正易派)"라 부른다. 오랜 민중적 이미지를 빌린 것이다.

이 돌부처는 민중의 손으로 이룬 뛰어난 예술품이며 이를 본받은 것으로 보이는 부처입상이 부여, 예산, 당진 등 충청도 일대에 널

부여 대조사 석조미륵보살입상(보물 제217호)

리 퍼져 있다. 부여 대조사의 미륵불상은 높이 10미터의 통돌로 만들었는데 수법이 관촉사의 돌부처와 비슷하다. 신라의 미끈한 조형미에 추상적 기법을 가미하여 독특한 형태로 만들었다.

이 시기에 조성한 경주 남산의 돌부처나 마애불은 신라의 방식을 그대로 따라 파격적인 변형을 보이지 않는다. 신라시대에 만들어졌던 불상이 거의 비슷한 모양이었던 것과는 달리 이 일대의 돌부처는 지방적 특색을 보여준다.

한편 고려의 불상은 대개 여성의 모습을 하고 여성의 옷차림을 한 경향이 두드러진다. 특히 관음보살의 경우, 매우 정교하고 화려하며 여러 가지 장식이 가미되어 있다. 관음보살의 자비상을 표현하려는 의도일 것이다. 이런 분위기는 다른 불상과 탑에도 영향을 끼쳤다.

31

불탑의 변화와 불경 인쇄

— 다양성을 추구한 온갖 형태의 탑

불상과 함께 불탑도 다양해지고 기술의 발달도 보였다. 불탑은 불상과 마찬가지로 경배의 대상이다. 탑에는 통도사의 사리탑처럼 부처의 진신 사리를 보관한 경우도 있으며 승려의 사리, 고승의 가사나 바리때, 불경을 찍어 넣기도 하고 종이나 옷감을 넣기도 했다. 이러한 물건들은 완전히 밀폐된 공간에 두면 오래 보존할 수 있다.

10~12세기 사이에 갖가지 형태의 탑이 만들어졌다. 탑은 밑을 받치는 기단부(基壇部)와 몸체인 탑신부(塔身部), 윗부분인 상륜부(相輪部)로 이루어진다. 탑신의 한 층마다 아래에는 옥신(屋身), 위에는 물받침과 옥석받침의 덮개[屋蓋]를 쌓는다. 옥신은 기둥 모양의 돌을 여러 개 세워 받쳤고 옥석처럼 밑으로 층을 이루어 주름지게 했다. 이 기본 원칙은 거의 모든 탑에 적용되었다.

그러나 기단부, 탑신부, 상륜부의 기본을 지키면서 형태를 바꾸어 옥신과 옥개를 완전히 다른 모습으로 만든 탑도 있었다. 둘레가 원형으로 이루어진 탑이 있는가 하면 6각형, 8각형 등 모양이 다양

해졌으며 층수도 3층, 5층, 7층, 9층, 13층 등으로 만들어졌다. 3층, 5층의 기본 양식이 무너지고 층수가 높아졌다. 고려의 탑은 수직적 요소가 강조되고 탑신에 부조를 새겨 매우 화려했다. 옥개의 물받침 처마 끝이 약간 치켜 올라가게 하고 옥석받침의 주름이 네 개인데 그전에는 처마 끝이 거의 평면을 이루고 주름은 다섯 개인 경우가 많았다. 또 옥개가 짧아지고 옥신 기둥이 가늘어졌다.

한편 10세기 이후 승려들의 사회적 지위가 높아지고 사찰이 많은 재산을 소유하게 되면서 부도를 세우는 일이 부쩍 늘었다. 특히 고승들의 다비 뒤에 나오는 사리를 부도 안에 안치했다.

부도 역시 다양하고 화려했다. 특히 이 탑들에 부조로 새겨진 조각품들이 특히 눈길을 끈다. 기단에서부터 탑신에 이르기까지 연꽃 모양을 새기기

위에서부터
개성 경천사지 십층석탑(국보 제86호)
평창 월정사 팔각구층석탑(국보 제48-1호)
화순 운주사 원형 다층석탑(보물 제217호)

원주 법천사지 지광국사탑(국보 제101호)　　　원주 흥법사지 진공대사탑(보물 제365호)

도 하고 팔부신장이나 십이지신상을 새겨놓기도 했으며 옥개에도
보살상이나 봉황 따위를 새겼다. 전설에 나오는 상징물도 있다. 보
기를 들면 옛사람들이 해를 상징한 금까마귀[金烏]나 달을 상징한
옥토끼를 새기기도 했으며 불교 교리와 별 관련이 없는 구름이나 신
선, 꽃 따위를 새기기도 했다. 불교와 토착문화의 결합이었다.

　　화순 운주사 경내에는 천불 천탑이라 불릴 정도로 많은 불상과
불탑이 세워져 있다. 이곳에는 보기 드물게 와불(臥佛)을 너른 바위
위에 새겨놓았는데 이를 조성한 사람들이 노비였다는 전설이 있으
나 절 주변의 토호들과 민중들이 원력을 세워 시주하고 노역에 나
서서 만들어냈을 것이다. 그 많은 돌부처와 돌탑을 세우려면 엄청난
물량이 소요된다. 따라서 토호들이 노비를 부려 만들어냈다고 보는
게 타당할 것이다. 이 사례에서 보이는 것처럼 불상과 불탑의 조성

화순 운주사 와형석조여래불(전남 유형문화재 제273호)

에는 지역적 특성이 드러난다. 이 작품들의 조잡한 만듦새를 보아도 짐작이 갈 만할 것이다.

고려의 불교예술 작품은 신라에 비해 떨어진다고 평가된다. 미학적인 관점에서 보면 이런 평가가 나옴직하나 고려의 작품은 불교의 지방 확산과 대중화에 근거를 두어 다양성을 드러내고 독특한 시대 분위기를 나타낸다. 사회가 복잡해지고 발전되는 환경에서 석굴암 같은 작품을 만들어내지는 못했으나 다양성을 추구하는 진전이 있었다. 신라의 불교예술품은 경주에서 크게 벗어나지 못했으나 고려의 불교예술품은 대동강 이남의 전국에 걸쳐 고르게 분포되어 있다.

늘어나는 책의 수요

다음 불경의 인쇄 보급에도 관심을 기울일 만하다. 1234년 몽골군을 피해 강화도에 피난해 있었을 때 조정에서는 여러 의식을 적은 『상정고금예문(詳定古今禮文)』 28질을 찍었다. 이것이 금속활자로 찍은 세계 최초의 책이라 하지만 그전부터 책을 금속활자로 찍어 보급한 정황 증거가 많다. 그 역사적 배경을 간단히 더듬어보자.

신라는 목판본 인쇄술이 발전하여 많은 책을 찍어냈다. 1966년 불국사 석가탑에서 발견된 『무구정광대다라니경(無垢淨光大陀羅尼經)』은 지금 세계에서 가장 오래된 목판 인쇄본으로 인정받고 있다. 신라의 전통적 인쇄술은 고스란히 고려로 전수되었고 고려 역시 초기에는 책을 목판 활자로 찍었다. 1011년에 시작하여 70여 년에 걸쳐 대장경 6,000여 권을 인쇄했으며 1086년에는 의천의 건의에 따라 교장도감을 두어 송과 요나라, 일본의 불교 책을 모아 4,700여 권의 목판본 책을 찍어냈다.

1131년 조정에서는 백성의 교화를 위해 유교의 충효사상을 널리 알리려는 목적으로 『논어』와 『효경』을 찍어 전국에 무료로 배포한 적이 있었다. 이 무렵 사찰에서도 활발하게 불경을 찍어 보급했다. 대장경을 비롯하여 여러 가지 불경을 각 사찰에 보내는 일 이외에 의식에 사용되는 『천수경』 따위의 간단한 경전도 보급했다. 따라서 책을 베끼는 것보다 인쇄하여 돌리는 풍조로 바뀌어갔다.

책의 수요는 점점 늘어갔다. 고려 초기에는 대부분 책을 송나라에서 수입했다. 송나라에 간 사신들은 책을 고국으로 가져오려고 여러모로 노력을 기울였으며 송나라 조정에서 선물한 책은 물론이고 돈을 주고 사오기도 했다. 상인들도 송나라의 책을 사다 국내에서 팔았다. 1101년 송나라 사신으로 갔던 오연총(吳延寵)은 『태평어람』 1,000권을 가져와 임금에서 바쳤다.

하지만 송나라에서 수입하는 정도로는 폭증하는 수요를 충족시킬 수 없었고 재화가 유출되는 폐단도 있었다. 그리하여 1101년 서적포를 설치하고 본격적으로 책을 찍어냈다. 이때에는 불경을 비롯해 유교, 도교 관련 중국 고전이나 역사책을 망라하여 찍었다. 책을 자체적으로 찍어 널리 보급한 것은 불교, 유교를 교화 수단으로 삼아 널리 펼치려는 정책적인 배려였다. 이런 배경에서 송나라에 책을 역수출하기 시작했다.

그러면 목판본은 어떻게 만들까? 그 목재는 목질이 지나치게 단단하거나 물러도 안 되며 결이 좋아야 한다. 산벚나무와 돌배나무를 많이 쓰는데 이들 목재를 몇 개월 동안 바닷물에 담가둔다. 소금물로 나무에 밴 기름 성분을 말끔히 제거하는 방법이다. 그리고 다시 몇 년 동안 그늘에 말린다. 이는 나무가 바짝 마를 때 갈라지거나 뒤틀리는 것을 방지하기 위해서다. 다음 판목을 만들고 글자를 새기는데 이 일은 각수(刻手)가 맡는다. 판본이 완성되면 표면에 진한 먹칠을 하여 생옻을 두세 차례 덧칠하여 말린다. 판본이 뒤틀리지 않게 하는 장치로 다시 구리판으로 네 귀퉁이를 싼다. 인쇄할 때에는 좋은 먹과 두껍고 좋은 종이를 쓴다.

인쇄를 하려면 많은 사람을 동원해야 하고 시간도 오래 걸린다. 따라서 개인이 책을 찍어내기란 여간 어려운 일이 아니었다. 비록 큰 경비를 들여 책을 찍었다 해도 책 판매가 제대로 이루어지지 않았다. 상업성이 보장되지 않아 밑천을 뽑기가 어려웠다. 목판으로 책을 찍어낸 곳은 중앙과 지방의 관아였고 인력과 재력이 뒷받침되는 큰 사찰이었다. 팔만대장경을 조성할 때 대장도감을 둔 경우처럼 거대한 판본 작업을 시작할 때는 도감 같은 특별 기구를 두기도 했다.

― 불경 인쇄의 신기원, 금속활자

사람들은 목판 인쇄를 하는 데 필요한 경비와 노역을 줄이기 위해 좀 더 손쉽게 인쇄할 방법을 연구하기 시작했다. 그러다가 동전 주조에 관심을 기울였다. 의천은 송나라에 유학을 다녀와 금속 화폐의 유통을 건의했고 그리하여 관아에서는 구리 돈을 찍어냈다. 동전을 찍을 때마다 돈을 표시하는 글자, 곧 "동국통보(東國通寶)", "삼한중보(三韓重寶)", "해동통보(海東通寶)" 등의 글자를 새겨넣었다.

주조 기술이 발달함에 따라 글자가 점점 더 선명하게 드러나고 획수도 고르게 찍혔다. 가공 기술도 한 단계 높아져 제품에 문양을 아로새기고 금·은실의 실박을 넣기도 했으며 표면을 부식시켜 무늬를 넣기도 했다. 범종에 그림을 새겨넣는 기술은 신라시대부터 발전되어왔다. 이러한 기술은 금속활자 발명에 직접적인 영향을 끼쳤다. 고려 사람들은 구리나 무쇠를 녹여 부어서 해동통보 같은 글자를 만드는 법을 찾아냈다. 조선시대에 살았던 성현(成俔)은 그 제조법을 이렇게 설명했다.

먼저 회양목으로 글자 크기에 따라 나무 도장을 만들고 여기에 글씨를 새겨넣는다. 판에 고운 모래를 골고루 다져 넣고 그 위에 나무 도장의 글씨를 찍어서 활자를 만든다. 이 활자가 거푸집이다. 거푸집에 구리를 녹여 부어서 마지막으로 활자를 만든다. 그 뒤 필요한 활자를 조립해 책을 찍어낸다.(『용재총화』)

조립하는 과정은 목판보다 조금 복잡하지만 고정시키는 방법 등은 목판본과 크게 다를 것이 없었다. 금속화폐를 만드는 공정과도 비슷했다.

금속활자를 만들고 나서도 얼마간은 목판 인쇄와 병행하여 책을 찍어냈다. 이렇게 볼 때 피난지 강화도에서 최초로 『상정고금예문』을 금속활자로 발행했다는 것은 사리로나 정황으로 보나 맞지 않을 것이다. 그전에는 금속활자 사용에 별로 관심이 없다가 침략을 겪고 있던 시기에 무기도 아닌 인쇄술을 새로 발명하여 사용했다는 것은 현실적으로 사리에 맞지 않는다.

금속활자에 대한 기록이 확실치 않은 것은 몽골의 침입으로 많은 서적이 불타거나 없어진 사정에도 원인이 있으며 조선시대에 들어와 이를 소홀이 다룬 데에도 원인이 있을 것이다. 어쨌든 고려에서는 『상정고금예문』을 찍은 이래 여러 차례 금속활자를 사용했다. 다만 이들 책은 기록으로만 전해질 뿐 실물은 보존되어 있지 않다. 불경 관련 책도 예외일 수는 없다.

지금까지 남아 있는 고려의 금속활자본은 1297년에 발행한 『청량답순종심요법문(淸涼答順宗心要法文)』, 1377년에 발행한 『직지심체요절(直指心體要節)』 등 불교 관련 책들이다. 이로 보아도 사찰에서 금속활자본의 책을 많이 찍어 보급했음을 알 수 있다. 불교 승려와 신도는 최대 독자층이었고 상업적 수요자들이기도 했다. 인쇄본의 불경 보급은 고려불교가 대중화되고 민중 속으로 전파되는 데 가장 크게 공헌했다. 『직지심체요절』은 19세기 프랑스 군인들이 약탈해 가서 현재 프랑스 국립도서관에 보관되어 있다. 강화도에서 약탈된 이 책은 빠른 시일 내에 반환되어야 할 것이다.

고려의 금속활자와 목판 기술은 조선으로 전수되었다. 세종 때에는 여러 모양의 금속활자를 계발하고 사용하여 한국 인쇄문화의 금자탑을 세웠으며, 목판 인쇄도 관아와 사찰을 중심으로 계속 보급되었다. 조선시대 사찰은 먹과 종이의 제조에 그 중심적 역할을 담당했다. 이때는 가난한 절에서 생계 수단의 하나로 제조되기도 했으나 그 근원은 불경을 찍어 보급하기 위한 과정에서 나온 것이다.

또 사찰에서는 조선시대에 불경을 새긴 수많은 목판을 보관하고 있었다. 조선 전기, 경상도 성주에서 발견되어 경상감영에서 재간한 『삼국유사』도 사찰에서 처음 찍어 전해진 것이다.

직지심체요절(모조품) | 고려 우왕 때인 1377년 인쇄된 금속활자본으로, 세계에서 가장 오래된 금속활자 인쇄본이다. 현재 프랑스 국립도서관에 소장되어 있다.

32

빛나는 민족유산, 팔만대장경의 조성

— 거창한 국가사업, 할을 토하다

대장경을 "일체경(一切經)"이라 말한다. 이 말대로 부처의 말씀인 경, 불교의 계율인 율, 고승들이 논증하여 설파한 논을 포함한다고 하여 "삼장경(三藏經)"이라고도 한다. 불교를 받드는 국가는 대장경을 새겨 보관하는 것을 영광으로 여겼고 또 부처의 보호를 받아 나라의 안녕을 기약할 수 있다고 믿었다. 지금 해인사에 보관되어 있는 팔만대장경은 호국불교의 상징이었을 뿐만 아니라 오늘날 우리 민족의 위대한 유산의 하나이다.

그럼 고려시대 대장경 판각의 역사를 먼저 더듬어보자. 11세기 초 무렵 북방의 요나라가 고려로 대거 침입했다. 이때 현종과 신하들은 대장경을 새겨 나라를 보호하겠다고 서원했는데 우연하게도 얼마 뒤 요나라 군사들이 물러갔다. 1011년 현종은 이 작업을 국가사업으로 시작하게 했고, 이 일을 시작한 지 76년 만에 홍왕사에서 완성을 보았다. 이를 "초조대장경"이라 불렀다. 초조대장경은 뛰어난 고려의 목판 인쇄 기술로 완성한 걸작이었다.

초조본 신찬일체경원품차록 권 제20 (국보 제245호)

　　그 뒤 의천이 초조대장경에 누락된 전적을 수집하여 이를 보완하는 작업을 시작했다. 의천은 국내는 물론 중국, 일본, 요에서 많은 불서를 수집하여 조성했다. 이 작업은 10년 만에 끝났으며 이를 "속장경"이라 불렀다. 1096년 초조대장경과 속장경을 대구 부인사에 옮겨 보관했는데 몽골군이 이곳에 침입해 와서 불에 태워버렸다. 강화도에 피신해 있던 무신 정권은 이 사실을 뒤늦게 알았다.

　　1236년 무신 정권의 실력자 최이는 강화도에 대장도감을 설치하고 본격적으로 대장경 판각에 나섰다. 이 사업을 추진하기 위하여 처음 도량을 설치하고 설법 자리를 벌였을 때 이규보가 찬양하는 시를 지었다.

> 잔악한 도둑, 헛소리 쳐대는 누렇게 뜬 군사들,
> 우리 임금 오로지 부처님 받드시네.
> 만일 할(喝)을 토해 용처럼 울부짖는다면
> 어찌 오랑캐 아이들 사슴처럼 달아나지 않으리.
> (『동국이상국집(東國李相國集)』)

대장경을 판각하는 일은 거창한 국가사업이다. 일부 백성들의 비난을 받았으나 아랑곳없이 일은 착실하게 진행되었다. 강화도에 있는 대장도감에서 이 일을 총지휘하고 남해에 있는 분사도감(分司都監)에서 작업을 도왔다. 강화도와 남해에 전담 기구를 둔 것은 말할 것도 없이 몽골군의 침입을 피할 수 있는 안전지대라고 여겼기 때문이다. 한편으로 이 일을 주도하는 최이의 처남 정안이 남해에 살면서 한몫 거들겠다고 자청한 데에도 까닭이 있었다. 정안은 남해에 내려가 살고 있었는데 대장경 사업 소식을 듣고 경비의 절반을 대겠다고 나선 것이다.

전국의 목수와 각수들이 두 곳으로 몰려들었다. 나무를 베어 실어올 뱃사람과 일꾼들도 불려나왔다. 최이, 정안이 내놓은 경비만이 아니라 조정과 벼슬아치들의 지원이 많았기 때문이다. 먼저 남해에서 서해 아래쪽, 곧 몽골군의 출몰이 거의 없는 지역에서 관목으로 쓸 나무를 베어왔다. 산벚나무, 돌배나무, 참나무 따위였다. 이미 말한 대로 이 나무들을 그늘에서 몇 년 동안 말렸으며 판목과 경판을 만들고 판본을 짜는 작업에도 상당한 세월을 보냈을 것이다.

그런 뒤에 서생과 승려들은 질이 좋은 종이에다 경판에 새길 글씨를 썼다. 글씨는 한 줄에 14자, 한 경판에 23줄을 원칙으로 정했으며 글씨체는 보기 좋고 획이 분명한 구양순체를 따랐다.

틀린 글자를 바로 잡는 일은 매우 중요하다. 때로 원전으로 삼은 판본에도 오자가 끼여 있었으니 오자는 작업을 그르치고 뜻풀이를 방해하는 판본의 '게릴라'였다. 이 작업은 내용을 잘 아는 사람이 맡아야 정확도와 능률이 오른다. 교정도감에서는 승통으로서 개태사를 관리하는 수진(守眞)과 수기(守其)에게 교정의 총책임자 일을

271

맡겼다.

경판 중간중간에는 부처의 행적을 새겼다. 경판에 새겨진 조각은 정교하게 사실감을 살려 부처의 모습을 비롯 구름, 나무, 옷자락을 세필(細筆)로 묘사했다. 이 그림들을 통해 고려 판화의 수준을 엿볼 수 있다.

각수들은 완성된 글씨를 받아 경판에 뒤집어 붙인 뒤 글씨가 겉으로 드러나도록 양각으로 정교하게 새긴다. 경판에 글씨를 다 새기고 나서 인쇄할 준비 작업을 마무리했다.

글자를 쓰고, 교정하고, 새길 때 지극한 정성을 들였음은 말할 나위가 없다. 전해오는 말에 따르면 한 글자를 쓰거나 새길 때마다 일어나 한 번씩 절을 했다고 한다. 결단코 오자를 내지 않으려는 마음가짐이었다. 그래서 이 대장경판에는 오자가 딱 한 자 숨어 있다고 한다. 이 말이 사실이라면 이것만으로도 하나의 기록을 세웠다고 할 수 있을 것이다.

16년간의 동원과 참여

이 일은 시작한 지 16년 만에 완성을 보았다. 수많은 사람이 동원되고 헤아릴 수도 없는 물량이 투입되어 완성되었다. 그러나 그 폐단도 적지 않았다. 대우를 잘해준다고 했으나 강제로 동원된 일꾼도 있었을 테고 눈치를 살피다 마지못해 참여한 이도 있었을 것이다. 전쟁 통에 불사가 번거로워 백성들의 고통이 컸다는 기록이 전해진다.

그러나 부처를 믿으면 복을 받고 불사에 참여하면 공덕을 쌓는다고 생각하여 자발적으로 참여한 사람들이 많았으며 재산을 털어 보시도 서슴없이 했다. 이와 같은 신앙 체계는 많은 사람들의 동참 과 지원을 끌어냈다. 직업 각수들 외에 많은 신앙인들이 참여했다. 진사 출신의 한 선비는 7년 동안 177장의 경판을 새겼고, 승려들은 글자 새기는 기술을 익혀 각수로 참여했다고 한다.

경판 끝 부분의 한구석에 한 명의 이름이 새겨진 경우도 있고, 10명의 이름이 새겨진 경우도 있다. 승려로 보이는 요원(了源)은 "이 공덕의 원력에 따라 길이 윤회의 과보를 벗어나고 부모께서는 극락 세계에 편안히 사소서"라고 써놓았다. 그밖에 여자 신도나 사미의 이름으로 '부모를 위해'라고 새기기도 했다. 어떤 것은 박동(朴童), 최 동(崔童)이라고 기재하여 어린아이임을 나타내기도 했다. 이와 같이 나이나 신분을 떠나 여러 계층이 시주가 되어 나라의 안녕과 개인의 복을 빌었다. 전해지는 기록을 종합해보면 이 일에 3,600여 명이 동 원되었고 각수로 2만여 명이 참여한 것으로 나타난다.

경판은 전체가 5,000만 자를 넘는 8만 장이어서 정식 이름 이 "팔만대장경"이다. 왜 팔만 장으로 만들었을까? 불교 교리를 보 면 번뇌와 법문이 8만 4,000가지 있다고 한다. 한편 고대 인도에서 는 많은 숫자를 말할 때 8만 4,000이라고 했는데 언제부터인지 8만 4,000을 줄여 8만이라고 불렀다. 이 경판은 앞뒤로 새겼기 때문에 16만 장이라고 해야 옳으나 이러한 상징성을 살려 "팔만"이라는 숫 자에 맞추었다.

대장경에 수록된 불경의 종류는 1,497종이다. 중국, 티베트, 거 란에서 만든 대장경 내용을 거의 다 수록하고 고승의 전기와 사전 류도 포함시켰다. 고려 고승의 행적과 선문답도 수집하여 넣었다.

합천 해인사 대장경판(국보 제32호)

그 보기로 수선사 결사운동을 벌인 혜심의『선문염송집』이 수록되
었다.

　　팔만대장경은 엄청난 분량과 함께 가장 오자가 적은 장경으로
꼽힌다. 대장경은 경, 율, 논의 순서로 되어 있는데 번호를 천자문의
글자 순서에 따랐다. 곧 하늘 천(天) 자로 시작하여 어조사 야(也) 자
로 끝나는 것이다.

　　대장경을 아무 탈 없이 보관하는 것도 예삿일이 아니다.

　　강화도에는 최이가 선원사를 세웠는데 여기에 대장도감을 설
치했던 것으로 추정된다. 근래에 이곳에서 큰 장대석이 발견되었다.

　　최씨들은 이 절에 팔만대장경을 보관했다. 최이는 이 거대한 사
업을 완성하여 자신에게 쏠리는 비난을 피해 민심을 끌어모았고 몽
골과 항쟁을 벌이면서 일체감을 조성하는 효과를 거두었다. 하지만

완성될 동안에는 민중의 열띤 참여를 부각시키지 않았으니 은근히 자신의 공덕을 과시하려 한 것이다. 민중은 국가의 보호보다 개인과 가족의 안녕 그리고 부모의 영가(靈駕)를 위해 돈과 노역을 제공한 것이 아닌가.

― 신비로울 정도의 완벽한 보존

이제 팔만대장경이 어떻게 오늘날까지 거의 완벽하게 보존되어왔는지 그 신비를 밝혀보기로 하자. 고려시대 선원사에서 어떻게 보관했는지는 전혀 알 길이 없다. 조선조 초기에 태조는 팔만대장경을 보관할 장소를 새로 물색했다. 강화도는 북쪽의 침략 통로에 있고 왜구들이 출몰하는 곳이었으므로 1398년 멀리 경상도 해인사로 옮기기로 결정했다. 그 뒤 해인사에 판고(板庫)를 지었는데 완성은 1488년으로 추정된다. 90년 동안 준비를 했다는 뜻이 된다. 비록 조선조가 유교를 새로운 국가 이념으로 내세웠으나 불교 유산을 가볍게 여기지 않은 의식의 소산일 것이다.

해인사는 가야산 아래에 자리 잡았다. 가야산의 높이는 1,430미터이며 이 산의 서남 방향에 해인사가 자리 잡고 있다. 이 해인사 뒤편 해발 645미터 지점에 장경각을 지었다. 장경각은 네 채의 건물로 이루어져 있다. 이 중 법보전과 수다라전에 대장경을 나누어 보관했고, 동서쪽 두 건물에는 다른 여러 경판을 보관했다. 법보전과 수다라전은 각기 30칸으로 365평의 넓이에 기둥이 108개이다. 365평은 1년의 날 수, 108은 108번뇌를 나타낸다. 여기에 경판을 두 장씩 포개놓았다.

합천 해인사 장경판전(국보 제52호) | 장경판전은 고려시대 만들어진 건물로 해인사에 있는 전각 중 가장 오래된 건물이다. 자연 조건을 이용한 합리적이고 과학적인 설계로 대장경판을 지금까지 잘 보존할 수 있었다고 평가받는다.

　장경각의 창문은 아래보다 위쪽이 네 배쯤 크며 뒷문은 비율에 따라 적절히 배치했다. 건물 주위에 땅을 깊이 파고 밑에 기와를 깔아 빗물을 빼냈다. 이곳에서 1킬로미터쯤 떨어진 지점에서는 세 개울이 만난다. 개울가에서 겨울에는 계절풍이, 여름에는 동남풍이 불어 주위를 부드럽게 감싼다.

　창문의 위아래 크기를 달리하여 경사지게 한 것은 하루의 일조량을 고려한 것이고 뒷문은 공기를 빼내는 굴뚝 구실을 했다. 지하 배수구도 깊어서 물기가 건물 밑바닥으로 스며들지 않는다. 또 맨 밑바닥에서 위쪽의 서가에 이르기까지 틈새에 골고루 바람이 통하도록 설계했다. 아무리 목재를 그늘에 말리는 따위의 방법을 써서 틀어지지 않게 하고 칠을 하여 부식과 벌레의 기생을 막더라도 오랜 세월이 지나면 곰팡이와 균이 번식해 손상을 입게 마련이다. 그러나

습도 조절 기능과 온도 조절 기능이 완벽할 정도여서 500년이 지난 지금까지도 경판이 거의 손상을 입지 않았다.

그런데 트럭 수십 대 분에 이르는 경판을 어떻게 옮겼을까? 처음에는 강화도에서 한강을 거쳐 서울 지천사에 옮겨다놓았다. 그런 뒤 뱃길로 남한강을 거쳐 낙동강으로 내려가 육로를 이용해 해인사로 옮겼을 것으로 본다. 조일전쟁 때는 일본군이 해인사로 들어가지 않았으며 일본군이 후퇴할 때는 조명 연합군이 해인사 입구 쪽을 방어하여 침입을 막았다. 당시 일본에서 끊임없이 대장경판을 요구한 사실에 비추어 그들이 해인사에 보관된 사실을 알았더라면 사정이 달라졌을 것이다.

그리고 대장경은 한국전쟁 때 또 한 번 위기를 맞았다. 미군 사령부는 인민군 게릴라들을 소탕한다는 작전 아래 한국인 조종사에게 해인사 폭격을 지시했다. 그 조종사는 해인사 상공을 맴돌다가 뒤돌아가 안개가 끼어 폭격을 중지했다고 한다. 또 그 편대장이 정면으로 해인사를 폭격하는 것을 거부했다는 말도 전해진다.

1995년 유네스코는 해인사의 대장경과 장경각을 세계문화유산으로 지정했다. 인류가 남긴 찬란한 유산이므로 온 인류가 영구히 보존할 가치가 있다는 취지였다. 이 지정으로 불국사와 석굴암, 서울의 종묘 건물, 조선왕조실록 등과 함께 그 문화적 가치를 세계적으로 인정받게 되었다. 팔만대장경은 과거 무신 정권의 정치적 이용물이었고 호국불교의 상징이었으나 오늘날에는 민족유산으로 보존되고 있다.

제7부
불교와 성리학

33

불교의 침체와 성리학자의 부상

─ 지배 이데올로기로서의 한계

원나라 지배 시대인 1270년대부터 공민왕이 등장하기까지 약 80년 동안 불교는 침체를 거듭했다. 원나라의 불교정책은 궁중과 사찰의 불사를 간섭하지 않았으며 승과제도를 변경하라고 압력을 넣지도 않았다. 모든 관례는 그대로 준행되었다. 약간의 변화를 보인 점은 몽골승과 티베트승들이 개경을 출입한 것이었고 고려 왕실에서는 원나라 황제의 복을 빌고 원나라에서 시집온 공주들을 위해 불사를 벌이는 정도였다.

한편 원나라에서는 금자사경(金字寫經) 불사를 대대적으로 벌이면서 글씨 잘 쓰는 승려를 보내달라고 요구하기도 했다. 그리하여 1290년(충렬왕 16) 35명, 1305년(충렬왕 31) 승려 100명을 보내준 적이 있었다. 이어 금자사경을 쓸 종이를 보내기도 했다. 또 1285년 일본정벌을 위해 군선을 조성할 때 승려들에게 군량미를 분담시키거나 일부 사찰의 토지를 징발한 경우가 있으나 철저하게 시행되지는 않았다.

불교계 침체의 원인은 내부에 있었다. 승려들은 새로운 정세에 대처하지 못하고 여전히 구악에 젖어 있었으며 이를 정화할 고승도 출현하지 않았다. 불교는 총체적인 민족 모순에 적절히 대응하지 못하여 지배 이데올기로서의 한계를 드러냈다. 30년 전쟁의 후유증으로 관고(官庫)가 텅텅 비어 국가 경비를 충당할 수 없었으며 벼슬아치에게 녹봉을 지급할 수도 없었다. 이런 사정에서 승려들이 많은 뇌물을 써서 승직을 사는 따위의 타락상은 정도를 더했다.

원의 지배 시기에 유학도 불교처럼 침체를 면치 못했다. 원나라는 한족에게 반감을 강하게 보여 유학경전을 시험 보는 과거제를 철폐했으며 주자학 연구를 금지시켰다. 이는 중화주의 이론을 제재하려는 의도였다. 주자는 남쪽에서 태어나 만주의 금나라가 중국 북쪽을 차지했을 때 이를 강력하게 반대하는 화이론(華夷論)을 제창했다. 오랑캐가 중국을 다스릴 수 없다는 논지를 편 것이다. 원나라 지배자들이 이를 금지한 것은 어쩌면 당연한 조치였다.

최충은 사설 교육 기관을 만들어 유학 진흥에 열렬한 관심을 보여 많은 유학자를 배출했고, 다른 유학자들도 이를 본받아 유학 교육운동을 벌인 적 있었다. 하지만 몽골 침략 시기와 원의 지배 시기에 일어난 유학 억압정책에 영향을 받았던 것이다. 그리하여 유학이 진흥되지 못했으며 유학 교육운동도 침체를 벗어나지 못했다. 하지만 고려에서는 원나라에서와는 달리 과거제를 중단하지 않았다.

충렬왕의 아들 충선왕은 불교보다 유학에 깊이 몰두했다. 그는 즉위하자 곧바로 공자를 모시는 석전(釋奠)을 정례로 지내게 했으며 국사인 도선과 함께 설총과 최치원을 유종(儒宗)으로 받들게 했다. 고려 사상계에 새로운 바람을 불러일으키려는 의도였을 것이다.

충선왕은 충숙왕에게 왕위를 물려주고 북경으로 들어갔다. 그는 1314년 북경에서 만권당(萬卷堂)을 개설하고 수많은 책을 수집하여 비치했다. 그리고 고국의 유학자를 불러 모아 유학 공부에 열중케 했다. 1315년 원나라는 초기와는 달리 과거제를 부활시키고 유학을 가르치면서 주자학을 통치 이데올로기로 내세웠다. 주자가 펼친 신분 질서 이론에 따라 통치를 원활하게 하려는 의도였으며 계속이민족 통치에 저항하는 남쪽의 인심을 얻으려는 계책이기도 했다. 주자학은 남쪽에서 인기가 더욱 높았으니 원나라 통치 방식에 일대변화를 보인 것이다.

충선왕은 이런 분위기에 고무되었다. 만권당 개설은 고려의 신진 학자들에게도 큰 영향을 끼쳤다. 충선왕은 안향(安珦), 이제현(李齊賢) 등 유학자에게서 훈도를 받았다. 안향은 북경에 가서 주자학을 철저히 공부했으며 고국에 돌아와 장학재단인 양현고(養賢庫) 설립을 주도하여 이 기금으로 대성전을 설립했다. 대성전에 공자와 공자

개성 성균관 | 고려시대인 992년 초축된 개성 성균관은 당시 국가 최고 교육 기관으로서 국가 관리 양성과 유교 교육을 담당했다. 현재는 고려박물관으로 사용되고 있다.

의 70제자 화상을 모시고 제향을 드렸는데 부처 대신 공자에게 절하며 유학 진흥을 다짐했다.

― 타협적인 성리학자들

양현고 덕분에 유학자 출신의 벼슬아치와 학생들은 장학 혜택을 누리며 공부했다. 이들은 대성전에서 석전을 지낼 때만이 아니라 수시로 공자에게 절을 올렸다. 부처에게 절을 올리는 것은 부처의 공덕을 찬양하며 복을 빈다는 뜻이 포함되어 있으나 공자에게 절하는 것은 순전히 그를 숭모하고 그의 가르침을 잇고 닦겠다는 뜻을 지닌다고 여겼다. 안향은 본격적으로 주자학을 가르쳤으며 성리학의 원리를 강의했다. 그는 이렇게 말했다.

> 공자의 가르침은 만세의 모범이 되오. 신하가 임금에게 충성하고 아들이 아버지에게 효도하고 아우가 형에게 공경하는 것을 누구를 시켜 가르치겠소?(『고려사』 열전 안향)

곧 불교의 윤리보다 유교의 윤리를 더 높이 평가하려는 의도가 깔려 있다. 그리하여 주자학도들이 그의 문하에서 쏟아져나왔다. 재야의 인사로는 우탁(禹倬)이 있었는데 그는 영해의 지방관을 지내며 푸닥거리를 일삼는 신사를 부수고 신주를 바다에 집어던졌다. 그는 개경에서 주자학을 배운 뒤 단양으로 내려가 역학(易學)에 정진했는데 '동쪽에서 주역을 연 사람'이라는 뜻을 따서 "역동(易東)"이라는 별호를 얻었다. 그는 많은 제자를 길러 성리학을 전파한 공로자로 추앙받았다.

재조(在朝)의 인사로는 이제현을 꼽았다. 그는 고국에 돌아와 출세를 거듭했고 권문세가의 토지 독점, 관리의 조세 부정, 불교의 타락상을 막을 방법을 제시하면서 유교의 위민사상과 실천적 윤리를 강조했다. 그 방법의 하나로 효를 강조하는 『효경』과 인문 정신을 함양하는 『사서』를 가르치라고 요구했다. 그는 공민왕에게 신돈은 흉인이니 가까이 두지 말라고 충고했으며 신돈의 개혁 정치를 거부하고 방해했다. 이런 태도는 불교를 배척하고 승려를 불신하는 데서 나왔지만 이들 일파는 현실 정치에 성리학 이론을 본격적으로 도입하진 않았다.

이제현 초상(국보 제110호)

이제현의 대표적 제자로 이곡(李穀)과 이색(李穡) 부자를 꼽을 수 있다. 이곡은 군리(郡吏)의 아들로 태어나 과거에 합격했으며 이제현을 따라 만권당에서 수학했다. 그는 이제현보다 더 과감하게 현실 정치의 비리와 모순을 지적했으며 현실 문제를 고발하는 글을 많이 썼다. 그는 승려의 폐단에 대해서도 관심을 기울였다. 머리를 깎고 집에서 살면서 부역을 면제받는 무리를 천하게 여겨 "부처의 죄인일 뿐만 아니라 국가의 놀고먹는 백성"이라고 질책했다.

이곡의 위민사상은 유교의 가르침에 토대를 두었으며 만물관 또는 자연관을 정기(精氣) 등으로 설파하여 우주와 물질의 생성이 초자연적으로 창조된 것이 아님을 강조했다. 그는 이(理)를 중심에 놓고 풀어 불교의 초자연관과는 그 바탕을 달리했다.

이들 관료 세력은 불교 교리의 한계, 승려들의 비행을 지적했지만 척불(斥佛)을 강력히 주장하지는 않았다. 과거 이규보(李奎報)나 이승휴(李承休) 같은 유학자들이 유불겸수를 표방하고 불교를 신앙으로 몸소 받든 경우보다는 한 차원 달리한 모습을 보였을 뿐이다. 특히 이규보는 불사 관련 글을 많이 썼다. 그는 불교 지식에 해박한 유학자였고 문사였으며 불교가 "마음의 수양에 필요하다"는 논지를 폈다. 이승휴는 역사에도 관심을 기울였는데 유학자들로부터 "부처를 몹시 받든다"는 비난을 받았다.

다시 말해 이 시기 유학자들은 이규보·이승휴와는 다른 불교관을 보였으나, 불교를 이단으로 몰아 현실 정치의 이데올로기 기능을 차단시키고 사회의 윤리·도덕을 유교로 완전 대치하려는 단계에 이르지는 않았다. 곧 불교의 신앙과 의례 등의 역할을 인정하는 타협적인 태도를 지니고 있었다.

__ 무기가 된 성리학

이들은 정치적으로 현실 개혁 의지를 가지고 있었지만 전면적인 사상계의 변혁과 제도 개혁, 사회 구조 개편으로까지는 나아가지 않았다. 따라서 후기에 신돈이 추진한 전면적인 토지 개혁에 찬동하지 않았다. 또한 중소 지주의 이익을 대변하면서도 대토지 소유자인 권문세가와 대가람 세력에는 정면으로 도전하지 않았다. 원의 지배에 대해서도 반대 논란을 벌이지 않았으며 온건한 친원파로서 자주 국가를 지향하는 민족의식에는 일정한 한계를 보였다.

이 세력의 마지막 주자는 이색이다. 이색이 정계와 학계에서 활동한 시기는 공민왕의 개혁과 반원정책이 강력하게 추진될 때였다. 그는 공민왕에게 이렇게 건의했다.

우리 태조께서 국가를 세운 뒤에 절에 백성들이 섞여 살아왔으며 중간에 그 무리가 더욱 많아져 오교 양종이 이권을 낚는 소굴이 되었습니다. 냇가와 산골짜기마다 절이 없는 곳이 없으며 중 무리만이 아니라 비루한 자들이 침투하여 또한 국가의 백성으로 놀고먹는 자들이 많아져 식자들이 매양 마음 아파했습니다.(『목은집』)

이어 부처는 대성인이라 전제하고, 첫째 승려들에게 도첩을 주고 도첩이 없는 자는 군대에 충당할 것이며, 둘째 새로 지은 절은 모조리 철거하되 철거하지 않은 수령들에게 죄를 물을 것이며, 셋째 양민들에게 머리를 깎거나 중 옷을 입지 못하게 하라고 요구했다. 그는 아버지 이곡처럼 온건한 입장에서 불교를 비판하는 의식을 보였다. 그래서 유학자들로부터 불교를 이단으로 배척하지 않았다는 비아냥을 받았다. 그의 제자들인 정몽주(鄭夢周)의 온건 개혁 주장과 정도전(鄭道傳) 일파의 급진 개혁이 불교를 이단으로 몰아간 것과는 차이를 보였다.

아무튼 복잡하게 전개된 이런 사정을 정리하면, 14세기 중반, 개혁이 본격적으로 전개되고 성리학 이론이 활발하게 일어나기에 앞서 이제현 일파는 그 기초를 마련했다고 볼 수 있다. 안향과 그 제자들은 주자학을 먼저 수용했으나 현실 정치에는 직접적인 영향을 크게 미치지 못한 채 사변(思辨)으로 흐른 경향이 있었다. 안향 일파가 사변에 치우친 것은 조정을 떠나 정치 세력을 형성하지 못한데다가 아직 사림(士林)이 세력화되지 못한 데도 원인이 있을 것이다. 이제현과 그 제자들은 주자가 주창한 성리학보다 선진 유학을 현실 이론으로 제시하여 어느 정도 영향을 미치는 수준이었다.

이와 달리 정도전 일파는 권신들을 제치고 가장 큰 정치 세력이 되어 왕도 정치와 위민사상을 정치와 현실에 반영하려는 노력을 기울였으며 성리학을 본격적으로 정치 이데올로기에 접목시켰다. 그리하여 성리학을 고려 사회를 뒤엎는 무기로 써먹었다.

이들은 거의 유학자 또는 성리학자 출신의 과거 합격자였고 중소 지주 가문에서 태어났다는 공통점이 있다. 이는 신진 사대부가 등장하여 정치의 주체 세력으로서 역사의 전개를 담당했음을 보여준다. 따라서 기득권 세력인 대가람과 권문세가의 몰락이 촉진되었다.

34

왕사 보우와 신돈의 개혁 정치

보우의 이율배반

공민왕은 대외적으로 원나라의 간섭을 배제하고 대내적으로는 개혁 정치를 추진했다. 따라서 그의 개혁 정치는 기득권을 누리는 불교 세력과 마찰을 빚을 수밖에 없었다. 공민왕은 전통의식에 따라 부처님을 받들었으나 온건한 유학자인 이색 등의 주장에 귀를 기울였다. 왕이 된 직후, 절의 토지에 조세를 거두고 거기에 소속된 노비들은 부역에 동원케 했으며 함부로 절을 짓지 못하게 했다.

이어 보우(普愚, 太古의 이름)를 불러올렸다. 보우는 원나라에 들어가 불법을 익힌 뒤 중국의 남쪽 지방을 두루 여행하고 돌아왔다. 그는 광주의 미원장(迷元莊)에 머물며 큰 농장을 소유하고 있었다

고양 태고사 원증국사탑(보물 제749호)

289

고 한다. 이곳에 친척을 불러 모아 집을 짓고 살았으며 임금에게 미원장을 현으로 승격시켜 감무(監務)를 두게 해달라고 요청하여 실현시키고 자신이 행정을 맡다시피 했다. 또 자신의 농장에 내승마(內乘馬, 궁중에서 사용하는 말)를 길렀는데 말들이 백성의 곡식을 짓밟아도 백성이 항변하지 못했다고 한다.

한편 공민왕이 불법을 묻자 그는 이렇게 말했다.

> 임금의 도리는 교화를 밝히는 데 있지 꼭 부처를 믿을 필요는 없습니다. 만일 국가를 다스리지 못한다면 비록 부처를 근실히 받들더라도 무슨 공덕이 있겠습니까? 이를 못한다면 태조께서 배치한 절을 새로 짓지 마십시오. 또 임금이 삿된 사람을 버리고 바른 사람을 쓴다면 나라를 다스리기에 어렵지 않을 것입니다.(『고려사절요』 공민왕)

실로 개혁을 제창한 제언이었다. 보우가 내원당과 봉은사에서 설법할 때는 왕과 왕비가 예물을 바치고 극진히 모셨으며 그의 300여 명 제자들에게도 골고루 옷감과 가사를 선물했다고 한다. 1356년(공민왕 5) 공민왕은 그를 왕사로 추대했고 그런 뒤 그는 선종, 교종의 절을 가릴 것 없이 주지 임명권을 받았다. 이제 그는 고승으로서 불교 행정권을 거머쥐는 사판승으로 군림하게 되었다.

보우가 국가정책에 직접 간여한 중요한 사건이 있었다. 보우는 한양에 천도하면 36국이 조회 올 것이라고 건의했고 공민왕은 이 말에 따라 한양에 궁궐을 지으라고 지시했다. 한양 천도론은 고려 중기인 숙종 때부터 추진되다가 중단된 적이 있어서 이때 처음 시도

한 것은 아니다. 천도는 바로
개경에 근거를 튼 기득권 세력
의 뿌리를 흔드는 조치일 것이
다. 아무튼 천도는 중단되었으
나 뒤에 이성계에 의해 실현을
보았다. 유학자들의 모함일 것
같기는 하나 보우가 토호처럼
행세하고 사판승으로서 권력
을 쥐었다는 기록과 부처님께
공덕을 쌓기보다 국가 경영에
더 힘쓰라고 임금에게 당부했
다는 기록은 이율배반적이다.

나옹선사부도 및 석등(경기 유형문화재 제50호)

　　한편 후기에 공민왕은 나
옹(懶翁, 불명은 惠勤)을 발탁하여 왕사로 받들었다. 나옹도 보우처럼
북경에 가서 인도승 지공(指空)의 가르침을 받고 중국 남방불교를
익힌 고승이었다. 그는 처음 양주 회암사에서 수도한 적이 있었다.
따라서 보우, 나옹은 둘 다 회암사파라고 말할 수 있는데 이런 배경
으로 조선 건국 당시 왕실과 밀접한 연관을 맺게 된다.

　　그리고 공민왕은 풍수설에 근거한『옥룡기(玉龍記)』의 내용에
따라 우리나라 지세를 수근목간(水根木幹)의 땅이라 하여 벼슬아치
들에게는 물을 상징하는 검은 옷과 나무를 상징하는 푸른 갓, 승려
들에게는 검은 두건과 큰 갓을 쓰게 했다. 이때 관복과 승복에 일대
변화를 보였던 것이다. 또 북쪽의 침입과 남쪽 왜구의 침탈에 대비
하면서 절에 말을 내게 하기도 하고, 과부나 고아가 비구니가 되어

비구와 섞여 사는 행위를 금지했으며, 노비가 부역을 피해 절에 의탁하는 행위를 막기도 했다.

― 비승비속 신돈의 집권

이 무렵인 1365년 왕비인 노국대장공주가 죽었다. 공민왕은 지나치게 애도한 나머지 불사를 7일마다 벌여 많은 승려들로 하여금 범패를 부르며 상여를 따르게 했다. 빈전(殯殿)에서 절문에 이르는 길에 찬란한 깃발이 덮였으며 비단으로 절 건물을 휘감았다. 막대한 장례 비용이 들어 국고가 텅텅 빌 지경이었다. 공민왕의 개혁 정치는 빛을 잃었으며 곧은 벼슬아치들은 지나친 불사를 비난하고 나섰다.

공민왕은 하나의 대안을 냈다. 변조(遍照, 辛旽의 불명)를 불러 사부(師傅)로 삼고 정사를 맡긴 것이다. 그동안 공민왕은 변조를 불러 가끔 자문을 구했다. 변조는 어린 나이에 출가했으나 다른 승려들과 잘 어울리지 않고 늘 외롭게 지냈다. 그러다가 공민왕의 근신인 김원명의 추천으로 공민왕을 만났다. 변조는 옥천사 계집종의 아들로 글을 몰랐으나 언변이 좋았다고 하며 임금을 만날 때에는 짐짓 겨울이든 여름이든 늘 해진 납의 한 벌만을 입었다고 한다. 공민왕은 그를 늘 애지중지했다.

공민왕은 왜 변조에게 국정을 자문했을까? 공민왕이 추진한 초기의 개혁은 여러 가지 제약을 받아 실패로 돌아갔다. 이 과정에서 공민왕은 많은 재상들과 뜻이 맞지 않았을 뿐만 아니라 그들을 방해 세력으로 여겼다. 뒷날 역사학자 안정복은 그가 대족 출신의 세신(世

臣)과 초야 출신의 신진, 문생 좌주로 패거리를 짓는 유생 등 세 부류
는 쓸 만하지 못하다고 여겼다고 썼다. 또 공민왕에 대해 이렇게 기
록했다.

> 세상을 떠나 우뚝 홀로 서 있는 사람을 얻어 인습으로 굳어진
> 폐단을 개혁하려고 했다. 그러던 즈음 신돈을 보고나서 그는 도
> 를 얻어 욕심이 적으며 또 미천한 출신인데다가 일가친척이 없
> 으므로 일을 맡기면 마음 내키는 대로 하여 눈치를 살피거나 거
> 리낄 것이 없으리라고 생각했다.(『동사강목』)

많은 사람들이 신돈을 헐뜯는 기록을 남겼으나 이런 평가를 귀
담아들을 만하다.

어쨌든 변조는 정사를 맡으면서 공민왕에게 다짐을 받았으며
공민왕은 손수 "스승과 나는 사생을 같이할 것을 부처님과 하늘에
맹세한다"는 글을 썼다. 변조는 먼저 개각을 단행하여 많은 고관을
유배 보내거나 좌천시키고 최영을 잡아 국문하면서 새 인물을 등용
했다. 그러자 기성 세력은 그를 철저하게 매도했다. 원로 이제현은
그를 두고 "흉인으로 환난을 만들 것"이라고 주장했고, 신돈은 이에
맞서 이렇게 공격을 퍼부었다.

> 유학자들은 좌주(座主) 문생(門生)이라 일컬으며 조정 안팎에서
> 서로 끌어주고 밀어준다. 그래서 자기네들 하고 싶은 대로 한
> 다. 이제현의 문생들은 세력을 넓혀 드디어 온 나라가 가득한
> 도둑이 되었다. 유학자의 해독이 이와 같다.(『고려사』 열전 이제현)

이제현 무리를 불자 도둑 대신에 유자 도둑으로 몰아붙인 것이다. 또 재상 임군보는 "변조는 본디 중입니다. 아무리 나라에 인재가 부족하다고 한들 미천한 중에게 정사를 돌보게 하여 천하에 웃음을 삽니까"라고 아뢰었다.

하지만 하급 벼슬아치들은 변조의 동조 세력으로 결집했다. 그의 행동은 신속했고 인사 개편도 일사불란하게 진행되었다. 변조는 집권한 지 석 달 만에 공민왕이 늘 불안하게 느끼던 대신들을 거의 파면·축출하고 좌주 문생의 파벌도 없애버렸으며 무장을 대표하는 최영마저 조정에서 쫓아버렸다. 변조는 김부식보다 긴 51자의 직함을 받았는데 대체로 "공신으로서의 행정 총책임을 맡고 관리의 비리를 적발하는 감찰 업무와 승려에 관련된 일과 천문과 기상과 복서를 보는 책임을 맡긴다"는 뜻이었다. 이때 공민왕의 배려로 이름을 "신돈"으로 바꾸었다. 그는 사저를 갖지 않고 남의 집에서 거처하며 조정에 나올 때에는 관복을 입고 머리를 길렀으므로 사람들은 "비승비속"이라 불렀다. 유생 출신인 이존오는 용감하게도 공민왕에게 이렇게 외쳤다.

> 전하께서 이 사람을 공경하고 백성에게 재앙이 없게 하려면 머리를 깎고 승복을 입힌 뒤 그의 관직을 빼앗고 절로 보내야 합니다.(『고려사』 열전 이존오)

공민왕은 이존오를 심문케 한 뒤 지방으로 좌천시켰다. 이 사건이 있은 뒤 아무도 함부로 신돈을 비난하고 나서지 못했다.

— 치솟는 신돈의 인기

1366년, 집권한 지 6개월 뒤 신돈은 전민변정도감(田民辨整都監)을 설치하고 불법 점거한 토지, 농장에 불법으로 소속된 노비와 부역을 도피한 양민을 찾아내어 정리하는 작업을 시작했다. 거대 사찰도 예외가 아니었다. 전국은 들끓었다. 좋아 날뛰는 사람이 있는가 하면 그 반대인 사람도 있었다. 농장주들은 벌벌 떨면서 그 귀추를 엿보았다. 토지를 빼앗겼던 중소 지주들은 자기 것을 되찾는다는 희망에, 농노들은 자유민이 된다는 기대에 부풀었다.

신돈의 인기는 송악산 높은 줄 모를 정도로 치솟았다. 많은 천민과 노비 들이 신돈을 직접 찾아와 양인이 되게 해달라고 간청했다. 신돈은 이들의 요구를 거의 들어주었으며 강제로 노비가 된 자 이외에 본래 노비였던 사람들도 양인으로 만들어주었다. 어느 종은 낭장(郎將)이 되었는데 어느 날 말을 타고 가다가 옛 상전을 만났으나 말에서 내리지 않자 상전이 채찍으로 내리쳤다. 그 낭장이 신돈을 찾아가 호소하자 신돈은 상전과 그 가족을 감옥에 가두었다.

이 사건을 두고 사람들은 "신돈이 한쪽의 주장만을 들어 바르게 가려내지 않았다"고 비난했으며 양인과 노비들은 이곳저곳 떼 지어 몰려다니며 "성인 출현했다"고 외쳤다. 이들의 처지로 보면 너무나 당연했으나 양반들은 세상이 막돼간다고 여겼다. 부녀자들이 송사하려고 신돈을 찾아가면 반드시 송사를 풀어주었다. 부녀자들은 신돈을 만나기 위해 끝없이 몰려들었다.

연복사에서 문수회를 벌일 때의 일이다. 신돈은 설법을 하다가 전 밖에 몰려 서 있는 여자들을 보았다. 그는 공민왕에게 "선남선녀들이 윗자리로 올라와 문수보살과 인연 맺기를 원합니다. 부녀자들로 하여금 전 안으로 들어와 설법을 듣게 해주십시오"라고 요청했다. 설법을 베풀 때 부녀자들은 전 바깥에 있는 것이 당시의 의례였는데 이때 처음으로 전 안에 들어와 설법을 듣는 관례를 만들었다. 설법이 끝난 뒤 신돈이 부녀자들에게 떡과 과일을 나누어주자 부녀자들은 기뻐하며 "첨의(僉議, 신돈의 직책)께서는 문수보살의 후신이십니다"라고 감격해 했다.

신돈은 자주 불사를 벌였으며 장단에 낙산사를 지어 원찰로 삼았다. 이 절을 짓고 난 뒤 연이은 흉년 끝에 풍년이 들어 공민왕을 흡족하게 했다. 공민왕은 30대 중반의 나이인데도 아들이 없자 연복사에서 문수회를 베풀어 아들 두기를 기원했다. 문수회를 베풀 때 명주로 수미산을 만들고 산을 둘러 큰 촛불을 밝혔다. 초의 굵기가 기둥만하고 높이가 한 발이나 되었다 한다. 진귀한 음식과 조화(造花)가 넘쳐흐르는 가운데 승려 300명이 범패를 부르며 산을 돌았다 한다. 이 행사에 참여한 승려가 8,000여 명이었다 하니 얼마나 많은 경비를 쏟아부었겠는가?

왕과 신돈은 이 정도의 불사를 자주 벌였다고 했으나 이것도 유학자들이 흠집을 내려 과장했을 것이다.

35

신돈의 죽음, 이단론의 등장

— 신진 사대부의 부상과 성장

공민왕은 신돈의 천거로 천희(千禧)를 국사로, 선현(禪顯)을 왕
사로 삼았다. 불교 개편을 예고하는 조치였다. 그동안 공민왕은 여
러모로 보우의 자문을 받았고 또 보우에게 선종의 구산을 통합하여
하나의 종(宗)으로 개편하게 했으나 뜻을 이루지 못했다. 사실 보우
는 불교 개혁의 의지는 있었으나 선승의 속성대로 과감하게 추진하
지는 못하는 한계를 지녔다.

천희와 선현은 신돈과 가까이 지내고 있었다. 천희는 일찍이 화
엄종에 들어 부인사, 개태사 등의 절에서 수도했으며 중국의 남쪽인
절강성에 가서 불법을 배우고 돌아온 뒤 치악산에 머무르며 정진했
다. 공민왕은 그에게 대화엄종사 선교 도총섭(都摠攝)의 직함을 주어
불교를 총괄하는 책임을 맡겼다. 아마 공민왕이 보우에게 실망했던
탓인지, 아니면 보우 스스로 사판승의 자리를 던져버렸든지 둘 중의
하나일 것이다.

선현의 내력은 자세히 알려져 있지 않으나 유학자 출신의 벼슬

아치 윤소종이 이름을 들었다고 말한 것으로 보아 명망이 있었던 것으로 보인다. 공민왕이 그를 궁궐로 불러 왕사로 추대하면서 아홉 번 절을 할 때 그는 서서 절을 받았다고 한다. 아마 산승의 기개가 남달랐던 것으로 짐작된다. 역사 기록에 이름이 자주 등장하지 않은 것은 그의 활약이 미미한 탓으로 볼 수도 있다.

두 승려는 모두 화엄종 출신이다. 선종 승려들은 그동안 무신과 협조 관계를 유지하면서 지원을 받았고 원나라에도 복종하는 분위기로 흘러 초기 결사운동의 빛이 바랬다. 선종의 참신성은 거의 찾아볼 수 없었다. 신돈은 화엄종 인물을 불교 개혁의 중심 세력으로 받들었다. 불교의 중생 구제를 『화엄경』의 보편적 평등관에서 찾으려 했던 것으로 보인다.

이런 분위기 속에서 보우는 왕사를 사퇴하고 소설암으로 들어가 은거했는데 아마 신돈의 압력에 견디지 못했던 것으로 보인다. 신돈이 그를 미워한다는 증거는 여러 가지로 나타난다. 신돈은 보우를 별 연고가 없는 속리산에 금고시켜 출입을 제한했다. 따라서 나옹 등 회암사 세력은 위축될 수밖에 없었다. 다만 천희와 선현은 신돈의 조종을 받아 독자적 행보를 별로 하지 못했던 것으로 추측된다.

신돈은 신진 유학 세력을 등장시키고 과거제도를 개선하는 정책을 추진했다. 몽골 침략 시기 불탄 성균관 건물을 복구하고 100명의 유생을 두었다. 신돈은 건물을 기공하는 자리에 나가 공자의 화상에 절을 한 후 "정성을 다해 중건하겠나이다"라고 맹세하고 나서 유생들에게 이렇게 말했다. "문성왕은 천세 만세의 스승이오. 비용을 조금 아낀다고 예전 규모대로 복원하지 못해서야 되겠소?" 이 조

298

치는 정치적으로 큰 의미가 있었다. 성리학 진흥과 개혁 정치는 맞물리는 과제였다.

공민왕은 성균관을 재건하고 나서 이색을 성균관의 총 관리자인 대사성으로, 정몽주를 교육 책임자인 박사로, 이숭인 등을 학관으로 삼았다. 이들은 비교적 온건한 유학자들이었다. 신진 유학자들은 성균관을 이끌면서 새로운 학문 기풍을 진작시키고 유생들에게 성리학을 체계 있게 교육시켜 다음 세대를 이끌 지도자로 키웠다. 종래 과거 출신의 좌주 문생이라 일컬으며 파벌을 조성하던 유생들은 배제되었다.

벼슬아치의 승진에는 순자(徇資)의 자격법을 썼다. 벼슬을 받아 오래 근무한 사람에게 연공을 인정해주고 시험을 보게 하여 먼저 승진할 수 있게 해주는 제도이다. 이 제도를 도입해 종래 어진 이를 요직에 맡긴다는 명분으로 순서를 뛰어넘어 승진시켜온 것을 막았다. 권문세가나 좌주 문생들은 이런 명분을 내세워 자신들의 동료나 자제들을 끌어주고 올려주었던 것이다. 이 조치에 대해 "옥과 돌이 섞이고 향기와 누린내의 구별이 없어졌다"고 떠들었으나 관리 승진에 일정한 준칙을 세웠다는 데 큰 의의가 있었다.

1369년에는 과거제를 개정하여 향시(鄕試), 회시(會試), 전시(殿試) 세 단계로 설정해 관리 시험을 치르게 했다. 종래 진사과, 명경과로 나누어 보던 과거제도를 전면 개편한 것이다. 향시를 통과한 응시자들을 대상으로 임금이 직접 참여하여 시험 내용을 검토하고 합격자를 뽑았다. 그동안에는 시험 담당 관리들이 감독으로 나가 부정하게 응시자를 합격시키기 일쑤였다. 이렇게 하여 좌주 문생들이 결탁하여 부정하게 합격자를 내는 폐단이 사라졌다.

이어 권문세가 공신 자제들에게 베풀었던 "음서(蔭敍)"라는 벼슬길의 특혜를 없앴다. 오직 과거를 통해서만 벼슬에 나오게 한 것이다. 과거제 개정은 기득권 세력의 팔다리를 자른 획기적 조치였으며 그런 만큼 반발도 거세게 일어났다. 하지만 신진 사대부들은 개정된 과거제를 통해 성장했다.

개혁가 신돈의 죽음

공민왕과 신돈의 개혁 정치가 6년쯤 추진될 즈음 검은 그림자가 드리워지지 시작했다. 물론 조정에는 신돈을 추종하는 인물로 꽉 들어차 있었다. 요지부동의 권력 기반을 다져놓은 듯이 보였지만 신돈 자신의 행실에 꼬투리가 잡혔다. 신돈은 여자를 너무 좋아했다. 비록 기록이 과장되기는 했으나 틈만 나면 사통했으며, 사람들이 뇌물을 주면 처음과는 달리 거두어들였다.

공민왕은 어느 신하에게 일을 맡겨 진행시키다가 그 세력이 커지면 제거해버리는 고전적 수법을 곧잘 썼다. 신돈을 죽일 때에 공민왕은 이렇게 질책했다.

네가 늘 부녀자를 가까이함은 기운을 기르려는 것이지 감히 사통하려는 것이 아니라고 했는데 지금 들으니 아이를 낳았다고 한다. 이것이 맹세한 글에 있는 것이냐? 또 성안에 좋은 집을 일곱 채나 갖고 있다는데 이 역시 맹세한 글에 있는 것이냐?(『고려사』 열전 신돈)

신돈은 공민왕의 신임이 흐려지는 따위의 궁지에 몰리자 반역을 도모했다. 공민왕이 능으로 행차하는 길가에 복병을 숨겨두었다가 죽이기로 계획을 세웠지만 실패했고, 다시 모의를 하다가 고발자에 의해 탄로났다. 공민왕은 그를 일단 수원에 유배시켰다가 이틀 만에 죽였다. 그의 두 살 난 아들도 죽었으며 그의 충실한 부하들도 제거되었다. 신돈은 잡힌 지 나흘 만에 죽었는데 공민왕은 해명할 기회를 주지 않았다. 조작의 냄새가 짙게 풍긴다. 그러면 공민왕은 그를 왜 죽였을까?

첫째, 공민왕은 신돈의 개혁 정책으로 권력과 경제 기반을 상실한 권문세가와 군사권을 쥔 무장 세력의 빗발치는 반대를 더 이상 막아낼 수 없었다. 자칫 잘못하면 왕권의 기반마저 흔들릴 위험성이 있었다. 공민왕은 그 책임을 모조리 신돈에게 덮어씌우려 했을 것이다.

둘째, 신돈이 키운 신진 유학자들이 성장하여 공민왕에게 친정 체제를 요구한 데서 직접적 계기를 찾을 수 있다. 유자의 눈으로 볼 때 신돈은 어디까지나 불교 세력이었다. 신돈은 신진 세력들이 불경처럼 받드는 성리학에 소양이 별로 없었다.

셋째, 신돈은 비록 화엄종 세력을 기반으로 불교 개혁을 이룩하려 했으나 반대로 선종 세력과는 오히려 앙숙이 되었다. 그 보기로 가장 명망을 누렸던 보우를 반대파로 만들었다. 그가 지원을 받았던 민중과 여성들은 경제적 기반이 없었으며 정치적 지원 세력이 되어주지 못했다.

넷째, 새롭게 전개되는 국제 정세와도 관련이 깊었다. 원나라는 연경에서 쫓겨나고 명나라는 정식으로 새 제국을 선포하여 중국의 실체로 떠올랐으며 공민왕은 친명 외교 노선을 추구했다. 그러면서 양면 외교를 벌였는데 신돈은 급변하는 국제 정세에 별로 관심을 기울이지 않았다. 공민왕은 새 인물로 이에 대처하려는 의도가 있었을 것이다.

과거로 되돌아간 불교계

이로써 신돈의 개혁 정책이 중단되고 공민왕은 다시 보수 세력과 손을 잡았다. 신돈에 의해 쫓겨났던 최영, 이성계 등 무장들과 이색, 백문보 등 유학자들이 대거 불려나와 다시 등용되었다. 이들이 고려 말기 역사의 주역이 되었으니 불행의 씨앗이었다. 신돈이 제거된 뒤 토지제도는 다시 문란해지고 고리대가 횡행했으며 천민과 노비들의 사회적 지위가 격하되었다.

하지만 신돈이 추진한 토지·노비정책은 뒷날 전면적 토지 개혁이 단행될 때 하나의 모델이 되었으며, 노비의 대우가 개선되는 결정적 단초를 만들었다. 또 신돈이 추진한 순자법과 과거제는 조선에 들어와서도 그대로 유지되었다. 신돈을 불교의 자비사상 또는 중생 구제의 가르침과 유학의 정치 운용 원리, 실천 도덕을 접목시킨 우리나라 최초의 개혁가라고 말한다면 무리일까?

더욱이 정치의 중심 인물이 되어 강력한 개혁을 이루고 민중의 고통을 풀려 한 실천적 승려는 우리 역사에서 그를 빼고 별로 찾아볼 수 없다. 신돈은 역사에 막된 인물로 기록되어 있다. 그가 키운 신진 사대부들은 그를 단순히 불승이라는 이유로 거부하고, 불교 세력은 선종을 탄압한 승려로 치부하여 이런 현상을 빚었던 것이다.

불교계도 과거로 돌아갔다. 그가 죽은 뒤 보우는 국사로, 나옹은 왕사로 추대되어 옛 자리로 복귀되었다. 그러나 이들은 곧 열반하여 불교 개혁에 공로를 세우지 못했으며 천희는 부석사로 들어가 말년을 보냈다. 더욱이 1388년 이성계가 위화도에서 회군하여 집권한 뒤에는 성리학자들이 정치의 주역으로 떠올라 유교 정치를 강력하게 폈다. 정도전, 조준 등에 의해 불교는 이단론에 휩싸이면서 압제를 받았다. 유자학 출신인 조인옥(趙仁沃)의 상소문을 보자.

불씨의 가르침은 청정과 과욕(寡慾)으로 세속 벗어나는 걸 종지로 삼으니 진실로 천하와 국가를 다스리는 도가 아닙니다. 근래에 여러 절의 주지들은 스승이 가르친 과욕을 돌보지 않고 토지의 도조와 노비의 고용을 부처와 중들에게 공양하지 않고 자기몸만을 살찌웁니다. 과부의 집에 출입하면서 풍속을 더럽히며 권문세가에게 뇌물을 주어 큰 이익을 낚으려 합니다. 청정하고 세속을 끊는 가르침이 어디서 실현되겠습니까? 도를 행하고 이욕이 없는 자를 가려 절에 머물게 하고 그 절 토지의 도조와 노비의 고용을 각기 수령들이 거두어 공문서에 올리고 승도의 수를 헤아려 지급케 할 것이며 주지들이 함부로 쓰지 못하게 하십시오. 무릇 인가에 유숙하는 승려는 간통의 죄로 따질 것이며 모든 부녀자들은 비록 부모의 초상을 당했더라도 절에 올라가지 못하게 하되 어기는 자는 실절(失節)한 죄로 따지고 해당 비구는 실행(失行)한 죄를 물어야 합니다. 부인으로 머리를 깎은 자는 더욱 무거운 죄를 물어야 합니다. 향리(鄕吏), 역리(驛吏) 및 공사의 노비는 비구와 비구니가 되는 것을 허가하지 말아야 합니다.(『고려사절요』 신우)

303

이 내용은 단순히 불교의 폐단만을 따진 것이 아니라 이단론의
출발을 알리는 신호였다. 여기에서 불교는 허무의 가르침이라는 말
을 앞에 깔았다. 그리하여 이론적 논쟁을 전개했고 합일사상이 유발
되었다.

제8부
불교는 이단이다

36

부처는 정신계의 주인이 아니다

___ 이색의 유불 합일사상

고려 말기 불교계에는 새로운 경향이 두드러졌다. 조정에서는 무수한 외침을 받고 정변을 겪으면서 호국불교를 지향했으며 이와 함께 기복신앙과 공덕신앙이 지배 세력과 민중들 사이에서 더욱 널리 퍼져나갔다. 인간의 길흉화복을 모두 부처에게 비는 것으로 해결하려는 신앙 형태였다. 이는 사회의 불안 심리에 따라 일어나는 현상이었지만 불교의 정신적 기본 흐름과 사회적 기능이 축소되어가고 있음이 이를 통해 드러난다.

또 정치권력을 쥔 성리학자들이 줄기차게 불교를 이단으로 몰아가는 현실 조건에서 지배 세력 사이에서도 불교계를 이탈하는 현상이 일어났다. 더욱이 우왕, 창왕이 꼭두각시가 되어 임금 노릇을 하던 1375~1389년 사이에는 국가적 불사가 거의 없는 가운데 이런 현상이 두드러졌다.

1388년 위화도회군 사건이 일어난 뒤 이성계 일파의 무장 세력과 성리학자들이 정권을 잡았는데 이때 정계의 중심 역할을 한 성리

이색 초상

학자들은 세 부류로 나눌 수 있다. 첫째는 이색 일파, 둘째는 정몽주 일파, 셋째는 정도전 일파이다. 순서대로 먼저 이색 일파의 경향을 알아보자. 이색은 정몽주, 권근, 정도전 등 많은 유학자를 길러냈다. 이색은 주자의 이론을 받아들여 "하늘과 땅은 기(氣)로 형성되었다. 사람과 사물은 기를 받아 생겨난다. 그 초자연적인 근원은 이(理)이다"라고 갈파했다. 불교의 윤회설과 신비주의를 배격하는 분위기를 깔았다.

이색은 형이상학 이론을 깊이 있게 탐구하여 많은 글을 남겼으며 실천 도덕 문제에도 큰 관심을 기울였다. 그는 오륜을 하늘이 준 보편적이고도 절대적인 인간의 규범으로 보았으며 이런 관점의 바탕에서 그의 불교관이 형성되었다. 그는 공자가 성인이듯이 부처도 성인이라 했다. 이런 양시론의 요체는, 불교의 견성(見性)은 유교의 양성(養性, 자기의 본바탕을 키우는 것)과 같다고 설파한 데서 잘 나타난다.

따라서 유교의 윤리 도덕으로 교화를 이룬 상태와 불교의 강상(綱常, 인간이 지켜야 할 기본 도리)으로 교화를 실천한 상태는 같은 것이라고 하여 유교와 불교의 가치를 모두 인정했다. 그는 한때 불교를 배척하는 소를 올린 적이 있으나 그의 본심은 아니었고 사림을 대표해서 의사를 전달하는 수준이었을 것이다. 더욱이 불교의 현실적 비리를 배격하는 주장을 중심에 두고 논리를 폈던 것이다.

이색은 1389년 남신사에서 백련회를 베풀어 제자들을 데리고 참석했다. 그는 절에 가서 부처에게 절을 하듯 성균관에 가서는 공자의 위패 앞에 절을 했다. 조박 등 젊은 성리학자들이 그의 이런 미지근한 태도를 두고 "유종(儒宗)으로서 부처에게 아첨했다"는 말로 지탄을 퍼부어 문하시중의 자리를 내놓아야 했다. 거듭 말하거니와 이색의 주장은 불승을 비난하는 데 초점이 맞추어져 있었다. 그는 "절간은 없는 데가 없으며 냇물을 경계로 하거나 산비탈에 이르기까지 토지를 가지고 있어 나라를 해치며 백성에게 해독을 끼친다"고 하면서 나라에서 불교를 지나치게 받들어 재물을 축내고 승려들이 놀고먹기만 한다고도 했던 것이다.

이색은 고려 말기의 여러 혼란을 해결하는 방법을 기존 질서 회복에 두었고 사회 모순을 해결하는 방법도 체제의 변혁보다는 개별 사항의 문제를 푸는 것으로 이해했다. 그의 이런 보수적인 경향을 두고 평가가 엇갈리고 있다. "이색은 고려 지배층의 한 사람으로서 국가 이데올로기인 불교를 긍정하지 않을 수 없었고 이를 통해 정치·사회적 특권을 유지할 수 있었다"거나 이색이 대토지 소유자여서 사전 혁파에 반대했다고 보는 것은 이해관계에 치우쳐 그를 평가하려는 시각이다. 그의 이념적 지향을 이런 관점에서 보게 되면 이해가 되지 않고 더 풀기가 어렵게 될 것이다.

아무튼 그의 유불 합일사상은 사상적으로 불교를 이단으로 몰아가지 않았음을 의미하며, 뒷시기 원천석(元天錫)의 유불선 합일사상과 함허(涵虛)의 불유(佛儒) 가치 공유론에 많은 영향을 주었다.

— 여론 주도하는 유학자들

정몽주가 성균관 박사로서 강의를 맡았을 때 이색은 성균관 대사성의 책임을 맡고 있으면서 정몽주의 강의 내용을 극구 칭찬했다. 하지만 정몽주는 이색보다 불교를 더 적극적으로 배척했다. 1390년 공양왕이 찬영(粲英, 普愚의 계통)을 왕사로 맞이하려 하자 정몽주는 다음과 같이 말하면서 부처를 믿지 말라고 건의했다.

> 유자의 도는 모두 일용 평상의 일이어서 음식이나 남녀의 문제에 있어 모두 같습니다. 지극한 이치는 여기에 있으며 요순의 도도 여기에서 벗어나지 않습니다. 동정(動靜)과 말하거나 침묵함에 있어 그 정도를 얻는 것이 요순의 도입니다. 처음부터 심히 높거나 행하기 어려운 것이 아닙니다. 저 불씨의 가르침은 그렇지 않습니다. 친척을 이별하고 남녀 관계를 끊고는 홀로 암굴에 앉아 낡은 옷과 채식만을 하면서 관공(觀空)과 적멸(寂滅)을 종지로 삼으니 어찌 평상의 도이겠습니까?(『포은집(圃隱集)』)

연달아 성석린 등이 정몽주에게 동조하여 찬영의 왕사 추대를 반대하자 상대를 공격할 발톱도 갖지 못한 공양왕은 이를 따를 수밖에 없었다. 찬영은 숭인문 앞까지 왔다가 궁궐에 들어오지도 못하고 돌아갔으니 임금이 이제 왕사도 마음대로 들이지 못하는 처지였다.

1391년 김초(金貂)가 극렬한 문투로 불교를 배척하는 글을 올리자 공양왕은 그를 처벌하려 했다. 이에 정몽주는 "유자로서 당연한 언론이다"라고 김초를 변명했다. 이처럼 정몽주는 이색과는 달

리 불교를 이단으로 보면
서 비리를 막아야 한다는
견해를 보였으나 그래도
과격하게 배척하지는 않
았다.

　김초의 불교 배척 상
소는 어떤 배경에서 나왔
을까? 다시 말하면 공양왕
은 떠밀려서 왕위에 올랐
으나 지난 임금들처럼 독
실하게 불교를 받들었다.
그는 정치적 운신이 한계
에 부딪히자 자신의 신앙
만은 양보하려 하지 않았

정몽주 초상

던 것으로 보인다. 그러자 우왕, 창왕 시대에 거의 무시되었던 불사
가 회복되는 분위기로 나아갔다. 공양왕이 절에 가서 불사를 벌이거
나 중단되었던 반승 행사를 열려고 할 때면 벼슬아치들이 일어나 중
지할 것을 요구했으며 찬영의 왕사 영입 반대도 이런 분위기에서 나
왔다. 성석린 등이 공양왕의 불사에 제동을 걸어 올린 소문의 내용
은 이러하다.

　불교는 아버지와 임금을 섬기는 도리가 없습니다. …… 이른바
　스승을 받드는 것은 그 도를 모범으로 삼는 것입니다. 부처는
　신하와 자식으로서 임금과 아버지를 배반하고 도망쳐 산속으

311

숭양서원 | 개성 선죽교 뒤쪽에 있는 서원. 개성 유수였던 남응운이 정몽주와 서경덕의 덕행을 추모하기 위해 1573년(선조 6) 정몽주가 살던 옛 집터에 지었다. 정몽주를 주향(主享)으로 두었다.

로 들어가 적멸로 즐거움을 삼았습니다. 만일 그 법을 모범으로 삼는다면 온 나라 백성들의 머리를 모두 깎고 나라 제사를 끊어야만 명분에 맞을 것입니다. 전하께서는 임금과 아버지를 섬기지 않는 자를 스승으로 삼지 말고 요순과 공자, 맹자의 도를 높여 나라를 태평케 하는 공업을 이루십시오.(『고려사절요』 공양왕)

이 주장이 이치에 맞건 맞지 않건 따질 필요도 없이 임금은 승려들을 궁중에 마음대로 들이지 못하는 판세였다. 여론 몰이의 주도권을 쥐고 있는 성균관과 사헌부 사간원은 유학자 출신의 벼슬아치들이 몽땅 차지하고 있어 불교를 옹호하는 벼슬아치들은 거의 찾아볼 수 없었다.

김초의 불교 배척 상소

이런 뒤에도 공양왕 자신은 고집스럽게 부처를 열심히 받들었다. 이 무렵 공양왕은 두 가지 큰 불사를 벌였다. 공양왕은 자신의 생일을 맞이하여 왕비와 세자를 데리고 용문산 회암사로 갔다. 그는 1,000여 명의 승려에게 반승대회를 열고 손수 향로를 들고 절을 돌았다. 또 왕비, 세자와 함께 철야로 용맹정진했다. 그리고 손수 옷감 1,200필을 내려주는 한편 연복사의 탑을 중수하게 하면서 홍복도감(弘福都監)에 보관되어 있던 옷감 2,000필을 그 경비로 내려주기도 했다.

공양왕은 자신과 세자의 위치가 불안한 가운데 기복신앙에 더욱 빠져들었으며 더욱이 홍복도감을 두어 복을 비는 불사를 전담시키는 지경에 이르렀던 것이다. 공양왕은 고려의 임금으로서 마지막으로 부처를 받든 인물이 되었다. 이런 모습은 불교 반대론자들의 심청을 더욱 건드렸다. 공양왕은 이들의 압력을 견디다 못해 부녀자들이 절에 왕래하는 것을 금지시키는 조치를 내리기도 했다. 이러한 가운데 김초가 불교를 배척하는 긴 글을 올렸던 것이다.

그는 천재지변이 일어나는 것은 정사가 바르지 못하고, 형벌이 제도에 어긋나며, 인재 등용이 적합하지 못하고, 백성의 원통과 억울함이 풀리지 않으며, 나라의 재용을 낭비하고, 괴이한 가르침을 좋아하기 때문이라고 하면서 괴이함을 좋아함은 절도를 잃고 화합을 깨뜨린다고 했다. "괴이한 가르침"은 불교를 가리킨다. 그는 이어 다음과 같은 다섯 가지 조목을 들어 불교를 지탄했다.

첫째, 그들은 '장황한 범패와 불사가 요괴를 진압한다'고 말한

313

양주 회암사지(사적 128호) | 고려시대 1328년(충숙왕 15) 원나라를 통해 들어온 인도 승려 지공이 처음 지었다고 한다. 이후 조선 전기까지 왕실과 밀접한 관계를 유지하였으며, 당대 전국 최대 규모의 사찰로 불교사상과 문화를 주도했다.

다. 그래서 궁중에서 끊임없이 향을 내려주었고 접대하는 비용이 매우 많이 들었다. 그런데도 천재지변은 없어지지 않았다.

둘째, 그들은 '내가 복을 빌어 사람들을 오래 살게 한다'고 말한다. 민중은 많은 돈을 아끼지 않고 오래 살게 빌어달라고 했으나 백 살을 산 경우도 별로 보지 못했다.

셋째, 그들은 '우리 불법이 인도하는 데 힘입어 지옥을 부수고 극락에 태어나게 한다'고 말한다. 하지만 죽어서 다시 태어난 사람이 없으니 누구도 극락과 지옥을 본 사람이 없다.

넷째, 그들은 '지리가 나쁜 곳에 절과 탑을 세워서 악기(惡氣)를 소멸한다'고 말한다. 요순시대에는 불법이 없었으니 무엇으로 이를 진압하여 태평의 다스림을 이루었던가?

다섯째, 그들은 '너의 생업을 금하고 청정 적멸을 찾으라'고 말한다. 그 무리들이 우리 백성들에게 붙어 밥을 얻어먹으면서도 부끄러움이 없으니 가소롭다.

이어 '이 도를 닦는 자들은 곡식을 먹지 않고 산에서 짐승과 같이 살아야 할 터인데 민간에 들어와서 풍속을 문란케 한다'고도 지적했다. 그는 불교의 가르침을 원리와 함께 현실 문제와 결부시켜 논단했다. 김초는 또 공양왕에게 마지막으로 이렇게 요구했다.

출가한 무리들을 몰아 본디의 직업으로 돌려보내고 오교와 양종을 없애 군사로 보충해야 합니다. 서울과 지방의 절에 딸린 노비와 재물을 그곳 관아에 나누어 소속시키고 무당을 면 지방으로 쫓아버려 서울에 살지 못하게 해야 합니다. 집집마다 가묘(家廟)를 두어 나쁜 제사를 근절해야 명분이 없는 비용을 덜고 부모의 신주를 편안케 합니다. 금령을 엄격히 세워 머리털을 깎는 자와 나쁜 제사를 지내는 자는 죽이고 용서하지 말아야 합니다.(『고려사절요』 공양왕)

강경한 조치를 내려 불교와 무속을 한 묶음으로 보아 그 비리를 근절하라고 요구한 것이다. 더욱이 그 대안으로 유교식 사당을 집집마다 세워야 한다고 주장하고 있다. 예전에 볼 수 없는 극렬한 내용이다.

37

극렬해진 불교 이단 논쟁

― 이론가 정도전과 성리학

성균관 생원 박초(朴礎)도 김초의 뒤를 이어 불교를 배척하는 내용의 글을 연달아 올렸다. 박초는 "불교는 미신에 지나지 않는다"고 극단적인 용어를 써서 배척했고 "부처는 본디 오랑캐 사람인데 중국과 언어가 같지 않았고 의복제도도 달랐으며 부부·부자·군신의 윤리를 알지 못한다"고도 했다. 두 사람은 결코 개인의 견해를 밝힌 것만이 아닐 것이며 성균관을 중심으로 한 여러 선비의 의견을 대변한 것이다. 또 그들 배후에는 조준과 정도전이 도사리고 있었다.

이색 계열인 이첨이 용감하게 '선왕의 법을 허무는 주장'이라고 지탄하면서 김초를 죽이라고 강력하게 주장했다. 숨을 죽이고 있던 공양왕이 기회가 왔다고 여겨 김초를 죽이려 했다. 그러자 정몽주가 다시 나서서 적극적으로 만류했고, 그렇게 하여 이들의 기세가 꺾일 듯했지만 이는 전초전에 지나지 않았다.

김초와 박초는 유가적 안목에서 현실 비리를 중심으로 불교를 공격했으나 아직 인식론적 접근을 시도하지는 않았다. 그럴 만한 지식도 없었을 것이다. 두 사람은 싸움패였지 이론가는 아니었다.

정도전은 원래 이색에게서 성리학을 배웠으나 유배지에서 독학하여 학문이 깊어졌다. 그는 다른 학자들과 달리 불교를 인식론적으로 접근하여 이단론을 제시한 이론가로 평생 추구한 것은 토지 개혁과 불교 배척이었다. 그 이론은 모조리 주자의 학설에 근거했다고 말해도 틀림이 없을 것이다. 이 대목에서 정도전의 이론을 이해하기 위해 주자 성리학을 원론적으로 접근해보자.

성리학은 노장(老莊)의 허무주의와 신비주의를 극복하고 불교의 현실 부정을 타파하여 현상세계의 문제를 풀고자 하는 데서 출발했다. 중국 북송의 사대부층이 먼저 이를 수용하고 양자강 주변의 중소 지주층이 여기에 호응했다. 주자(朱子)는 남송 출신으로 이들을 대변하는 이론가였다.

성리학의 이기론(理氣論)은 우주 자연의 원리와 인간 사회의 질서를 설명하는 이론이다. 우주와 만물은 초자연적인 형이상의 이(理)와 현실의 질서를 지닌 형이하의 기(氣)가 결합하여 이루어진다. 따라서 이는 완전한 선이고, 기는 선악이 뒤섞여 있다고 본다. 인간은 하늘의 이를 받아 선천적 성(性)을 갖고 후천적 기를 받아 형체를 이룬다. 본래의 성은 선하나 기를 받아서 선악이 뒤섞여 나타나므로 수양을 통해 선의 길로 나가야 한다고 주장했다. 여기에서 성과 이를 따와 성리학이라는 용어가 생겼다.

이와 기의 차별은 인간 사회에 그대로 적용될 수 있다. 사회는 지배하는 자와 지배받는 자로 이루어졌기 때문이다. 임금은 이요 신하는 기이며, 지배하는 자는 이요 지배받는 자는 기이며, 상전은 이요 노비는 기이며, 남자는 이요 여자는 기라는 논리의 성립이 가능해진다. 이런 차별적인 논리는 명분에 따라 조화를 이루어야 한다. 곧 모든 사람은 상하와 귀천의 차등을 인정하고 주어진 직분을 가지고 살아야 하는 것이다. 이것은 실천 윤리인 삼강(三綱)과 오륜(五倫)으로 집약된다.

본격적 이단 논쟁의 단서

이기론은 궁극적으로 "개에게도 불성이 있다"에서 출발하는 불교의 만물 평등관을 원천적으로 뒤흔드는 논거이다. 또 사람은 선한 공덕을 쌓아 윤회한다는 불교의 사생관을 근저부터 부정하는 것이다.

인간이 인간된 도리를 다하는 구체적인 방법으로 인간 질서의 규범인 예(禮)를 제시했는데 예에는 집안의 규범인 가례, 향촌의 규범인 향례, 나라의 규범인 국례가 있다. 이기론은 인종과 민족의 차별을 드러내는 화이관(華夷觀)에도 적용된다. 주자는 중국 민족을 화, 주변 민족을 이, 문화의 우수성을 지닌 송을 화, 문화적으로 열등한 침략자 금나라를 이로 규정했다. 화이관은 중국 전통의 관점에 성리학적 이론을 결부시켜 더욱 치밀하게 전개되었다.

화이관은 중화 민족의 우월성을 정당화하는 이론이며 따라서 혈연과 민족을 초월하는 불교의 중생관과 엄격하게 구분된다. 또 이런 원리에 따라 도교, 불교를 인륜과 도덕을 저버린 허무적멸(虛無寂滅)의 가르침이라 하여 이단으로 배척하고 유교를 정통으로 내세웠다. 이를 "벽이론(闢異論)"이라 하여 우리나라에서는 종교와 사상을 두고 처음 본격적인 이단 논쟁을 벌이는 단서가 되었다.

14세기 말 무렵 고려의 성리학은 중국의 경우처럼 지방 향리 출신의 사대부층과 농업 생산력 증대로 일어난 중소 지주층이 적극적으로 수용했다. 화이론도 원나라 등 북방 민족에게 저항하는 논리로 받아들였다. 이를 체계화하여 현실 정치에 이용한 사람은 권근과 정도전이었다.

정도전은 "이는 심과 기의 근본이다. 본디 이가 있은 뒤에 기가 있고 기가 있은 뒤에 만물이 있다. 사람도 만물이 하나로 이와 기가 합해져 발생하고 존재한다. 그러기에 이는 천지에 앞서 존재하고 이로 해서 기도 생기고 심도 생겨난다"고 『심기리편(心氣理篇)』에서 주장했다. 그는 도교는 기로만, 불교는 심으로만 모든 것을 설명하는데 이것은 이가 근본임을 모르는 그릇된 이론이라고 갈파했다.

또 모든 사람에게는 성으로, 자연에는 오행으로 구현되는 이가 사물의 발생과 소멸을 결정하고 사회의 윤리 도덕과 질서를 주관한다고 하면서 불교가 윤리 도덕을 저버린 이단이라 누구보다도 강력하게 규정했다. 그의 저서 『불씨잡변(佛氏雜辨)』은 불교를 강하게 비판하는 내용으로 가득 차 있다.

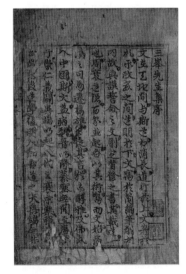

삼봉선생집 권1 (보물 제1702호) | 삼봉 정도전의 시문집.

정도전은 또 주자의 벽이론에 충실했다. 사람은 기가 모여서 태어나고 기가 흩어지면 죽는다고 하여 불교의 윤회설과 극락설을 터무니없는 것이라 설파했다. 사람의 운명은 후천적 기질의 차이에서 결정되는 것이지 부처의 의사에 따라 규정되는 것이 아니고 복을 빈다고 하여 복을 받는 것이 아니라고도 했다. 정도전의 이런 이론은 주자의 틀에서 한 치도 벗어나지 않았다. 그에게 주자는 흠잡을 데 없는 완전한 인간으로 비쳤다.

이런 이단론이 옳든 그르든 정치적 대세는 성리학자 출신의 손으로 넘어갔으니 불교는 필연적으로 이에 규제를 받아야 했다. 그 대표적 사례가 토지제도 개혁에 따라 이루어진 사원전의 혁파와 축소이다. 1390년 9월 사전의 모든 토지 문서를 개경 거리에 내놓고 불태운 것을 계기로 일대 토지 개혁이 단행되었다. 여기에는 말할 나위도 없이 사원전도 포함되어 있었다. 이 대목에서 다시 사원전의 형성 과정을 간단히 정리해보자.

― 사원전의 혁파와 축소

사원전은 국왕이나 귀족 그리고 일반 신도들이 희사한 시납전(施納田)과 국가에서 공식적으로 떼어주어 국가 대신 조세를 받는 수조지(收租地)로 형성되었다. 또 승려들이 스스로 일구거나 매입한 토지도 포함된다. 고려 시기, 경종이 토지 1,000경(頃)을 보원사에, 성종이 토지 1,050경을 장안사에 시납한 이래 하나의 관례가 되어 때때로 절에 토지를 내려주었다. 그리하여 고려 말기에는 사원 소속의 장(莊)과 처(處)가 전국에 널려 있었다. 장과 처는 일반 군현 아래 형성된 사원 소속의 마을이었는데 그 수조권이 절에 있었던 것이다. 이들 토지 경계에 여러 개의 장생표를 세워 지배 범위를 나타냈다.

사원전에는 면세의 특혜가 있었다. 쉽게 말해 사원 재산에는 조세를 물리지 않았다. 또 일반 장정의 경우에는 무보수로 국가 노역에 동원되는 부역의 의무가 있었는데 승려에게는 이것이 면제되어 있었다. 이런 특권을 노려 일반 농민들이 절에 토지 명의를 기탁하고 위의 두 가지 혜택을 누렸는데 이들을 "수원승도"라 불렀다. 흔히 수원승도를 "비승비속(非僧非俗)"이라 했다. 다시 말해 수원승도는 위장 승려였다. 고려 말기 승려의 숫자는 이들을 포함해 장정 3분의 1쯤을 헤아렸다고 한다. 승려의 숫자가 늘수록 특권을 받는 사람이 많아져 국가 재정을 압박했다.

사원전 소속의 전체 토지는 10만 결쯤 되었던 것으로 추정되며 이는 고려 전체 토지 62만 결의 6분의 1에 해당한다. 오늘날의 종교 단체 관념으로 보면 엄청난 규모이다. 물론 사원전도 국가 소유가 아니었으므로 사전(私田)에 포함된다. 고려 후기로 내려오면서 사원전이 확대될수록 국가 재정은 그와 비례해서 축소되었다. 이를 혁파하거나 축소하는 길은 정상적 방법으로는 이루어낼 수 없을 것이다. 비상 수단을 쓸 수밖에 없었다.

조준을 중심으로 한 토지 개혁가들은 전체 토지를 국가 수조지로 만들고 벼슬아치들에게 보수로 수조권을 주는 과전법(科田法)의 시행을 주장했다. 이 토지 개혁이 관철되어 사원전의 수조권은 축소되었는데 적어도 10분의 1 정도인 것으로 추정된다. 처음 토지 개혁이 이루어진 때인 1390년부터 30년쯤 지난 세종 때 사원전의 수조지는 1만여 결 정도 헤아렸으니 그 축소의 정도를 짐작할 만할 것이다. 적어도 역사적 관점에서 평가할 때 불교계는 새로운 시대를 맞이해 변화를 모색하여야 했다. 그런데도 불교계는 스스로 역사의 소명의식을 가지고 개혁을 이룩하지 못해 역사의 진보 대열에서 한발 처졌다.

아무튼 관련 사료에는 사원전이 축소될 때 불교계의 저항이 별로 없었던 것으로 나타난다. 아마도 이성계 일파와 성리학자 출신의 벼슬아치들이 강력한 군사력과 정치권력을 기반으로 추진한 결과로 보인다. 불교의 거대 가람은 가장 큰 세력권의 하나였는데도 조직적 대응이 없었던 것이다. 어쩌면 대세에 곱게 순응했을 수도 있다.

사원전이 혁파 또는 축소되면서 고려불교의 세속적 권위와 위세는 해소되어갔다. 더욱이 사원 경제는 귀족들까지 뛰어들어 주물러대는 이권이었다. 장과 처를 통해 많은 수원승도와 외거 노비를 거느리고 있던 큰 사찰은 경제적 지배권을 상실해가고 있었다. 또 임금이 왕사도 추대하지 못하는 현실 조건에서 토지의 시납이 계속 이루어질 수가 없었다. 바로 이단 논쟁은 불교의 쇠락과 맞물려 돌아갔던 것이다.

이런 과정을 걷다가 1392년 마침내 조선이 건국되어 유교를 국가 이념 또는 통치 이데올로기로 내세웠다. 그리하여 불교는 삼국시대 이후 정신계와 신앙계에서 중심 위치를 누려오다가 국외(局外)로 비켜나게 되었다. 이제 불교가 압제를 받는 조건에서 민중 중심의 신앙이 그 주류를 이루었다.

38

고려불교가 길들인 생활문화

__ 차문화의 보급

고려불교를 마지막으로 살피면서 고려 사람들의 생활문화에 불교가 어떤 영향을 끼쳤는지 알아둘 필요가 있다. 앞에서 불교의 건축, 미술 등의 분야를 살펴본 대로 생활문화와 관련되는 내용은 아주 다양하다. 그중 주요 사항 몇 가지를 들어보기로 한다.

첫째는 차문화의 보급이다. 산사의 선실에서 참선에 정진하던 승려들이 조용히 뜨락을 바라보면서 차를 마시는 모습은 고려 시기 흔히 보이던 풍경이다.

차는 선승들이 주로 마셨는데 신라 때 당나라에서 전래된 것으로 알려져 있다. 그러나 귀족들에게만 유행했고 때로 부처님께 공양하는 경우도 있었으며 더러 낭도들이 음다(飮茶)하는 풍습도 있었다고 한다.

그러다 고려에 들어 궁중에서 차를 마시는 풍습이 생겼다. 성종이 공덕재를 베풀고 스스로 차를 달여 부처님에게 공양한 일은 유명한 이야기다. 그리하여 궁중에는 차를 관리하는 다방(茶房)을 두었다. 부처에게 차를 공양하면서 수양의 한 방법으로 다도를 익혔던 것이다. 『통도사사적약록(通度寺事跡略錄)』에는 이런 기록이 있다. 통도사는 사방에 경계를 표시하는 장생표를 세워두었는데 그 북쪽 동을산 다촌(茶村)이 본사에 차를 바치는 곳이라 했다. 이런 사실을 설명하고서 "절에 차를 바치던 밭과 차를 끓이는 물을 공급하던 샘이 오늘날까지 남아 있어 뒷사람들이 다소촌(茶所村)이라 불렀다"고 덧붙였다. 그 시기는 고려 중기였던 것으로 보인다. 다소촌이 통도사에만 있었던 것은 아니었다. 송광사에서 공급한 '조계산차'는 명품으로 꼽혔다.

절에서 다도가 유행하자 궁중에서 이를 본받았던 것이며, 그리하여 궁중의 크고 작은 예식에는 어김없이 차를 올렸다. 불교를 숭상하면서 술 대신 차를 썼던 것이다. 따라서 자체 생산도 했거니와 송나라에서 수입해오기도 했다. 『계림유사(鷄林類事)』에는 "고려 때는 차를 다라고 한다"고 적었는데 "다"는 중국 음, "차"는 우리 음이라 보기도 한다.

또 송나라 사신인 서긍이 『고려도경(高麗圖經)』에서 고려의 차를 소개했다. 그리고 "근래에 자못 차 마시기를 즐겨하며 더욱 다구(茶具)를 꾸몄는데 금화오잔(金花烏盞, 황금으로 꾸민 검은 잔)과 비색소구(翡色小甌, 청자 빛의 작은 항아리)와 은으로 만든 화로와 작은 솥이 모두 중국 만듦새를 본받았다"고 기록했다. 다구와 차 끓이는 방법이 계발되었음을 알려준다. 다도는 처음 궁중과 절, 귀족들에게서 유행하여 차츰 대중에게로 번져갔다. 조선시대에 들어 절 이외의 장소에서 다도가 쇠퇴한 것은 모든 의식에 술을 쓰는 유교문화의 영향을 받은 탓일 것이다.

둘째, 고려불교는 종이 제조와 인쇄 기술의 발달에 크게 기여했
다. 절에서는 무수한 불경을 베끼고 인쇄하여 반포했다. 그 반포 대
상은 절을 비롯하여 궁중과 귀족 그리고 일반 신도였다. 고려 서적
의 80퍼센트 이상이 절간에서 간행되었을 것으로 추정되며 이는 국
가 기구인 장경도감에서 간행하는 책들과 구별된다. 절간에서 간행
한 책은 간단한 『천수경』에서부터 일상의식에 필요한 것과 개인 문
집들이다.

　이렇게 많은 책들을 간행하려면 종이의 수요가 많을 수밖에 없
었다. 국가에서는 지장(紙匠)을 두어 국가 소용의 종이를 생산·공급
했으나 절에까지 원활하게 공급할 수 없었다. 결국 절에서는 소용되
는 종이를 독자적으로 생산했다. 절에 딸린 종이 기술자는 승려도
있었으나 노비들이 주로 담당했을 것으로 보인다. 그런 탓으로 절은
민간 종이 생산자로 명맥을 이었고 이런 전통은 조선시대에도 이어
져 종이 공급에 한몫을 담당했다.

셋째, 고려불교는 관상을 유행시키는 일에 한몫 거들었다. 상법 (相法)은 세계적으로 널리 퍼져 있었고 중국에서는 고대 주나라 때부터 도가들이 이를 유행시켰다 한다. 그런데 정작 상법의 체계를 세운 사람은 인도의 남천축국에서 온 달마(達磨)였다고 한다. 달마는 중국에 건너와 숭산 소림사에서 9년 면벽을 한 뒤에 많은 제자를 길러냈다. 그러면서 사람의 관상을 보는 법을 적어 돌렸는데 이를 『달마상법』이라 불렀다. 그 뒤 마의(麻衣)라는 도사가 여러 가지 상법을 종합하여 『마의상법』을 만들어냈다.

이 두 책이 관상을 보는 기본 서적이었다. 『달마상법』은 얼굴을 중심으로 사람의 운명을 보는 데 중점을 두었다. 곧 삼재(三才)인 이마, 코, 턱을 중심으로 사람의 화복을 말하는 2분법으로 풀이했다. 또 사람의 모습을 부처의 32호상(好相)을 중심으로 설명하면서 길고 살이 두툼한 부처의 귀를 매우 중시했다. 중국에서도 관상은 한동안 승려와 도사가 전담했으니 이들은 시쳇말로 하면 '아마추어 관상가' 였다.

우리나라에는 불교의 전래와 거의 때를 같이 하여 『달마상법』이 들어와 널리 퍼졌으며 백제에서는 이 책을 일본에 전해주었다고 한다. 다음 고려 때 『마의상법』이 널리 퍼져 유행을 탔다. 고려 말기에 살았던 보우는 관상의 대가였는데 그의 제자들이 맥을 이어 다섯 파로 갈라졌다 한다. 보우는 외전(外傳)에 밝았던 것이다.

아무튼 승려들은 신도들만이 아니라 때때로 여느 사람들에게도 관상을 보아주었는데 이는 당시 승려들이 마을에서 기층민과 접촉하며 관상을 불교 전파의 수단으로 활용했음을 알려준다. 대중은 삶의 과정에서 재난을 겪으며 이것이 어떤 운명으로 결말 나는지를 알고 싶어 했다. 예언자처럼 이를 풀어주는 것도 대중을 불교로 유도하는 한 방법이었던 것이다. 이와 함께 사주를 봐주기도 하고, 점을 쳐주기도 하며, 택일을 해주기도 했다.

이는 불교의 기복신앙과 결부되어 유행을 탔으며 무속과도 깊은 연관이 있었다. 대중은 기복불교와 밀착되어 있었다. 포교승들은 '무당'이 하는 일을 대행해주지 않으면 '단골'을 빼앗기는 처지에 내몰릴 것이다. 포교승들은 농촌 지식인 그룹이어서 대중의 이런 욕구를 무시할 수 없었다. 조선시대에 들어 승려들이 압제를 받으면서 이런 행위가 더욱 성했는데 아마도 이것이 대중과 밀착되는 매개가 되었을 것이다.

_ 음식과 제례문화

넷째, 고려불교는 음식문화에 영향을 끼쳤다. 고대 조선에는 육식에 관한 금기가 없었다. 농경 사회는 물론 곡식과 채소가 식사의 기본이었지만 육식이 함께 곁들여졌다. 삼국시대에 우경(牛耕)이 널리 보급되면서 소를 도살하지 않는 풍습이 있었으나 소고기가 금기 식품은 아니었다. 그리하여 소고기보다 닭·개·돼지 등 가축을 육식용으로 길렀다.

삼국시대에도 도살금지령이 자주 내려졌으며 그 뒤에도 이런 국가정책은 변함없이 이어졌는데 그 주된 목적은 소를 보호하려는 데 있었다. 그런데 불교가 널리 전파된 뒤 그 금지령의 목적이 차츰 달라진 경우가 많다. 백제는 599년(법왕 1)에 살생을 금지시키고 민가에서 기르는 매와 앵무새를 거두어 방생하였으며 고기잡이 도구와 사냥 도구를 모조리 불태운 적이 있었다. 당시 법왕은 불교를 독신했던 것으로 보이는데 부처의 가르침을 따라 내린 금령이었다.

신라도 세속오계에서 확인할 수 있듯이 '살생을 하지 말라'는 부처의 가르침에 따라 살생유택의 원칙을 제시하고 가끔 살생금지령을 내렸다. 살생유택의 원칙은 전쟁에서만 적용되는 것이 아니었다. 또 짐승을 잡는 날과 고기를 먹는 날을 지정하여 백성들이 지키도록 유도했다. 이는 간접적 방생의 한 방법이었다.

고려에 들어서는 자주 도살금지령을 내렸다. 이것은 소를 보호하자는 취지보다 살생을 금지하는 가르침에 더 중심을 둔 국가정책 때문에 발동된 것이다. 서긍은 이렇게 적었다.

> 오랑캐(고려)의 정치는 매우 어질다. 부처를 좋아하고 죽이는 것을 경계한다. 국왕과 대신이 아니고는 양고기와 돼지고기를 먹지 않으며 잡는 것도 즐기지 않는다. 오직 사신이 오면 기르던 가축을 잡아 대접한다.(『고려도경』)

고려의 음식을 불교의 가르침과 결부시켜 말했다. 그리고 서민들은 짐승을 잡거나 요리하는 방법이 서툴고 해산물을 즐겨 먹었다고 기술했다. 여기서 임금과 귀족들은 고기를 상용하는 것처럼 썼는데 임금에 따라 조금 차이가 났을 것이다. 중기에 살았던 인종은 "나의 어진 마음이 새와 짐승에까지 미쳐야 한다. 그러므로 이제부터 고기반찬을 차리지 말라"고 지시하고 이를 따르라고 분부하기도 했다. 또 임금들은 재를 올리거나 법회를 열 때 고기를 먹지 않았다.

고려의 이런 모습은 바로 백성들에게 전달되어 농경 사회의 특징에서 한 걸음 나아가 불교적인 채식 위주의 식생활과 된장, 두부 그리고 기름, 꿀을 친 음식의 발달을 가져왔다. 또 육류보다 해산물을 더 섭취하는 경향으로도 흘렀다. 유교문화가 수용되어 생활을 지배하면서 제사에 술과 고기를 빼지 않고 올렸는데 이것이 다시 식문화의 변화를 가져왔다.

　　다섯째, 고려불교는 제례문화에 가장 큰 영향을 끼쳤다. 고려의 서민들은 사람이 죽으면 어김없이 불교의식에 따라 화장을 했다. 지금도 고려시대에 조성된 많은 부도가 있으나 이는 화장해 얻은 사리가 나온 고승들의 것이다. 승려는 말할 나위도 없거니와 벼슬아치들과 서민들은 거의 화장한 뒤에 그 가루를 산과 들에 뿌렸다. 그리고 영가를 절에 두고 49재를 지낸 뒤 100일 만에 탈상했다. 다만 조상을 위해 제사를 지내는 대신 틈틈이 불공을 올렸다. 그런 결과 고려시대에는 서민들의 공동묘지가 없었다. 이런 의식은 양택 풍수가 발

허재 석관 | 고려 중기 관료 허재(許載)의 석관. 고려 석관은 당시 경제적으로 여유 있는 계층에서 불교식으로 화장한 유골을 갈무리해 묻던 장골 용기의 일종이다.

복설(發福說)과 결부되어 음택 풍수로 전환되며 달라지기 시작했다.

이런 장례·제례문화가 고려 말기까지 정착되었는데 유학자들은 이런 풍습을 두고 금수의 짓이라고 지탄했다. 정도전은 이렇게 적었다.

여우와 수달도 보본(報本)을 아는데 지금 사대부들은 살아 계신 부모를 봉양하는 일은 두터이 하면서 죽은 선조의 제사는 소홀히 하니 매우 옳지 못하다. 무릇 죽은 이를 섬기는 예는 살아 있는 이보다 두터워야 한다.(『조선경국전』)

그리하여 화장을 법으로 금지시키고 분묘를 권장하면서 이를 어기는 자에게는 처벌을 내렸다. 그리고 제례의식을 정했는데 집집마다 가묘를 세워 조상의 신주를 받들게 하고 벼슬이 판대부 이상인 자는 증조부까지, 그 아래 6품 이상인 자는 조부모까지, 7품 이하와 일반 서민은 부모에게만 제사를 지내게 했다. 또 초상이 났을 때 100일 탈상을 금지하고 3년상을 치르게 했다. 100일 탈상은 특별히 군관(軍官)에게만 허락했는데 오랫동안 자리를 비워두게 하지 않으려는 공리적 의도에서 나왔을 것이다.

또 나라에서는 가묘를 세워 조상을 받드는 벼슬아치에게 상을 내리고 부모가 죽어 3년 동안 시묘(侍墓)하는 사람을 표창했다. 그래도 잘 따르지 않자, 어느 퇴직한 벼슬아치가 가묘를 세우고 제사를 받드는 사실이 알려지자 효자비를 세워 장려하고 조세를 면제해준 사례도 있었다.

고려시대에 불교와 관련되어 만들어진 생활문화는 조선시대에 들어와 유교 생활문화에 따라 변질되기도 했으나 쉽게 없어지지 않아 오늘날에도 그대로 이어져온 경우가 많다.

39
무학과 이성계의 만남

유교에서는 임금은 천명(天命)을 받았다고 말한다. 곧 "임금은 하늘이 내고 하늘의 뜻에 따라 사람과 만물을 다스린다"는 것이다. 이를 "천명사상"이라고 말한다. 이성계는 성리학자들의 도움을 받아 새 왕조를 열었고 사회지도층인 유림들이 성리학으로 기우는 풍토도 잘 알고 있었다. 그래서 천명사상이 '왕즉불' 이념보다 권력의 기반을 다지는 데 훨씬 효과적이라 인정했다. 이성계(태조)가 즉위한 지 사흘 뒤 사헌부에서 시정(時政)에 관한 10가지 조목을 올렸는데 "불교가 우리나라에 전래된 뒤 높다란 절간이 곳곳에 들어서고 가사를 입고 머리를 깎는 자들이 온 나라에 가득 널려 있다"고 지탄하며 다음과 같이 건의했다.

불교에서는 본래 깨끗하고 욕심이 적은 것을 주장하니 이를 믿는 자들이 멀리 산속으로 들어가서 나물을 뜯어먹고 물을 마시며 정신을 수양해야 합니다. 그런데 지금 여염 사람들과 섞여

332

살면서 고상한 말과 교묘한 이치로 선비들을 현혹시키며 살아서 지은 죄는 죽어서 받는다는 말로 어리석은 백성들을 겁줍니다. 그들은 세상 사람들을 끌어들여 빠져나가지 못하게 만들어놓고 자신들은 좋은 말을 타고 좋은 옷을 입고 다니며 돈을 모으고 여색을 탐내는 따위 온갖 나쁜 짓을 저지릅니다. 나라를 좀먹고 백성을 해치는 것이 이보다 더함이 없습니다. 중을 모아놓고 학식과 행실을 따져 자격이 있는 중은 자기들이 하고 싶은 대로 맡겨둘 것이로되 나머지는 머리를 기르고 마땅한 일에 종사하도록 하시기 바랍니다.(『태조실록』 즉위년)

이는 이단 논쟁과는 달리 승려들의 현실적 비리를 중심으로 그 시정책을 건의한 것이다. 태조는 10가지 조목 가운데 다른 건의 사항은 다 받아들이면서 내시를 멀리하고 승려를 정리하라는 조항만은 보류했다. 하지만 벼슬아치들의 요구는 끈질겼다. 1392년 배극렴, 조준 등 건국 공신들이 승려의 허가제를 건의했다. 출가하려는 사람은 양반집 장정일 경우 오승포 100필, 평민 장정은 150필, 천인은 200필을 자신이 사는 관가에 내고 허가증을 받게 하라는 것이었다. 이에 태조는 마지못해 도첩제(度牒制) 시행을 결정했다. 이는 불교 억제책으로 군역과 부역을 지지 않는 승려의 특권을 막는 조치였다. 이어 승려들이 절을 짓고 불경을 찍으면서 관에 비용을 물리는 폐단도 금지시켰다.

당시 승려의 수는 상상하기 힘들 정도로 많았으며 그들 3분의 2 정도가 부역에 나갈 수 있는 장정이었으니 국가로 볼 때 엄청난 손실이었다. 더욱이 1388년 사전 혁파를 단행하면서 토지와 노비를 몰수했는데도 엄청난 재부가 남아 있었다. 조선이 건국될 즈음 사찰 소유 토지는 4~5만 결 정도였고 거기에 딸린 노비는 10만 명을 헤아렸다.

어쨌든 사찰과 승려들이 토지를 몰수당하고 이어 이런 특권마저 박탈당하자 사회적 지위와 개인 생활은 급속히 몰락해갔다. 그들은 여러 가지 기술을 익혀 벼슬아치들의 집 짓는 일이나 관가의 물품을 만드는 일, 심지어 성을 쌓거나 도로를 건설하는 일에 동원되었다. 그나마 불려가 일을 해주면 옷과 먹거리를 얻을 수 있어 다행으로 여길 지경이었다. 더욱이 한양 천도 공사를 벌일 때에는 승려 수천 명이 강제로 동원되어 일반 노역자와 함께 고된 노역에 내몰렸다. 이 무렵 궁중의 공식 불교 행사를 중지하고 승려의 도성 출입도 금지했다. 이는 승려들의 궁중 출입과 통행의 자유를 막은 조치였다.

하지만 태조의 개인 신앙은 달랐다. 그는 끊임없이 반대를 무릅쓰고 불교 행사를 벌이려 노력했다. 무엇보다 태조의 불교관을 알 수 있는 가장 주목되는 행동은 무학(無學)을 왕사로 추대한 일이었다. 태조는 임금이 국사, 왕사를 추대하는 고려의 관례를 그대로 고수하여 이 시책만은 꺾지 않았다.

지공·나옹·무학의 새 선풍

무학의 불명은 자초(自超), 합천 평민 출신으로 묘향산, 금강산 등지에서 수도했다. 그는 촉망받던 승려로 1353년(공민왕 2) 북경에 가서 지공을 만났다. 지공은 인도 승려로 서역을 거쳐 북경에 와서 불법을 펴고 있었는데, 중국의 임제선(臨濟禪)과 선풍을 달리했다. 지공은 고려로 와서 금강산에서 수도했고 1328년(충숙왕 15) 양주의 회암사를 창건했다 한다. 승려로 지공을 만나 선풍을 익힌 사람 가운데 먼저 나옹을 꼽을 수 있다. 나옹과 지공은 만나자마자 선문답을 한 뒤 도반이 되었고 사제 관계를 맺었다. 나옹은 귀국하여 공민왕의 왕사로서 고려 말기 선사상의 새 바람을 일으켰다.

무학은 나옹의 제자가 되어 몇 년 동안 함께 지냈으며 나옹은 그에게 의발을 전수했다. 1364년 나옹이 회암사를 다시 창건하면서 그를 불러 수좌로 삼았다. 나옹이 열반한 뒤 무학은 여러 곳을 떠돌며 용맹정진했는데 아마 이 무렵 안변 등지에서 이성계를 만났던 것으로 추정된다. 이성계와 무학에 얽힌 일화 한 토막을 보자.

이성계는 젊은 시절 꿈을 꾸었다 한다. 자신이 곧 쓰러질 듯한 낡은 집에 들어가 서까래 세 개를 등에 지고 나왔으며 꽃이 떨어지고 거울이 깨지는 꿈이었다. 또 갑자기 여러 집의 닭들이 일제히 울

양주 회암사지 무학대사탑(보물 제388호)

통도사삼화상진영(경남 유형문화재 제277호) | 가운데 승려 지공을 중심으로 향 우측에 나옹, 향 좌측에 무학의 모습을 그렸다.

어대는 꿈도 꾸었다 한다. 큰 야망을 가진 이성계는 꿈이 불길하다고 여겨 안변 설봉산 아래 토굴에 살고 있는 무학을 찾아가 해몽을 부탁했다 한다. 무학은 오히려 축하하며 이렇게 말했다.

> 등에 세 개의 서까래를 진 모습은 왕(王)을 형상합니다. 꽃이 떨어지면 열매를 맺고 거울이 깨지면 소리를 냅니다. 닭이 울 때 '꼬끼오'라고 함은 고귀위(高貴位)와 비슷합니다.(『연려실기술』 태조 고사본말)

"고귀위"는 높고 귀한 지위에 오른다는 뜻이다. 무학은 이성계의 꿈이 새 왕조가 열릴 징조라고 풀이한 것이다. 이성계는 이 풀이를 듣고 기뻐해 마지않았다. 이성계가 새 왕조를 연 뒤 무학이 머물

일제강점기 당시 석왕사 | 조선 태조와 승려 무학의 이야기가 서려 있던 석왕사. 이 절은 한국전쟁 당시 대웅전 등이 소실되어, 현재 호지문, 조계문 등 몇 동의 건물만 남아 있다.

던 토굴 터에 절을 지어 "임금이 될 꿈을 풀이해주었다"는 뜻을 따서 "석왕사(釋王寺)"라 불렀다. 이 일화는 조작일 테지만 이를 통해 대중의 정서를 만들어내는 데 한 역할을 했을 것이고 그 이미지 조작이 무학의 이름을 빌려 이루어졌다는 데 의미가 주어짐직하다. 불교도의 인심을 끌어모으는 데 아주 좋은 빌미가 되었을 것이다. 이성계 일파는 다른 비기를 이용해 이씨(李氏)가 임금이 된다는 '목자위왕(木子爲王)'의 말을 퍼뜨린 적도 있었다.

아무튼 무학의 명성이 온 나라에 퍼져 공양왕이 그를 왕사로 삼았으나 끝내 사퇴하고 나타나지 않았다. 이로 보면 그는 정치 감각이 뛰어난 인물인 것 같다. 이성계가 새 임금이 되어 무학을 선교 도총섭으로 추대하고 왕사로 삼았다. 그는 회암사에 주석하면서 새 왕조를 도왔다. 지공, 나옹, 무학으로 이어지는 새로운 선풍은 고려 선종과 맥을 달리한다.

또 회암사는 새 왕조 아래에서 불교의 중심지가 되었다. 두 사람이 다시 만난 시기는 새 왕조가 들어선 지 1년쯤 뒤였다. 이 무렵 회암사에서 전염병이 돌았는데 무학은 그곳에서 나와 연복사에서 벌이는 문수회에 참석하여 설법한 뒤 공산의 불국장에 머물렀다. 태조는 그를 불러 개경의 광명사에 머물게 했다. 이때 불자들이 무학을 만나기 위해 날마다 몇백 명씩 몰려들었다고 한다. 그 뒤 무학은 태조와 함께 계룡산, 한양 등지를 돌아다니며 새 도읍지를 물색했다.

― 한양 천도의 전말

도읍지를 개경에서 한양으로 옮길 때 민간에서는 이와 관련된 숱한 이야기가 떠돌았다. 무엇보다 태조와 무학에 얽힌 이야기가 많다. 태조는 경기도, 황해도, 평안도 관찰사들에게 행방이 묘연한 무학을 찾아오라고 지시했다. 그들은 어렵사리 무학을 곡산의 고달산 초막에서 찾아 태조에게 데려왔다. 태조는 그에게 도읍을 정할 땅으로 어느 곳이 좋을지 찾아달라고 당부했다. 이에 얽힌 이야기는 대체로 세 가지가 전해진다.

첫 번째 이야기. 무학이 새 도읍지를 찾아 온 나라를 돌아다니다가 어느 곳에 이르러 지세를 살펴보니 도읍지로 알맞겠다는 생각이 들었다. 그가 천천히 주변 지리를 살펴보고 있는데 밭을 갈고 있던 농부가 소를 꾸짖으며 "이려, 이놈의 소야. 미련하기가 무학 같구나!" 했다. 무학이 깜짝 놀라 농부에게 공손하게 묻자 농부는 10리쯤 더 가야 명당이 있다고 대답해주었다. 그 말대로 10리를 더 가니 훌륭한 명당자리가 있었다. 이 농부는 도선의 화신이고, 이 명당이 경복궁 터이며, 농부가 밭을 갈던 곳은 왕십리였다 한다.

두 번째 이야기. 무학이 한양 근방에 이르러 도봉산 백운대에서 시작, 맥을 찾아 북한산 줄기에 있는 비봉(碑峰)까지 이르렀는데 그곳에 돌비 한 개가 세워져 있었다. 그 비에 "무학이 길을 잘못 찾아 여기에 이를 것이다[無學誤尋到此]"라는 글귀가 쓰어 있었다. 무학이 이를 보고 발길을 돌려 똑바로 정남맥(正南脈)을 따라 백악(白岳) 아래에 이르러 세 산줄기가 하나로 모인 곳을 궁궐터로 잡았다 한다.

세 번째 이야기. 무학이 태조, 정도전과 함께 한양에 이르러 인왕산을 뒤의 진산으로 삼아 백악이 좌청룡, 남산이 우백호가 되어야 한다고 말했다. 옆에 섰던 정도전이 임금은 모두 남쪽을 바라보며 나라를 다스리지 동쪽을 향했다는 말은 듣지 못했다고 반대 의견을 냈다. 무학이 태조에게 "내 말을 따르지 않으면 200년에 걸쳐 거듭 후회하게 될 것입니다. 예전에 의명대사가 한양에 도읍(남경)을 정할 때 정씨 성을 가진 사람이 시비를 걸면 5대를 지나지 못하고 왕위를 빼앗기는 화가 일어날 것이요 200년 만에 온 나라에 분탕질이 일어나리라"고 말했다 한다.

『연려실기술』등에 소개된 이 세 가지 이야기는 모두 사실과 다르다. 순전히 정도전에 얽힌 정치적 분란과 풍수설, 비기 등을 빌려 사람들을 현혹시키고 꾸며낸 이야기에 지나지 않는다. 비봉의 돌비는 신라 임금인 진흥왕의 순수비였는데 한동안 무학대사비로 잘못 알려진 적이 있다. 실록 등 관계 기록에 따르면 한양 천도는 태조의 강력한 추진과 정도전의 적극적 협조로 결실을 본 것이다. 무학은 이 과정에서 조연급 역할을 했을 뿐이다. 태조는 즉위 다음 해 성석린 등 몇몇 신하를 데리고 계룡산으로 떠나면서 도중에 회암사에 있는 무학을 불러 동행했다. 태조가 높은 곳에 올라 도읍지로 어떻겠느냐고 묻자 무학은 잘 알지 못하겠다고 대답했다.

하륜이 계룡산은 남쪽에 치우쳐 있어서 도읍지로 마땅치 않다고 말하고 모악산 남쪽(신촌 일대)이 좋다고 건의했으며, 권중화는 모악산 남쪽이 좁다고 반대했다. 태조는 예전 고려의 이궁이 있던 한양을 돌아보고 확신에 차서 무학의 의견을 물으니 무학은 "이곳은 주변의 산이 높으며 가운데가 평평하고 넓어서 도읍지가 될 수 있습니다. 그러나 여러 사람의 의견에 따라 결정해야 할 것입니다"라는 의견을 말했다. 이것이 『태조실록』에 상세히 적혀 있는 천도의 전말이다. 다만 무학은 이성계와 동행하면서 말벗이 되어주었을 뿐이다. 이성계는 무학을 때로는 벗으로 때로는 자문으로 삼아 정치적으로 이용했고, 무학은 태조에게 불교신앙심을 키워 불교 탄압을 누그러뜨리려 했던 것이다. 무학은 저술을 거의 남기지 않았으며 불교 개혁책을 내놓지도 않았다. 그러나 온건하고 타협적인 자세로 조선 건국에 협조하여 벼슬아치들에게서도 지탄을 받지 않았으며 민중의 우상으로 우러름을 받았다. 그러니 무학을 어용승으로 보기보다 조선불교에 도움을 준 역할을 한 인물로 평가함이 옳을 것이다.

제9부
불교정책의 이중성

40

궁중불교와 유불선 합일사상

─ 태조의 불교신앙

태조는 귀여워하는 왕비 강씨가 열심히 부처를 받드는 것과 궁녀들이 절에 드나드는 걸 말리지 않았다. 자신도 자주 문수법회에 참석했으며 더러 반승대회를 열기도 했다. 다만 빈도와 규모가 고려 임금들에 비해 줄었을 뿐이다. 태조는 강화도 선원사에 보관되어 있는 대장경판을 2,000여 명을 동원해 한강을 통해 실어와 서울 지천사에 보관케 했으며 뒤에 합천 해인사로 옮기게 했다. 태조는 이 대장경판 보존에 남다른 관심을 보여 막대한 경비를 들여 옮겨놓았던 것이다. 1392년 3월에는 승려들이 불경을 외우면서 성안을 돌아다니는 불경돌이의 부활을 지시하기도 했다. 태조는 할머니 제삿날에 조회를 철폐한 채 광명사에서 무학을 데리고 승려 500명을 불러 반승대회를 벌이기도 했다. 그는 고려의 임금들처럼 궁중에서 법회를 벌이지는 않았으나 부처를 받드는 열성은 수그러들지 않았다.

태조는 개경의 연복사를 중창했으며 해인사와 회암사에 탑을 세웠다. 한양으로 도읍을 옮긴 뒤 벼슬아치들의 여론에 밀려 처음에

는 원찰을 짓지 않았으나 다음 해에 선덕왕후의 명복을 빌기 위해 정릉(당시 현재의 정동 일대) 옆에 흥천사를 창건하고 토지 1,000결을 내려 주었다. 또 창덕궁 안에 첫 왕비인 신의왕후 사당 문소전을 짓고 그 옆에 부처와 사리를 봉안한 내불당을 두어 왕후, 비빈, 궁녀 들이 부처를 받드는 장소로 만들어주었다. 그리하여 내불당에는 향내가 풍기고 목탁 소리와 염불 소리가 끊이지 않았다.

또 정업원을 존속하도록 조치했다. 정업원은 고려의 후궁들이 나이가 들어 궁중에서 물러나면 머리를 깎고 비구니가 되어 여생을 보내는 특수한 절이다. 한양으로 천도한 뒤 정업원 건물을 도성 안에 짓고 유력한 고관 또는 공신의 부인에게 주지직을 맡겼으며 조정에서 경비를 대주었다. 그리하여 궁인들이 만년에 정업원에 들어 부처를 받들게 했다. 정업원은 비구니 전용 사찰의 효시가 되었다. 그 자신도 석왕사 등 여러 절에 가서 부처 앞에 무릎 꿇고 복을 빌기도 했으며 진관사 수륙재에 참석하기도 했다. 이런 모습을 불교도의 인심을 얻기 위한 제스처로만 해석할 수는 없을 것이다.

태조는 만년에 왕자의 난을 겪고 난 뒤 더욱 신심을 발휘했다. 고희를 맞이해서는 개경의 선암사에서 비명에 간 아들 방석의 명복을 비는 재를 올렸으며 이어 한양의 흥천사에서 정근 법석을 베풀고 옷을 벗어 부처에게 시주했다. 그는 만년에 가정의 불행을 부처에 귀의하여 풀려 했던 것이다. 태조의 이런 불교신앙은 조선 궁중불교에 결정적 영향을 끼쳐 하나의 전통을 세웠는데 이로 하여 수많은 논란과 분쟁을 불러일으켰다. 뒷날 그의 아들 태종은 아버지의 불교귀의마저 못마땅하게 여겨 불교 탄압정책을 지속적으로 폈으나 하나의 '아이러니'가 아닐 수 없다.

___ 회삼귀일, 셋을 모아 하나로

궁중불교는 국가정책과 상충되었으나 민간에 영향을 끼쳤다. 민간에서는 여전히 부처를 받들어 복을 빌었고, 무당과 성황당에서 굿을 했으며, 산신각과 신선당으로 발길을 돌렸다. 민간의례도 불교식과 유교식이 섞여 혼란과 갈등을 빚었는데 불교 신도가 다수인 현실에서 복잡한 유교의례는 대중화되지 못하고 외면당하는 형편이었다. 일부 사대부만이 조정의 권장에 따라 유교식을 지키는 형편이었다. 이념의 갈등과 의례의 상충이 현실적인 문제로 부각되면서 지식인 사이에 유불선 합일사상이 제기되었는데, 이는 이색의 합일사상과 달리 정치적 의미보다 종교적 의미를 중심에 두고 제기되었다. 그 보기로 두 사람의 이론을 들어보자.

원천석은 고려에 충성을 바쳐 끝내 조선조에서 벼슬을 하지 않고 초야에 묻혀 살았다. 그는 이성계와 동문수학하는 관계였고 태종에게 글을 가르친 적도 있는 유학자 출신이다. 그는 다음과 같은 글을 남겼다.

유교란 착안 이치를 궁구해 온전한 성품을 다할 것을 가르치고 불교는 마음을 밝히고 견성(見性)을 가르치며 도교는 내면의 참을 닦고 본래의 성품을 연마할 것을 가르친다. 집을 잘 정돈하고 몸을 수양하며 임금을 섬기고 백성을 윤택케 하라고 말한 것을 따름은 유자의 할 일이다. 정(精)을 모으고 신(神)을 길러 신선이 되어 오르라고 말한 것을 따라 수양함은 도가의 옛 자취이다. 죽음을 넘고 삶을 초월하여 자기를 이롭게 하고 남을 이롭게 하라고 말한 것은 부처의 방편이다.

그러니 그 마지막 다다르는 길은 하나가 아닐 수 없다. 이로 볼 것 같으면 세 성인의 가르침은 오로지 성품을 다스려 노력을 다하고 수련을 거듭하여 끊임없이 도를 찾는 것이니 비록 조금 방법을 달리하여 그 지극한 곳에 돌아간다고 한들 뚜렷이 뚫리는 곳은 모두가 한 바탕일 것이다. 무엇이 막히고 무엇이 걸리겠는가? 다만 세 성인이 각기 문호가 있고 문호에 든 뒤의 무리가 각기 종지(宗旨)에 의거하여 자기는 옳고 남은 그르다는 마음으로 서로 비방하고 헐뜯느라 오히려 사람의 마음속에 세 가르침의 바탕이 분명히 갖추어져 있음을 알지 못한다. 나귀를 탄 이가 노새를 탄 사람을 비웃으니 참으로 애석하도다.(『운곡시사(耘谷詩史)』)

이 논리의 틀은 유교·불교·도교의 가치를 모두 인정하고, 다만 도를 찾는 방법이 서로 다르다는 것을 밝히면서도 그 궁극의 목표는 같다고 설파한 것이다. 그러니 세 가르침을 각자의 뜻에 따라 맡겨야 한다는 논지이다. 따라서 신교의 자유를 주장한 것이나 다름없을 것이다. 그는 또 "셋을 모아 하나로 돌아가야 한다[會三歸一]"는 시를 썼다.

세 가르침의 종풍은 본디 차이가 없는데
어찌 옳고 그름을 개구리 울어대듯 다투느뇨.
그 본바탕 모두 같아 걸림이 없는데
석가니 유가니 도가니 떠드느뇨.

원천석은 재야의 인사여서 국가정책에는 간여하지 못하는 처지였다. 하지만 그의 주장은 현실에 토대를 두고 많은 사람들의 의사를 대변한 것이다.

원천석보다 뒷사람인 함허(涵虛, 불명 己和)의 이론은 조금 달랐다. 함허는 무학의 도맥을 이어 회암사에서 수도했다. 그는 문화 군주 세종의 돌봄을 받았다. 무학은 태조에게 "유에서 인의를 가르치고 불에서 자비를 가르치니 그 용은 하나입니다. 백성을 적자같이 보호함은 백성의 보모인 임금으로서 옳은 일이며 바로 지극한 인의

347

현등사 함허당득통탑 및 석등(경기 유형문화재 제199호)

요 큰 자비입니다[妙嚴尊者塔碑銘]"라고 했는데, 함허는 이에 힘입어
『현정론(顯正論)』을 저술하여 돌렸다.

　　이 글은 유와 불의 윤리는 근본적으로 같다는 관점에서 출발한
다. 그는 배불론자들이 지적한 조목에 따라 문답 형식을 빌려 한쪽
으로 치우치는 주장을 반박하였다. 불교의 오계와 유교의 오상(五常)
을 비교하여 불살생(不殺生)은 인이고, 불도(不盜)는 의, 불음(不淫)는
예, 불음주(不飮酒)는 지, 불망어(不妄語)는 신과 같다고 했다.

　　부처는『부모은중경』을 통해 효도를 가르쳤음을 말하고 임금
은 계율을 지켜 맑은 마음으로 정사를 다스려야 한다고 가르쳐 왕도
정치에 도움을 주었으며 화장할 때의 시체는 어떤 방법으로 처리해
도 걸림이 없는 것이니 인간 존중의 정신에 어긋나지 않는다고 설파
했다. 당시 배불론자들이 내세운 문제들을 짚어나가면서 유교와 불

교는 정치에 있어서나 수양에 있어서나 도덕에 있어서 같은 진리로부터 출발한다고 주장했다. 다만 불교 승려들의 비리를 인정하면서 이를 바로잡으면 현실의 모순이 해결된다고 했다.

그러나 함허는 어디까지나 불교를 우위에 놓는 관점에서 벗어나지 않았다. 이와 같은 주장은 원효의 화쟁사상이나 의천·지눌의 조화사상과 근본적으로 맥락을 같이하는 이론이다. 다만 불교를 배척하는 시대에 내놓은 이론이어서 영향력이 크진 못했다. 하지만 뒷날 서산에게 영향을 주어 『삼가귀감(三家龜鑑)』이 이루어졌다. 그런데 이런 주장과 논리는 정치권력을 쥔 사대부들에게 먹혀들지 않았다. 일부 선비나 승려들이 외전(外傳)의 하나로 불교와 유교의 경전을 읽었을 뿐이다.

태종의 배불 의지

부왕과는 달리 태종은 '부처는 이단'이라 규정하고 믿지 않았을 뿐만 아니라 내불당에서 불경 외우는 일을 중지시키고, 내불당을 폐지한 뒤 그곳에 보관한 물품들을 흥천사로 옮겨놓게 했다. 그 자신은 결코 불상에 절하지 않았다. 태종이 이렇게 배불 의지를 보이자 서운관(書雲觀)에서는 이런 건의를 냈다.

전하께서 불교를 쓸어버리기 어렵다고 생각한다면 선종은 조계종으로 합치고 다섯 교파는 화엄종으로 합쳐서 밀기(密記)에 실려 있는 70개소의 절을 조계종과 화엄종 두 교파에 나누어 소속시키고 덕행이 남의 스승이 될 만한 인물을 골라서 주지로 삼으십시오. 그런 인물이 없어 그 자리를 비워놓는다면 토지와 노비에 대한 욕심 때문에 중이 되는 자가 줄어들 것입니다. 그리고 재주와 행실이 중의 조건에 부합되지 않는 자는 속인으로 돌려야 나라의 신역을 지는 자가 늘 것입니다. 70개 이외 절의 토지는 군자감에 영구히 소속시켜 조세를 거둠으로써 3년을 견딜 만한 저축을 하고 절의 노비를 나누어 여러 관아에 소속시킨다면 군사의 식량이 넉넉해질 것입니다.(『태종실록』 2년)

이 건의는 태조가 살아 있을 때에 올려졌고 태종은 이를 받아들여 의정부에 붙였다. 의정부에서는 "승도들의 원통해 하는 마음을 염려하여" 70개소의 절 이외에 100명 이상이 거주하는 절은 그대로 놔두라고 하는 수정안을 내 시행하게 했다. 그 결과 조계종의 양산 통도사, 화엄종의 순천 향천사, 자은종(慈恩宗)의 진주 법륜사, 중신종(中神宗)의 익산 미륵사, 총남종(摠南宗)의 삼척 삼화사, 시흥종(始興宗)의 고흥 적조사 등 242개소만 남겨두고 나머지를 모두 철거하게 했다. 주지도 두 종에서 세 명을 추천하면 예조를 거쳐 임금이 임명하게 했다. 절 토지의 수조권은 군자감에 소속시키고 노비는 거두어 관아에 나누어주었다.

마지막으로 부왕이 세운 흥천사의 토지와 노비를 몰수하여 국고에 돌렸다. 이것이 1407년에 실시한 3차 불교개혁정책이자 탄압정책이었다. 이렇게 해서 3~4만 결의 토지와 8만 명의 노비가 국가에 귀속되고 절에는 4~5만 결의 토지가 1만 1,100결, 10만 명의 노비가 5,500명 정도만 남고 일부는 도망쳤다. 승려의 숫자는 반수 이상 줄어든 것으로 추정된다.

태종은 만년에 승려와 무당을 동원한 기우제를 중지시켰다. 그는 "가뭄이 심하면 비가 오게 마련이다. 비가 내리면 사람들은 부처의 가호라고 여긴다. 이 뒤로 그대들은 다시 부처를 믿지 말라"고 유언하여 태종의 능인 헌릉에 절을 짓지 않았다. 이는 고려 이후 왕릉의 관례를 최초로 깬 것이다. 『용비어천가』에서는 태종을 두고 "많고 많은 부처 모신 절들을 하루아침에 깡그리 뜯어고치셨네"라고 기렸다.

41

세종 불교정책의 겉과 속

___ 온건한 억제와 신앙

세종의 불교정책은 조선시대 불교사에 있어서 커다란 의미를 지닌다. 왜냐하면 승려와 사찰의 정리에 힘을 쏟은 반면 동시에 불교 옹호정책을 폈기 때문이다. 세종은 초기에 부왕의 뜻을 받들어 불교 억제정책을 폈다. 그를 흔히 호학(好學)의 군주라 말하는데 그의 학문적 소양은 말할 것도 없이 유학에 기초를 두고 있었다. 따라서 유학적 가치관에서 불교를 바라보았던 것이다. 그는 초기에 불교를 억제하는 몇 가지 온건한 조치를 내렸다.

1420년(세종 2) 세종의 어머니인 원경왕후(元敬王后)가 죽었다. 생전에 원경왕후는 독실한 불교도였지만 예전과는 달리 명복을 비는 불사를 크게 벌이지 못하게 했다. 다만 영산법회를 벌이고 함허를 초청하여 명복을 빌게 했는데 종실과 왕자, 부마의 참석을 허락하여 궁중 행사의 수준으로 마치게 했다. 이어 관례대로 원경왕후를 위한 절을 짓기 위해 모금 행각을 벌이는 연화승(緣化僧)을 금지해달라는 벼슬아치들의 요구를 받아들이지 않았다.

한편 세종은 즉위 초 고려시대부터 행해진 수백 년의 왕실 전통으로서, 매해 정초, 사람을 절에 보내 임금을 위한 복을 비는 국가의 식을 중지시켰다. 또 "경행(經行)"이라 하여 해마다 봄·가을의 중월(仲月)이면 승려를 시켜 거리를 돌게 해 반야경을 외고 바라춤을 추어 재앙을 물리치는 행사를 벌였는데, 세종은 이도 혁파하라고 지시했다. 경행 때 2품 이상의 벼슬아치들은 향을 올렸다.

이런 조치를 보며 세종이 많은 유학자들의 압력을 받으며 타협적인 불교정책을 폈다고 말할 수 있을 것이다. 더욱이 유학자들은 승려를 때려죽이기도 했으며 절에 가서 기생을 끼고 술을 마시는 따위 놀이판을 벌이기도 했다. 그런데도 벼슬아치들은 그런 행위를 한 유학자들을 비호했다. 고관을 지낸 이홍로는 승려 설징을 때려죽였는데도 함흥에 유배되는 가벼운 처벌을 받았다. 이런 분위기에서 1424년 다시 사찰을 정리해야 한다는 건의가 예조, 사헌부 등 여러 곳에서 올라왔다.

대사헌 하연은 큰절이 많은 토지를 가지고 있으면서도 몇 명 또는 10여 명 정도의 승려들이 거주하며 호의호식한다고 전제하고, "전하께서 태종의 뜻을 계승하여 우리 유학을 넓히려면 이단을 배척해야 합니다"라고 했다. 그러면서 절을 서울에 세 곳, 각 도마다 두세 곳만을 두고 헐어내야 하며, 승과제도도 없애고 승록사도 폐지해야 한다고 주장했다. 예조에서는 한술 더 떴다.

안팎으로 절을 지어 각 종파에 소속되어 있지만 그 수가 너무 많습니다. 그리고 승려들이 사방으로 흩어져 수리를 제대로 하지 못해 더욱 퇴락해가고 있습니다. 사찰을 일체로 선종과 교종으로 나누어 정리한 뒤 36개소의 사찰에만 토지를 주어 승려들이 수도하는 장소로 삼도록 하십시오.(『세종실록』6년)

곧 조계종·천태종·총남종은 선종으로, 화엄종·자은종·중신종·시흥종은 교종으로 통합하고 절 36개소에만 토지의 수조권을 인정해주라는 것이다. 세종은 이 건의를 모두 받아들였다. 그리하여 선종의 도회소는 흥천사로, 교종의 도회소는 흥덕사로 지정해주고 각기 18개소의 사찰을 나누어 소속시켰다. 그리하여 불교는 선종·교종의 두 종으로 통합되었고, 36개의 절만 국가에서 공인한 것이다. 이것이 36본산 사찰의 시원이었다. 선종 계통의 사찰에는 4,250결의 수조지와 1,970명의 승려를, 교종 계통의 사찰에는 3,700결의 수조지와 1,800명의 승려를 남겨두었다.

국가의 공인과 보호를 받은 사찰은 다음과 같다. 선종 계통의

서울 흥천사 | 본래 신덕왕후의 원찰로 지어진 흥천사. 1504년(연산군 10) 화재로 소실된 이후 1794년(정조 18), 지금의 자리에 전각을 세워 "신흥사"라 했던 것을 다시 "흥천사"로 바꿔 불렀다.

통합 이전	통합 이후	36개 공인 사찰
조계종(曹溪宗) 천태종(天台宗) 총남종(摠南宗)	선종(禪宗)	**도회소 : 서울 흥천사** 개성 숭효사·연복사·관음굴, 양주 승가사·개경사·회암사·진관사, 고양 대자암, 공주 계룡사, 경주 기림사, 진주 단속사, 구례 화엄사, 태인 흥룡사, 고성 유점사, 원주 각림사, 은율 정곡사, 안변 석왕사
화엄종(華嚴宗) 자은종(慈恩宗) 중신종(中神宗) 시흥종(始興宗)	교종(敎宗)	**도회소 : 서울 흥덕사** 개성 광명사·신암사·감로사, 해풍 연경사, 송림 영통사, 양주 장의사·소요사, 보은 속리사, 충주 보련사, 거제 견암사, 합천 해인사, 창평 서봉사, 전주 경복사, 회양 표훈사, 문화 월정사, 해주 신광사, 평양 영명사

세종의 선·교종 통합과 36개 공인 사찰

사찰은, 서울의 흥천사, 개성의 숭효사·연복사·관음굴, 양주의 승가사·개경사·회암사·진관사, 고양의 대자암, 공주의 계룡사, 경주의 기림사, 진주의 단속사, 구례의 화엄사, 태인의 흥룡사, 고성의 유점사, 원주의 각림사, 은율의 정곡사, 안변의 석왕사이고, 교종 계통의 사찰은 서울의 흥덕사, 개성의 광명사·신암사·감로사, 해풍의 연경사, 송림의 영통사, 양주의 장의사·소요사, 보은의 속리사, 충주의 보련사, 거제의 견암사, 합천의 해인사, 창평의 서봉사, 전주의 경복사, 회양의 표훈사, 문화의 월정사, 해주의 신광사, 평양의 영명사 등이다.

노비도 절에 따라 그 수를 지정했는데 회암사의 250명이 가장 많은 수를 차지했다. 나머지 노비는 모두 공노비로 전환시켰다. 사찰을 정비한 뒤 승록사는 폐지되었고 승려의 도성 출입도 엄격하게 통제했으며 15세 이하 동남동녀의 출가도 금지시켰다. 이것이 불교에 대한 4차 억제정책이었다. 태종이 실시한 정책을 이때에 확실하게 마무리한 것이다. 그리하여 2차에 걸친 세종의 이런 조치로 10만 명의 노비와 수천 명의 승려를 평민으로 만들어 조세와 병역을 부과했으며 공노비를 확보해 재정과 인력을 보충했다.

이에 따라 승려들의 세속적 권위는 계속 추락했으며 36개 이외의 사찰은 영락을 면치 못했다. 많은 승려들은 눈치를 살피며 선종과 교종으로 갈라졌고 나머지 사찰들은 복을 빌어주고 얻은 곡식으로 겨우 연명했다. 승려들의 신분적 지위는 천민 수준으로 떨어져갔다. 그리하여 걸승(乞僧)과 다름없는 화주들이 연화승을 금지한다는 조정의 정책을 어기고 불법으로 곳곳에 돌아다녔다. 벼슬아치와 선비들은 승려들을 더욱 깔보고 압박했다. 하지만 많은 승려들이 조정의 정책을 그대로 따라줄 리 없었다. 물리적 저항운동을 펴지는 않았으나 종파를 유지하기도 하고 사찰 재건을 꾸준히 벌이기도 했다.

― 두터워지는 신앙심

세종은 늘그막에 병에 시달리면서 불교에 대한 인식이 달라졌고, 따라서 불교정책도 바뀌었다. 그가 불교를 좋아하던 시기는 여러 가지 천문기기를 만들고 훈민정음 창제에 열중할 때였다. 더욱이 작은형 효령대군이 맹렬한 불도가 되어 궁중에 출입하면서 불교를 알리는 데도 영향을 받은 듯하다.

1438년(세종 20) 세종은 반대를 무릅쓰고 흥천사를 대대적으로 수리하라는 지시를 내렸다. 공사를 하는 동안 흥천사에 있던 불상, 사리 등 불구를 경복궁 담장 안에 있는 상의원으로 옮겼다. 세종은 내시를 시켜 지리산에 머물고 있는 행호(行乎)를 서울로 데려왔다. 행호는 강진의 백련사를 중창하는 불사를 벌이면서 명망을 얻어 천태종의 종주로 받들어졌다. 효령대군은 그를 "부처의 화신"이라고 칭송하며 세종에게 천거했고, 행호는 선종 판사로 임명되어 흥천사에 자리를 잡고 자주 법석을 베풀었다. 여기에 종친과 벼슬아치, 궁녀를 비롯한 여성 신도가 드나들었다. 서울 도성 안에서 다시 범종 소리가 나고 염불 소리와 범패 소리가 들렸으며 승려들이 도성을 자유롭게 왕래했다. 흥천사에는 40여 명의 승려가 주석하면서 금지령을 깨고 신도들의 시주를 받았다.

완고한 성균관 유생들과 벼슬아치들이 봄 논에 개구리 떼처럼 떠들어댔다. 사리는 더러운 물건이니 궁중에 놓아둘 수 없다느니 이단이 다시 일어나 행호를 스승으로 받들고 있다느니 백성들이 굶고 있는 판에 궁중에서 물품을 대주는 것은 부당하다느니 선왕이 내린 금법을 어긴다느니 온갖 말로 반대 이론을 폈다. 어떤 주장은 사리에 맞기도 했으나 그 의도는 다른 데에 있었던 것이다. 성균관 유생들은 동맹휴학을 하며 자신들의 주장을 관철하려 했으며 사헌부와 사간원의 벼슬아치들은 흥천사에서 안거하고 있는 승려들을 잡아들였다. 이에 세종은 이런 주장을 받아들이지 않고 임금의 허락 없이는 포졸이 절에 들어가서는 안 된다고 엄명을 내렸다. 세종은 "사리가 더러운 물건이라면 흥천사 사리각에 두는 것도 옳지 않을 것이다. 흥천사와 흥덕사는 선왕이 세운 절이며 중들도 나의 백성이니 굽길 수 없다"고 말하고 지금 당장 중들을 침해하지 못하게 하는 법을 세워야겠다고 말했다.

세종의 이런 비호로 말미암아 승려의 도성 출입이 더욱 자유로워지고 공개적으로 시주를 받는 모습도 눈에 띄었다. 농민 가운데 출가하는 자가 늘었고 15세 이상의 출가 규정을 어기며 어린이들까지 사미승이 되는 경우도 많았다. 최만리는 "농민이 유수(遊手, 놀고먹는 건달)로 전락하고 있다"고 통탄하여 40세 이하의 승려들을 환속시켜 군사의 숫자를 늘리라고 요구했다. 세종은 마지못해 타협안을 내어 두 절에 별로 중요하지 않은 일로 출입하는 사람들을 통제할 것과 행호를 산의 절로 돌려보내는 조치를 내렸다. 결국 행호는 서울에 온 지 9개월 만에 산중의 절로 돌아갔다.

세종은 그 뒤에도 궁중의 여러 불사를 벌였으며, 따라서 벼슬아치들과의 대결도 이어졌다. 1441년 의정부에서는 금은 불사를 문제로 삼았다. 세종에게 올린 그 건의 요지는 이러하다.

금은 불사를 금지하지 않으면 금덩이는 남김없이 중들의 손으로 들어갈 것입니다. 지금 나라에서 쓸 금이 모자라 사람을 금이 나는 여러 곳에 보내 조사해보니 겨우 10여 곳밖에 없었습니다. 생산량을 조사해보니 공역이 많이 드는데도 소출은 매우 적습니다. 수백 명이 수백 일 동안 불려야 한두 냥에 지나지 않습니다. 이로 보아 수십 년 동안 백성을 괴롭히며 금을 생산해내도 얼마 되지 않을 것입니다. 그런데 절에서 몰래 사용하는 것이 그의 100배나 되니 말이 됩니까? 청심원같이 사람 살리는 약을 만드는 데도 금 사용을 금지하고 있는 처지에 부처와 불경에

금을 사용하니 그 경중을 비교하면 알 만한 것입니다.(『세종실록』 23년)

세종은 중국에 공물로 바치는 금을 인삼 등 토산품으로 대치하는 등 금을 무척 아꼈다. 그는 이 문제에서만은 한발 물러났다.

내가 들으니 중들이 금으로 불상과 불경을 만들어 몰래 바위 굴이나 비밀스런 곳에 숨겨둔다고 하는데 이를 금지시키는 것은 참으로 어려울 것이다. 금은과 채색은 우리나라에서 많이 나는 것이 아니라서 부처를 도금한다든지 절 건물 단청을 하는 일은 옳지 않다. 앞으로 사용을 금지하라.(『세종실록』 23년)

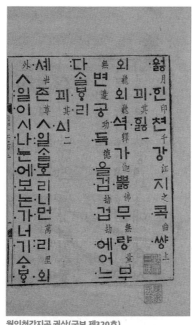

월인천강지곡 권상(국보 제320호)

이로 하여 한때 금 불사와 단청이 금지되었던 것이다. 하지만 세종은 나이가 들수록 신앙심이 두터워져갔다. 수양대군에게 정음으로 「월인천강지곡(月印千江之曲)」을 짓도록 하여 부처를 찬양하게 했다. 또 그 자신 죽음을 앞두고는 태종이 철거했던 내불당(內佛堂)을 경복궁 안에 다시 짓게 하여 비빈과 궁녀들의 신앙 터전으로 삼게 했다. 더욱이 함허의 제자인 홍준(弘俊)을 불러 내불당에서 수양대군과 안평대군에게 불경을 강의하게 했다. 다시 "궁궐 안에서 염불 소리가 들리고 범패 소리가 높다"며 일제히 들고일어났지만 세종은 들은 체도 하지 않았다. 성균관 유생들이 다시 동맹휴학을 하고 집현전 학사들이 집으로 돌아갔다.

이에 세종은 안타까운 마음을 달랠 길 없어 영의정 황희에게 "어찌하면 좋겠소?"라고 물었고 황희는 일일이 학사들의 집을 찾아다니며 설득했다. 그래도 두 대군이 불경 강의를 계속 듣자 재상 이순업이 논박하고 나섰고 세종은 "문사들이 부처를 배격하는 것은 마땅하다 할 수 있으나 재상들이 어찌 부처가 옳고 그름을 안다고 논박하오"라고 타매했다.

세종의 이런 불교관 또는 불교정책을 보면, 그것이 단순한 수양을 위한 것이 아니라 신앙심과 깊이 결부되었음을 간파할 수 있을 것이다.

42

세조가 편 불교진흥정책

___ 세 사람의 방외(方外) 불도

불교를 두고 세종과 유학자들 사이의 긴장 관계는 오래 계속되었으나 세종이 죽은 뒤 고루한 유학자들은 다시 기세가 올랐다. 동궁에게 불교를 가르치지 말 것이며 종실과 공주 들이 절에 찾아다니는 풍습을 막을 것이며 사리를 궁중에 두지 말라고 강력하게 요청했다. 새 임금 문종은 나약한 성품으로 이들의 요구를 마지못해 받아들였다. 이어 어린 단종이 왕위에 오르자 하위지, 성삼문 등은 내불당을 철거하라고 압력을 넣었다. 하지만 대비들이 뒷전에서 단종을 조종하여 끝까지 허락하지 않았다.

그러나 천도재 등 궁중의 불사는 일부 중지되었고 승려를 내불당에 불러들여 설법하는 일도 거의 사라졌다. 더욱이 흥복사를 폐지해 종묘제례 등 궁중 음악을 전담하는 악학도감(樂學都監)의 건물로 사용했으며 흥복사 경내의 북쪽에 중부 유생소(儒生所)를 두어 선비들의 놀이터로 만들었다. 선비들은 절터에서 시끌벅적한 논쟁을 벌이기도 하고 때로는 술을 마시며 분탕질을 벌이기도 했다. 이런 방식대로라면 경천사도 곧 홍복사와 같은 운명으로 전락할 위험이 있었다.

단종이 수양대군의 압박을 견디지 못해 선위(禪位)하고 이어 죽임을 당했을 때 하나의 사건이 일어났다. 왕비 송씨는 처음 역적의 아내로 종이 되는 처지에 몰렸으나 끝내 서인의 신분이 되었다. 그녀는 정업원으로 출가했고 시녀 셋이 머리를 깎고 비구니가 되어 그녀를 받들었다. 희안(希安), 지심(智心), 계지(戒智)로 알려진 세 비구니는 탁발을 하며 먹거리와 땔감을 공급했다. 정업원은 당시 동대문 바깥으로 옮겨져 있었다. 선덕왕후의 능인 정릉을 1409년 동대문 바깥으로 옮길 무렵에 정업원도 옮긴 것으로 보인다. 아무튼 송씨가 정업원에 자리 잡고 흰옷을 입고 고기반찬을 먹지 않으며 실제로 비구니 같은 생활을 하자 궁녀들은 이를 더욱 본받아 늙어서 퇴궐한 뒤 정업원에서 수도 생활을 하는 풍조를 조성했다. 따라서 정업원은 이 무렵부터 비구니 전문 사찰로 굳어져 보문사(탑골승방)로 이어져 왔다. 세조는 이를 묵인했던 것이다.

송씨와 다른 분위기를 보여주는 또 한 사람의 유명한 방외(方外) 거사가 있었다. 김시습은 수양대군이 왕위를 찬탈했다는 소식을 듣고 과거 공부를 집어치우고 전국의 절을 떠돌며 방랑 생활을 했다. 그는 송광사, 해인사를 비롯하여 경주의 용장사, 설악산의 오세암 등지에서 시를 짓고 불경을 읽었다. 때로는 먹을거리가 없으면 절에 의탁하여 밥을 얻어먹었다. 이런 행각을 벌이는 김시습에 대한 이야기는 여항만이 아니라 절간에 뜨르륵 소문이 났다. 그는 비승비속으로 걸림 없이 행동했다는 점에서 원효를 닮았다. 유불선의 교리에 두루 통달한 그가 마지막으로 부여 무량사에서 열반한 뒤 그에 대한

362

일화가 전국에 나돌았다.

김시습은 의상이 『화엄경』 교지를 요약한 법계도에 나름의 주석을 달기도 하고, 효령대군의 주선으로 『법화경』 번역 작업에도 참여했다. 이런 행각을 벌이는 그를 두고 이이는 심유적불(心儒蹟佛, 마음은 유가에 있으나 행적은 불교에 있었다는 뜻)이라고 평가했으나 이는 하나의 변호를 위한 말이었다. 그는 물론 성리학에도 조예가 깊었으며

김시습 초상(보물 제1497호)

불경에도 일가견을 지니고 있었다. 그는 분명히 거사불교의 한 위치를 차지하여 새로운 분위기를 조성했으며 학조(學祖) 등 고승들과 끊임없이 교류하면서 선문답을 주고받았다.

여기서 또 한 사람의 행적을 들면 바로 효령대군이다. 효령대군은 태종의 둘째 아들이었으나 아버지와는 달리 젊었을 때부터 불교에 심취하여 호불의 왕자로 소문이 났었다. 그는 친히 한강의 수륙재를 지내기도 하고 회암사 중수를 건의하여 뜻을 이루고 경천사 탑전의 수리를 직접 관리하기도 했다. 더욱이 원각사를 중창할 때는 조성도감의 총책임을 맡아보기도 했고 불경 언해 작업에도 참여하는 등 평생 동안 절과 인연을 맺었다. 효령대군은 조카 세조의 불심

효령대군 이보 묘역(서울 유형문화재 제12호) | 청권사(아래)에는 효령대군의 위패가 모셔져 있다.

을 북돋우는 데 힘을 쏟아 불교 중흥의 공로자가 되었다. 아마도 세조가 많은 사람을 죽이고 왕위를 찬탈한 뒤 불안한 심리 상태를 보일 때 불교 수양으로 마음을 안정시키려 도모했던 것으로 보인다. 선비들과 벼슬아치들은 그를 미워했으나 아랑곳하지 않았다.

이 세 사람은 출신과 처지가 달랐으나 여러모로 불교에 많은 영향을 끼쳤다. 송씨는 여성불교, 김시습은 거사불교, 효령대군은 왕실불교에 공로를 끼친 것이다. 그런 탓으로 세 사람은 승려와 신도의 입에 자주 오르내렸다.

세조의 강한 불심

세조가 왕위에 오르자 승려들은 활개를 쳤고 완고한 유학자들은 찍 소리도 내지 못하며 임금이 하는 대로 바라보고만 있었다. 세조가 즉위하던 다음 해 왕세자가 죽자 손수 『금강반야경』을 베껴서 자본(字本)으로 삼게 했으며 여러 신하들에게 『능엄경』, 『법화경』을 교수하는 일을 맡겼다. 더욱이 함허의 제자인 홍준을 비롯해 신미(信眉)와 수미(守眉)에게 불경의 교정·번역 일을 맡기기도 했고 여러 불사를 담당케 했다. 이들 승려는 내불당에 거처하면서 임금에게서 의복, 음식을 받는 특별 대우를 받았다. 내불당은 단순히 궁중 사람들의 신앙 터전일 뿐만 아니라 여러 불사를 벌이는 장소로도 이용되었던 것이다. 그런데도 유학자들은 세종 때와는 달리 세조의 불심과 강한 의지 앞에서 별 군말 없이 따랐다.

1457년에는 종이 38만 8,900 묶음과 양곡 5,000섬의 막대한 경비를 들여 신미 등의 감독 아래 해인사 판본의 팔만대장경 전질 50부를 찍어 전국의 유명 사찰에 배포했다. 사찰에서는 이를 얻지 못

석보상절 권6, 9, 13, 19(보물 제523호)

하면 공인을 받지 못한 것으로 여겨 로비를 벌였다 한다. 그는 석가의 공덕을 찬양하는 『석보상절(釋譜詳節)』을 손수 번역하고, 「영산회상곡(靈山會上曲)」을 아악으로 제정하였으며, 홍천사의 종을 막대한 경비를 들여 주조했다. 이로 해서 불교음악이 종묘제례 등의 공식 행사에 사용되었던 것이다. 세조의 불교에 대한 공적은 첫째, 많은 불경을 번역한 일을 꼽아야 할 것이요, 두 번째로는 팔만대장경 간행을 들어야 할 것이며, 세 번째로 원각사 중창 불사를 꼽을 수 있다. 그는 간경도감을 두어 불경을 찍어냈는데 지금도 송광사에는 『대반열반경소』, 『묘법연화경』, 『금강반야경소』 등을 고려시대 목판본으로 찍은 불경이 보물로 지정되어 보존되어 오고 있다.

1462년에는 속리산 법천사로 가서 신미, 학조 등 선사들을 시켜 법회를 3일 동안 열게 하고 토지 200결, 쌀 300석, 노비 30구를 하사한 적이 있다. 세조는 금강산의 여러 절에 나들이하여 설법을 들었으

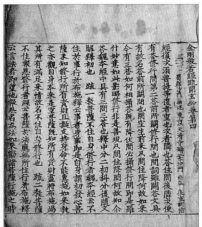

순천 송광사 목조관음보살좌상 복장전적 중 대방등무상경 권 6 (보물 제1661호)
금강반야경소개현초 권 제4 (보물 제207호) |
순천 송광사에 소장되어 있는 이 두 전적 중 대방등무상경 권 6은 재조본,
금강반야경소개현초 권 제4는 간경도감본이다.

며 낙산사, 건봉사, 유점사 등에 많은 토지와 노비를 내려주었다. 그가 절에 나들이할 때에는 거의 대비, 왕비, 왕세자가 동행했다.

1464년 4월 효령대군은 회암사를 원찰로 삼아 그 절에서 원각 법회를 벌이던 중 부처가 현신하는 영험을 겪었다고 세조에게 알렸다. 세조는 평소 원귀들이 나타나 물고 뜯고 악을 쓰는 꿈으로 자주 시달리는데다가 온몸에 반점이 생기고 근질거리는 피부병에 걸려 하루도 편할 날이 없어 더욱 부처에 귀의했다. 사람을 많이 죽였다는 자의식은 그의 심리를 더욱 불안하게 했을 것이다. 그는 정승들을 불러 흥복사를 중창하겠다고 알리고 세자와 효령대군, 영의정 신숙주와 승지 노사신 등을 데리고 흥복사 터인 대사(大寺, 당시 사람들은 흥복사를 "큰 절"이라 불렀다)로 나가 직접 살펴보았다.

— 요란하고 거창한 원각사 불사

이 무렵에는 세조의 뜻을 막을 벼슬아치가 없어 일이 순조롭게 진척되었다. 먼저 절 이름을 "흥복사"에서 "원각사"로 바꾸고 조성 도감을 설치하여 중창을 시작했다. 세종 때에 절 안에 두었던 악학 도감과 유생소를 다른 곳으로 옮기게도 했다. 그럴 때에 속으로 불평이 있었을지라도 겉으로는 누구도 반대 의견을 내지 않았다.

군사 2,100명을 중창 불사의 부역에 동원하고 절 주변과 경내까지 들어와 지은 민가 200여 호를 철거했다. 기와 조달의 책임을 맡은 홍윤성은 두 달 만에 청기와 8만 장을 공급했으며, 구리 5만 근을 마련해 종 제작에 착수했고, 흙으로 빚은 불상을 세웠다. 이 불상은 당시로서는 전국에 하나밖에 없는 입상(立像)이었다. 법당에는 화려하게 금칠을 했으며 법당 옆에는 연못을 파고 동산을 만들었다. 또 회암사에 봉안되었던 부처의 사리를 나누어 봉안했는데 때로 서기를 내며 영험이 있다고들 믿었다.

다음 해 4월 원각사의 종이 완성되어 초파일에 경찬회(慶讚會, 불사를 완성한 뒤 이를 경축하는 법회)를 열었는데 120여 명의 승려가 참여했으며 반승대회에 몰려든 승려는 2만여 명을 헤아렸다 한다. 고려시기의 의식을 재현했던 것이다. 또 낙성회에는 많은 벼슬아치와 선비들을 동원했다. 효령대군은 동분서주하여 낙성회 일을 보았는데 그는 낙성회 설법사로 김시습을 천거했다. 김시습은 원각사 찬시를 지었고 원각사 중창을 기념하여 대사령을 내리자 이를 찬양하는 시도 지었다. 많은 벼슬아치들은 원각사에서 상서로운 구름이 일어난다는 따위로 임금의 공덕을 찬양했다. 원각사에는 토지 300결과 노비 30명을 하사하여 운영비로 쓰게 했다.

더욱이 1467년에는 10층 석탑을 완성했는데 전체를 아름다운 대리석으로 만들었으며 여기에 현란한 문양을 각 층마다 달리 조각했다. 조선시대 탑파로 최대의 걸작이라는 평판을 받은 이 탑은 현재 국보로 지정되어 있다. 또 1471년에는 대원각사지비(大圓覺寺之碑)를 세웠는데 비문은 김수온이 짓고 추기(追記)는 서

서울 원각사지 대원각사비(보물 제3호) |
원각사의 창건 내력을 적은 비.

거정, 전액의 글씨는 강희맹이 썼다. 당대 최고의 문사들이 동원되었던 것이다. 이는 현재 보물로 지정되어 있다. 세조는 현재 탑골공원 자리에 원각사를 중창하여 한국불교를 진흥시켰으며 불교 문화재를 양산했으나 현재는 여러 차례 수난을 겪으면서 그 원형을 거의 잃고 있다.

이 불사가 얼마나 요란스럽고 규모가 컸던지 전국에 걸쳐 승려들이 몰려다니며 화주승을 자처하고 사기 행각을 벌인 일도 자주 있었다. 사당패(社堂牌)들도 원각사 보시 재물을 거둔다며 가짜 문서와 도장을 들고 다니면서 재물을 요구했다. 보시를 많이 내면 천인은 양반으로 만들어주고 강제로 이주시켰던 사람은 방면해준다고 떠들며 재물을 갈취했다. 떠돌이 중 숙정은 전라도 옥과와 영광에 있는 절을 빼앗으려고 임금과 효령대군, 예조의 문서를 위조하고 도첩까지 가짜로 만들어 사기 행각을 벌였다. 이만큼 원각사 불사는 거창했을 뿐만 아니라 관의 비호를 받은 탓으로 부작용도 일어났다.

선비들은 드러내놓고 반대하지 못하면서 자기들끼리 모여 "부처가 서 있어서 여기저기 걸어 다닐 터이니 절이 오래가지 않을 것이다"라고 비아냥거렸다 한다. 이 말은 우연하게도 맞아 떨어졌다. 세조의 불교 중흥정책은 그의 손자 성종 시대에 와서, 다시 태종 시기보다 더 모진 탄압을 받았던 것이다. 세조가 죽자 대왕대비인 민씨는 세조의 명복을 빌기 위해 양주 땅에 봉선사를 거창하게 짓고 예종의 친필로 현판을 달았다. 봉선사는 세조 가문의 원찰로서 비호를 받았으나 뒷날 이 절에도 압제의 손길이 미쳤다.

43

본격적인 불교 압제의 시작

— 가혹한 규정, 『경국대전』

세조의 뒤를 이은 성종을 흔히 "문화군주"라 일컫는다. 재위 25
년 동안 세종의 문화정책을 계승하여 문물제도를 정비했다는 것이
다. 하지만 그는 세종과 두 가지 면에서 다른 점이 있었음을 지적받
아야 한다. 첫째는 세종과 같은 자질이 없었다는 점이요, 둘째는 시
대 환경이 달랐다는 점이다. 시대 환경은 이른바 사림 세력이 등장
하여 유교 이념이 고착되고 있었음을 말하며 따라서 불교정책도 이
에 맞물려 돌아갔다. 성종 시대의 불교정책은 두 시기로 나누어볼
수 있다.

성종은 13세에 즉위한 탓으로 할머니인 정희대왕대비와 어머
니인 인수왕대비의 수렴청정을 번갈아 받았다. 당연히 불교정책은
이런 조건에서 수행되었다. 성종이 7년 뒤에 친정을 단행한 뒤에는
정치에 있어서 두 대비의 입김이 제거되고 사림파의 주장에 귀를 기
울이며 불교정책을 펴나갔다. 이런 시대에 성종은 할머니와 어머니,
사림파와의 사이에 벌어진 대결과 갈등 속에서 사림파의 편을 들어

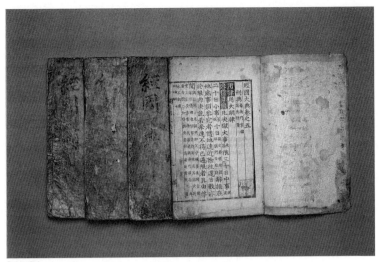

『경국대전』

주었다. 성종시대의 불교정책은 강력한 규정력과 강제력을 가져 조선불교의 기본 흐름을 잡았다. 먼저 이 시기에 반포된 『경국대전』(1471년(성종 2) 반포)의 불교 관련 규정을 알아보는 것이 앞으로 조선불교사를 이해하는 데 많은 도움이 될 것이다. 『경국대전』은 오늘날의 헌법과 비견할 수는 없지만 중세 국가 통치의 기본 방향을 설정하는 준거가 되었으며 따라서 이는 조선 사회의 안정에 기여했다. 그러나 불교는 『경국대전』의 직접적 피해자가 되었다. 조금 장황하지만 여기에 규정된 불교 관련 조항을 뭉뚱그려 알아보자.

1) 중이 되고 싶은 사람은 선종이나 교종에 신고하면 석 달 안에 불경 외우기를 시험하여 예조에 보고한 다음 임금에게 알려 정전(丁錢, 장정에 매기는 세금)을 받아들이고 나서 도첩을 발

급한다. 개인에게 소속된 종은 상전의 동의를 받아야 한다. 정전의 정액은 규격에 맞는 베 20필이다. 석 달이 지나도 도첩을 못 받으면 족친이나 이웃 사람들이 관아에 신고해 환속시켜 군역(軍役)을 지우며 이 사실을 알고서도 신고하지 않으면 죄를 준다. 도첩을 빌린 사람과 빌려준 사람은 규정에 따라 처벌을 받는다.

1) 선종과 교종은 3년마다 한 번씩 시험을 보이되 선종이면 전등(傳燈, 역대의 법맥)과 염송(念誦, 참선의 화두)을 보여 각각 30명씩 뽑는다.

1) 각 절의 주지는 선종과 교종에서 몇 사람을 후보자로 천거해 예조에 보고하면 예조에서 이조에 공문을 보내 결정한 다음 임명한다. 임기는 30개월로 정하고 임기를 채우면 교체한다. 만일 주지승이 범죄를 저지르면 선종과 교종에서 예조에 보고해 사실을 조사하여 죄를 다스리며 범죄자에 대해서는 추천한 중도 연좌시킨다.

1) 주지를 교체할 때 인계받은 물건이 파손되거나 잃어버린 것이 있으면 변상시킨다.

1) 무릇 절과 암자는 새로 짓지 못한다. 다만 옛 터에 다시 수리할 절은 선종과 교종에 알리고 예조에 보고하면 예조에서 임금에게 알린다.

1) 중은 자신에게 관련된 일이나 외아들인 처지에서 부모와 관계된 일 말고는 소송을 심리하지 않는다. 선종과 교종의 판사가 아닌 중으로서 도성 안에서 말을 타고 다니는 자, 양식을 구걸하거나 부모 형제를 만나거나 재를 올리는 물건을 나

르는 자 외에 마을에서 유숙하는 중에게는 죄를 묻는다. 신역(身役)을 회피하기 위해 중이 된 자는 형장 100대를 쳐서 영구히 관노비로 박아 넣으며 그 내막을 알고 있으면서 고발하지 않는 중은 속인으로 만들어 신역을 지운다.

1) 유생이나 부녀 또는 비구니로서 절에 올라가는 자, 길거리에서 불공을 드리거나 초혼을 하는 자, 개인 노비와 토지를 절간에 시주한 자에게는 모두 죄를 주고 그 개인 노비와 토지를 몰수한다.

그동안 불교의 압제정책으로 시행되어오던 전례를 명문화한 이 일곱 조항을 다시 풀어보자.

출가하려면 재물을 국가에 내고 국가 기관인 예조에서 공인해야 승려가 될 수 있었다. 또 국가에서 공인한 승려의 수는 3년에 60명으로 제한했다. 자격증 또는 면허증이 있어야 개업할 수 있는 것과 다름이 없다. 주지도 국가에서 임명했고 사찰이나 암자는 새로 짓는 것이 금지되었으며 보수 공사도 임금의 재가를 받아야 한다. 승려는 통행과 거주의 자유가 제한되었으며 여자 신도는 절에 올라가지도 못하게 했고 시주도 금지되었다. 더욱이 길거리에서 죽은 사람의 장례에 올리는 불공 또는 초혼의식마저 금지되었다. 만일 이대로만 시행된다면 불교는 명맥조차 유지되기 어려울 것이요 승려들은 굶어죽을 판이다. 너무 가혹한 규정이었다.

성종 재위 전반기에 훈구파와 사림파가 대결을 벌이기도 했으
나 인수왕대비와 사림파 사이에는 불교정책을 두고 갈등을 빚었다.
그 결과 사림파가 주도하여 『경국대전』에 불교 규정을 확정했다. 인
수왕대비는 어린 성종을 꾀어 금강산 유점사에 토지 면세 혜택을 예
외로 주게 하고, 그 절에서 직영하는 염전에도 세금을 받지 말라는
조치를 내리게 했다. 명나라에서 불경을 사오게 하고 회암사와 신륵
사를 중창하게도 했다. 여기에 힘입어 비구니 절이 도성 안 여기저
기에 자리를 잡고 버젓이 불사를 벌였다.

사림파들은 이런 현상을 보고만 있지 않았다. 1476년 성종이 친
정을 단행했다. 성종은 관례대로 유교 교육을 철저히 받았고 경연의
강의에서 불교가 이단사설이라는 가르침도 철저히 받았다. 성종은
친정을 하기 전 해에 도성 안팎의 비구니 절 23개소를 헐게 했는데
인수왕대비의 비호로 정업원만은 명맥을 유지했다. 그리하여 비구
니 절은 동대문 밖이나 남대문 밖으로 쫓겨나 겨우 연명하고 있는 처
지였다. 인수왕대비는 안타까운 마음을 달랠 길이 없어 불상을 만들
어 정업원에 안치하려고 사람을 시켜 실어 보내게 했다. 이를 안 성
균관 유생들 한 떼가 몰려가 불상을 빼앗아 불에 태워버렸다. 인수왕
대비는 불경스럽기 짝이 없는 이런 일을 당하고도 어찌할 수 없었다.

이럴 때 원각사에 소동이 일어났다. 불상이 뒤돌아 앉았다는 소
문이 퍼져 이 기적을 보려는 사람들이 물결처럼 몰려든 것이다. 종
루 아래쪽 거리로 밤낮없이 사람들의 행렬이 이어졌다. 간관들이 들
고일어나 중들이 불상을 뒤돌려놓고 헛소문을 퍼뜨렸다면서 중들
에게 벌을 내려야 한다고 주장했다. 이에 성종이 중 두 명을 잡아 가

두어 문초하는 정도의 미온적 조치를 내렸고 원각사 승려들은 가슴을 졸이다가 마음을 놓았다. 그러자 성균관에서 공부하는 젊은 유생 김굉필(金宏弼)이 긴 상소문을 올렸다.

> 뜻밖에 지금 원각사의 중들이 도성 안에 모여들어 마음대로 허무한 교를 세우고 불상을 몰래 돌려놓고는 세상 사람들의 이목을 어지럽히고 현혹시켜 사방의 남녀들이 휩쓸려 들어가고 있습니다. 밝은 시대에 어찌 이런 괴상망측한 일이 있을 수 있겠습니까? 불상이 사람처럼 실제로 돌아서고 걸어 다닌다 할지라도 그것이 나라에 무슨 이익에 되며 신하와 백성에게 무슨 좋은 일이 있겠습니까? 그들은 임금이 형벌을 더 주지 않는다는 말을 듣고 '우리 도가 일어날 수 있다'고 떠들며 기뻐한다고 합니다. 만일 대왕대비의 분부를 어기기가 어려워 죄를 주지 못한다 하시면 신은 더욱 의구심을 갖겠습니다.(『한훤당집(寒暄堂集)』)

김굉필은 조심스런 선비와는 달리 대비를 공격하고 나섰다. 그는 무오사화에 연루되어 죽은 강직한 명신(名臣)으로 꼽힌다. 이로 하여 사림파의 기세가 등등해 본격적으로 불교에 대한 공격의 포문을 열기 시작했다. 성종은 대비의 분부를 어기는 방향으로 가닥을 잡아나갔다. 이런 태도는 타의와 자의가 섞인 것이다. 궁중 행사에서 종묘제례악 등에 남아 있던 불교의식을 없애고 절과 농민이 시주나 도조 문제로 소송을 벌이면 시비를 가리기보다 농민에게 곧잘 승소 판결을 내렸다. 다시 말해 『경국대전』의 규정을 지켜나갔던 것이다.

'승려'에서 '중'으로

황해도에서 향시를 볼 때다. 마침 역질이 나돌아 그 대책을 시험 문제로 내놓았고 향교의 훈도인 권계동이라는 응시자가 별 생각 없이 "불공을 드리면 구할 수 있다"는 답안지를 냈다. 시관은 이를 보고 선비의 기풍을 개탄하여 조정에 알렸다. 이 사실을 보고받은 성종은 그 응시자를 사헌부에 가두고 문초한 뒤 변방으로 유배를 보냈다. 그리고 『경국대전』에 도첩제를 없앤다는 조항을 새로 넣게 했다. 국가의 공인을 받으면 승려가 될 수 있었던 최소한의 통로마저 막아버린 것이다. 도첩제가 폐지되면 승과(僧科)도 사라지게 된다. 기왕에 전국적으로 발급했던 도첩이 없는 중을 찾아 환속시키는 일도 벌어졌다. 포교들이 절을 뒤지고 도첩을 확인하느라 조용한 산사는 소동을 빚었다. 이 두 가지 일로 절들은 텅텅 비었으며 도첩이 없는 중들은 도망쳐 떠돌아다녔다.

과거 시험에 이단을 조금이라도 찬양하면 합격시키지 말라는 규정도 첨가했다. 이에 따라 응시자들은 불교 또는 노자, 장자의 문자를 쓰지 않으려고 신경을 곤두세웠으며 시관들은 눈을 씻고 시험지를 살폈다. 이에 영향을 받아 더러 서원과 향교의 고급 과정에서 별전(別傳)으로 강의하던 불경과 『도덕경』 과목도 일체 사라졌다. 이지함은 도가적 분위기를 지닌 기인이었다. 그는 과거 시험에서 노장을 찬양하는 답안을 냈다가 낙방한 뒤 평생 과거를 보려 하지 않았다는 일화가 전해진다.

선비들이 시문집을 낼 때에도 다투어 이단을 배척하는 잡저 따위의 글을 실었다. 이는 거의 주자의 이론을 빌려왔다. 불교를 적멸(寂滅)로, 도가를 허무(虛無)로 몰아붙이는 글을 마구잡이로 써댔다.

누가 더 불교, 도교를 공격하느냐에 따라 정통 유학자로 자부하게 되었다. 정희대왕대비와 인수왕대비가 성종을 꾸짖으며 말려도 말을 듣지 않았고 선비들을 나무라도 겁을 내지 않았다.

더욱이 승려를 국가의 중요한 역사(役事), 곧 성 쌓기, 길 닦기, 다리 놓기와 관아 건축 따위의 일에 계속 동원한 탓으로 승려들은 시도 때도 없이 불려나갔다. 그리하여 승려를 역졸, 나졸, 조군(漕軍, 조운선 운반 일꾼), 일수(日守, 관아의 수위)와 같은 일곱 가지의 천역(賤役)으로 꼽았다. 이 무렵부터 "중"이라는 평칭의 보통명사가 일반 사람들에게 천하고 얕잡아보는 명사로 각인되기 시작했다. "중"은 신라 때 자충(慈充, 주재자)이라는 이름이 전음된 것으로 보기도 하고, 대중(大衆)이란 말에서 유래되었다고도 하는데 이 무렵부터 흔히 승려 또는 스님의 비칭으로 잘못 쓰이게 된 것이다.

44

연산군과 중종 시기의 소용돌이

― 민중불교의 징검다리, 지엄

연산군은 불교의 중생 제도나 유학의 예교 질서 따위의 가르침에 관심이 없었으며 철저한 현세주의자로 그저 마시고 즐기며 세월을 보냈다. 1498년 마침내 무오사화가 일어나 선비 출신의 벼슬아치들이 떼죽음을 당했다. 그 참혹함을 보고도 겁에 질려 아무도 큰소리로 항의하지 않았을 때 중 육행(陸行)이 제자 1,000여 명을 모아 놓고 죽은 이의 명복을 비는 법회를 가졌다. 이에 한 제자가 "닥쳐올 환란이 두렵다"고 말리자 "선각자가 후각자를 깨우치고 선지자가 후지자를 깨우친다. 내가 아는 바를 사람들에게 알리는 것뿐이다. 화복을 받는 것은 하늘의 뜻이니 내 어찌 이에 얽매이리오"라고 말하며 두려움에 떨지 않고 법회를 가졌다. 육행의 자세한 내력은 알려져 있지 않으나 용기 있는 승려임에 틀림없을 것이다.

하지만 육행 같은 승려가 있는 반면에 여전히 왕실에 기대 불사를 벌이는 어용 승려가 있었다. 왕비 신씨도 열렬한 불자였다. 그녀는 남편이 방탕하고 어린 아들이 신병에 시달리자 더욱 부처에 의지

378

했다. 학조는 세조의 여러 불사를 도운 적이 있었는데 신비(愼妃)가 불사를 벌일 때에도 여러모로 도왔다. 신비가 해인사 경판의 불경을 종이 8,000여 권을 내어 찍을 때도 이 일을 주관했으며 그 뒤에도 신비의 불사를 계속 도왔다. 학조는 국사, 왕사의 직위를 이용해 명망을 누리지는 못했으나 궁중불교를 지원한 어용승이었다. 육행은 학조와 다른 길을 걸었던 것으로 보인다.

한편 학조와 대조적인 행동을 보인 고승이 있었으니, 바로 지엄(智嚴, 당호 碧松)이다. 지엄은 젊은 나이에 여진 정벌에 나서 많은 공을 세웠다. 그는 홀연히 "대장부가 이 세상에 나서 심지를 지키지 못하고 전쟁터에 끌려다니는 것은 비록 전공을 세운다 한들 헛된 이름일 뿐이다"라고 탄식하고 출가했다. 그는 계룡산, 금강산, 지리산 등지에서 수행하면서 몸에는 누더기를 걸치고 밥은 하루에 한 끼만 먹으며 정진했다. 그는 모든 명리를 끊고 자기 수양과 제자들의 훈도에만 매진했다. 휴정(休靜)이 쓴 그의 행록(行錄)에 "인사를 닦지 않

았기 때문에 세상에 아첨하지 않았으며 세상에 아첨하지 않았기 때문에 불법을 천박하게 팔지 않았으며 불법을 천박하게 팔지 않았기 때문에 범상한 선객이나 학자들은 멀리서 바라보고 물러갔다. 많은 이들이 거만하다고 희롱했지만 옛사람이 '물고기가 아니고서 어찌 물고기의 마음을 알랴'고 했는데 이런 경우를 두고 한 말일 것이다"라고 했다.

벽송당지엄영정(경남 유형문화재 제316호)

379

휴정은 또 "어두운 거리를 밝히는 촛불이요 법의 바다에 외로운 배로다. 아아, 인멸하지 않을진저, 천추까지 만세까지"라고 찬양했다. 이로 보면 지엄은 왕실의 원찰을 기웃거리지 않고 속세의 명리를 거부하며 만행으로 살아갔음을 알 수 있다. 또 신도의 보시를 거부하고 누더기 옷에 산나물로 연명하여 수도했음을 알 수 있다. 그런 가운데 그를 따르는 많은 제자들은 그의 훈도를 입었다. 그는 불교가 가장 탄압받고 있는 시대에 살면서 옛 선승의 전통을 이어갔던 것이다. 비록 대중 속으로 파고들지는 않았으나 지엄은 고고한 고독의 삶을 보여 이 시기 새 모범을 보여주었다. 이것이 민중불교로 가는 징검다리가 될 것이다.

추방된 연산군, 그 후의 혼란

연산군은 재위 10년째에 마침내 큰일을 저지르고 말았다. 전국에 채홍사를 보내 아름다운 기생들을 서울로 불러올렸으며 원각사를 기생의 처소로 만들고 "연방원(聯芳院)"이라 불렀다. 따라서 원각사에 있던 불상들은 철거되었다. 이어 성균관을 연회 장소로 만들고 공자의 위패를 옮기게 했으며 유생들도 쫓아냈다. 연산군은 연방원의 기생들과 무당들을 데리고 성균관에 가서 날마다 잔치를 베풀어 술 마시고 춤추며 놀았다. 원각사 불상을 옮기는 것을 본 유생들은 우려를 표시하기보다 오히려 "서 있는 부처이니 걸어다닌다는 말이 맞았구먼"이라고 통쾌하게 여겼다 한다.

더욱이 서울에 남아 있는 절을 거의 철회하고 그 건물은 공공의 소유로 만들었다. 1504년 흥천사 건물이 불에 탔는데 방화의 범인을 두고 말이 많았다. 그럴 때에도 선비들은 학정을 규탄하기보다 통쾌하게 여겼다 한다. 또 중들이 바랑을 짊어지고 서울 거리에서 사라져갈 때에는 뒤통수에 대고 욕질을 해댔다 한다. 이렇게 매우 저질적인 방법으로 압제를 가했으나 왕비인 신비는 이런 임금의 횡포를 막을 길이 없었다. 하지만 이런 상황에도 두 종단은 폐지하지 않아 헛이름만은 유지되었다.

1506년 중종반정으로 연산군이 쫓겨나고 중종이 왕위에 오르자 처음에는 사정이 호전되는 듯했다. 중종의 어머니 정현대비(성종의 계비 윤씨)의 후원에 힘입어 내불당, 원각사 등의 절들을 복구하자 불교계는 숨통이 트이는 듯했다. 하지만 사람들은 이를 묵과하지 않았다.

어느 때 성균관 유생 20여 명이 청계사에 들어가 불경을 쓴 첩지를 빼앗아왔다. 중종은 "부모들이 아들을 잘못 가르쳤다"고 나무라고 승정원에 불러다 타이르며 빼앗아온 불경을 돌려주게 했다. 그리고 그들에게 성균관 출입을 금지시키는 처벌을 내렸다. 하지만 사림파인 김정(金淨)이 이 처벌이 부당하다며 항의하고 나섬으로써 정면 대결의 조짐이 보였다.

흥천사 터에는 사리각만 남아 있었다. 사리각 안에는 불경과 보물이 들어 있었는데 유생들과 마을 사람들이 물건을 훔쳐낸다는 소문이 있어 정현대비가 불경을 내수사에 옮기게 하고 내시를 시켜 염탐하게 했다. 이를 안 유생들은 내시를 묶은 채 때리고 욕질을 퍼부어 뒤쫓아 보냈다. 그리고 나서 사리각에 불을 질러 태워버렸다. 대비는 임금에게 범인을 잡아내라고 강박했고 중종도 분노하여 범인으로 윤형 등 21명을 잡아들였다. 이들이 문초를 받자 사람들이 들고일어나 그들을 처벌해서는 안 된다고 항의했다.

1512년 언관들이 "서울의 인구가 늘어나고 있어서 민가를 지을 땅이 부족하니 흥덕사, 흥천사, 원각사의 터를 집 없는 사대부들에게 나누어주라"고 요구했다. 서울에 흥덕사, 흥천사는 헐렸으나 원각사는 불에 탄 뒤 일부 건물이 남아 있었다.

또 원각사의 남은 건물을 헐어 그 목재를 연산군이 역사를 벌이면서 헐어낸 민가를 짓는 목재로 나누어주라고도 요구했다. 중종은이 제의를 받아들이려 했지만 대비의 눈치를 살피느라 미루다가 끝내 들어주었다. 이런 과정을 거쳐 원각사는 영영 복구되지 못했다.

서울 원각사지
십층석탑(국보 제2호)

그리고 그 절에 있는 석탑마저 양주 회암사로 옮기려 했는데, 인부들이 3층을 철거하여 내리자 갑자기 흰 구름이 퍼져내려 탑을 둘러싸는 이변이 일어났다 한다. 이에 일을 맡은 벼슬아치가 놀라 임금에게 알려 중지했다 한다. 그런 탓인지 석탑만은 지금도 원각사 터인 탑골공원 안에 그대로 보존되어 있다. 아마도 절은 헐렸으나 탑만은 보존하려는 사람들이 이런 이야기를 꾸며냈을 것이다. 그리고 아직까지 흥천사와 원각사의 종만은 남아 있다.

이런 조건에서도 대비들이 후원으로 새로 절을 짓는 불사가 이어지고 도첩제와 주지 임명이 시행되지는 않았으나 오히려 예전보다 출가하는 사람들이 늘어나는 추세였다. 군역을 피하려고 불법으로 출가하는 장정들도 있었으며 먹고살 길이 없는 천민들이 부자 절에 들어 일을 해주고 기아를 면하고자 하기도 했다. 더불어 사화가 연달아 일어나고 세상이 부정부패로 얼룩지고 있어서 세상과 인연을 끊으려는 참불자들도 뒤섞여 있었다. 이런 탓인지 왕실 원찰인 봉선사와 조포사(造泡寺, 뒤에 봉은사)에도 승려들이 들끓어 번창하고 있었다. 조포사는 왕릉에서 제사를 지낼 때 두부를 만들어 공급하던 탓으로 이 이름이 붙여졌다.

탄압의 회오리바람

중종은 대비들의 눈치를 살피며 처음에는 방임하는 수밖에 없었지만 틈만 보이면 사림파의 손을 들어주었다. 그가 조광조 등 사림파들을 등장시켜 정치적 기반으로 삼아 개혁 정치를 도모했기 때문이다. 그러나 사림파들이 1519년 제거된 뒤 사정은 조금 달라졌다. 중종은 불교정책을 두고도 끊임없이 사림파와 대비 사이에 긴장 관계를 유지했으나 만년에는 이런 긴장 관계에서 벗어나고 싶었다. 그리하여 불교정책도 기존의 조치는 고수하되 방임 상태로 두려 했다. 그래서 의정부에서는 새로운 조치를 촉구하고 나섰다.

> 불교가 오늘에 와서 극도로 쇠퇴되었다고 하지만 중의 무리가 많은 점에서는 예전보다 더욱 심합니다. 이를 막고 금지할 방도를 시급히 강구하지 않을 수 없습니다. 옛날에는 이름 있는 사찰에는 관에서 주지를 임명하고 공사장에 나와 힘으로 봉사한 자에 대해 관에서 도첩을 주었습니다. 도첩이 없는 중에게는 일체 신역을 정해주었고 관의 임명을 거치지 않는 사람은 함부로 가 있을 수 없었기 때문에 중으로 되는 사람은 어느 정도 제재를 받았습니다. 지금 관에서 주지를 임명치 않고 도첩을 주지 않는 것은 불교를 배척하는 의미로는 지극하나 사찰은 오히려 그전대로 있으며 다시 수리하거나 새로 짓는 것들이 많습니다. 중은 법을 받들지 않고도 죄에서 벗어나고 있으며 부역을 도피하고 도둑질을 일삼는 막된 무리들은 사찰을 소굴로 삼고 있습니다. 거기에 기생해 사는 양인 장정들도 아내를 데리고 농사를 짓기 때문에 중과 일반 백성이 뒤섞이고 양인과 도둑이 한데 섞여 결탁해 나쁜 짓을 하며 출몰하면서 겁탈을 일삼는 등 못하는 짓이 없습니다.(『중종실록』 30년)

이런 모순 현상이 이 무렵에만 나타난 것은 아니지만 당시 불교의 실상을 잘 전달해주고 있다. 그 대책으로 양인 장정으로 중이 된

60세 이하 20세 이상인 자는 자원해서 노역에 나오게 해 호패를 줄 것, 호패가 없는 중은 모조리 도둑으로 몰아 죄를 줄 것, 이 일을 게을리 하는 수령은 엄히 죄를 물을 것, 새로 지은 사찰은 모두 헐어버릴 것 따위를 정했다. 이에 중종은 앞의 세 가지는 수용하되 새로 지은 사찰은 헐지 말고 그대로 두면서 "이제부터 새로 짓는 사찰은 헐게 하는 것"으로 상황을 마무리했다.

이렇게 또 한 번 사찰에 회오리바람이 불었다. 사찰의 비리만을 적발하는 수준에 머문 것이 아니라 사찰의 유지를 방해하는 탄압으로까지 치달았다. 그 보기를 두 가지 들어보자. 흥천사에 있던 범종은 숭례문(남대문), 원각사에 있던 범종은 흥인지문(동대문)으로 옮

옛 보신각 동종(보물 제2호) |
이 종은 원각사 종으로 처음 만들어졌다. 절이 없어지면서 현 명동성당 부근인 명례동현에 옮겨졌다가 다시 관철동의 보신각에 옮겨져 도성의 문을 여닫는 일과 하루의 시작을 알리는 데 쓰였다.

겼는데 이를테면 국유 재산으로 포함시킨 것이다. 이 조치로 하여 두 절의 흔적은 완전히 사라졌다. 그리고 전라도 일대에 있던 승려 3,000여 명을 조사하여 군적에 올려 정기적으로 국가 공사에 동원하게 했는데 이런 실태 조사는 전국에 걸쳐 이루어졌던 것이다. 보우(普雨)는 연산군 이후 시기 불교의 침체를 개탄해 마지않았다.

이로 말미암아 선풍은 부채에 가렸고 부처의 해는 광채가 잠겼다. 무릇 국내에 있는 사찰은 날마다 없어지고 달마다 헐려서 산에는 절이 없고 절에는 중이 없었다. 요행히 임하(林下)에서 머리를 깎은 자들도 관에서 침노하고 속세에 꼬투리를 잡혀 눈에는 눈물이 맺혔고 눈물에는 피가 섞였다.(『허응당집(虛應堂集)』)

이렇듯 보우는 아주 '리얼'하게 당시의 실정을 전했다.

성종, 연산군, 중종의 시기를 거치며 불교는 극심한 압제를 받았다. 조선 중세의 전기는 불교계로서는 암울함 시대였으며 수난의 시대였다. 이런 과정을 거친 뒤, 보우와 문정왕후의 새로운 역할이 전개되었다.

45

문정왕후의 승과 부활

― 문정왕후의 힘

문정왕후는 기질이 드세고 권력의 맛을 아는 여성 정치가였다. 그녀는 정치적 수완을 발휘할 줄 알았으며 권모술수를 능숙하게 구사했다. 그녀의 아들 명종이 12세로 왕위에 오르자 궁중의 관례대로 수렴청정을 시작했는데 이는 정계에 태풍을 예고한 것이나 다름없었다. 그녀는 무한한 정치권력을 틀어쥐고 마음 내키는 대로 정책을 수행해나갔다. 여러 절을 내원당으로 지정했으며 정기적으로 절에 향을 보내 부처님께 복을 빌었다. 또 중종의 능인 정릉(靖陵) 옆에 봉은사를 화려하게 중창했다. 봉은사는 두부를 만들어 생계를 유지하던 절이었는데 이제 불교의 중심지로 떠올랐다.

이런 그녀의 행동을 두고 선비들은 비난을 퍼붓고 나섰으나 그녀는 아랑곳하지 않았다. 을사사화로 벼슬아치들이 떼죽음을 겪은 터라 함부로 대들지도 못했다. 1550년(명종 5) 문정왕후는 영의정 상진(尙震)에게 이런 비망록을 내렸다.

군역을 질 양민이 날로 줄어들어 군졸들의 곤궁한 모습이 지금처럼 심한 적이 없었다. 그 까닭이 다른 데에 있는 것이 아니라 백성들이 아들 너덧을 두면 군역의 고통을 지지 않으려고 모조리 도망쳐 승려가 된다. 이 때문에 승려의 무리가 날로 늘고 따라서 군대의 경비도 날로 줄어들어 지극히 한심스런 지경에 이르렀다. 대저 승려의 무리를 통솔할 방도가 없으면 잡스런 승려를 금하기 어렵다. 조종조에서 이룩한 『경국대전』에 선교 두 종을 설립한 것은 불교를 높이려는 것이 아니라 승려가 되는 길을 막으려는 것이었다. 그런데 이를 폐지하여서 구제할 방도를 잃어버렸다.(『명종실록』5년)

그러면서도 문정왕후는 교묘한 말로 잘못된 불교정책을 말하고 나서 연산군에 의해 폐지된 승과제도를 부활시키고 봉은사와 봉

일제강점기 당시 봉선사 전경

선사를 각기 선종, 교종의 중심 사찰로 지정하라고 지시했다. 그리하여 『경국대전』의 규정에 따라 다음 해부터 도첩제를 실시해 두 종에서 각각 30명의 승려를 뽑았으며 전국에 걸쳐 300여 개소의 절을 공인했다. 그리고 회암사에 잠시 머무르던 보우를 봉은사로 불러올려 불도를 펴도록 하였으며, 이어 선종판사로 임명했다. 또 수진(守眞)을 교종판사로 삼아 봉선사에 머물게 했다.

― 보우, 불교 중흥의 책임을 맡다

그러면 보우는 누구인가? 초기 내력은 자세히 알려져 있지 않다. 그가 남긴 글을 종합해보면 금강산 마하연암에서 머리를 깎고 장안사, 표훈사 등지에서 수도했던 것으로 나타난다. 그의 스승은 용문사 견성암에 주석했던 지행(智行)이었던 것으로 보인다. 보우가 지은 시에 따르면 그는 대장경을 모두 섭렵하고 유가 최고의 경인 『주역』을 읽었다고 했다. 따라서 그는 불경에 해박한 선객으로 유교 경서에도 밝은 승려였던 것이다. 그가 무슨 연유로 회암사로 나왔는지는 모르나 겉으로는 풍병에 걸려 치료하러 왔다고 한다. 하지만 아마도 문정왕후가 지식이 많고 산속에서 수도하는 그를 불교 중흥의 책임자로 내세우려 은밀하게 불러올린 것으로 판단된다.

아무튼 보우는 불교 중흥의 책임을 맡고 나섰다. 이렇게 되자 눈치를 살피던 일부 벼슬아치와 선비 들이 사생결단의 결의로 들고 일어났다. 성균관 유생들은 애꿎게도 보우를 죽이라고 연일 소문을 올렸고 언관들은 하루도 거르지 않고 반대하는 건의를 올렸다. 보우가 서울에 와서 선종판사의 직함을 받을 때까지 6개월여에 걸쳐 두 종파 부활을 반대하는 내용과 보우를 죽이라는 내용의 건의가 무려 498회에 이르렀다. 문정왕후가 그래도 들어주지 않자 성균관 유생들은 몇 달 동안 성균관을 비우고 집으로 돌아갔다.

보우는 비록 수진과 같은 자격으로 판사의 직함을 받았으나 그임무는 더욱 막중해져 중흥의 책임이 맡겨졌다. 그도 여느 벼슬아치처럼 임금 앞에 나아가 절을 올리고 임명장을 받았으며 일부 사판승들은 불교의 공무를 보러 소관 부서인 예조에 드나들었다. 승려의 도성 출입 금지 규정은 이제 빈 문서에 지나지 않았다. 승과에 든 승려들은 벼슬아치와 동격으로 대우를 받았다.

보우의 불교관을 살펴보면 이는 두 가지로 요약할 수 있을 것이다. 첫째 선교일체를 주장했다. 그는 비록 선종판사직을 맡았으나 교종의 역할을 강조했다. 그는 『화엄경』의 교리를 찬양한 시를 남겼는데 이사원융(理事圓融, 절대 평등한 본체인 이와 상대 차별한 현상의 원융)의 사상이 현실적으로 요구된다고 보았던 것이다. 보조국사의 선교일치사상을 계승하여 당시 교계에서 서로 우위를 주장하는 논쟁을 타파하려 했던 것이다. 그는 두 종파에 대해 이런 시를 남겼다.

지도(至道)는 종래로 피아(彼我)가 없는데 어째서 그대들은 종파의 이론을 가지고 싸우는가. 선종은 두 절(봉은사, 봉선사)에서 다 임금의 교화로서 일불승(一佛乘, 부처님의 교법) 한 가지로 배워온다. 교가 곧 선이요 선이 곧 교다. 얼음은 원래 물이요 물도 원래 얼음이다.
선과 교가 참으로 둘이 아님을 알고자 하거든 수미의 최정상을 가서 보라.(『허응당집』)

보우는 또 교천(敎淺, 교의 얕음) 선심(禪深, 선의 깊음)의 논쟁도 배격했다. 따라서 그의 선교사상은 각기 궁극에서 깨침에 도달한다는 선교일치가 아니라 부처의 마음이 선이요 부처의 말이 교이기에 둘은 일체라는 것이다. 그의 이러한 일체관은 선교의 갈등에 참신한 논리를 제공했으며 그런 탓으로 당시 선교 융합에 신선한 바람을 불러왔다.

다음으로 유학과 불교의 융합사상을 주장했다. 보우는 유학의 이기설에도 밝은 승려였다. 그는 불교의 불성설과 유학의 사단칠정(四端七情, 仁義禮智는 사단, 喜怒哀樂愛惡慾은 칠정)설이 일치한다고 말하고 "유와 불은 손이 둘로 나누어진 것과 같고 수레에 바퀴가 둘 달린 것과 같다"고 갈파했다. 이도 현실적 갈등을 해소하려는 의지에서 발현된 논리일 것이다. 앞 시대 함허가 제시한 '현정론'의 유파라 볼 수 있으나 뒷시기에는 조금 틀을 달리하여 휴정에게로 계승되었다.

어쨌든 도첩제에 따라서 정기적으로 3년마다 한 차례씩 시험을 보아 15년 동안 다섯 차례에 걸쳐 시행되었다. 이 승과에 합격한 승려가 4,000여 명에 이르렀으며 30명이라는 정원 규정은 아예 무시되었다. 여기에는 휴정·유정이 끼여 있어서 조일전쟁(임진왜란) 때 큰 공을 세운 것이다. 승과에 합격한 승려는 신역을 면제받는 대신 베 30필을 내도록 규정되어 있으나 제대로 내는 사람이 드물어 예조에서 골치를 앓았다. 수령들은 사찰을 감시할 수 없었으며 선비들도 기세가 꺾였다. 정국 운영의 실권자인 윤원형도 문정왕후의 불교 진흥책에 동조하여 사림의 반감을 샀고 뒷날 정치적으로 타격을 받았다.

보우는 문정왕후의 뜻에 따라 재상 대우를 받으며 추종 세력을 거느렸으나 현실의 당면 문제에 미온적으로 대처한다는 불교계 내부의 여론에 시달렸다. 그는 늘 산사로 돌아가 조용한 수도 생활을 즐기려 했다. 한 승려가 보우를 제거하고자 그의 비리를 적은 문서를 들고 성균관에 들어가 소동을 피운 적이 있다. 이도 선종, 교종의 승려들이 주도권을 놓고 다툼을 벌이는 과정에서 벌어진 일이다. 그의 비리는 유언비어성이 강했으니 때로는 문정왕후를 끼고 잠자리에서 놀아났다는 말들이 퍼지기도 했다.

이러저러한 갈등과 공격에 시달린 보우는 1555년, 7년 간 맡았던 봉은사 주지직과 판사직을 내놓고 청평사로 물러가 살았다. 하지만 문정왕후의 부름으로 5년 만에 서울로 돌아와 다시 선종판사직을 맡았다. 그러나 곧바로 중상모략에 얽혀 세심정으로 쫓겨났다가 얼마 지나지 않아 또 불려나왔다. 문정왕후는 중종의 능을 한강가에 있는 광주 땅 선릉 동쪽으로 옮기고 봉은사도 그 근처로 옮겼다. 봉

일제강점기 당시 봉은사 전경

392

은사는 이때부터 막대한 재산을 끌어안고 승려들이 득실거렸으며
보우도 이 절에서 계속 살았다.

___ 부활과 좌절 사이

1565년 문정왕후는 사월 초파일을 하루 앞두고 명종에게 불교
를 보호하라는 간곡한 유언을 남기고 죽었다. 하지만 명종은 이 유
언을 헌신짝처럼 버렸다. 정치적 부담이 너무 컸던 것이다. 곧바로
회암사에서 벌이기로 예정되었던 불사도 중지시켰다. 사림들은 때
를 놓칠세라 봄 논 개구리 떼처럼 왕왕거리며 일어났다. 전국의 유
생들이 나서서 하루도 빠짐없이 선교 양종을 없애고 보우를 죽이라
는 소문을 올렸는데 6개월 동안 1,000여 건이 넘을 정도로 나라가
시끌벅적했다.

공직을 박탈당한 보우는 말을 훔쳐 타고 깊은 산골인 한계산 설
악사로 도망쳤지만 한 승려의 밀고로 체포되어 서울로 끌려왔다. 그
를 사형에 처하라는 여론이 일었으나 이이가 조목조목 사리를 들어
만류해 제주도로 유배 보내는 처벌을 내렸다. 이이는 비록 사림의
명망을 얻어 종주로 추대되었으나 늘 불교 관련의 일로 평생 시달렸
다. 이이는 19세에 어머니를 잃은 뒤 세상에 대한 허무감으로 금강
산으로 들어가 삭발했다 한다. 그런 뒤 동인, 서인으로 갈라져 당쟁
을 벌일 때 "전생에는 김시습이었고 금세에는 가낭선(賈浪仙)일세"
라는 시구를 지었다. 김시습은 불교에 심취한 떠돌이 거사였고 가낭
선은 한때 출가한 중국의 문인이었는데 자신을 이들에 비유한 탓으
로 반대파들로부터 불교도라는 지탄을 받았다.

이이가 보우와 어떤 친분이 있는지는 알려져 있지 않으나 묘하게도 금강산이라는 공통된 인연을 지니고 있다. 보우가 제주도에 이르자 조정의 동정을 간파한 제주목사 변협이 그를 불법(不法)으로 죽여버렸다. 변협은 이이의 제자였으나 스승의 비호를 무시하고 죽였던 것이다. 조정의 벼슬아치와 성균관의 유생들은 보우가 죽었다는 소식을 듣고 노래를 부르며 잔치를 베풀었다. 명종은 마침내 두 종을 철폐하고 승과시험을 없앴으며 도첩제도 폐지했다. 이렇게 해서 15년 동안 기세를 올렸던 불교의 중흥정책은 문정왕후의 죽음과 함께 일거에 무너지고 말았다.

보우는 한쪽에서는 성인으로 추앙받고 한쪽에서는 요승으로 지탄받았다. 두 가지 극단적인 평가는 보는 사람의 관점에 따라 달라질 수 있겠지만, 어쨌든 그는 적극적으로 불교계의 비리를 제거하거나 중흥책을 추진하지 못했고 많은 제자를 길러내지도 못했다. 주체적이고 자생적인 불교의 진흥운동을 펴지 못하고 문정왕후에게 업혀 피동적으로 끌려다녔다는 한계를 지녔다. 그러나 어찌 이를 보우의 책임으로만 돌릴 수 있을 것인가. 사림들의 득세와 편견에 그 책임을 물을 수밖에 없을 것이다.

어쨌든 문정왕후는 승과를 부활시킨 공로자였다. 하지만 불교계는 이를 기회로 자정 노력을 기울여 비리를 척결하지 않고 인재를 기르지 못하여 좌절하고 말았다. 한편 유학 세력은 불교를 이단으로 몰기보다 민중신앙으로 키우고 도첩제를 바르게 시행하여 국가에 유익한 방향으로 유도했어야 옳았을 것이다. 이렇게 왕실불교는 문정왕후가 죽은 뒤 침체를 벗어나지 못했다.

제10부
호국불교 민중불교

46

조일전쟁과 호국불교의 전통

― 승병이 부활시킨 승직

문정왕후가 죽은 뒤 승과가 폐지되고 승직이 박탈되자 승려들은 한탄을 토해내며 흩어졌으며 승려의 도성 출입도 다시 금지되었다. 1592년 조일전쟁이 터져 일본군은 부산에 상륙한 지 한 달이 안 되어 서울로 육박했다. 선조는 허겁지겁 북쪽으로 달아났다.

의주의 행재소에 있던 선조는 다급한 나머지 묘향산 보현사에 있는 휴정을 불러올렸다. 그는 이 무렵 서산대사로 널리 통하면서 명망이 높았다. 그는 승과에 합격한 뒤 보우의 뒤를 이어 판교종사와 판선종사를 겸직하기도 했으며 봉은사 주지를 맡기도 했다. 하지만 그는 유자들과의 마찰을 피해 승직을 사퇴하고 금강산, 묘향산 등지로 운수행각을

서산대사진영

다니며 제자 기르는 데에 진력했다.

선조는 그에게 간곡한 말로 승병을 모집하라고 일렀다. 휴정은 승병에게도 전공을 세우면 일반 벼슬아치들처럼 품계를 달라는 요구 조건을 내걸고 동의했다. 그는 여기저기에 격문을 보내 승병 1,500여 명을 모았다. 제자 의엄(義嚴)에게 관군과 합동 작전을 벌이라고 지시하고 강원도 지방은 유정(惟政)에게, 전라도 지방은 처영(處英)에게 맡겼다. 유정은 강원도에서 1,000여 명을 모집해 명군에 합세했고, 처영은 지리산에서 거병하여 권율의 막하로 들어갔다. 초기에 승병은 직접 전투에 참여하기보다는 경비를 맡거나 성 쌓는 일, 짐 나르는 일을 주로 맡았다.

의병들이 일어나 반격전이 여기저기서 일어났다. 조헌은 고향인 옥천에서 의병을 일으켰다. 공주에서 승려인 영규(靈圭)가 승병 1,000여 명을 이끌고 조헌의 의병 부대에 합류했다. 영규는 휴정의 제자로 공주의 청련암에 머물고 있었다. 조일전쟁에서 영규의 부대가 승병으로서 최초로 전투에 참여했다. 승병이 포함된 의병 7,000여 명은 일본군이 차지한 청주성을 공격했는데 평소 무술로 단련한 승병이 용감하게 앞장서 일본군을 몰아냈다. 조헌은 영규의 의견에 따라 전라감사 권율에게 편지를 보내 1592년 8월 17일 금산성 공격을 결정했음을 알리고 협조를 당부했다. 그러나 조헌은 권율의 화답을 기다리지 않았으며, 영규의 반대를 무릅쓰고 금산성을 섣불리 공격했다. 조헌이 적군의 칼날에 쓰러지자 휘하 장수가 영규에게 후퇴를 권유했으나 뿌리치고 분전하다가 죽었다. 이 전투에서 의병 700명이 죽었으며 여기에 승병도 다수 포함되어 있었다. 민중들 사이에는 이 전투와 관련하여 하나의 일화가 전해진다. 조헌이 들판을 결전 장소로 결정하자 영규는 병법에 맞지 않는 곳이니 산등성이로 옮기자고 요청했다고 한다. 그러나 조헌은 속내로 자신이 순절하면 이곳이 사당을 지을 명당 터라고 생각하여 말을 듣지 않았고, 영규는 "젊은 선비와 함께 전투를 벌여 죽게 되었다"며 한탄했다고 한다. 아무튼 영규는 조헌에 가려 전공을 제대로 인정받지 못했다.

도총섭의 직함을 받은 휴정과 승병장이 된 유정이 이끄는 승병은 평양전투에서 명군과 합동 작전을 벌였다. 서울 수복 작전에서는 휴정이 73세의 노령이어서 묘향산으로 물러간 탓에 유정이 대신하여 참여했다. 이때 관군과 의병의 연합 부대가 편성되었는데 여기에 유정이 이끄는 승병이 참여했다. 이 전투에서는 많은 성과를 거두었다. 선조는 1593년 10월 서울로 귀환했다. 임금의 행차가 서울로 들어올 때 많은 벼슬아치들이 배행했는데 휴정은 묘향산에서 나와 유정과 함께 임금이 도성으로 들어오는 대열에 끼어 말을 타고 들어왔다. 바로 승군이 임금의 호위병으로 환도했음을 의미한다. 그런 뒤

서산대사비 | 북한의 보물급 문화재로 현재 내금강 백화암에 있는 비. 임진왜란 당시 승군을 모아 구국에 앞장선 휴정의 공적을 기리고 있다. 일제강점기 당시 사진.

휴정은 도총섭을 유정에게 넘겨주고 다시 묘향산으로 들어갔으며 유정은 선조의 특별한 총애를 받아 선교양종판사를 제수받았다. 이는 승직의 부활을 의미했다. 이런 북새통에도 유학자들은 승직이 부활한다고 들고일어났다.

― 비공식특사 유정의 공적

그렇다면 유정은 어떤 내력을 지니고 있었던가. 유정은 밀양 출신으로 18세에 승과에 합격하여 서울로 진출했다. 그는 봉은사의 주지로 임명되었으나 이를 뿌리치고 묘향산으로 휴정을 찾아 가르침을 받았다. 그 뒤 가야산, 태백산 등지로 다니며 수도에 전념했다. 그는 조일전쟁이 일어나지 않았더라면 조용한 선승이 되었을 것이다.

이렇게 총림불교 세력이 호국불교의 기치를 내걸고 참전하고 있을 때 충청도 일대에서는 반란 세력이 등장했다. 일본군들이 남쪽으로 후퇴했을 때인 1596년 7월 이몽학이 주도하여 조정에 반기를 든 것이다. 이몽학은 조일전쟁 기간 모속관(募粟官)의 직함을 받고 충청도 일대에서 양곡을 모아 관군과 의병에게 보냈는데도 공을 별로 인정해주지 않았다. 그는 홍산의 도천사로 들어가 중 능운을 꾀어 동조자로 만들어서 그곳을 중심으로 중 수백 명과

영은사사명당대선사진영(강원 유형문화재 제141호)

400

종, 유리민을 끌어들였다. 불평불만에 찬 농민과 중은 도천사로 모여들었다.

이몽학이 승속(僧俗)장군이라는 이름을 내걸고 중 200여 명을 주축으로 봉기하여 홍성 등지를 점령했으나 관군의 반격을 받아 실패했다. 그런 뒤 도천사는 반역의 소굴이라 하여 불태워졌으며 도천사가 있던 홍산현은 강등되어 부여에 소속되었다. 일부 승려들은 지리산 등지에서 조정에 반기를 들고 저항했다. 이 사건에 가담한 승려들은 바로 늘 지배 세력에 저항하는 당취(黨聚, 땡추)들이었을 것이요 떠돌이였던 사당패 부류였을 것이다.

아무튼 조정에서는 유정을 전쟁의 중재자로 내세웠다. 당시 일본군에는 많은 승려들이 참전하여 참모나 장수로 활동했으며 선봉장 가토 기요마사[加藤淸正]가 이끄는 부대는 "나무묘법연화경(南無妙法蓮華經)"이라 쓴 깃발을 펄럭이며 진격했다. 곧 부처의 뜻에 따라 중생 제도를 이룩하여 조선을 불국토로 만든다는 뜻을 나타낸 것이다. 조선의 유자들은 이를 알고 혀를 내둘렀으나 그 선동성은 강렬했다. 가토가 남쪽으로 후퇴하여 울산 서생포에 주둔하고 있을 때 도원수 권율은 유정을 가토에게 파견했다. 곧 승려를 화의 사절로 이용한 것이다.

유정은 세 차례나 가토를 만나 여러 사정을 설명하면서 명나라를 배제하고 당사국끼리 휴전 회담을 성취시키려 했다. 이 회담이 원만하게 이루어질 리는 없었으나 일본군의 2대 장수인 고니시 유키나가[小西行長]와 가토를 이간시키는 효과를 가져왔고 가토의 마음을 부드럽게 하여 백성의 피해는 줄일 수 있었다. 두 사람은 이때부터 친분을 쌓았다. 이때 유정은 조정에 이렇게 건의했다.

첫째, 모든 백성을 총동원하여 적을 격퇴할 것, 둘째, 화의를 맺어 적을 돌려보내고 나서 농업을 장려하고 백성을 무장하며 군수와 기계를 준비해 적의 내침을 막을 것(「토적보민사소(討賊報民事疏)」)

화전(和戰) 양면 작전으로 먼저 총력전을 펴고 이어 화의를 성공시켜 일단 전쟁을 막은 뒤 그 다음의 침략을 대비해야 한다는 견해이다. 아무튼 유정의 견해대로 7년 동안의 전쟁은 끝났다. 그러나 수많은 포로들이 일본으로 잡혀 갔다. 그 포로의 숫자를 수만 명이라고도 하고 그보다 훨씬 많다고도 했다. 일본에서는 화의를 진행시키거나 호의를 보일 때 몇십 명 또는 몇백 명 단위로 포로를 돌려 보내주었다. 조정에서는 마침내 1604년 7월 유정을 일본에 보냈다. 유정은 일본의 실정을 살펴보고 포로를 데려오라는 임무를 받아 무거운 마음으로 길을 떠났다. 당시 일본에서는 유정이 명망 높은 승려라는 소문이 퍼져 있었다. 유정은 승려 신분이어서 정식 통신사가 아닌 "강화사"라는 비공식특사 임무를 띠고 파견되었다.

유정은 도요토미 히데요시[豊臣秀吉]를 대신한 도쿠가와 이에야스[德川家康]의 융숭한 대우를 받으며 "조선을 침략하지 않고 영원히 우호 관계를 유지하겠다"는 약속을 받아냈다. 그리고 일본의 여러 명사를 만났다. 특히 쓰시마의 심부름꾼이었던 겐소[玄蘇], 임제종의 승려인 엔코[圓光元佶], 장군 출신의 선승인 사이쇼[西笑承兌] 등 고승들과 깊은 교류를 나누었는데 그곳 사람들은 유정에게 불법을 듣고 글씨를 얻어가는 것을 영광으로 여겼다. 유정은 중생 구제를 위해 포로를 송환하는 일에 협조해달라는 부탁을 잊지 않았다. 그는 하루도 쉴 틈 없이 분주하게 돌아다니며 일본의 내정을 살피고 도쿠가 와로부터 포로 3,000여 명의 송환을 약속받았다. 말로 이루어진 약속 이기는 하지만 굉장한 성과였다.

유정은 10개월 동안 교섭을 벌인 뒤 돌아왔다. 여러 기록에서 유정이 돌아올 때 포로 3,000여 명을 직접 데리고 왔다고 했으나 실상은 그렇지 않다. 특히 지금도 밀양 표충사에 보존되어 있는 그의 비문에 "포로가 된 남녀 3,000여 명을 찾아 돌아와 임금에게 보고해 표창을 받았다"고 쓰여 있다. 실제로 유정이 데리고 온 이들은 48척 배에 나누어 탄 1,391명이었다. 유정이 돌아온 지 2년 뒤 통신사 여우길이 일본으로 길을 떠날 때 그는 여우길을 통해 엔코, 사이쇼, 겐소에게 친필 편지를 보냈다. 엔코에게는 "나의 본디 소원은 포로를 모두 데리고 오는 것이었으나 소원을 이루지 못하고 빈손으로 돌아왔소"라 했고, 사이쇼에게는 "장군이 처음에는 돌려보낼 뜻이 있더니 마침 그렇지 못하여 내가 빈손으로 돌아왔소. 형은 대장군에게 알려 그때에 시행하지 못한 것을 다 돌려보내 식언하지 않도록 하시오"(『사명당대사집』)라고 당부했다.

유정은 중생 구제와 약속 이행을 촉구하면서 포로 환송을 재차 요구했고, 일본은 그 약속에 따라 여우길이 돌아올 때 1,500명을 비롯하여 단계적으로 3,000여 명을 돌려보냈다. 다만 유정이 "빈손으로 돌아왔다"고 표현했으나 처음 약속한 3,000명 전부를 데려오지 못했음을 뜻할 것이다. 그러니 포로 송환은 그의 공적임에 틀림없다.

조선불교의 거맥, 서산과 사명

민중은 유정을 활인승(活人僧)으로 추앙하여 그의 행적에 관해 무수한 설화를 만들어냈다. 그가 일본에 갔을 때 도쿠가와가 항복하는 절을 하라고 요구했지만 "내 무릎은 너희를 위해 꿇지 못한다"고 대답해 기개를 과시했다 한다. 그리고 숯불을 뻘겋게 피워놓은 채 유정에게 불 가운데로 들어가라고 하여 그가 아무렇지도 않게 숯불 가까이 다가가자 마른하늘에서 비가 쏟아져 숯불이 저절로 꺼졌다 한다. 또 유정을 불구덩이에 집어넣고 잠을 자게 하자 그는 설(雪) 자 부적을 써서 춥게 했다고 한다. 아침에 문을 열자 그는 "왜 방이 이렇게 추우냐"고 호통을 쳤다 한다. 일본 사람들은 그를 생불로 받들고 모든 요구를 들어주었다고도 했다. 이러한 종류의 설화가 민중들의 입에서 입으로 전해지고 「박씨부인전」 같은 소설에도 담겼다.

유정이 돌아온 뒤 조정에서는 일본에 대한 적개심이 누그러져 정식 통신사를 파견해 국교를 텄다.

유정은 승려의 몸으로 이처럼 나라를 위해 충성했고 민중의 고통을 덜어주었다. 또 민중은 휴정과 영규에 얽힌 설화도 만들어냈다. 불교학자 김동화는 "보우, 서산, 사명은 조선불교를 새롭게 살리는 거맥이었다. 다시 말하면 문정왕후의 섭정에 의해서 승과의 부활이 없었다면 서산과 사명의 배출은 불가능했을 것이며 서산과 사명의 배출이 없었다면 조선불교는 적막했을 것이다"라고 적었다.

이 지적처럼 휴정의 불교 이론 또한 주목받았다. 그는 유불선 합일사상을 『삼가귀감』에서 제시했으나 그 중심은 어디까지나 불교에 있었다. 또 불교에 대해서도 선교일치를 주장했으나 "법은 일미(一味)이지만 선은 주(主)가 되고 교는 종(從)이 된다"고 갈파하여 선을 우위에 두었다. 관점이 보우와 달랐다. 휴정은 특별한 불교 이론을 내세웠다기보다 호국에 관련된 이론을 많이 냈다. 그는 스스로 해인사 부근에서 야로(冶爐)와 화살을 만들기도 하고 무기 개량과 화약 제조법, 조총 사용법 등을 개발했으며 산성 개축에도 관심을 쏟았다.

어쨌든 조일전쟁으로 무수한 절이 불타고 불보가 잿더미에 묻혔으나 그 와중에 두 고승을 배출하여 불교의 명맥을 이었다고 볼 수 있을 것이다.

47

조일전쟁·조청전쟁 뒤의 사정

― 광해군의 각별한 애정

위에서 보아온 대로 조일전쟁 때 호국불교의 기치 아래 승병들의 활동은 눈부신 바 있다. 그런데 전쟁이 평정되고 나서 1604년 나라에서는 선조의 어가를 호위한 호성(扈聖)공신, 무공을 떨친 선무(宣武)공신 등의 이름으로 공신 138명을 책록했는데 여기에 승려는 한 명도 들지 못했다. 이 공신 책록이 잘못되었다 하여 여론이 빗발치듯 일자 1605년 선무공신 1,060명, 호성공신 2,475명, 정난공신(이몽학 평정) 995명을 새로 추가 지정했으나 휴정·유정마저 여기에 끼워주지 않았다.

더욱이 여기저기에 수많은 충신 열녀각과 비를 세우면서도 승려들의 것은 거의 없었다. 조선 후기에 들어 문도들의 요청으로 몇 군데 사당이 들어섰을 뿐이다. 곧 조일전쟁 이후 200여 년이 지난 뒤인 1788년(정조 12) 승려 천묵 등의 요구로 대흥사에 휴정의 위패를 모신 표충사를 지정해주고 예관을 보내 제향 드리게 했다. 이와 때를 같이하여 묘향산 수충사(酬忠祠)에 휴정, 밀양 표충사에 유정을

406

제향 드리게 했다. 이는 정조의 특별한 정치적 배려였다.

하지만 광해군은 불교에 각별한 애정을 보였다. 광해군은 조일 전쟁 때 일선에서 몸소 승려들의 활동을 목격했다. 그는 명청(明淸) 교체기에 실리 외교를 추구하여 국가의 재난을 막으려 했는데 주자학파인 존명배청(尊明排淸) 논자들은 광해군을 군신의 의리를 저버리는 처사를 했다 하여 맹렬히 비난했다. 그리하여 광해군의 정치적 입지는 상당히 흔들렸고, 이런 가운데 그는 불교에 관심을 기울인 것이다.

성지(性智)는 풍수설의 대가였다 한다. 그는 서울의 사대부집에 출입하다가 광해군의 총애를 받아 서대문 밖에 집을 짓고 사미들을 모아 가르쳤는데 많은 승려들이 이 집에 출입하여 그곳이 절과 같았다 한다. 그는 "인왕산 아래 왕기(王氣)가 있으니 궁궐을 지어 이

를 눌러야 한다"고 건의해 인왕산 아래에 궁궐을 짓게 했다. 그리하
여 민가 수천 채를 헐어내고 승군을 동원하였으며 팔도의 인부와 목
재를 징발하였다. 그래도 모자라자 벼슬을 팔아 재원을 마련했다 한
다. 금은과 소금, 무쇠와 집터를 바치는 자들에게 벼슬을 주었다 하
니 이로 하여 백성들의 원망이 들끓었다 한다. 이렇게 하여 인경궁,
자수궁, 경덕궁(뒤에 경희궁)을 이룩했다.

광해군은 유정의 제자로 무고하게 역적에 연루된 선수(善修, 호
浮休)를 문초하다가 고승임을 알고 많은 선물을 주며 서울 주변에 머
물러 불법을 펴게 했다. 이어 선수의 제자로 조일전쟁 때 명군을 따
라 해전에서 전공을 세운 각성(覺性, 호 碧巖)을 불러올려 선교 도총섭
을 삼아 신임을 보였다. 광해군은 두 승려에게 많은 편의와 물자를
대주며 왕사처럼 대우했던 것이다. 이런 탓으로 승려들의 도성 출입
금지는 다시 빈 문서에 지나지 않게 되어 자유스럽게 출입했다.

왕비 유씨는 궁중불교의 전통을 이어 열렬한 불자로서 궁중에
서 불상을 만들어 여러 사찰에 나누어주었다 한다. 그녀는 너그럽
고 인자한 성품이어서 늘 부처에게 "원컨대 내세에는 왕가의 며느
리로 태어나지 말게 해달라"고 빌었다 한다. 유씨는 음모와 술수를
부리지 않고 임금의 살생을 막으려는 등 선한 공덕을 지어 실천한
참불자로 꼽힌다. 불자를 앞에 내세우고 정치적 술수를 부려 무수
한 사람을 살육한 인수대비나 문정왕후와는 사뭇 다른 모습을 보여
주었다. 광해군이 폐출된 뒤에도 그녀에게는 아무런 비난이 따르지
않았다.

─ 불경을 외던 유가의 아들, 허균

허균은 광해군 치하에서 벼슬을 한 선비로 불교계에서 각광을 받은 사실을 빼놓을 수 없을 것이다. 허균은 명문 사대부 집안의 아들로 태어나 유교 교육을 받고 벼슬길에 나왔다. 그런데 그는 늘 불교를 받들었다 하여 벼슬자리에서 쫓겨나기도 하고 지탄의 대상이 되기도 했다. 그는 젊을 때부터 불교경전을 읽기도 하고 불승과 어울리기도 했다. 그는 늘 불경을 외우고, 부처를 방안에 두어 조석으로 예불했으며, 때로는 먹물 옷을 입고 염불했다.

허균이 삼척부사로 있을 때 금강산 낙가사, 건봉사 등지를 찾아다니다 옥준이라는 중을 만났다. 옥준은 고승이라는 소문이 퍼졌으나 술 마시기, 말 타기, 활쏘기, 바둑 두기를 일삼았다. 그는 옥준에게 관아에 딸린 기생 하나를 보내주고 네 가지에 한 가지를 더 즐기라고 당부하면서 「오기가(五嗜歌)」를 지어주었다. 1602년 그가 34살 때 휴정에게 네 차례나 편지를 보내 가르침을 청했다. 그는 "남과 나 그리고 만물이 모두 공이다"라고 말했으며 같은 해 금강산 도솔원 미타전의 비문을 쓰면서 이렇게 언급했다.

> 나라에서 이단을 막아 불교를 높이지 않는 것은 옳기는 하되 사람들이 복을 신불에게 비는 것은 또한 한길이다. 위에서는 유학을 높여 선비의 습속을 맑게 하면서 아래로는 부처의 인고와 화복으로 인심을 깨우친다면 그 다스림이 고를 것이다.(『성소부부고(惺所覆瓿藁)』)

허균은 유정에게 여러 차례 편지를 보내 교의를 문답했다. 그는 휴정을 스승으로 모셨으며 유정과는 친구 사이로 흉허물 없이 논쟁을 벌었다.

허균이 수안군수로 있을 때 명필 한석봉에게 『반야심경』을 금글씨로 베끼게 하고 유명한 화가 이정에게 부탁하여 석가모니불, 아미타불, 미륵불, 관세음보살과 달마대사, 육조대사, 유마힐거사, 방온거사의 화상을 그리게 하여 찬을 짓고 거실 벽에 걸어두었다. 이를 두고 조리가 없다고 말하나 실은 선교와 거사불교까지 아우르는 재가 불자의 모습일 것이다. 그가 삼척부사로 있을 때 언관들은 허균의 벼슬을 떼라고 주장하며 이렇게 건의했다.

삼척부사 허균은 유가의 아들입니다. 그런데도 그는 아비와 형을 배반하여 불교를 믿고 불경을 읽습니다. 평소에는 중 옷을 입고 부처에게 절했으며 수령이 되어서는 재를 올리고 중들을 먹이면서 여러 사람이 보는데도 전혀 부끄러워할 줄을 모릅니다. 명나라 사신이 왔을 때에는 제멋대로 선과 부처를 좋아하는 말을 늘어놓아 유교의 교화를 현혹시켰습니다. 지극히 해괴합니다. 벼슬자리에서 몰아내어 선비의 풍습을 바로잡으소서.(『선조실록』40년)

이런 지탄은 그의 일생을 두고 끊이지 않았다. 더욱이 그는 유정이 열반한 뒤에 그의 탑비명을 썼는데 거기에 "제가 비록 유가의 부류이나 동생 아우의 사귐으로 스님을 가장 잘 압니다. 오늘날 따져볼 것 같으면 목우(牧牛, 보조국사), 강월(江月, 나옹왕사)의 도맥을 이은 자 우리 스님을 빼놓고 누구이겠습니까"라고 했다. 또 유정이 죽을 때 제자들에게 스승의 문집인 『청허당집』의 서문을 허균에게 부탁하라고 일러 이를 쓰기도 했다.

허균은 최초의 국문소설 『홍길동전』을 쓰면서 해인사의 재물을 털어 빈민에게 나누어주는 장면을 설정했다. 이도 많은 재산을 끼고 안락을 일삼는 총림불교의 승려들에게 중생 제도를 실천하라고 지른 할이 아닐까. 그가 마지막 신분제적 봉건

합천 해인사 홍제암 사명대사 석장비(보물 제1301호) | 사명대사 석장비는 승려 유정의 일대기를 기록한 비석으로, 1612년(광해군 4) 허균이 비문을 지었다.

체제를 타도하려 역모를 꾀할 때에 그의 수하에는 하급 무사와 중인, 서자들과 함께 승려들이 많이 참여했다는 사실도 어떤 시사점을 줄 것이다. 다시 말해 핍박받는 승려를 동조 세력으로 끌어들여 그들의 지위 향상을 도모한 것이라 이해될 수 있을 것이다.

허균은 이이와는 달리 불교도임을 스스로 표방하고 변명하지 않았다. 또 관념으로만 합일을 외치지 않고 생활 속에서 공유하는 교화를 말했으며 계율보다 대승불교의 실천적 측면을 강조하여 생활불교를 표방하려 들었다. 적어도 그는 조선시대 드러내놓고 불교도임을 표방한 유일한 벼슬아치였으며 이를 신앙만이 아니라 이론적으로 접근한 유가 출신의 불자일 것이다. 허균은 거사로서 조선 후기 불교의 민중화, 대중화의 기수였다고 말해도 무리가 없을 것이다.

인조는 광해군을 몰아낸 뒤 유학자들의 등쌀에 못 이겨 다시 승려들의 도성 출입을 전면적으로 금지시켰으며 승려들이 말을 타고 시정에 왕래하는 것조차 막았다. 더욱이 광해군이 지은 인경궁을 헐어버렸으며 남은 건물은 비구니들이 사용하게 했다. 광해군을 지지하는 불교 세력을 꺾으려는 조치였다. 다시 서울에는 승려들의 발길이 끊어졌다.

인조를 떠받드는 세력은 철저히 명나라에 충성을 바치고 청나라를 배척하는 존명배청파였다. 따라서 청나라는 조선을 제압하려 들었고 이에 조선에서는 일대 항전을 결의하고 전비를 갖추었다. 1624년부터 남한산성에 대대적인 축성 공사를 벌였는데 이때 다시 교묘한 꾀를 짜냈다. 길이 8,000미터의 공사를 벌이면서 처음에는 서울 도성 공사의 경우처럼 그 주변의 승려를 모아 인부로 동원

남한산성(사적 제57호) 서쪽 전경

했다. 하지만 공사가 제대로 진척되지 않자 각성(覺性)을 팔도 도총섭으로 삼아 전국의 승려를 동원해 공사를 진행했다. 공사를 시작한 지 2년 만에 완성한 남한산성은 서울 방어성으로서 도성 다음가는 큰 규모였다. 각성은 성을 완성한 공로로 "보은천교원조국일도대선사(報恩闡教圓照國一都大禪師)"라는 직함과 그 공적을 쓴 교지(현재 화엄사에 보존)와 의발을 받았다. 그동안의 예로 보아 허울뿐인 영광일 것이다.

성이 완성되자 수어청을 두어 군사를 배치했는데 그곳의 평상시 방어 주력군은 승려들이었다. 성안에 승도청(僧徒廳)을 별도로 두어 승병을 총괄했으며 그 안에 있는 아홉 개의 절은 승병들의 막사와 숙소로 사용했다. 승병 조직은 지휘관, 훈련관 등을 포함해 500여 명으로 편제했다. 의승방번제(義僧防番制)에 따라 승병이 전국의 절에서 번갈아 불려나왔다. 승병은 아침저녁으로 예불하면서 국가의 편안을 기원하고 낮에는 군복을 입고 훈련을 받았다.

남한산성이 포위되어 거의 함락될 지경에 이르자 전국의 의병들이 동원되었다. 각성은 화엄사에 주석하다가 이 소식을 듣고 격문을 띄워 호남의 승려 수천 명을 모아 "항마군(降魔軍)"이라 명명했으나, 남한산성으로 올라오다가 중간에 항복했다는 소식을 듣고 되돌아갔다. 조정에서는 그를 일본 사신으로 보냈는데 중간에 병이 깊어 되돌아왔다. 한편 묘향산의 승려 명조(明照, 호 虛白)는 북도에서 1627년 1차 조청전쟁(정묘호란)과 1636년 2차 조청전쟁(병자호란) 때 승병과 군량미를 모아 후퇴하는 청군을 공격하는 관군을 도왔으며, 그 공로로 "의승도대장"이라는 직함을 받았다. 이 사례가 조선 왕조의 마지막 동원된 승군이었으며 호국불교의 종장이었다.

위에서 본 대로 조일전쟁과 조청전쟁이 일어난 기간인 50년 동안 문정왕후가 죽은 뒤 침체되었던 불교가 호국불교라는 이름으로 일어나게 되고 제한적으로나마 숨통이 트였다. 조정의 정책은 억불 기조를 견지하되 불교의 실체를 인정하며 최대한 전후 복구 또는 경제의 착취 대상으로 이용했다. 따라서 승직과 승계를 주면서 의승군 제도를 두고 잡역에 정기적으로 동원하는 방법을 사용했다. 그리하여 가선대부, 통정대부 등 품계를 주기도 했고, 승려들을 남한산성 등 여러 성을 쌓는 일과 산릉 축조에 동원했던 것이다.

한편 승려들 사이에는 국가 재정을 보전하기 위해 발행한 공명첩(空名帖, 벼슬 이름을 적는 직첩)을 돈을 내고 사서 신분 상승을 도모하려는 풍조가 일어났으며 사회적 대우가 향상된 것은 호국불교에 기인한다고 여겨 불교의 중심 가치를 여기에 두는 경향이 일어났다. 후기에 전개된 호국불교는 무도한 외적을 물리쳐 불국토를 건설한다는 이름 아래 행해졌으나 엄밀한 의미에서 본다면 불교의 핵심인 살생을 범하는 결과를 빚는다. 이는 하나의 미명으로 불교 이념의 현실 영합적 왜곡 현상일 것이다.

48

조선 후기 민중불교의 확산

___ 특이한 세력, 사당패

두 전쟁이 끝난 뒤 유리걸식하는 집단이 생활 터전을 버리고, 도시고 산골이고 들판이고 바닷가를 가릴 것 없이 몰려다녔다. 이들 중에는 먹을거리가 없어서 떠도는 사람들도 있었으나 과중한 부역과 조세에 시달리다 못해 살던 고장을 떠나 떠도는 사람들이 더 많았다. 이때 사당패(社堂牌, 또는 舍堂牌)들이 유리민을 끌어모았다. 사당패는 깃대를 높이 세우고 북을 울리고 다니면서 유리민을 모아들였고 오갈 데 없는 유리민은 사당패에 합세해 길과 산골짜기를 메우며 소란을 떨었다 한다. 사회 혼란의 한 현상이었다. 하지만 워낙 집단이 크다보니 관가에서도 함부로 건드릴 수 없었다.

본디 사당패는 조선 초기 원각사를 지을 때부터 집단을 이루어 행동했다. 불교에서는 남자 신도를 거사, 여자 신도를 사당이라 부른다. 원각사를 지을 때 거사와 사당이 불사 자금을 모으러 돌아다니면서 그 보시의 정도에 따라 노비는 양인으로 만들어주고 양인은 부역을 면제해준다면서 재물을 받았다. 이들의 우두머리를 "사장(社

남사당패

長)"이라 하고 남자를 "남사당", 여자를 "여사당"이라 했다. 남사당을 "거사", 여사당을 "회사(回寺, 절돌림)"라고도 했다. 원각사가 완성된 뒤에도 사당패는 전국을 돌며 절에 필요한 재물을 염출했는데 낮은 구실아치와 천민들까지 합세해 패를 이루었다.

사당패 무리는 중도 아니고 속인도 아니면서 생업을 폐하고 부역을 기피했다. 『예종실록』에는 "지방에서는 천 명, 만 명이 무리를 지어 절에 올라가 향을 사르고 서울에서는 밤낮으로 남녀가 여염집에 섞여 살면서 북을 울리며 돌아다닌다"고 썼다. 그동안 나라에서 여러 번 금령을 내려 잡아들이기도 했으나 사라지지 않았다. 그런 과정을 걸은 뒤 사당패는 조일전쟁 직후 혼란을 틈타 더욱 극성을 부렸다. 이 무렵부터는 단순히 재물을 모아 착복하거나 절을 돕는 일보다는 광대놀이를 벌이고 매음 행위를 했다. 매음 행위는 처음 중을 대상으로 하다가 차츰 일반인을 상대하는 쪽으로 바뀌었다. 1607년 사헌부에서는 사당패 대책에 대한 이런 건의를 올렸다.

난리가 난 뒤로 군사제도를 고치는 일이 많아 문교를 일으킬 겨를이 없었습니다. 원로는 이미 죽었으나 후생이 일어나지 못해 식자들이 한심스럽게 여겨왔습니다. 더욱이 10여 년간 인심이 흔들리고 사설(邪說)이 횡행하는데도 금지와 단속이 없으니 어리석은 백성들이 미혹해서 사내는 거사가 되고 계집은 사당이 되어 자기의 생업에 종사하지 않고 중 옷을 입고 밥을 빌어먹으며 서로 끌어들입니다.(『선조실록』 40년)

이어 사당패를 그대로 두면 백련교도 같은 변란이 있을지 모르니 이들을 색출해 가족 관계를 알 수 있는 계집은 북쪽으로 옮겨 살게 하고 의탁할 곳 없는 어린이는 관아의 노비로 삼을 것이며 요언으로 사람을 현혹시키고 선동하는 자는 잡아 초달을 안기라고 요구했다. 다시 금령이 발동되고 사당패를 수색하느라 전국이 들썩였으나 여전히 실효를 거두지 못했다. 사당패는 전국에 걸쳐 활동했는데 조선 후기 경기 일대의 중심지는 안성의 청룡사였던 것으로 보인다. 청룡사의 사하촌에는 지금도 이들의 전설이 전해진다. 이들 사당패는 조선불교의 특이한 유파였으며 조선 후기 강력한 사회 세력이 되었다.

안성 청룡사 대웅전(보물 제824호)

__ '땡추' 괴승 진묵

이런 시대 환경에서 살았던 괴승을 한 명 소개해둘 필요가 있을 것이다. 모악산 대원사에 가보면 전각 주련에 이런 게송이 걸려 있다.

> 하늘을 이불로, 땅을 자리로, 산을 베개로 삼으며[天衾地席山爲枕]
> 달은 촛불, 구름은 병풍, 바다를 술동이로 만들어[月燭雲屛海作樽]
> 크게 취해 옷깃을 떨쳐 일어나 춤을 추니[大醉居然仍起舞]
> 긴 소맷자락 곤륜산에 걸리지나 않을지[却嫌長袖掛崑崙]

지은이는 진묵(震默, 불명 一玉)이다. 법호 진묵은 크게 침묵한다는 뜻이니 중의 호로 그럴듯하다 치자. 이렇게 과장법을 멋들어지게 쓸 해동나라 사람은 앞 시대에 산 시인인 김시습과 임제를 꼽을 수 있을 것이다. 진묵은 만경현의 가난한 농부의 집에서 태어나 출가한 뒤에 전주의 봉서사, 모악산의 대원암, 부안의 월명암, 완주의 송광사 등의 절에서 수도했다. 봉서사에 있을 때 어머니를 그 아래 왜막촌에 모시고 봉양했다는 것으로 보아 홀어머니가 몹시 가난하게 살았던 것으로 보인다. 그 자신은 "표주박 들고 도상에서 걸식한다"고 표현했다.

진묵에게는 많은 민중 설화가 따라다녔다. 어머니가 모기에 시달리자 산신령을 시켜 모기를 쫓았다든지, 사람들이 그의 어머니 무덤에 벌초하고 제사를 드리면 농사가 잘되어 주민들이 수백 년 동안 이 일을 했다든지, 신중들로부터 부처로 떠받들어졌다든지, 나한의 머리를 때리며 부렸다든지, 곡차라 하면 마시고 술이라 하면 마시지 않았는데 어느 중이 술을 거르면서 술이라 대답하자 금강역사가 그 중을 때려 죽였다든지, 그가 월명암에 거주할 때 나한이 등불을 월명암에 비추었다든지, 끓인 생선을 먹고 냇가에서 대변을 보자 무수한 고기가 펄떡거리며 헤엄쳐 갔다든지, 합천 해인사에 불이 나자 물을 뿜어 껐다든지, 전주 송광사와 부여 무량사에서 부처를 조성하고 동시에 증명을 부탁하자 송광사에는 주장자를, 무량사에는 염주를 보내 증명케 했다든지 하는 신이설(神異說)이 호남 지방을 중심으로 떠돌아다녔다.

진묵대사부도(전북 유형문화재 제108호)

그를 두고 "스승의 가르침에 말미암지 않았다[不由師教]"라 했으니 그야말로 국외자였던 것으로 보이며 물속에 비친 자기 그림자를 두고 석가불의 진영자(眞影子)라고 했다 하니 천의무봉의 선승이었던 것으로 보인다. 그는 임진, 병자 두 난리를 겪으면서 민중의 고통에 동참하여 생불로 추앙되었던 것이요, 승직 따위를 받지 않고 만행으로 일생을 살면서 저술을 남기지 않았던 것이다. 그리하여 민중의 구비로 설화가 전해졌고 그가 열반한 지 217년 뒤 초의선사가 이 설화를 자신의 문집에 싣고 그 경위를 설명했으며 여항문학의 리더였던 조수삼이 그의 행적을 적어 기렸다.

진묵은 총림불교를 거부한 '땡추'였던 셈이다. 그는 유명 사찰에서 머문 적이 없었고 이른바 고승들과 어울리지도 않았다. 그러니 불교계의 주류에서는 그를 완전히 도외시하여 언급조차 하지 않았으나 명리를 초월한 그를 민중은 신불로 받들었다. 그는 조선 후기 민중불교의 한 상징적 존재로 볼 수 있을 것이다. 이런 중들이 17~18세기 민중을 충동하고 변혁운동을 조종했던 것이다.

일련의 '불교 사태'

17세기 후반기에 다시 불교는 된서리를 맞았다. 곧 효종, 현종 시기 고집스런 사림 출신의 주자학도들이 정권을 주도했는데 이들은 이단을 배척하는 것이 자신들의 시대적 소명이라 여겼다. 완고한 이들은 불교계의 경제적 수탈로 국가 재정으로 보전하고 제한적이나마 사회 신분을 인정하려는 정책마저 거부했다. 현종은 이들의 건의에 따라 양민이 중이 되는 길을 엄격하게 통제했으며 이를 어긴

자를 낱낱이 찾아내 환속시키고 엄하게 죄를 물었다. 그리하여 한동안 잠잠하던 산문이 소란스러웠으며 마을들이 시끄러웠다.

하지만 서울 주변에 있는 절, 특히 봉선사와 봉원사에는 승려들이 들끓었다. 조정에서 헐어내자는 논의가 일어났으나 일단 이 의견을 접어두고 북악산 아래 성안에 있는 자수원과 인수원을 헐었다. 두 절은 인조 때부터 늙어서 의탁할 데가 없는 궁녀들이 들어가 비구니들과 함께 부처를 섬기며 노년을 보내던 곳이다. 말하자면 정업원의 후신이었다. 이 두 절에서는 역대 임금의 위패를 모시고 있었는데 이때 위패를 거두어 땅에 묻었다. 비구니 가운데 젊은 여자는 속세로 돌려보내고 늙은이는 도성 밖으로 내쫓았다. 그나마 명맥을 유지하던 궁중불교의 뿌리를 뽑으려는 조치였다.

송준길은 임금에게 두 절을 헐어버린 일을 축하하면서 한 술 더 떠 "주자는 절을 헐어 서당을 지었다"고 강조하여 자수원 터는 본디 북학이 있던 자리이니 그 기와와 목재로 북학 건물을 짓자고 건의해 관철시켰다. 또한 두 절의 목재와 기와를 가져다가 성균관 안에 비천당(丕闡堂), 일량재(一兩齋), 벽팔재(闢八齋)를 짓게 했다.

1662년 5월 전라감사 이태연이 "도내 여러 절의 불상에 땀이 흐르니 이상스런 변괴입니다"라는 특별한 보고를 올렸다. 여름철에 완주의 송광사와 남원의 실상사 부처상에 물이 흐르는 일을 두고 한 말이다. 현종은 이 보고에 현혹되었고 어떤 벼슬아치는 변고가 일어날 조짐이라고 근심했다. 이에 민정중이 반박하는 글을 올렸다.

중들이 불상을 조성할 때 으레 나무로 바탕을 만들고 그 위에 금을 덧씌우기 때문에 장마철만 되면 습기가 엉키고 맺혀서 물

421

방울이 가득 떨어집니다. 겨울철에 춥지 않아 여름에 밴 습기가 완전히 걷히지 않으면 안개와 이슬이 증기로 맺힙니다. 이는 깊은 산에 사는 늙은 중이 늘 말하는 바입니다. 지금 이것을 가지고 땀이 난다고 하여 세상의 이목을 어지럽히고 인심을 요동시키니 청컨대 이태연을 엄중히 심문하고 땀이 난다는 불상을 찾아내 모조리 부숴버릴 것이며 말을 퍼뜨린 중들을 국법에 따라 처벌하여 이단의 무리를 길이 막으소서.(『노봉집(老峰集)』)

민정중의 말이 과학적으로 옳을 것이다. 하지만 임금은 그의 건의를 받아들이지 않았다. 이즈음 현종은 갑자기 두 딸을 잃었으니 장녀 명선공주와 차녀 명혜공주가 시집갈 나이에 연달아 죽은 것이다. 임금과 왕비는 애통해 마지않으며 벼슬아치들의 반대를 무릅쓰고 두 공주의 무덤 옆에 왕실의 원찰을 지어 명복을 빌었다. 이 절이 광

성남 봉국사 대적광전(경기 유형문화재 제101호)

주 성부산 아래에 세운 봉국사이다. 이 무렵까지도 궁중에서 수륙재를 베풀 때 승려를 초청하는 등 불교 행사를 치렀으나 선비들이 막아낼 수 없었다. 현종도 불교정책을 두고 심적 갈등을 빚고 있었다.

어쨌든 현종 초기 일어난 이런 일련의 사건을 두고 "불교 사태(沙汰)"라 부른다. 이에 팔도 도총섭의 직함을 가지고 있던 처능(處能, 호 白谷)은 이를 시정해달라는 '간폐석교소(諫廢釋敎疏)'를 올렸다. 처능은 이를 통해 당시 사찰에서 승려들이 의승군으로 동원되어 성을 쌓고 능을 쌓느라 겪은 고통과 온갖 잡역으로 시달리는 실상을 토로했다. 그러면서 "사우가 보존되고 헐리는 것에 국가의 흥망이 걸려 있으며 훌륭한 승려가 출현하거나 그렇지 않은 것에 국가의 성쇠가 달려 있다"고 말했다. 따라서 그는 '불교 사태'를 중지하고 불교를 국가에서 보호해야 한다는 주장을 깔았으나 의승군과 잡역 동원의 제도를 전면 철폐하라고 요구하지는 않았다. 이런 미지근한 주장은 오랜 불교계의 관례를 따른 것에 지나지 않는다.

재산이 없는 하급 사찰에서는 이런 악조건에서 자생력을 키우는 길을 모색했으니, 곧 승계(僧契)를 이용했다. 향승청(鄕僧廳)을 조직하여 토지나 돈, 곡식을 보시하거나 장을 만드는 콩, 종이를 만드는 닥나무 등을 공급하여 사찰을 중창·수리하거나 생활비로 충당했던 것이다. 때로는 직접 노역 봉사를 하기도 했다. 승계는 서원의 학계(學契)처럼 경제적 도움을 주는 조직이었으나 신도의 유대 조직으로도 활용되었다. 승계는 조선 후기 불교 탄압이 가중되는 조건에서 사찰 경제에 큰 보탬을 주었으며 또 변혁 세력과 연계되는 조직으로도 활용되었던 것으로 보인다.

49

불안한 사회의 변혁 세력이 되다

─ 불안한 사회, 새로운 세력

17세기 후반기부터 조정은 당쟁의 경화로 분란을 야기했다. 당쟁의 소용돌이 속에서 주자학적 교조성이 더욱 굳어졌으며 이에 바탕한 북벌론(北伐論)이 대두하여 주화파와 척화파의 대결이 벌어졌다. 다시 말해 조청전쟁(병자호란)을 야기하여 우리나라의 원수가 되고, 조선이 부모의 나라로 받들던 명나라를 멸망시킨 청나라를 토벌하여 원수를 갚자는 것이다. 이 과정에서 완고한 송시열과 그 계열은 정권을 잡고 불교와 무속을 앞 시기보다 강도 높게 탄압했다.

그동안 제한적으로 탄압을 벌였던 경우와는 구분될 정도도 양민의 출가를 막고 신도의 절 출입과 보시를 통제했다. 숙종도 어릴 때부터 한유(韓愈, 한나라 유학자 출신의 문인 정치가)가 사리를 배척한 「간영불골표(諫迎佛骨表)」를 읽고 감동하여 그의 사당을 성균관 옆에 세우라고 지시할 정도로 철저한 배불론자였다. 그는 공식적으로 불교 배척을 선언했다. 1679년(숙종 5) 숙종은 청나라 정벌을 염두에 두고 전국의 승병을 동원해 강화도에 돈대(墩臺)를 쌓았다. 이 돈대는 단계적으로 이룩되었으나 남한산성의 축조처럼 거의 승려들의 노역으로 이루어진 것이다. 이 돈대는 결국 19세기 서양 세력의 침략을 막는 데 이용되었다.

1682년 희한한 일이 일어났다. 서해 앞바다에 검은 칠을 한 나무 상자가 수없이 떠내려와 조수에 밀려 연안 모래톱에 앉았다. 어부들과 주민들이 나무 상자를 열어보니 상자마다 유지로 단단하게 싼 책 두 권씩이 들어 있었다. 보관이 잘된 책들은 거의 바닷물에 젖지 않았다. 관가에서 이를 알고 책들을 수집해 서울로 보냈는데 모두 1,000권이나 되었다. 그 뒤 5~6년이 지나 또 금칠을 한 나무 불상이 제주도에 표류해왔다. 제주목에서는 심상치 않다고 여겨 이를 중앙에 보고했다.

이것들이 어디서 흘러왔는지는 정확히 모른다. 아마 일본 배가 중국 남쪽에서 불경을 싣고 가다가 난파한 탓으로 흩어진 물건들이 조수를 타고 흘러왔을 것이다. 두 번씩이나 이런 일이 일어나자 선비들은 불교가 중흥할 것이라 염려했고 승려들은 이적이라고 하며 고무되었다. 숙종도 나이 들어가면서 불교에 대한 강경한 자세를 누그러뜨렸다. 그 보기를 들어보자.

안변 석왕사에는 태조가 손수 쓴 글씨가 보관되어 있었다. 석왕사 승려들이 이것을 돌에 새겨 영구히 보존하고자 했다. 숙종은 이 글씨를 보고 손수 내력을 써서 내려주었다. 처음 강경하게 이단 배척을 선언했던 숙종이 비록 조상의 글씨 내력을 적고 찬양한 글이기는 하나 절 문서에 글을 지어주었다는 것은 타협을 의미할 것이다. 이런 분위기에 힘입어서인지 한동안 눈치를 살피던 궁중에서 드러내놓고 부처를 섬겼다. 궁녀들은 궁중에서 공공연하게 불경을 외웠으며 김여천이라는 거사를 끌어들여 궁궐에서 '칠성경'을 낭송했다. 출가해 나가 사는 여러 궁방(宮房)의 공주, 옹주 들은 절에 가서 향을 피우고 연등회를 열었으며 다달이 시주를 아끼지 않았다.

이긍익이 『연려실기술』에서 당시의 여염 풍조를 묘사한 기록을 간단히 요약해 정리해보자.

무법천지여서 온 세상 사람이 도첩의 제도가 어떤 것인지도 모른다. 그래서 일이 없는 평민이 마음 내키는 대로 비구, 비구니 또는 우바새, 우바이가 되는 것을 조금도 어렵지 않게 여긴다. 아침에는 평민이 되고 저녁에는 거사, 처사가 되는 것이다. 따라서 세상에 죽을죄를 저지르고 도망친 자들이 절을 목숨 보존하는 소굴로 여기고 머리를 깎고 모양을 바꾸어서 먹물 옷을 입으니 알아볼 수가 없다.

팔도에 널려 있는 수많은 절이 나라에 죄를 저지르고 도망친 무리가 숨는 곳이 되고 그 무리가 어찌나 많은지 호미를 찬 농부나 창을 멘 군졸보다 많다. 밭을 갈지 않고 옷감을 짜지 않아도 먹고 입는 것이 넉넉하다. 절이 궁궐보다 100배나 크고 화려하여 금은보화가 민중의 재산보다 100배나 많으며 관가에 바치는 것이 조금 있다 하더라도 이는 지방 관장의 개인 재물이 되고 국가의 재정에는 도움을 주지 못한다.

그들 가운데 조금 문자를 알면 대사라고 일컬으며 여러 암자에 거처하면서 한평생 동안 한 올의 실도 공납하지 않는 자가 절반이나 된다. 남자 신도인 거사와 여자 신도인 사당도 매우 많다. 나라 안에 가득한 이 무리가 동냥으로 직업을 삼으면서 좋은 옷에 배불리 먹고 지내니 민간에 끼치는 피해가 이루 말로 다 표현하기 어렵다. 병역을 도피하고 부역에 나오지 않으면서 평생한 올의 실도 관아에 바치지 않는다.(숙종조 고사본말)

이긍익의 지적대로 이런 실정이고 보니 도첩제는 허울만 있을뿐 사람들은 부담스런 군역과 부역을 피하고 관권의 수탈에서 벗어나려고 너도 나도 절로 들어갔다. 절의 공양주나 불목하니가 되어밥을 얻어먹는 편이 더 편안하기 때문으로 때로는 만행이나 탁발을핑계대고 떠돌아다닐 수도 있었다. 사회는 전반적으로 규범이 느슨해져 민중은 절을 도피처로 삼았으며 불교도들은 차별과 탄압에 저항했다. 18세기 전반기에 살았던 실학자 유수원은 오늘날 불교가역대에서 가장 쇠퇴했다고 전제하고 불교의 폐단을 조목조목 지적했다.

오늘날 역을 피하려는 무리로 인해 중의 숫자가 많아졌다. 백성의 역이 고르면 저 머리를 깎는 자들은 다투어 환속할 것이 틀림없다. 그러나 중이 되는 것을 억제하는 법과 제도가 없어서는안 된다. 역대의 제도를 본받아 한 고을마다 숫자를 지정해 사찰과 암자 몇 곳만을 남겨두고 절마다 중 몇 명만을 살게 해야한다. 출가에도 나이 제한을 두어야 하며 도첩제를 실시하고 도첩을 주는 대가를 받을 것이며 마음대로 중이 되게 해서는 안된다. 절에 보시로 바친 토지를 일일이 가려내 관가로 귀속시켜야 한다.(『우서(迂書)』)

유수원은 불교가 가장 침체된 시기에 이를 더욱 옥죄어야 한다고 말한 것이다. 그러면서 승려의 수가 많은 것은 피역(避役) 때문이라고 말하고 그 억제 방법을 제시했다. 18세기 후반기에 살았던 실학자 이익은 나라를 좀먹는 여섯 가지로 노비제도, 과거 공부, 문벌팔기, 광대와 무당, 비구와 비구니, 게으름뱅이[遊食者]를 들었다. 그 역시 『성호사설』인사문에서 불교를 신랄하게 비판했는데 "중들은 부처를 받들기 위해 출가한 것이 아니고 다만 여러 가지 역을 도피할 생각으로 깊은 산속에 들어가 날마다 옥토에서 나는 곡식을 축내는 무리다"라고 했다.

출가의 동기는 피역뿐만 아니라 연달아 도는 역질과 흉년에도 원인이 있었다. 1684년 2월, 봄기운과 함께 우역(牛疫)과 역질이 크게 돌았다. 평안도 지방 30개 고을에서 석 달 동안 병들어 죽은 소의 숫자가 4,000두 가량 되었으며 차츰 전국으로 퍼져나갔다. 이어 남쪽을 중심으로 염병이 휩쓸었다. 염병이 한번 돌면 가을 찬바람을 기다리며 자연 소멸을 바라볼 뿐이다. 1698년에는 흉년과 염병이 겹쳐 일어났으며 다음 해에 호구 대장을 정리해보니 호수는 25만 340호, 인구는 141만 6,300 가량이 줄었다. 1708년에는 염병과 홍역이 돌아 마을을 폐허로 만들었는데 5년과 8년을 주기로 찾아왔다. 특히 발진성 열병인 홍역은 봄철이면 어김없이 찾아와 어린아이의 생명을 앗아갔다.

여기에 정치적 사건도 연달아 일어나 많은 살육을 저질렀다. 이른바 옥사(獄事)라 일컬어지는 정치적 변동은 주기적으로 일어나 서인과 남인, 노론과 남인, 노론과 소론 등 당파가 대결하여 정적들의 씨를 말렸다. 이런 정치적 사건은 사회를 더욱 불안하게 만들었으며 따라서 새로운 사회 세력을 만들어냈다. 더욱이 전국적으로 도둑떼가 들끓어 하나의 집단을 형성할 정도로 조직적이었다. 이들도 변혁 세력의 주변부를 형성하고 있었다.

___ 사이비 승려들의 활로

한편 소유 토지도 없고 원당도 아닌 일반 사암의 경우, 먹고 살아갈 자생력을 키우지 않으면 안 되었다. 특히 흉년과 역질이 돌 때에 절도 먹고살 길이 막막했다. 사이비 승려들은 새로운 활로를 모색했다. 18세기 이후 양반 지식인들은 몰락하여 서당 훈장이나 때로는 사주 관상가, 점술가, 도시의 강담사(講談師, 이야기꾼)로 전락하여 생계를 꾸렸다. 절도 이런 새로운 사회 분위기에 휩쓸렸다. 불공만을 사찰 수입의 원천으로 삼지 않고 작명, 사주, 관상을 보아주거나 때로는 재앙을 물리치는 방법을 알려주고 부적을 돌리거나 점을 쳐주었다. 또 민중신앙으로 자리 잡은 산신과 칠성을 절 안으로 끌어들였다.

여기서 다시 한 번 그 역사적 과정을 간단히 살펴보자. 고려 중기부터 왕실에서 때때로 점찰법회(占察法會)를 가졌다. 점찰법회는 『점찰경』에 근거하여 베풀어졌다. 지장보살이 나무쪽을 던져 길흉과 선악을 점치고 참회하는 법을 말했던바 그 내용을 『점찰경』에 자세히 적어놓았다. 우리나라에서는 신라의 원광(圓光)이 처음 점찰보(占察寶)를 만들고 점찰법회를 시작했다 한다. 이 법회가 그대로 고려에 전해져 자연 재해 등의 여러 징조를 보고 법회를 통해 길흉을 판단했던 것으로 보인다. 이는 주역에 근거하여 길흉을 점치는 점술과 구분되었다.

반면 관상은 좀 더 유래가 길다. 달마대사는 상법의 체계를 세운 것으로 유명하다. 달마가 중국에 들어와 상법(相法)을 전해주자 승려들이 이를 『달마상법』이라 부르며 공부하여 관상가로 행세했다. 우리나라에 처음 불교가 전래될 무렵 『달마상법』이 묻어 들어와 널리 퍼졌다 한다. 백제에서 이 책을 일본에 전해주었다는 것으로 보아도 이 책이 많이 이용되었음을 알 수 있겠다. 고려 시기에는 상법이 널리 퍼져 관상 보는 풍조가 일어났다 하며, 더욱이 고려 말기에 살았던 보우(普愚)는 관상학의 대가였는데 그의 제자들이 이를 배워 다섯 파로 갈라져 맥을 이었다 한다. 이 책은 중국 고대에 지어져 전해지는 『마의상서』와 구분되었다.

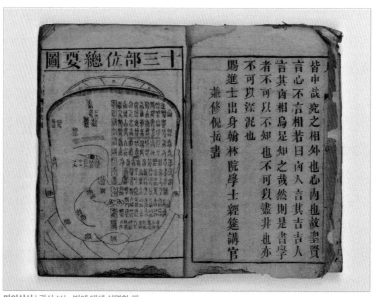

마의상서 | 관상 보는 법에 대해 설명한 책.

그 뒤 일반 사찰에서도 점을 쳐주고 사주와 관상을 봐주는 경우가 있었으나 정작 유행을 타지는 않았다. 가난한 절에서 이를 본격적인 생계 수단으로 삼은 것은 조선 후기였던 것이다. 또 절에서는 진언종의 영향을 받아 으레 신도들에게 부적을 써주었다. 부적은 여느 사람들이 제대로 알아볼 수 없는 문자나 기호를 적어 주사(朱沙)로 썼다. 부적도 조선 후기에 궁중을 비롯하여 여염에서 크게 유행했다. 이는 기복불교와 점찰불교의 접목이었다. 또 무속의 굿과 독경이 절에 유입되어 결합한 현상도 보였다. 그리하여 오늘날 무속에서 "보살장군"이라거나 "장군보살" 따위의 간판을 내거는 것이 그 잔영이다.

산신과 칠성, 지나친 기복불교

그러면 산신각과 칠성각은 어떤 동기로 절에서 받들었던가? 삼국의 초전 불교에서는 토속적 샤머니즘을 부분적으로 수용했다. 곧 호법신중(護法神衆)의 하나로 불교를 보호하는 역할을 부여했다. 산신신앙은 도교적 분위기를 풍기는 고유 신앙의 하나로서 곧잘 절의 신중탱화 속에 산신의 모습을 그려 넣었다. 절 뒤편에 산신각을 별도로 짓고 산신 탱화를 모신 시기는 조선 중기로 보고 있다.

조선 후기에는 산신각의 조성이 유행을 탔던 것으로 보인다. 본디 민간에서 받드는 산악신앙, 마을신앙과는 달리, 절의 산신은 절을 지키고 마귀를 물리치며 산속 생활의 평온을 비는 수호신으로 받아들여졌다 한다. 신도들은 절에 오면 어김없이 산신각에 들러 참배하고 가족들이 복 많이 받고 질병 없이 부귀 장수하기를 빈다. 이를

산신도

"소재강복(消災降福)"이라 한다. 절의 산신 탱화는 승려가 불경을 들
거나 단주를 쥐고 있는 그림이 많다. 또 가사를 조금 바꾸어 입혀놓
기도 한다. 산신의 시봉으로 어린아이를 그려넣는데 어린아이는 산
신에게 차와 꽃을 올리는 모습이다. 또 불로초를 들고 있는 인자한
모습의 할머니를 산신으로 그린 경우도 드물게 보인다. 이들 탱화에
는 어김없이 호랑이를 그려놓았는데 허연 수염을 늘어뜨린 산신이
타고 앉거나 옆에 데리고 있는 모습이다.

　　다음 칠성각도 산신각 옆에 세워놓았다. 칠성신앙도 산신신앙
처럼 도교적 분위기를 풍기는 민속신앙의 하나로서 무속에서는 칠
성당을 만들고 칠성굿을 벌이며 수명장수를 빈다. 불교에서는 칠성

칠성도

신앙도 수호신으로 수용했으나 신도들은 칠성각을 수명장수를 비는 장소로 여겼다. 그 수용 과정은 산신각과 비슷하다.

산신과 칠성은 본래 불교와 관련이 없으므로 이를 봉안한 건물은 "전(殿)"이라 하지 않고 "각(閣)"이라 하였다. 이 두 신앙을 불교에서 수용한 것은 하근기(下根機)의 중생을 접수하기 위해서라고 하나 이는 너무 자의적으로 풀이했다고 말할 수 있을 것이다. 조선 후기 억불의 시대에 승려들이 절을 유지하고 생계를 마련하기 위해 토속신앙을 숭배하는 민중을 끌어들이기 위한 방편의 하나였다고 보는 것이 시대 사정에 맞을 것이다. 아니면 조왕신 등 다른 민속신앙을 수용한 것은 어떻게 설명할 것인가?

갑사 삼성각(충남 문화재자료 제53호) | 삼성각이란 산신, 칠성, 독성을 함께 모신 당우를 말한다.

아무튼 위의 몇 가지 현상은 민중불교의 한 표현이 되겠으나 불교의 본질을 변질시키고 왜곡시킨 하나의 전형이 되었다. 그리하여 현대에 들어서도 오히려 승려들이 먹고살 지름길로 여기는 풍조로 굳어졌다. 이로 해서 불교가 지나치게 기복불교로 전락하여 부처님의 참가르침을 변질시키고 있다.

__ 승려의 희화화

이런 현상에 영향을 받은 탓인지 승려들은 민중의 눈에 아주 친근하게 비쳐지기도 하고 희화화의 대상이 되기도 했다. 조선 후기에는 방각본(坊刻本) 국문소설과 함께 탈놀이도 유행을 탔다. 탈놀이에 나타나는 승려의 모습을 통해 서민들의 정서를 확인할 수 있는데,

하회탈놀이 파계승마당

먼저 하회(河回) 별신굿의 탈놀이를 보자.

　이 탈놀이는 셋째 마당의 '파계승놀이'부터 본막(本幕)이 오른다. 먼저 각시가 탈을 쓰고 나와 한창 춤을 추고 있노라면 탈을 쓴 중이 나와 각시를 바라본다. 각시가 치마를 들어 오줌을 누고 나서 다시 춤을 덩실덩실 춘다. 중이 오줌이 젖은 흙을 손에 쥐고 냄새를 킁킁 맡으며 성적 충동을 느낀다. 각시가 이를 바라보고 놀란 표정을 짓다가 함께 어우러져 춤을 춘다. 초란이가 나오자 중이 각시를 업고 달아난다. 이어 양반과 선비, 하인들이 나와 중이 달아나는 모습을 보고 양반과 선비는 세상이 막돼먹었다고 한탄하나 하인들은 즐거워하면서 서로 껴안는다.

　산대도감 계통의 탈놀이를 보자. 사월 초파일에 벌이는 탈놀이의 한 대목인 취승잡희(醉僧雜戲)가 있는데 『경도잡기』에 그 연희 장면을 적어놓았다. 어린 기생이 춤을 추며 절을 한다. 낭자(郎子)가 맞절을 하고 기생을 빙글빙글 돌려 춤을 춘다. 늙은 중이 이를 모퉁이에서 지켜보고 있는데 상좌가 나와 노승 앞으로 가서 기생을 가리킨다. 노승이 못 본 체하자 상좌가 귓속말로 숙덕거린다. 노승이 흘겨보자 상좌가 지팡이를 주어 끌어당기나 노승을 몸을 떨면서 일어나지도 못한다. 그러자 상좌가 억지로 끌어당겨 기생 주변을 돌며 춤을 춘다. 상좌가 거간 노릇을 하여 주선해주자 노승과 기생은 서로 어우러진다. 낭자가 가까이 가면 슬슬 피한다.

낭자가 비단 신발을 벗어 기생의 발에 신겨주고 가자 노승도 낭자의 신발을 벗기고 알록달록한 자기 신발을 기생의 발에 신겨주고 간다. 낭자가 돌아와 신발이 바뀐 것을 보고 성이 나서 기생을 때리자 기생은 거짓 울음을 운다. 낭자가 기생의 허리를 끼면서 성을 풀고 간다. 노승도 다시 와서 기생을 끼고 가버린다. 낭자가 술에 취해 다시 들어왔으나 기생이 보이지 않자 꺼이꺼이 운다. 기생이 노승을 버리고 다시 들어와 낭자의 허리를 끌어안고 운다. 낭자가 이렇게 해학질을 치고 노는 것이다.

꼭두각시놀음의 박첨지 마당 "절 짓고 허는 거리"에는 "상좌들이 나와서 절에다 시주를 하면 자식 많이 낳고 부귀공명 누리게 된다고 하면서 절을 짓는다. 절이 다 완성되면 이번에는 다시 헐어낸다"는 장면을 연희한다. 또 홍동지가 나와서 중을 꾸짖는 대목에 "여봐라, 듣거라. 보니 거리 노중이냐? 보리 망종(芒種)이냐? 칠월 백중이냐? 네가 무슨 중이냐? 염불엔 마음이 없고 잿밥에 마음이 있어 비색을 데리고 춤만 추는구나. 나도 한식 놀아보자"(고려대 민족문화연구원, 『한국민속대관 4권-세시풍속, 정승놀이』)고 말한다.

꼭두각시 놀음 | 사진은 꼭두각시 놀음 제8막 불사 건립의 한 장면으로, 상좌 세 명이 절을 짓고 난 후 법당을 향해 합장하고 있는 장면이다.

탈놀이, 인형극 등 연희에는 노승, 상좌, 파계승 들이 등장한다. 이들은 풍자의 대상이다. 하라는 염불이나 수도는 팽개치고 술 먹고 고기 먹고 과부, 처녀, 기생 등과 색욕을 밝힌다. 하지만 부처를 직접 대놓고 꾸짖지는 않는다. 상대적으로 벼슬아치와 양반, 선비보다는 그 풍자의 정도가 그리 강렬하지 않으며, 따라서 지배 세력과 한통 속으로 몰아가면서도 어딘지 친근감을 보여준다. 이는 그 시대 승려 들의 행태를 사실적으로 꼬집으면서도 자기들과 같은 인간으로 바라보며 애정을 보낸 것이다.

아무튼 이러한 세태와 함께 무학이 지었다는 비기를 비롯해 『토정비결(土亭秘訣)』, 『정감록(鄭鑑錄)』 등 비기류의 유행도 있었다. 이들은 일정하게 민간신앙과 변혁사상이 결합하여 유행을 탔는데 미륵신앙이 그 중심에 있었다.

시대 상황이 어려울수록 민간과 불가에 미륵신앙이 널리 퍼졌다. 신라 말기에 미륵신앙이 민간의 중심사상으로 자리 잡은 상황과 비슷했다. 17~18세기 가난하고 작은 사찰에서는 미륵경을 자주 찍어 돌렸다. 신도들은 이를 봉송하면서 미래불인 미륵이 현세에 도래해 빈부와 신분의 차별이 없고 질병으로 고통 받는 자가 없는 이상 세계가 열릴 것을 열망했다. 미륵은 민중들이 열망하는 일종의 '메시아'였다. 일부 거사패는 미륵신앙을 부추겨 민심을 충동질했다. 양주 땅에 근거를 튼 여환은 "석가의 시대는 가고 미륵의 시대가 도래했다"고 떠들며 변혁을 도모했다. 작은 암자마다 미륵불을 조성하기에 바빴고 미륵불을 조성한 금산사, 법주사, 관촉사는 기도하려는 사람들로 들끓었다.

땡추 조직의 활동

이 무렵 '땡추'들이 제 세상을 만난 듯 바쁘게 돌아다니며 무리를 모았다. 땡추는 한자어인 "당취(黨聚)"의 전음이라고 하는데 '떼지어 모인다'는 뜻을 지니고 있다. 이들은 작은 암자나 도시 주변의 절을 중심으로 모여 여염에 출몰했으며 비밀 조직을 만들어 처사, 거사와 손을 잡았다. 조직원들은 동료가 어려운 일에 처하면 도와주고 압제를 받으면 복수하는 등 단결력을 과시했다.

땡추들은 산적이나 명화적처럼 산과 도시를 넘나들면서 자기네 조직원끼리 알아볼 수 있는 옷이나 암호 따위의 신표(信標)를 지녔다. 이들은 전국을 돌아다니면서 변혁 세력과 손을 잡고 때로는 민심을 충동하는 유언비어를 만들어 퍼뜨렸다. 15세기 말 무렵 정읍 내장사의 중들이 집단을 이루어 관가의 재물을 털고 양반 부호의 집을 습격한 일이 있었는데 이들을 조사해보니 무사, 서얼, 노비 등 다른 세력과 연결되어 있었다. 이들이 아마도 땡추 세력의 일부였을 것이다.

땡추의 조직과 강령, 활동 등에 대한 자세한 기록은 거의 찾아볼 수 없다. 하지만 여러 기록을 종합해보면 그 부류로 분류할 수 있는 사례들이 몇 가지 나타난다. 17~18세기에 일어난 사건에 한해 그 보기를 두 가지 들어보자.

1697년(숙종 23) 이영창 등의 역모 사실이 발각되었다. 서자인 이영창은 명나라가 망한 뒤 망명해온 승려 운부(雲浮)가 금강산에 있는데 상천통문(上天通文) 하찰지리(下察地理) 중관인사(中觀人事)하는 옛 제갈공명과 같은 인재라고 선전했다. 운부의 제자 100여 명이 전국에 퍼져 있는데 도둑 괴수 장길산과 연결되어 있으며 진인 정씨와 최씨가 가담했다고 했다. 먼저 조선에 정씨 왕국을 세우고 청국을 쳐서 천자국을 세울 것이라고 호언했다.

이 사건이 고변자에 의해 발각되어 조정에서는 운부와 장길산을 체포하라는 명령을 내렸으나 두 사람은 끝내 잡히지 않았다. 이 일로 하여 승려를 수색하느라 절마다 큰 소동이 일어났고 그 뒤 승려에 대한 수색이 강화되어 승려들의 활동에 제약을 받았다. 이 사건은 서자와 의적이 승려와 연결되어 있었음을 보여준다.

1728년(영조 4) 이인좌 주도의 변란이 경상도·충청도 지역을 중심으로 일어났다. 이인좌가 충청도에서 거사하자 정희량과 이웅보는 경상도 일대에 격문을 돌리고 거창과 합천 등지를 점령했다. 이에 호응한 지리산 세력이 동쪽의 대원사 골짜기와 쌍계산 연곡사에서 출몰했다. 호남 일대에도 작은 규모의 봉기군이 출몰했으며 지리산 세력으로 보이는 수천 명이 순창 영취사에 모여 서울로 진격하려는 움직임도 있었다. 그런데 관군 쪽에서는 이들 지리산 세력의 두목을 대유(大有)로 파악하고 있었다. 대유는 수천 명의 도당을 거느리고 봉기에 참가했다가 이인좌가 잡힌 뒤 자취를 감추었다. 그러나 지리산 세력의 활동은 계속되었다. 이런 모습은 19세기 들어 더욱 두드러지게 나타난다.

50
위경의 등장과 원당 금지

— 미륵경을 빙자한 위경

이 시기 우리에게 당시의 여러 실상을 시사적으로 알려주는 증거물이 여럿 있다. 창녕 화왕산에 있는 관룡사(觀龍寺)는 밀양의 표충사와 이웃해 있다. 이 절은 표충사와 함께 서산대사, 사명대사를 받드는 법손들이 주석하고 있었다. 이 절에서 『불설상법멸의경(佛說像法滅義經)』을 간행했는데 그 개간 연도는 1735년(영조 11)으로 기재되어 있다. 그런데 앞에 "불설"이라 붙여 부처님의 원시 경전처럼 그 설자(說者)를 밝혔으나 팔만대장경에도 수록되지 않은 위경(偽經)이었다. 위경은 인도, 중국, 일본 등지에서 더러 보이나 우리나라에서는 거의 찾아보기 어렵다. 그 보기로는 부모의 은혜에 보답하기 위해 효를 장려한 『불설대보부모은중경(佛說大報父母恩重經)』을 들 수 있다. 이 경은 유학의 효 정신을 담아 중국에서 간행된 것인데, 이 역시 "불설"을 붙여 마치 부처님이 설한 경전으로 꾸몄으나 위경으로 밝혀졌다. 우리나라에서는 궁예가 만들었다는 불경도 전해지지 않는다.(이에 관한 논문은 남동신, 「조선 후기 불교계 동향과 『상법멸의경』의 성립」)

441

이 위경은 단권의 넉 장으로 이루어졌다. 앞에 세존이 열반할 때 많은 보살들 앞에서 말씀하셨다고 내걸고 몇 단계로 나누어 설파했다. 그 첫 단계는 말세의 사정을 말한 것으로 "내 열반한 뒤 우리 법이 멸하려고 할 적에 악마가 사문(沙門)에 일어나서 우리 도를 어지럽혀 속세의 의상을 입으면서 가사를 오색의 의복으로 즐겨 만들며, 술을 마시고 고기를 먹으면서 사냥을 하여 고기를 팔며, 밭을 일구고 곡식을 심으면서 들판을 불태우며 중생을 살해하면서 자비가 거의 없다. 다른 이의 자만을 비방하면서 스스로 그 법을 나무라며 늘 악업을 지어 끝내 아비지옥으로 떨어져, 천겁을 지나도록 고뇌를 받아 길이 헤어나지 못한다"고 했다. 말세의 타락으로 그 징벌을 받게 됨을 말했다.

둘째 단계로 "임금이 일어나서 승병을 머물게 하며 참된 승려는 들로 내려가고 외도를 하는 자가 입산하여 술 마시고 법을 강술하며 계율을 받지 않고 법을 팔아 살아가며, 중은 부처를 공경치 않으며 불법은 쇠망하고 유도가 치성하며 인과를 믿지 않고 즐겨 외전을 외우며 하늘을 능멸하고 임금을 매도하며 신심과 사도가 도착(倒着)되어 제천(諸天)이 울도다. 풍우가 고르지 못하여 오곡이 풍성하지 못하며 벌레가 곡식을 먹어 사람들이 주려 많이 죽으며 거의가 악인으로 굴러떨어져 길이 좋은 인연을 끊는다"라고 했다. 말세 타락의 결과, 임금이 참된 승려를 대우하지 않아 재앙이 닥친다는 것이다.

셋째 단계로 "인물과 만물에 한꺼번에 괴변이 일어나 말법의 시기마다 40세에 머리가 희기도 하고 30세에 머리가 희기도 하며 20세에 머리가 희기도 하고 10세에 머리가 희기도 하며(비기와 같은 난해 문구 15자 삽입) 7년 풍재(風災)로 땅이 말라버리고 7년 수재로 유정(有情) 만물이 물에 잠겨 모조리 문드러진다. 이 재난을 당하면 길이 헤어날 수 없다"라고도 했다. 말세에 괴변과 재앙이 일어난다는 것이다.

그런 뒤 보살들이 "세존이시여, 말세에 중생이 어찌 이 고난을 면하겠나이까"라고 울부짖자 "중생이 이 어려움을 면하려면 3종의 선인을 지어야 하니 무엇이뇨. 하나는 참선이요 둘은 염불이요 셋은 자선이니 이 3종 선근(善根)에 인연한 자는 신력이 있어 곧바로 삼승산에서 쾌락을 받아 세세생생 길이 3재를 겪지 않는다"고 전제하고 성인 양거왕(梁居王, 전륜성왕의 별명인 듯함)이 탄강하여 용화대회를 열고 중생을 제도하여 필경 성불한다고 갈파했다. 이때에는 천하가 태평하고 풍년이 연달아 들며 사람들이 8만 4,000세를 살고 키가 60척이 되며 의식과 행장은 금은, 유리, 옥돌, 호박, 진주 등 칠보의 이익을 받는다고도 했다. 미륵불이 출현하는 용화세계가 열린다는 것이다.

마지막 단계로 "만약 이 인생에서 좋은 인연을 닦지 않고 늘 악행을 저질러 인과를 믿지 않으며 부처를 빌려 하늘을 능멸하고 법을 해쳐 하늘을 비방하며 두 어버이에 효도하지 않고 임금을 속여 피역하며 스승을 천하게 여겨 자만(自慢)하는 자는 이 재난을 만나 모조리 아비지옥에 떨어진다"고 했다. 당시의 여러 사회 모순과 현상을 지적한 것이다.

이 몇 단계의 설명은 정교하지 못하다. 왜냐하면 말세의 타락을 설명하면서 역사적 사실과 현실적 상황 곧 불교의 타락과 유교의 번성을 조합하다보니 그 논리적 괴리를 벗어나기 어려웠던 것이다. 미륵하생의 용화 도래를 말하면서 조정의 현실 정책과 결부시키다보니 미륵이 하생해도 결국 아비지옥에 떨어지는 죄를 짓는 중생이 있다고 설정한 것이다. 따라서 『미륵하생경』이나 『미륵성불경』의 내용을 왜곡하고 있다. 이는 미륵경의 해설이 아니라 이를 빙자한 위경이기 때문에 가능한 것이다.

어용 승려들의 피나는 자구책

그럼 왜 이런 위경들을 만들었을까? 이를 만든 이들은 서산, 사명의 법손으로 표충사와 연계 관계에 있는 절에 주석하는 승려들이다. 글 말미에 적은 명부를 보면 대덕, 가선, 통정, 승통, 판사 등의 직함이 보인다. 쉽게 말하면 호국불교 계통의 어용 승려들이 만들고 간행했음을 알려준다. 그 목적은 불교의 타락상과 불교 변혁 세력의 준동, 미륵신앙을 통한 현실 부정의 사회 분위기, 유교의 횡포와 외전의 유행 등 정통 불교의 위기의식을 지양하고 지배 세력과 일정한 타협을 모색한 논리 전개였던 것으로 보인다. 다시 말해 이 위경을 불교의 억제와 차별을 누그러뜨리는 도구로 활용한 것이 아닐까.

더욱이 이 경을 간행한 뒤 두 가지 일을 벌인 것만 보아도 이를 추정할 수 있다. 이 책을 간행한 3년 뒤 관룡사의 실질적 지도자로 보이는 연초(演初)의 노력으로 유정의 사당을 대대적으로 중창하여 휴정, 영규를 합해 배향시키고 이후 표충사 사액(賜額)을 받아 국가의 공인을 받고 지원을 얻었다. 이어 1년 뒤에는 유정의 행적과 글을 모은 『분충서난록(奮忠紓難錄)』을 편찬·간행했는데 관아의 지원과 중앙 정계의 협조가 있었다. 한편 삼종 선근으로 참선, 염불과 함께 자선을 든 것도 불교 재정 수입의 기초가 되는 보시를 염두에 둔 설정이라고 볼 수 있다. 또 나쁜 짓의 하나로 "임금을 속이고 피역한다"는 구절을 깔아놓은 것도 이와 맥을 같이할 것이다.

끝에 "주상삼전하수만세(主上三殿下壽萬歲)"라 하여 임금과 왕대비, 왕비의 축수를 위해 간행했음을 밝혀두었다. 또 연초는 유학자 출신의 문장가 신유한을 '방외(方外)의 벗'으로 사귀어 『분충서난록』의 편집을 맡기기도 하고 『관룡사사적』을 만들게도 했다. 신유한이 정계의 거물은 아니나 그 다리가 되어주었던 것이다. 휴정의 『삼가귀감』이 논리적으로 유불선 삼교의 타협을 모색했다면 이 위경은 당시 불교계의 현실을 인용한 하나의 정치적 제스처 또는 상징 조작으로 볼 수 있겠다.

다시 말해 불교도의 변혁적 정치운동을 누그러뜨리려는 의도가 깔려 있다는 뜻이며, 주자학적 교조성이 강화되어 불교의 탄압이 가중되지 않도록 작용하려는 몸짓으로 볼 수 있다는 뜻이다. 원당에 기대어 살고 있는 어용 승려들이 위기의식을 가지고 벌인 피나는 자구책이라 말할 수 있을 것이다. 이 위경이 그 뒤에도 여러 차례 간행되어 신도들에게 배포된 사실도 이를 뒷받침한다.

ㅡ 영조의 원당 금지

영조 말년에 승려들의 위기의식은 현실로 나타났다. 1758년(영조34) 황해도의 한 무당이 생불이라고 자칭하며 민심을 선동하자 사람들이 앞다투어 받들었으며 주변의 무당들까지 줄줄이 따랐다. 이 보고를 받은 영조는 심상치 않다는 생각이 들어 어사 이경옥을 보내 실태를 조사하고 무당의 머리를 베어 조리돌렸다. 이런 강경책은 혹세무민(惑世誣民)으로 사회를 불안케 하는 세력을 뿌리 뽑으려는 의지의 소산이었다. 이 무렵에는 종전보다 더 승려와 무속이 끈끈하게 결합하여 동류의식을 보였다. 무당들은 신포세(紳布稅)를 바치면서도 승려와 마찬가지로 도성 출입을 금지 당했다. 이들은 불경은 뒷전이고 점치고 사주·관상·작명 보는 책을 더 소중하게 간직했다. 무당과 승려는 고통 받는 민중과 밀착하여 공통으로 기복의식을 벌였다.

영조는 근검절약을 권장하고 사치를 막아 국가 재정을 튼튼히 하고 서민 경제생활의 안정을 도모하려는 정책을 지속적으로 펴 나갔다. 그 일환으로 궁중의 가체(加髢)를 금지시키고 금주령을 발동했다. 영조는 이와 함께 왕릉 근처의 사찰 창건을 금지했다. 본디 『경국대전』을 반포할 때 사사(寺社) 조항에 "무릇 사사는 새로 창건하지 말고 오직 옛 터만을 중수하되 두 종(宗)에 알린 다음 담당 관서인 예조에 알려야 한다"는 규정을 두었다. 그러나 이 규정이 지켜질 리 없었다.

영조는 1770년(영조 46) 지시하기를 "능침(陵寢) 가까운 곳에 사찰의 창건을 엄금하며 능의 일을 맡은 벼슬아치나 능지기가 금지하지 못하면 중한 벌을 내린다"고 지시하고 이 조문을 법전에 올리게 했다. "가까운 곳"이라는 표현이 막연하기는 하나 이는 일반 사찰이라기보다 능묘 주변에 세우는 원당을 짓지 말라는 의미로 해석된다. 따라서 도성 안에 절을 짓지 못하게 한 조치보다 더 가혹한 규정으로 사찰을 함부로 짓지 못하게 하려는 의도였다.

이 조치로 궁방의 하나인 용동궁에 있던 미황사를 헐었다. 용동궁은 명종의 아들인 순회세자가 살았던 궁으로 도성 안인 지금의 수송동에 있었는데 여기에 원당인 미황사를 세웠던 것이다. 그러나 미황사 이외의 다른 원당을 전면적으로 헐어내지는 않았던 것 같다.

제11부
승려의 자유와 실천

51
정조의 타협적 불교정책

─ 원당을 혁파하라!

정조는 호학의 군주로 정학을 주창한 주자학의 문도였다. 특히
할아버지 영조의 여러 정책을 그대로 존중하며 진행하되 무리한 짓
이나 살육을 삼갔다. 불교정책도 이 범주에 들어 정조는 새로운 불
교정책을 폈다. 그가 즉위하자 1776년 대사간 홍억이 이렇게 제의
했다.

각 도의 사찰을 원당이라 부르게 된 것이 어느 때부터 시작되었
는지 모르겠으나 요즈음에 들어와 더욱더 심해져 거의 온 서울
안에 퍼지고 있습니다. 이것이 비록 승려들이 관청 역사 동원에
너무도 지친 나머지 이를 빙자하여 제 한 몸을 보존하려는 계책
에서 나왔겠지만, 심지어는 사사로이 위패를 만들어 놓고 제멋
대로 제사까지 지내는 것은 무엄하기가 이보다 더 심할 수가 없
습니다. 일제히 금지시키기 바랍니다. 각 군영과 고을들에서 승
려를 침해하는 폐단에 대해서도 엄격히 단속하기 바랍니다.(『정

여기에는 중요한 사실이 담겨 있다. 사찰을 원당이라 부르고 지방은 물론 서울에까지 원당을 짓는다는 것이다. 원당은 궁중이나 궁방(宮房)에서 왕자, 공주 등 왕실 사람들의 명복을 빌기 위해 짓는 개인 절이다. 그런데 승려들이 원당이라는 이름을 붙여 절을 짓고 여기에 왕자, 공주의 위패를 무단으로 앉힌 채 제사를 지내 보호받으려 한다는 것이다. 다시 말해 새로 절을 지을 수도 없고 더욱이 도성안에 짓는 것은 절대 금지한 상태였으니 교묘한 편법으로 법망을 벗어나 원당이라는 이름으로 절을 짓는다는 것이다.

문정왕후가 불교 진흥을 위해 활동할 때인 명종 시기, 승려들은 원당이라는 이름으로 사찰 토지에 푯말을 세워 보호받으려 했다. 곧 양반 사대부들이 함부로 사찰 소유의 산에 장지를 잡는 것을 막으려 한 것이다. 이때부터 원당의 이름을 빌려 편법으로 사찰을 보호하거나 새로 절을 지으면서 원당으로 만들기도 하고 궁방에서 원당을 지어 토지를 소유하고 조세를 탈루하는 방법으로 써먹었다. 이것이 늘 말썽을 불러왔으나 왕실의 비호로 흐지부지 넘어갔던 것이다.

이 건의에 정조는 이렇게 대답했다.

내가 지시를 하려고 하여도 너무 이른 것 같아서 혐의쩍게 여기던 참인데 이 제의한 내용을 보고 아주 가상하게 생각한다. 이단을 배척하는 것은 곧 우리 조정의 가법인데 사찰을 원당이라 부르는 자체가 아주 거북한 일이다. 심지어 집을 짓고 신주를 만들어 제멋대로 제사를 지내는 것은 아주 공경스럽지 못하다.

먼저 임금도 여러 궁방에 대하여 끈질기게 줄다리기하던 것을 내가 직접 보아왔고 용동궁에 있는 미황사를 내가 세손궁에 있을 때 이미 철거했다. 더구나 지금 풍속을 바로잡는 때에 세상 교화에 도움이 되는 것이라면 응당 안 해 보는 일이 없이 끝까지 해야 할 것이다. 다 같이 금지시킬 것이다.(『정조실록』 즉위년)

정조는 전국에 널려 있는 원당의 폐해를 금지했다. 곧 원당에서 많은 토지를 가지고 재를 올리며 벌이는 불사를 막은 것이다. 그는 전교하기를 "서울 각 관사(官司)와 각 궁방의 원당은 일체로 혁파한다. 이미 세운 것은 헐고 세우지 않은 것은 엄히 금한다"고 했다. 이는 영조의 정책을 답습하면서 한 걸음 나아가 불법적 원당을 원천적으로 없애버린 것이다. 영조가 지시한 내용과 이 조항이 1865년 새 법전인 『대전회통(大典會通)』을 편찬할 때 증보되었다. 그리하여 두 조항은 불교 탄압의 마지막 악법으로 남아 탈법으로 활로를 모색하던 불교가 더욱 위축되는 계기를 만들었다.

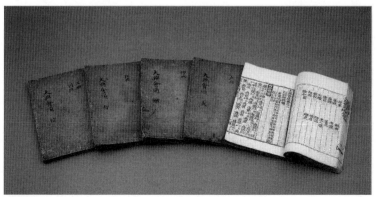

대전회통

정조는 불법적으로 건립된 원당 혁파를 개혁 정치의 일환으로 보았다. 이로써 하급 구실아치와 소외된 왕족이 불교 세력과 연계되는 끈을 끊고 벼슬아치와의 관계에서 야기되는 폐단을 없애며 변혁 세력의 아지트인 사찰을 억제하는 효과를 도모하려 했다. 또 이를 통한 피역 탈세도 막으려고 했다.

하지만 이 지시는 철저히 시행되지 않았던 것으로 보인다. 두 임금이 폐단을 개혁하는 일환으로 원당을 혁파하는 조치를 내렸으나 서울의 이름난 네 궁방 곧 명례궁, 어의궁, 수진궁의 원당을 모조리 혁파하지는 못하고 용동궁의 원당만 허는 정도였다. 다른 원당 또는 사찰도 어느 정도 헐었는지 확인이 되지는 않으나 방법을 강제 동원한 흔적은 별로 드러나지 않는다. 원당 혁파가 법전에 올랐으니 벼슬아치들이 마음만 먹으면 이 조항을 들이대고 절을 헐 수 있었을

화성 용주사 | 정조가 부모의 영혼을 위로하기 위해 다시 세웠다.

것이다.

또 정조는 그 자신이 부모의 영혼을 위로하기 위해 용주사를 세워 많은 토지를 하사하고 특권을 주었으니 스스로 금령을 어긴 셈이 되었다. 정조는 주자학도이기는 했으나 천주교가 전래되었을 때 이에 대한 탄압을 주저했고 오히려 불교 세력을 정치적으로 교묘하게 이용하려 들었다. 정조가 사찰을 단속하는 조치를 내렸으나 정조의 통치 시기에도 절을 중심으로 한 변혁 세력의 움직임은 그치지 않았다. 1786년 삼수 일대에서 역모 사건이 적발되었다.

거사의 무리가 삼수에 1만여 명 흩어져 있는데 작게는 명화적이 되고 크게는 역모를 벌인다.(『정조실록』10년)

이런 판단이 나올 정도로 사회는 불온했다. 삼수의 거사 무리들은 동지를 끌어모으고 행동을 개시하여 살생부를 만들어 김종수 등 정승과 이 지방 군사 책임자인 남병사와 지방 수령을 죽인다는 결의를 다졌다. 정언 이우진이 이렇게 알렸다.

우리나라에 이른바 거사라고 하는 자들은 중도 아니고 속인도 아닙니다. 그들은 이름이 호적에 빠져 있어서 군역을 물지 않습니다. 그들이야말로 가장 수상한 자들입니다. 하물며 근래 흉측한 무리와 함께 적발되었으니 그 걱정거리를 소홀히 보아서는 안 됩니다.(『정조실록』10년)

그는 하동 일대에도 거사 무리가 모여 있으니 수령들로 하여금

이들을 적발하여 여러 고을에 나누어 살게 하며 군역을 지우라고 요청했다. 이 말대로 18세기 말 무렵에 경기도와 충청도의 인사들이 하동 일대를 근거로 하여 지리산 칠불암 등에서 지리산 세력을 끌어들여 변란을 도모한 사건이 발각되었다. 이때 파악하고 있는 거사패는 앞에서 말한 지리산 세력과 성격이 비슷한 부류로 절에 기탁하여 활동을 벌이고 있었던 것이다.

한편으로는 1788년 해남 대흥사에서 휴정의 사당을 세우면서 조정에 사액을 요청하자 이를 "표충사"라고 명명하여 내려주고 예관을 보내 제사를 지내주었다. 표충사를 건립한 뒤 대흥사에서 다시 서산대사기적비를 세웠는데 정조의 충실한 신하로 당대의 명망가요 문장가인 서유린이 그 비문을 썼다. 그 뒤 휴정, 유정, 처영의 초상화를 표충사와 묘향산에 있는 수충사에 안치하고 나라에서 제수를 대서 제사를 지내게 했다. 영조가 금산에 7백의총을 조성하고 사

표충사(전남 기념물 제19호) | 해남 대흥사 내 서산대사를 모시는 사당으로 그의 제자인 유정과 처영의 영정도 함께 모시고 있다.

해남 대흥사 서산대사탑(보물 제1347호)

당을 지어 기렸는데 영규의 위패를 조헌 등 선비와 함께 모시게 했다.

하지만 조일전쟁이 일어난 지 200여 년쯤 지나 새삼 이들 승려의 충절을 본격적으로 기린 뜻이 단순치 않을 것이다. 그동안 승려들이 스승을 받드는 수준에서 표충사를 건립하고 조정의 협조를 요청했으나 정조는 능동적으로 이에 대처하여 도와주었다. 당시 불교 승려만이 아니라 거사패와 사당패까지 아우르는 이들은 어느 세력보다도 덩치가 큰 사회 세력이었다. 정조는 여러 개혁정책을 펴면서 불교는 이단이라는 묵은 관념에만 사로잡혀 있을 수 없었다. 그리하여 승려들의 충절을 기리며 그들을 정치 세력으로 끌어안으려 했을 것이다.

용주사 불사에도 이런 정치적 배려가 나타난다. 정조는 비명에 죽은 아버지 사도세자의 영환을 위로하고자 여러 일을 벌였지만 이는 다른 의도가 그 안에 개재되어 있었다. 부모에 대한 효를 빌려 개혁정치에 이용한 것이다. 정조는 사도세자의 묘를 수원으로 옮겨 현릉원을 조성한 뒤 1790년 아버지의 명복을 비는 원찰을 지으라고 지시하면서 자신이 "대시주"라고 선언했다 이는 '왕릉 가까이 절을 짓지 못하게 한 규정'과 '이미 지은 원당을 헐고 새로 짓지 못하게 한 규정'을 스스로 어긴 것이다.

이율배반의 정치성

보경(寶鏡, 불명 獅馹)은 장흥 보림사에 있던 승려였는데 정조의 효성이 지극함을 알고 『불설대보부모은중경』을 올려 신임을 받았다. 정조는 새 절을 지으면서 보경을 도화주(都化主)로 삼아 시주를 받게 했다. 게다가 고려 때 소실된 갈양사 터를 어렵게 찾아내 그 터에 새 절을 세우게 했다. 정조는 자신이 직접 모금하지 않고 옛 절을 재건하는 형식을 빌려 합법적으로 새 절을 창건해 유학자 출신 벼슬아치들의 반대에 대비한 것이다. 절 이름을 "용주사(龍珠寺)"라 하고 보경을 팔로도승통(八路都僧統)으로 삼아 머물게 했는데 이 절을 불교의 총본산으로 삼은 탓으로 승려들이 들끓었다. 이어 불상을 조성하고 『불설대보부모은중경』 판본을 만들어 찍어 돌린 후 보관하게 했다. 『불설대보부모은중경』은 유례가 드물게 목판본만이 아니라 철자본, 석판본 등 세 가지 판본을 만들어 보관하고 때때로 간행하게 했다.

더욱이 용주사에 승도군(僧徒軍)을 두어 특별 대우를 했는데 그들에게 지급한 군복에 빨간 전(氈)을 사용하는 등 사치스러웠던 모양이다. 이에 1791년 병조판서인 김문순이 이들의 사치스런 복장을 고쳐야 한다고 건의하자 이를 가납(嘉納)해주었다. 이 승도군의 역할이 무엇이었는지는 정확히 알 수 없으나 남한산성과 같은 방어성이 아닌 절에 두었다는 것, 정규군과 같은 군복을 입히는 등 특별 대우를 했다는 것 등을 감안할 때 심상치 않을 것이다. 정조는 1792년 광릉에 참배하러 갈 때에는 원찰인 봉선사에서 승려들을 특별히 불러 위로하고 노고를 치하했으며, 또 보경으로부터 불교계의 사정을 듣고 그들의 고통을 해소해주려는 뜻을 보였다.

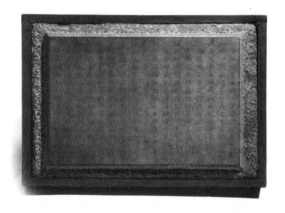

불설대보부모은중경판(보물 제1754호) | 위부터 목판본, 석판본, 철자본이다.

이처럼 정조는 한편으로는 주자학도의 이름으로 불교를 억압하면서 다른 한편으로는 호국불교의 상징적 승려들을 기리는 일을 벌이고 아버지의 명복을 비는 원찰을 정성스럽게 조성하고는 불교 본산으로 삼았다. 더욱이 별로 명망도 없는 보경을 불교 최고 지도자로 내세워 극진하게 대우하고 총애했다. 어떻게 보면 이율배반적인 행동이지만 여기에도 정치적 의미가 담겨 있었다고 볼 수밖에 없다. 정조는 하급 승려인 땡추 세력과 이들과 손을 잡는 거사패를 억제하여 불온한 무리를 꺾고, 총림에 안존하는 승려들은 일정한 범위 안에서 보호하려 했을 것이다.

용주사를 불교의 총본산으로 삼은 것은 총림불교를 어용화하려는 의도일 것이라고밖에 볼 수 없다. 정조 시기 활동했던 실학자들이 불교를 이단으로 보는 눈은 변함이 없었으며 오히려 그들 개혁의 대상으로 여겼다. 정조도 본질적으로 이런 관점에서 벗어난 것은 아니다. 다만 당시 유행했던 천주교를 온건하게 대했듯이 불교에 얽힌 폐단과 모순을 풀어보려 했을 뿐이다.

52

탄압받는 서학·동학, 자생하는 불교

___ 먼 발치에 선 불교

19세기 초 무렵부터 1876년 개항 이전까지의 시기는 종교 탄압의 시대로 무수한 사람들의 피를 뿌렸다. 서학 또는 서교로 일컬어지는 천주교는 18세기 말 무렵 북경으로부터 성경과 십자가, 찬송가 등이 유입되어 급속도로 교세를 넓혔으나, 1891년 진산사건으로 말미암아 탄압받기 시작했다. 선비인 윤지충은 어머니의 초상을 당하여 천주교 의식에 따라 혼백과 위패를 모시지 않고 제사도 지내지 않아서, 이 소문이 퍼지고 고발자가 나와 조정에서 그 진상을 조사했다. 그 결과 조상의 신주도 불태운 사실이 밝혀져 윤지충, 권상연이 사형되었다.

정조가 죽고 19세기 초 무렵에 들어서는 정치적 탄압과 결부되어 반대파를 숙청하는 한 방법으로 천주교도에 박해를 가해 무수한 살육을 자행했다. 그 뒤 단속적으로 박해가 가해져왔는데 1801년부터 1870년대까지, 과장된 숫자로 보이지만 10여만 명이 죽었다는 기록도 있다. 박해의 이유는 대체로 두 가지로 모아진다. 첫째는 천주교가 무부무군(無父無君)의 사학비류(邪學匪流)라는 것이다. 곧 조상의 제사를 지내지 않고 임금도 보통 인간과 같이 하느님의 창조물로 보는 『성경』의 가르침을 두고 하는 말이다. 둘째는 프랑스 선교사들이 잠입해와 교도를 선동하고 우리 실정을 조사하여 본국에 보고하기도 하며 천주교 탄압을 막기 위해 군대를 파견해달라고 요청하는 등 그들이 침략의 앞잡이라는 것이다. 실제로 「황사영백서」에서는 프랑스 군대의 파견을 요청했고, 프랑스가 강화도를 침공(병인양요)할 때 선교사가 동행하여 뱃길을 안내한 사례도 있었다.

1863년에는 동학교도에 대한 박해가 일어났다. 최제우는 동학을 창도하면서 유불선 합일과 후천개벽, 미륵신앙, 정감록 등 민중의 변혁사상을 조합하여 교리를 엮었다. 특히 의식에는 불교의 것을 조금 간소화하는 수준에서 수용했는데, 당시 "반불입(班不入)", "사불입(士不入)", "부불입(富不入)"이라 말할 정도로 현실에 불만이 많은 소외 계층이 몰려들었다. 또 교리에는 개벽설이나 검가(劍歌) 같은 체제 부정적 요소들이 깔려 있었다. 조정에서는 이를 두고 "혹세무민"이라는 혐의를 씌웠고 "좌도난정(左道亂正)"이라 규정하여 교주 최제우와 그 주모급 교도들을 체포하여 처단했다. 그 뒤 동학도 천주교와 같이 사학비류로 보아 포교를 금지했다.

이단과 사학(사교)은 엄연히 구분된다. 이단은 근본에서 이탈하여 길을 달리하는 것이지만 사학은 근본부터 어긋나는 금수(禽獸)와 같아 인류와 함께 살 수 없는 존재로 규정한다. 전통적 유학의 관점에서 볼 때 불교는 어디까지나 이단이나 천주교는 사학이었다.

천주교와 동학이 탄압받는 시기, 불교도는 절이 황폐해가는 속에 한발 물러서서 바라보는 구경꾼의 처지가 되었다. 이를 이해시켜

주는 한 사례가 『포도청등록』에 기록되어 있다.

1881년 4월, 한 무리의 승려들이 서울 수구문 밖 북쪽 산기슭에서 임시 집을 짓고 10여 일 동안 무주고혼을 위한 천도재를 지낸 뒤 주변에 널려 있는 시체를 모아 묻어주었다. 천주교도들이 처형을 당하면 시체를 형장에 내버렸는데 이 시체를 사람들은 수구문 밖에 버렸던 것이다. 수구문 밖은 소나무 숲이 우거지고 공동묘지도 있는 곳으로 본디 염병 등 돌림병으로 죽거나 행려병자가 죽으면 곧잘 시체를 이곳에 내다버렸다. 그리하여 살쾡이나 까마귀의 밥이 되어서 여기저기 해골이 뒹굴었다.

서대문 밖 백련사의 승려 학성은 아버지의 무덤이 이 공동묘지에 있었으나 흔적을 찾지 못했는데 천주교도의 해골이 널려 있다는 소문을 들었다. 그는 이들에게 천도재를 지내주고 해골을 묻어주려고 백련사 주지 법정에게 당부했다. 그리하여 법정의 누이 천상궁이 돈 100냥과 쌀 다섯 섬을 시주하여 이를 경비로 삼아 10여 명의 승려를 동원하여 재를 올리고 인부를 모아 유골을 묻어주었다. 이들은 사학비류에게 시식(施食)했다 하여 포도청에 잡혀와 혹세무민한 죄목으로 초달을 받았다. 이처럼 불교도들은 모험을 무릅쓰고 이교도를 위해 천도했던 것이다.

— 생존 수단 공명첩

조선 말기 불교도에게는 생명의 위해를 가하는 직업적 탄압이 없었으나 대부분의 절은 황폐해지고 승려들은 탁발 도는 걸식승으로 떠도는 경우가 많았다. 원찰에서도 시주가 적어 먹고 살기에 허덕였다. 또 보살 절이나 도시 주변 절은 '무뢰배'들이 몰려들어 술 마시고 고기 먹고 춤추는 놀이터로 전락했으며, 산중 절은 때로 화적이나 변란꾼들의 아지트가 되기도 했다. 흔히 19세기를 "민란의 시대"라 말한다. 그 변란의 모의에는 거의 어김없이 승려 한둘이 끼어 참모가 되기도 하고 협조자가 되기도 했다. 포도청에서는 이를 늘 우려했고 경포(京捕, 포도청에 딸린 포교)와 영포(營捕, 감영에 딸린 포교)들은 눈을 번득이며 절을 감시했다.

이런 환경에서 사찰을 유지하며 살아남는 생존 방식이 두 가지 방향으로 전개되었는데, 첫째는 공명첩을 발급받는 방식이다. 공명첩이란 절충장군, 부호군, 오위장, 수문장 따위 무관의 영직(影職, 실직이 없는 벼슬)을 쓴 직첩인데 조정에서는 이름을 쓰지 않고 직위만 써서 발급한다. 이를 관찰사나 군수가 부호에게 팔아, 그 판 전재(錢財)를 국가 재정에 보충하거나 특수사업에 사용하는 것이다. 이런 공명첩을 절에 발급해주고 절에서는 이를 팔아 불사를 했던 것이다. 그 기원은 그리 멀지 않았다.

1793년(정조 17) 금강산 유점사의 승려 돈징이 정조의 어가(御駕) 앞에서 격쟁(擊錚)의 방법을 동원해 유점사의 퇴락을 호소했다. 이에 정조는 공명첩 100장을 발행해주었고, 유점사에서는 이를 팔아 영산전을 세우고 어필각을 중수했다 한다. 이때의 사례를 공명첩 발급의 선례로 삼는 것 같다. 그 뒤 여러 차례 공명첩 발행이 있었던 것으로 보인다. 1851년(철종 2) 속리산 법주사에 공명첩 400장을 발행해주었는데 아마 법주사의 승려들이 사찰을 관장하는 예조에 '로비'를 벌였던 모양이다. 법주사 승려들은 법주사가 순조의 태봉(胎封)을 관리하는 곳으로 왕실의 원찰임에도 불구하고 퇴락해져 생계도 꾸려

일제강점기 당시 금강산 유점사 전경 | 유점사는 정조가 발행해준 공명첩을 팔아 일부 불사를 벌였다. 한국전쟁으로 소실되었다.

갈 수 없다는 사정을 말하고 공명첩의 발행을 의정부에 건의했다. 영의정 권돈인이 이를 대왕대비 김씨에게 건의하자, 김씨는 법주사를 비롯하여 각 도의 절에 공명첩을 나누어주라는 지시를 내렸다.

　그 뒤 세도정치를 폈던 안동 김씨들은 여러 차례 공명첩을 공급했다. 안동 김씨들은 풍양 조씨와는 조금 다르게 천주교도를 심하게 탄압하지 않았다. 그들은 불교에도 접근하여 지원했는데 토지나 전재 같은 현물보다 공명첩을 곧잘 발행하는 것으로 대신했다. 1854년(철종5) 영의정 김좌근은 공명첩 150장을 유점사에 발행해주었다. 유점사의 산영루는 아주 좋은 풍광을 이룬 건물이었는데 장마가 들어 붕괴된 후 재건할 수 없어 방치해두자 예조판서 김보근이 이를 둘러보고 영의정에 건의하여 그 건축비로 공명첩 발행을 주선했던 것이다.

1878년(고종 15)에는 함흥의 귀주사에 화재가 나 절이 깡그리 불타버렸다. 귀주사는 이성계가 글을 읽던 곳으로 석왕사와 함께 왕실에서 특별히 관리하던 절이다. 당시 화재 때 이성계의 글씨를 보관한 어필각과 독서당만이 보존되었다. 귀주사 승려들은 자체의 힘으로 중건비를 마련할 길이 없었으며, 이에 함경감사의 건의에 따라 내탕전(內帑錢, 궁중에서 직접 관리하는 돈) 3,500냥과 공명첩 500장을 지급해주었다. 그리하여 1년 5개월의 공사 끝에 건물 300여 칸을 지었다. 내탕고를 마음대로 주물렀던 민비는 놀이와 굿 비용에 돈을 함부로 탕진했으며, 왕과 자신 그리고 세자의 수복강령을 빌기 위해 궁중으로 무당과 비구니를 불러들여 불공과 굿판을 벌었다. 불사를 위해 내탕고를 내는 일은 드물었는데 귀주사의 지원은 특별한 케이스에 속할 것이다.

공명첩 발행은 조선조에서 재정 보충을 위해 마련한 것으로 부호들이 벼슬을 사서 거들먹거리는 폐단을 만들었다. 이를 절에도 발행하여 승려들은 높은 값에 팔아먹기 위해 이리저리 땀 흘리며 뛰었던 것이다. 절들은 유지비를 마련하지 못해 재정 압박을 받는 가운데 어쩔 수 없이 공명첩을 확보하려 노력했다지만, 국가에서는 함부로 이를 발행하여 관직이 문란해짐은 접어두고라도 승려를 타락의 길로 몰았던 것이다.

─ 사찰계의 조직

두 번째로 계(契)를 조직해 재정을 보충했다. 앞에서 간단히 언급했지만 조선 후기에 발달한 계는 대체로 친목을 목적으로 하거나 경제적 이윤을 목적으로 했다. 그리하여 나이가 같은 동갑계, 소 살 값을 마련하기 위한 우계, 서당의 자금 지원을 위한 학계, 심지어 금 비녀를 마련하기 위한 비녀계도 있었다. 이런 계 조직이 그대로 '억 불의 시대'인 조선 후기 불교계에도 활용되었으며 이를 통틀어 "사 찰계"라 부른다.

　이를 상세히 조사한 한 논문(한상길, 「조선 후기 사찰계 연구」)에 따르 면 16세기 중엽부터 1910년까지 사찰계는 모두 201개가 나타난다 고 했다. 또 계 유형은 "신앙 활동으로서의 계와 보사(補寺) 활동으로 서의 계"로 구분된다고 했다. 사찰계는 사찰의 재정을 지원하고 공 동체적 신앙 활동을 수행하기 위해 결성된 것이며 그 원형은 사명대 사가 처음 조직한 갑계를 꼽는다. 갑계란 한 절 안에 있는 승려끼리 모인 조직으로 나이를 12지에 따라 중간을 가른다. 곧 자(子)에서 사 (巳)까지 한 무리, 오(午)에서 해(亥)까지 한 무리로 묶는 것이다. 기 금은 계원끼리 얼마씩 내기도 하고 위 갑계에서 보조를 받기도 하며 사찰에서 찬조를 받기도 하여 마련하는데 이를 대부하여 이식을 받 는다. 또 계원들이 공동 노동으로 절 공사를 도급받아 생기는 돈을 계금으로 넣기도 한다. 계원들이 늙으면 토지를 사서 절에 내기도 하고 또 필요한 불사나 도구 따위를 사서 절에 바치기도 한다.

　이렇듯 갑계를 비롯한 여러 종류의 계가 있었는데 목적에 따라 이름도 달라 등촉계(燈燭契), 문도계(門徒契), 불량계(佛糧契), 상포계 (喪布契), 염불계(念佛契), 지장계(地藏契), 청계(廳契), 칠성계(七星契), 송계(松契), 학계(學契), 어산계(魚山契, 범패 전수), 미타계, 관음계 등 이 있었다. 이중 사찰 주변의 산림을 보호하기 위한 송계는 당시 널 리 퍼져 있었으며 불량계는 벼슬아치나 군인들이 절의 양식을 확보하기 위해 조직한 것으로 외부 보호의 의미를 지닌다. 아무튼 사찰을 중심으로 한 계는 당시 사찰과 승려에 관련되는 신앙적·경제적 상부상조를 목적으로 했다. 범어사에는 19세기 말 무렵까지 사찰계 40여 개가 활동하여 절이 부찰(富刹)로 성장하는 데 크게 기여했다 한다.

한상길의 논문에 실린 통계에 따르면, 계는 18세기에 모두 40종, 19세기에 모두 130종, 1900년 이후에 모두 31종으로 나타나 그 활동이 19세기에 집중되어 있음을 알 수 있다. 이 시기에 불교계가 경제적으로 가장 열악한 수준이었던 것이다. 이들 계는 극심한 사회 혼란과 억불 시대에서의 사찰 운영, 승려의 수행, 신도들끼리의 친목과 지원 등 여러 면에서 많은 의미를 던져준다.

어쨌든 19세기 전반기에 불교계는 여러모로 자생력을 키우려 노력했고 그 결실도 다소 있었을 것이다.

53

개화운동과 승려의 현실 참여

___ 이동인의 화려한 등장

1860년대부터 중인 출신의 유대치(본명은 홍기)는 광교 근처에 약방을 차려놓고 많은 청년들을 불러 불교 강의와 함께 개화사상을 고취시켰다. 그들 속에 김옥균과 박영효가 있었다. 유대치는 역관인 오경석을 통해 청나라의 양무운동을 잘 알고 있었다. 그와 관련된 책을 읽고 지식을 쌓은 뒤 청년 정치가들을 모아 강의와 토론을 벌였는데, 특히 김옥균과 박영효는 불교에 심취했다. 왜 선비들이 금기로 삼는 불교에 접근했을까? 그 이유는 아마 다음 두 가지로 추정할 수 있겠다. 하나는 불교의 평등관과 자비사상을 통해 중생 제도의 이론적 토대를 얻으려는 것이요, 다른 하나는 여러모로 소외된 불교 신도를 정치·사회적으로 개화파에 끌어들여 에너지로 활용하려는 의도가 아니었을까?

김옥균과 서재필 등 개화 인사들은 서울 주변에 있는 봉원사와 화계사를 자주 찾았다. 그들은 이 절에서 며칠씩 머물며 예불을 하거나 참선에 들고 정진하기도 하면서 휴식을 취했다. 김옥균이 어느

이동인

때에 화계사에 들렀더니 백담사의 승려인 탁정식(卓挺埴, 불명 無不)이 머물고 있었다. 탁정식은 김옥균과 의사를 통한 뒤에 김옥균의 열성적인 설득 때문인지 개화사상을 갖게 되어 개화당에 들었다.

그리고 이동인(李東仁)도 합류했다. 1880년대 초 무렵 이동인이라는 승려가 화려하게 등장했다가 사라진 일은 오늘날에도 많은 부분이 신비에 묻혀 있다. 이동인은 원래 부산 통도사에 출가하여 살았다가 부산의 범어사와 서울 주변의 보원사에 옮겨 다니며 머물렀던 것으로 보인다. 그가 언제부터 서울 주변에 있는 봉원사에 거처를 잡았는지는 확실하지 않다. 그의 초기 내력에 대해서는 『조선개교 50년지』(일본 본원사의 조선 포교 과정을 적은 책)에 실려 있는 다음과 같은 이야기가 참고가 된다.

교토에 본부를 둔 본원사(本願寺)는 개항 직후인 1877년 부산에 별원을 두었다. 다음 해 11월 초하루 아주 추운 날 아침에 통도사의 중이라고 말하는 이동인이 별원에 찾아와 오쿠무라 엔싱[奧村圓心]의 지도를 받고 싶다고 말했다. 오쿠무라가 만나본 이동인은 30세 전후의 나이로 품위도 있고 문필에도 능하여 그동안 만난 다른 승려와 달라 정중히 대해주었다 한다. 그 뒤 이동인은 여러 번 오쿠무라를 찾아왔고 어떤 때는 별원에 며칠씩 머물렀다 한다.

이동인은 항상 세상 돌아가는 이야기를 말하고 불교에 대해서는 별 말이 없었는데, 이와 같이 교류하면서 반년의 세월이 흘렀다. 그는 초여름에 서울에 간다고 말하고는 한동안 소식이 끊어졌다가 8월에 이르러 홀연히 돌아와 주위 사람들을 멀리하고는 "지금까지 충심을 말하기 꺼렸으나 이제야 시기가 왔으니 제발 나를 도와달라"고 당부하고 이어 "박영효, 김옥균 양씨의 위촉을 받고 일본의 정세 시찰에 몸을 바치기로 결심했다. 이럴 때 일본의 태도를 시찰하고 문물을 연구함으로써 조선의 문화 개혁에 공헌하고 싶다"고 말했다. 그리고 자신을 도와달라고 충심으로 설득했다.(이광린, 「개화승 이동인」, 『개화당연구』 참고)

이동인은 이때부터 서울로 올라와서 봉원사에 머물렀던 것으로 보인다. 그러면서 유대치와 김옥균, 박영효 등 개혁파들에게 접근했던 것이다. 또 어떤 연유인지는 모르나 일본공사관인 청수관에서 일본공사 하나부사[花房義質]와 어울려 일본어도 배웠다고 한다. 김옥균과 박영효는 이동인을 신임하고 일본 밀항의 여비로 큼직한 금덩이 네 개를 마련해주었다. 그는 이를 들고 부산 본원사 분원으로 다시 찾아와 오쿠무라의 동의를 받고 1879년 6월 함께 일본으로 건너갔다.

승려, 최초의 벼슬을 받다

교토에 있는 본원사는 동본원사(東本願寺)와 서본원사(西本願寺)로 나누어져 있었다. 두 절은 본디 한 경내에 있었는데 도쿠가와 이에야스가 막부를 열고 그 정치적 권력을 약화시키려 두 교파로 나눠 가운데를 잘라 두 토막을 냈다 한다. 그런 뒤에 이 절은 정토진종(淨土眞宗)의 2대 본산이 되었으며, 부산이 개항하자 동본원사에서 먼저 별원을 두어 정토진종의 포교에 나섰다.

이동인은 오쿠무라의 주선으로 동본원사에 거처를 정했으며 적어도 9개월쯤 그곳에 머물러 있었다. 그곳에서는 이름을 일본식인 "아사노[朝野繼光]"라는 가명으로 사용했다 하며, 서양의 외국인에게 자신을 소개할 때에는 "조선의 야만"이라 부르기도 했다 한다. "조선의 야인으로 광영을 계승한다"는 의미인 일본식 가명이나 자신을 "조선의 야만"이라 부른 것은 자학적 의미를 담고 있는 것이 아닐까? 아무튼 그는 명치유신 뒤 일본의 사회 사정을 살피기도 하고 일본 말을 배우고 생활 습관을 익히기도 했다.

그런데 이동인은 본원사의 자금을 차용했다 한다. 1887년에 이를 조선 정부가 갚았다고 한 것으로 보아 돈을 빌려 공적 자금으로 사용한 것으로 보인다. 그리고 때때로 새로운 제도, 과학 기술 등에 관련된 책을 구입했다가 이를 모아 일본인 인편을 통해 김옥균에게

교토 동본원사 대사당

보내주었다.

1880년 3월에 이동인은 도쿄로 가서 동본원사의 별원인 아사쿠사[浅草] 별원에 기숙했다. 이 별원은 예전에 조선 통신사들이 도쿄에 오면 머무는 곳이기도 했다. 그는 이곳에서 일본의 후쿠자와 유키치[福澤諭吉] 같은 지식인 또는 정치가를 만나기도 했고 서양 외교관을 만나기도 했다. 특히 그곳에서는 흥아회(興亞會) 활동이 활발했는데 글자 그대로 중국, 일본 등 아시아 사람들이 모여 서양 세력의 침투와 아시아의 대응을 놓고 토론을 벌이는 모임이었다.

이때 마침 탁정식이 찾아왔다. 물론 탁정식은 김옥균의 주선으로 이동인을 찾아온 것이다. 탁정식은 이동인의 주선으로 여러 곳을 2개월 동안 시찰하고 귀국했으며, 이동인은 그동안 모아둔 책과 자료를 탁정식을 통해 김옥균에게 보냈다. 그중에는 『만국사기』라 부르는 세계사를 비롯하여 세계 각국의 사진과 만화경(萬華鏡) 등이 포함되어 있었고, 물리, 화학, 생물 등 과학책도 들어 있었다.

1880년 7월에 2차 수신사인 김홍집 일행이 도쿄에 와서 이동인이 머물고 있는 아사쿠사 별원에 유숙하게 되었다. 김홍집은 김옥균의 주선으로 재야인사인 강위를 "서기"라는 직함을 주어 동행시켰다. 당시 도쿄에 있던 하나부사 공사는 김홍집에게 인천 개항을 해결해달라고 요청했으나 김홍집은 자기가 관여할 바 아니라고 말하며 거절했다. 하나부사는 별원의 중 스즈키[鈴木惠順]에게 김홍집을 설득시켜달라고 부탁했고 스즈키는 이동인에게 주선을 당부했다.

이동인은 김홍집을 만나게 되었다. 이동인은 일본 옷을 입고 본원사의 승려로 행세하면서 시와 문장을 논하고 세계정세와 조선의 장래를 토론했다. 김홍집은 이동인이 조선말을 너무나 잘하고 조선의 사정에 정통한 것을 보고 조선 사람일 것이라고 의심했다. 이에 이동인이 사실을 실토하고 밀항하게 된 경위를 설명하자 김홍집은 그를 부여잡고 울음을 터뜨릴 정도로 감격했다.

김홍집은, 조선은 중국·미국·일본과 연합하고 후원을 받아야 러시아를 막을 수 있다고 주장한 청국 외교관 황준헌의 『조선책략』을 들고 와서 고종에게 바쳤다. 김홍집은 또 이동인을 조정에 추천했고 이동인은 김홍집이 귀국한 뒤에 돌아왔다. 그는 승려의 신분으로 고종을 만나 대화를 나누었고 밀항의 죄를 용서받았으며 자주 임금의 부름을 받아 궁궐에 나갔는데 그럴 때마다 궁중 호위병이 마중을 나와 인도했다고 한다. 이동인은 1880년(고종 17년) 12월 통리기무아문이 설치된 후 "별선군관"이라는 이름으로 전선사(銓選司, 인재를 뽑는 부서)과 어학사(語學司, 외국어 관련 일을 보는 부서)의 참모관이 되었다. 조선시대 승려의 신분으로 실직의 벼슬을 받은 적이 없었으니 이 경우가 처음이 될 것이다.

___ **일본의 특별한 관심**

이 무렵 고종은 '만국공법'의 뜻에 따라 한미 교섭을 벌이게 하기 위해 이동인에게 밀서를 들려 도쿄에 보냈다. 이동인은 서울에서 1880년 9월 유대치, 탁정식과 함께 원산 일본영사관으로 가 여권을 얻어 탁정식과 둘이 일본으로 건너갔다. 유대치는 이들을 보호하려 동행했던 것이었고 부산으로 가지 않고 원산으로 간 것은 비밀을 지키기 위해서였다. 아무튼 두 승려는 청국공사 하여장에게 밀서를 전달하고 그 주선을 약속받았다. 이동인은 1개월쯤 일본에 머문 뒤 부산으로 돌아왔다.

이때 흥선대원군은 이동인과 탁정식이 일본에 밀파된 사실을 알고 분노했다 한다. 그리하여 유대치가 이들을 보호하고자 다시 부산으로 와서 마중했고, 이동인은 동래부로 찾아가 서울로 가는 교자를 준비해달라고 부탁했다. 그가 승려 차림이었는지 속인 차림이었는지는 알려지지 않았으나 동래부사는 그를 잡아들여 일주일 동안 문초했다. 이때도 유대치가 주선하여 특별히 밀부(密符)를 받아 상경했다.

더욱이 1881년 신사유람단을 일본에 파견한 것도 이동인의 의견에 따른 것이다. 그는 신사유람단의 총포·전선 구입의 특수 임무를 띤 참모관으로 임명되었는데 이 사실은 철저히 비밀에 부쳐진 것으로 보인다. 신사유람단의 대표는 이원회였으며 그의 수행원 송헌빈이 『동경일기』를 써서 그 시찰 과정을 밝혔다. 이 책에서는 시찰단을 12개조로 구성하고 한 조의 수행원과 하인들의 이름을 밝히면서도 이동인의 이름을 빼고 있으며 수행원으로는 유길준, 윤치호, 이상재 등의 이름을 밝히고 있다.

이동인의 참모관 임명을 두고 숱한 논란이 벌어졌다. 뒷날 유림 척사파들은 이동인을 참모관으로 발탁한 사실을 두고 "중을 장관의 자리에 임명케 하였다"고 비난했다. 그러나 김홍집이 자신이 추천하지 않았음을 조정과 임금이 다 안다고 변명한 것으로 보아 다른 사람이 추천한 것으로 보인다. 그렇다면 개화파를 이끈 김옥균이나 통리기무아문의 군무사(軍務司) 당상을 맡고 있던 민영익이 추천한 것으로 추정할 수 있다. 조정에 몸담고 있는 사람으로 이동인을 후원한 인물은 이들 두 사람이기 때문이다. 그래서 비밀을 지키려고 정식 명단에서 이름을 뺏을 것이며 일행과 달리 뒤늦게 출발하게 했다.

아무튼 신사유람단은 소그룹으로 나뉘어 여러 곳을 시찰했고 청국공사관에 들러 하여장이나 황준헌 같은 외교관들과 대담도 했다. 송헌빈은 도쿄에 머물고 있을 때 다음과 같은 신문 기사를 보았다.

> 이동인이 천세환을 타고 나가사키[長崎]에 와서 다카시마[高島]에 잠시 머물면서 탄광, 연철광, 조선소 등을 돌아보고 오사카로 와서 조폐국, 포병공창 등 여러 조작소(造作所)를 한번 유람했으며 또 도쿄로 온다더라.(『동경일기』)

일본에서는 유람단의 일정을 신문에 보도할 정도로 이동인에게 관심을 보였다. 그런데 『화방문서(花房文書)』에는 일본공사인 하나부사가 외무대신인 이노우에 가오루[井上馨]에게 보고하면서, 신사유람단이 출발한 즈음에 이동인이 갑자기 없어졌다고 한다. 그러니 일본에 가지 않았다는 말이다. 누구의 기록이 맞는지는 앞으로 규명해볼 일이다.

54
이동인과 탁정식의 죽음

── 짧은 생애, 의문의 죽음

이동인은 일본에서 돌아올 때 인촌(燐寸, 성냥)을 가져와 우리나라에 최초로 소개했다 한다. 또 많은 책을 가져와서 은밀하게 청년들에게 전달했다. 서재필의 회고에 따르면 자신이 봉원사에서 서너 달 동안 머물 때 이 책들을 얻어다가 봉원사나 동대문 바깥의 절에서 1년 동안 읽었다 한다. 일본어로 된 이 책들에는 한자가 많이 사용되어 있어서 대강의 뜻을 알 수 있었다 했다. 그는 또 이렇게 회고했다.

> 그래서 우리나라도 다른 나라들처럼 인민의 권위를 세워보자는 생각이 났단 말여. 이것이 우리가 개화로 첫 번 나가게 된 근본인 것이야. 다시 말하면 이동인이라는 중이 우리를 잘 인도해주었고 우리는 그 책을 읽고 그 사상을 가지게 된 것이니 새 절(봉원사)이 우리 개화파의 온상이라 할 것이다.(『서재필 박사 자서전』)

475

이동인은 봉원사만이 아니라 민영익의 집에도 거처를 정했다 한다. 민영익은 다른 민씨들과 달리 개화파에 가까운 인물이었는데 그를 식객으로 삼아 은밀한 곳인 연당에 거처하게 하고 때때로 임금과 만나게 주선했다 한다. 이동인이 입궐할 때는 머리에 수건을 써서 삭발한 모습을 가리고 몸에는 전복을 걸치고 들어가 단독으로 임금을 만났다 한다. 이를 보면 끝까지 머리를 기르지 않고 승려 신분을 유지했음을 알 수 있다. 이 무렵 '만국공법'과 한미조약으로 말미암아 전국에 걸쳐 이를 반대하는 운동이 일어났으며 이동인에게 관직을 준 일도 규탄하고 나섰다. 이즈음 이동인은 숨은 인물이 아니라 많은 사람들에게 주목을 받는 처지가 되었다.

이동인의 죽음은 지금까지도 의문에 싸여 있다. 그가 임금의 부름을 받고 궁중에 들어가려 할 때는 늘 문기수(門旗手, 문지기)가 데리고 들어갔다 한다. 행방불명되기 직전에도 문기수가 민영익의 집으로 와서 그를 데리고 나갔다고 한다. 이를 두고 그가 도망쳤다고도 하고 죽임을 당했다고도 하는데 고종은 흥선대원군이 죽였을 것이라고 의심했고, 김옥균은 급진 개화정책을 추구한 탓으로 온건파인 김홍집이 제거했을 것이라고 의심했다. 또 그가 민씨에게 의지하여 급박하게 공로를 탐낸다고 하여 김옥균이 자주 충고했다고도 한다. 아무튼 승려의 신분으로 많은 일을 벌인 그의 짧은 생애는 한국 근대사에 큰 영향을 끼쳤다.

이동인을 꾸준히 추적해온 이광린은 이렇게 말했다.

그는 승려였기 때문에 유대치를 만나 개화사상을 갖게 되었으나 역시 그 신분으로 말미암아 사회적인 제약을 받았던 것이었다. 그가 죽게 된 데는 몇 가지 원인이 있을 것이지만 그 근본을 따진다면 당시 사회에서 천시받던 승려였기 때문일 것으로 추측된다.(이광린, 「개화승 이동인」)

개화승들의 역사추동력

한편 탁정식은 이동인이 행방불명된 뒤 신사유람단의 비공식 수행원으로 일본에 건너갔다. 그는 동경 외국어학교의 조선어 교사로 활동했다. 이때 찍은 것으로 보이는 명함에는 한자 이름 아래 영문 표기가 있는 것으로 보아 일어는 말할 것도 없거니와 영어에도 어느 정도 소양이 있었던 것으로 추측된다. 그가 교사로 재직하고 있을 때인 1882년 김옥균이 처음 일본 시찰 길에 오르자 직접 안내를 맡았다. 귀국할 때 탁정식은 서양 사람에게 부탁하여 다량의 화약을 구입해왔다. 그는 1884년 2월 평생의 동지 김옥균의 뜻을 저버리고 병사했으며, 그리하여 이해에 일어난 갑신정변에 참여하지 못했다.

갑신정변 때 또 한 사람의 승려 출신 차홍식이 활약했다. 그는 화계사의 16세 된 사미승으로 김옥균의 눈에 들어 그의 수행원 노릇을 했고 김옥균이 일본에 갈 때 동행하여 밥 짓고 수발하는 일을 맡았다. 그 뒤 화계사에 있다가 갑신정변 당시 18세의 몸으로 서재필이 이끄는 선봉대 일원으로 참여했다. 차홍식은 승려의 몸으로 '역적의 혈당'이 되어 궁중에 칼을 빼들었다는 죄목으로 처형되었다.

이렇게 초기 개화파인 유대치, 김옥균, 박영효는 거사림(居士林)으로 불교에 심취하면서 봉건 모순을 청산하려 개혁의 길을 추구했

개화당 | 급진개화파 '개화당'은 1884년 12월 4일 갑신정변을 일으켜 '위로부터의 개혁'을 추진하고자 하였다. 사진 앞줄 중앙이 박영효, 뒷줄에서 네 번째가 유길준이다.

고 나라를 부강한 근대화로 이끌려고 했다. 이동인, 탁정식, 차홍식 등 승려 그룹은 이들 개화파와 연계를 가지고 개화운동에 참여했다. 특히 이동인은 잘못되어가는 나라의 현실을 보고 개혁·개방의 필요성을 통감하여 자발적으로 개화운동에 나선 것으로 보인다. 다만 일본의 힘을 빌려는 방법적 모순이 논란을 불러일으켰으며, 따라서 친일파라고 비난받기도 한다.

만약 일본이 끝내 조선 침략을 도모하지 않았더라면 이런 논란이 없었을 것이다. 왜냐하면 이들 초기 개화파들은 비록 일본의 힘을 빌리려고 했으나 결코 조선 침략을 방조하지 않았고, 기회가 있다면 조선의 자주 독립을 역설하고 내정 개혁을 도와달라고 외쳤을 것이기 때문이다. 다시 말해 애국적 정열에 불타 있었다. 이동인이 자신의 이름을 일본 이름으로 바꾸고 일본말을 배우고 일본 옷을 입었다는 것을 내세워 친일파로 몬다면 이는 더욱 당시의 실상에 무지함을 보이는 꼴이 될 것이다. 이들은 지치고 늘어져 생기가 없는 후기 불교계에 역사를 추동할 동력을 불어넣었다.

─ 일본승 사노의 공로

이런 시대 상황을 타고 일본불교의 침투가 계속되었다. 앞에서 개항과 함께 들어온 동본원사의 부산 진출을 말했다. 이는 일본 정부의 요청에 따라 이루어진 것으로 서양 세력이 천주교와 개신교를 전파하려는 목적과 다름없었다. 곧 일본 정신을 심으려는 공작이었다. 그리하여 정토진종 대곡파(大谷派)는 호국·호법을 기치로 내걸고 조선 포교를 시작했다. 1881년에는 일본불교의 거대 종파인 일련종(日蓮宗)이 그 뒤를 이어 서울로 침투했다.

1894년 청일전쟁이 일어나자 일본의 여러 종파에서는 다투어 종군승을 파견했고, 종군승들은 일본군을 불도로 위안하고 조선인을 선무하는 일을 벌였다. 종군승을 파견한 일본 종파는 대곡파 동본원사와 일련종, 본파 서본원사와 정토종 등이었는데 서로 교세를 확장하기 위해 심한 경쟁을 전개했다.

이 종군승들은 전선의 후방에 있는 서울 도성을 마음대로 돌아다녔다. 일본 승려들은 간편한 검은 법복을 입고 있어서 회색의 먹물 장삼에 대나무 삿갓을 쓴 조선 승려와 쉽게 구분되었다. 조선 승려들은 경복궁을 지을 때 노동자로 징발되어 서울에 들어온 뒤 다시 출입 금지령이 내려져 발을 들여놓지 못했다. 이에 김홍집이 갑오개혁을 추진하면서 내각회의에서 이를 해제하려고 안건으로 상정했으나 천주교를 철저히 탄압한 흥선대원군이 방해하여 실현을 보지 못했다. 하지만 이때 허울뿐인 도총섭제도를 폐지하고 그 인장을 거두어 봉은사에 보관하게 하는 조치를 내렸다. 이는 승군의 노역 동원, 승직의 통제 등 불교 예속화를 타파하려는 의도였다.

일련종의 승려인 사노 젠레이[佐野前勵]는 1895년 조선 승려들이 도성 출입을 금지당하고 있다는 사실을 뒤늦게 알고 자신의 힘으로 이의 해금을 추진하려 결심했다. 그 추진 동기와 목적, 과정에 대해서는 다음과 같이 전한다.

> 사노 스님은 경성에 체류한 지 얼마 되지 않았지만 조선불교에 생기가 이미 사라져서 승려에게 종승(宗乘, 자신이 받드는 종의 중심 교의)도 종지도 없음을 간파했다. 좋은 방편을 쓰면 그들을 일본불교의 종지로 개종시켜 일련종으로써 조선불교계를 통일하는 것이 반드시 어려운 일이 아닐 것이라고 생각했다. 이로써 조선 승려를 위하여 어려운 난관을 타개하는 은혜를 베풀고 이로써 그들을 우리 종파로 유인하는 계기로 삼고자 했다. 그리하여 기발한 재주를 가진 사노 스님이 착수한 것이 바로 조선 승려의 입성 해금의 실현이었다.(고교형, 『이조불교』, 최병헌, 『일제 침략과 불교』 참고)

사노는 일본공사관을 배경으로 하여 내각의 집정인 흥선대원군과 총리 김홍집 등에게 로비를 벌여 그 허가를 받아놓았다. 김홍집은 이에 동의하여 형식적으로 고종에게 최종 재가를 받아냈다. 사실 사노가 주선하지 않아도 실현을 보게 되어 있었지만 그가 선수를 친 것이다. 김홍집도 종교 자유를 보장하는 개혁의 일환으로 승려들의 도성 출입 금지령을 해제하려 했고 더욱이 박영효가 내무대신 등 내각의 일원으로 참여하면서 이를 풀어주려 힘썼던 것이다. 당시 천주교 신부나 선교사, 목사 들은 법적으로 해금되지 않았는데도 자유롭게 돌아다니고 있었다. 개혁을 추진하면서 불만에 찬 불교 세력을 외면할 수도 없었다. 하지만 그 공로는 고스란히 사노에게로 돌아갔다.

입성 해금의 자유

다시 부연하면 세종 때 처음 도성 출입이 금지되었던 것을 문정왕후가 수렴청정할 시기인 16세기 말 무렵에 잠시 풀렸다가 1623년(인조1) 다시 강화된 지 270여 년 만에 해금되었다. 금지 조치가 해이해지면 다시 금령을 발동해 한 번도 완전히 해제하지 않았던 것을 이제 합법적으로 해제했으니 승려들과 신도들의 기쁨은 하늘을 찌를 듯했다. 조선 후기 도총섭이 있었던 용주사의 석상순은 사노에게 긴 감사의 편지를 보내 그 공로를 치하했다. 또 그해 5월 5일 단오절을 맞이하여 북일영(지금의 서울대 병원 자리, 연월일은 최병헌의 위 논문에 따라 바로잡았음)에서 축하 무차대회를 열었는데 그때의 정경을 이능화는 이렇게 전한다.

여러 절의 승려들이 일본 승려와 더불어 법단을 경성, 원동, 북일영 안에 설치하고 무차 법회를 며칠 동안 열었다. 경성의 양

481

반 여자들이 다투어 와서 구경했으며 나도 그들 무리 속에 끼여 즐거워했다. 어떤 사람은 얼굴에 분노의 기색을 띠고 "중들이 도성에 들어온 것도 가증스러운데 하물며 궁궐(창경궁) 가까운 데서 감히 법회를 여는가?"라고 말했다. 어떤 이는 기쁜 기색을 띠고 "조선의 승려들이 수백 년 동안 도성 밖에서 떠돈 상한(常漢)이었는데 오늘날 구름을 헤집고 하늘을 바라보게 되었으니 이로부터 불일(佛日)이 다시 빛나리라"고 말했다.(『조선불교통사』 하편)

아마 범패를 울리고 잿밥이 질펀한 가운데 축제를 벌였을 테고 사람들이 운집했을 것이다. 그런데 다시 금지령이 발동되는 사태를 맞이했다. 1898년 봄, 대한제국이 성립된 뒤 고종이 원구단에 행차했다. 마침 개운사의 개구쟁이 승려가 포장의 틈새를 열고 삿갓을

입성 해금 이후 숭례문 풍경 | 1906~1907년 한국을 방문한 독일 장교 헤르만 산더가 수집한 구한말 사진 자료.

쓴 머리를 내밀어 고종을 바라보았는데 공교롭게도 고종이 이 승려와 눈이 마주쳤다. 임금이 "저 사람이 누구냐"고 물었고 이에 경무사가 놀라 금령을 발동하여 승려의 도성 출입을 금지했다. 그러나 이는 일시적 조치여서 별로 효과가 없었다. 또 일반 사람들이 단발령으로 머리를 깎고 삿갓을 써 승려와 서로 섞여도 구분할 수 없게 되었다. 그리하여 1905년에야 도성 출입의 자유를 완전히 누릴 수 있었다.

한편 1894년부터 1905년 사이에 불교 사찰은 무방비 상태로 법의 보호를 받지 못하고 극심한 압제를 받았다. 절의 재산을 빼앗기고 승려들이 쫓겨나는 일들이 곳곳에서 벌어졌는데, 그 사례를 김제 금산사에서 찾아볼 수 있다. 갑오개혁 이후 기독교가 선교의 자유를 얻자 많은 사람들이 여기에 몰려들어갔다. 기독교도들은 금산사 주변 산비탈에 허가도 없이 불법으로 불을 질러 화전을 일구고 절을 압박했으며, 이를 관가에 고발해도 효과가 없었다. 게다가 금산사 앞뜰과 뒷산은 사금(沙金)과 금맥이 많기로 예부터 소문이 높았다. 1900년 금광 개발 붐이 일자 많은 사람들이 금산사 주변으로 몰려들어 사금을 채취하고 광맥을 캤다. 사람들은 광맥을 찾아 사리탑 밑까지 파고들어와 산사태가 날 지경이었다. 금산사 주지 각민(覺敏)은 이를 막을 수 없어 광산 개발을 담당하는 내장원(內藏院)에 호소하여 이를 금지하는 공문을 받아내 막으려 했다. 그러자 수천 명의 인부들이 몽둥이를 들고 몰려와 승려들을 난타했고 이런 와중에 각민도 맞아 죽었다. 하지만 관가에서는 이를 말리지 않고 방관했다. 이런 크고 작은 사태는 전국에 널려 있었다.(박한영(朴漢永),「금산용명당대사행략(金山龍溟堂大師行略)」,『석전시초(石顚詩鈔)』.)

승려들의 저항운동

이 시기 승려들은 반봉건·반외세 저항운동에도 참여하여 활동했다. 그 대표적 사례 두 가지를 들면 하나는 동학농민전쟁에 가담한 것이요, 하나는 활빈당 투쟁을 전개한 것이다.

1893년 동학농민전쟁의 앞 단계로 보은집회와 금구집회가 있었다. 두 집회에는 서양 세력과 일본 세력의 침투를 배격하는 기치를 내걸고 수만 명이 모였는데 금구집회에서 승려들의 활동이 있었다. 당시 금구집회는 전봉준, 김개남 등이 3만여 명의 대중을 모으고 봉기를 서둘렀다. 이때 불갑사의 중 인원(仁源), 백양사의 중 우엽(愚葉), 선운사의 중 수연(水演) 등이 참여하여 민활한 활동을 벌였다. 특히 중 긍엽(亘葉)을 보은집회에 보내 동정을 살피게 했는데, 보은집회에서 봉기를 보류하자 이들도 해산했다. 이들 승려에 대한 활동 기록은 당시 천주교에서 수집한 첩보 기록인 「뮈텔 문서」에 수록되어 있다.

1894년 동학농민전쟁이 일어났을 때 공주전투에 승려대장이 있었다고 했으나 그 이름과 활동 상황은 자세히 전해지지 않는다. 여러 정황으로 보아 백양사 소속 승려로 보인다. 전봉준이 도피 행로(입암산성으로 들어갔다가 백양사를 거쳐 순창 피로리로 갔었다)를 보아도 전봉준은 여러모로 백양사와 관련을 맺고 있었던 것으로 보인다.

1895년에 일어난 항일 의병은 두 가지 동기에서 유발되었다. 유림들은 단발령으로 머리를 깎고 복제(服制) 개정으로 도포를 벗게 되자 불만이 폭발했다. 또 일본 낭인들이 민비를 시해하자 개화 정부와 일제에 항거하여 의병 활동을 전개했다. 개화 정부가 추진한 신분제도 타파를 반대한 것도 봉기의 한 동기가 되었다. 이들 유림 의병들은 동학농민군을 "비도"라 하여 참여를 배제했다. 이런 조건에서 승려들은 유림과 적대 관계에 있어서 참여할 수 없었을 것이며, 그리하여 독자적으로 반봉건과 반외세가 결합된 활빈당 투쟁에 가담했을 것이다.

활빈당은 1897년 무렵부터 조직적으로 활동을 벌였다. 「홍길동전」에서 보이는 대로 본디 의적은 조선 초기부터 있었다. 조선 후기에는 명화적이 때로 의적을 표방했으나 분산적으로 활동했으며 19세기 후반기에는 전국적으로 "활빈당"이라는 이름을 내걸고 투쟁했다. 이들은 의적처럼 부자의 재산을 털어 가난한 사람들에게 나누어 주기도 하고 부정한 벼슬아치를 징치하기도 하며 일본군을 공격하거나 전신주를 뽑는 등 외세를 배격하는 투쟁을 벌이기도 했다.

1900년대부터는 활빈당 투쟁이 더욱 치열하게 전개되었다. 그 입당 절차는 매우 까다로워서 어느 한 사람을 당원으로 점찍으면 적당하게 자기들의 정보를 일러주고 유인한다. 그리고 나서 포졸을 가장한 당원이 그를 잡아 심하게 고문을 가해도 토설하지 않으면 일단 당원 자격이 있는 것으로 결정한다. 그들 무리에 들어가면 엄격한 규율을 지켜야 했다.

김구가 감옥살이할 때 눈에 정기가 돌고 동작이 민첩한 40대 사내를 만났는데, 이 사람은 강도죄로 들어온 김진사라 했다. 김진사는 괴산 사람으로 유명한 도둑의 우두머리였다. 김진사의 말에 따르면 활빈당은 1년에 한 번씩 각도와 군의 대표자가 모이는 대회를 연다고 했다. 그 장소는 큰절이나 장거리였다. 대회에 참여하러 올 때는 양반, 등짐장수, 장돌림, 상제 그리고 중의 복장을 했다. 또 동지의 처첩을 범하는 자, 장물을 감추는 자는 사형에 처했고, 체포되어

활빈당 문서 | "활빈당 발령", 구한말 활빈당이 충청도 부호 정인원에게 '돈 5,000냥을 가져오라'고 요구한 일종의 협박장이다. 비록 도적의 신분인 활빈당이지만 부호들에게 빼앗은 재산을 빈민에게 나눠주어 당대 민중들 사이에서는 평가가 후했다고 한다.

도 자기들의 비밀을 자백하지 아니한 자는 그의 가족을 먹여 살렸다.(『백범일지』)

이처럼 모든 활빈당에서는 위의 규정 외에도 동지의 재물을 강탈한 자, 자기들 조직의 비밀을 누설한 자 등은 사형에 처한다는 규정을 두었다 하며, 그 사형 방법도 산 자를 강제로 땅에 묻는 따위로 잔인했다 한다.

그런데 실제로 활빈당에 많은 승려들이 참여했다. 1908년 86명의 활빈당을 체포했는데 그들 속에 송학이라는 중이 끼여 있었다. 그의 진술에 따르면, 활빈당에서 비밀을 잘 지키고 굳건한 정신력을 가지고 있는 중을 골라 당원으로 선발한 탓으로 중들이 활빈당의 중심을 이루었다고 한다. 이 부분의 연구자인 박재혁이 활빈당의 직업 분포를 조사한 바에 따르면 농업 25.2퍼센트, 상업 25.7퍼센트, 승려 19.2퍼센트로 나타났다.(박찬승, 「한말 활빈당의 활동과 그 성격의 변화」 인용. 趙景達, 「朝鮮の義賊 - 活貧党を中心に」 참고) 물론 이것이 정확한 통계 조사일 수는 없을 것이다.

이들 승려는 말할 것도 없이 비밀 조직을 오래 유지해온 '땡추'의 한 무리들일 것이다. 더욱이 당시 많은 사람들이 생계 수단으로, 그리고 국가의 부역 따위를 피하기 위해 승려가 된 경우가 많았으니 땡추 조직은 확대되었을 것이다. 이들이 새로운 시대 상황에 따라 일어난 활빈당의 중심 세력으로 등장한 것은 오히려 자연스런 현상이다.

55

친일불교와 새로운 시련

— 근대의 선승, 경허의 등장

경허(鏡虛)는 전주 자동리에서 몰락한 양반의 둘째 아들로 태어났다. 아버지는 그가 어렸을 때 죽었는데 벼슬아치들의 수탈에 분노하여 울화병으로 죽었다 전한다. 그가 자랄 시기는 부정의 문벌 정치가 횡행하고 삼정(三政)이 분란하던 때였으니 그럴 개연성이 있을 것이다.

그의 출가 동기를 두고 한중광은 "아버지의 죽음으로 인해 갖게 된 생사에 대한 근본적인 문제의식이 출가의 동기라 할 수 있다"(한중광, 『경허-부처의 거울 중생의 허공』)고 했다.

그의 나이 23세가 되어 동학사에서 개강을 했다. 그러자 사방에서 학인들이 몰려들었다. 이렇게 8년을 보냈다. 그는 31세 때 길을 가다가 갑자기 폭풍과 소낙비를 만났다. 그리하여 어느 마을에 들어가 비를 피하려 했는데 마을 사람들이 모두 거절했다. 당시 염병이돌아 나그네를 받아들일 수 없었던 것이다. 그는 이 말을 듣고 죽음의 벼랑에 다다른 듯 마음이 떨렸고 문자 공부로 생사를 면치 못함

488

을 깨닫고 곧바로 절로 돌아왔다.

　그는 학인들을 모조리 내보내고 문을 닫은 채 참선에 들었다. 이렇게 3달을 보냈다. 한용운은 그를 두고 "이때부터 육신을 초탈하여 작은 일에 걸리지 않고 마음대로 자재해 유유자적하였다"고 했다. 그는 25년쯤 충청도, 경상도 등지의 절을 찾아다녔다. 그가 주로 주석한 절은 서산의 부석사, 합천의 해인사, 동래의 범어사 등이었는데 고승으로서 그 절에서 법주 노릇을 했다. 그는 존대를 받으면서 많은 설법을 했고 제자를 길렀다. 방한암(方漢岩), 송만공(宋滿空) 등이다.

　경허는 59세 때 북쪽으로 발길을 돌렸다. 그는 홀연히 오대산 월정사에 들어 3달을 머물렀고 혼자 금강산을 거쳐 안변 석왕사에 한동안 머물렀다. 그런 뒤에는 어찌된 영문인지 국경 지대의 오지인 갑산 강계로 스며들어 자취를 감추었다. 이 무렵은 1905년 을사조약으로 외교권이 박탈되어 나라가 껍데기만 남고 반식민지 상태로 전락한 끝에 1910년 마침내 국권을 상실한 시기였다. 이런 시대 상황을 고민한 탓에 환속해 은둔의 삶을 찾은 것일까?

　승려 경허는 상투를 튼 뒤 선비의 관을 쓰고 때로는 저자에서, 때로는 주막에서 떠돌다가 훈장 노릇을 했다. 절에서 목숨을 이은 것이 아니라 서당을 생계의 터전으로 삼았다. 그가 북

경허성우진영

489

쪽으로 간 뒤 행방이 묘연하자, 그를 미워하던 사람들은 시봉을 죽이고 도망쳤다고도 하고, "경허는 마구니다"라며 지탄하기도 했다. 원효의 행적을 방불케 한다. 이에 대해 한용운은 "바라문의 몸을 나타내어 만행의 길을 닦아 진흙에 뛰어들고 물에 뛰어들면서 인연 따라 교화하였다"고 했다.

그의 발길이 강계에 이르렀을 때였다. 강계 장평동을 지나다가 우물에서 물을 길어오는 아낙을 만났는데, 대뜸 다가가서 입술에 뽀뽀를 하는 따위로 희롱을 했다. 이를 본 대여섯 명의 청년들이 몰려와 그에게 뭇매질을 해댔다. 그는 아무 말 없이 얻어맞기만 했다. 길 가던 김탁이 이 모습을 보고 놀라 청년들을 겨우 뜯어 말리고 말을 걸었다. 그러자 그는 이렇게 말했다. "이 미친놈아, 할 일이 없으면 가던 길이나 갈 것이지, 네 이놈, 어찌 쓸데없는 참견을 하는고."

이 대답을 들은 김탁은 그를 스승처럼 모셔 서당을 열어주고 아이들에게 글을 가르치게 주선했다. 그의 서당에는 주변의 많은 선비들이 몰려들었고 자리가 열리면 담론이 펼쳐지며 시들이 쏟아졌다. 그런데 그 시에는 나라를 걱정하는 우국의 시구들이 자주 보인다. 몇 구절을 보면, "시국에 마음을 쏟은들 종시 운수일세, 좋은 때 틈타 짙은 술 기울여 보세"라든가, "집을 그리다가 머리털 더욱 희어졌고, 나라 근심하는 작은 마음, 늙어서 더더욱 붉어졌네"라든가, "벗이 와 서로 위로하여 정이 넘치지만 세상 근심하는 작은 마음, 잠시 미루어 잊어보세", "흉년 걱정에 맛있는 음식도 삼켜 내리기 어렵고 나라 걱정에 등나무 평상에 누워도 편안치 않네"라는 구절이 보인다.(『경허선사문집』)

이 우국의 시구들은 나라가 망해 끝내 병합되는 시대 사정을 두고 비록 몸을 떨쳐 의병에 가담하지는 않았으나 우국의 충정만은 때때로 토로했던 것이다. 경허는 67세 되던 해 4월 25일 갑산에서 열반했다.

경허에 관한 일화를 몇 가지 소개해 본다. 이 일화들은 선승이요 기인인 경허의 모습을 잘 드러내준다. 서산의 천장암에서 참선에 들었을 때 지고 온 바랑에서 옷 한 벌을 꺼내 솜을 놓아 두툼한 누더기 한 벌을 손수 지어 입었다. 공양을 받아드는 시간이나 소변, 대변을 보는 일 말고는 한 자리에 앉아 움직이지 않았다. 얼굴을 씻거나 양치질을 하거나 목욕을 하는 일조차 없었다. 언제나 가부좌를 틀고 앉아 있었다. 잠을 자려 눕거나 벽에 기대는 일도 없었다. 사람들이 몰려와 떠들어대도 귀로 말을 듣지 않고 눈으로 보지도 않았다. 그야말로 숨 쉬는 부처상이었다. 이렇게 면벽 1년을 보냈다.

1년 동안 몸도 씻지 않고 옷도 갈아입지 않아 땀에 찌든 누더기에 냄새가 진동하고 머리와 몸에는 이가 들끓어 싸락눈이 내린 듯했다. 어떤 사람은 이를 보고 두부 짠 비지를 온몸에 문질러 놓은 듯하다고 했다. 목욕을 하지 않은 탓인지, 이가 뜯은 탓인지, 온몸에 상처가 났어도 긁거나 간지러워하지 않았다. 1년 내내 좌선에만 열중했다.

한때 경허가 천장암에 있을 때였다. 어느 날 대중을 모아놓고 어머니를 위해 설법을 할 테니 모시고 오라고 일렀다. 어머니는 몸을 단장하고 큰 방에 들어가 향을 피워 정성을 다해 경의를 표하면서 "나를 위해 법문을 한다 하니 이루 말할 수 없이 기쁘구나"라고 했다.

그런데 경허는 잠시 바라보다가 옷을 주섬주섬 벗고 알몸으

491

로 "어머니, 저를 보십시오"라고 말했다. 모두들 놀랐지만 어머니는 "대체 무슨 법문이 이러냐? 별 발칙한 짓을 다 하는구나"라고 말하고 법석을 박차고 났다.

경허는 이를 보고 "저래 가지고 어찌 어머니 노릇을 한단 말인가? 내가 어려서는 이 몸을 벌거벗겨 씻기고 안고 빨고 하시더니 지금은 왜 그렇게 못하시나. 세상 풍속 참 한심하다"라며 웃었다.

그가 해인사 조실로 있을 때였다. 어느 날 나들이를 나갔다가 한 여인을 데리고 와 밤낮으로 함께 거처했다. 제자 만공이 이를 감추려고 문 앞을 지키면서 사람들이 찾아오면 "스님께서 주무십니다"라고 말하고는 돌려보냈다. 며칠 뒤 궁금하여 엿보니 경허는 그녀의 팔을 베고 몸에 다리를 걸친 채 곤하게 자고 있었다.

그런데 만공은 이를 자세히 들여다보다가 놀라마지 않았다. 여인의 코와 눈은 분간할 수 없을 정도로 문드러져 있었고 손가락도 떨어져 없었으며 걸친 옷은 고름과 오줌에 절어 올이 보이지 않을 정도였다. '문둥이 여인'의 몸에서는 송장 썩은 냄새가 진동했다.

경허는 재를 지낼 음식을 구경 온 아이들에게 모조리 나눠주어 승려들이 낭패를 보기도 하고 기근에 시달리는 화전민들을 위해 탁발을 해서 양식을 대기도 했다.

이러한 일화는 불립문자라는 선의 오의를 알리고, 무애행의 실천, 그리고 자비행의 모습을 보였다. 한용운은 이를 두고 만행이라 했다. 한용운은 경허의 시문집을 읽어보고 이렇게 평가했다.

그 저술이 다만 시문에만 세련된 것이 아니라 대체로 선문과 법어의 깊은 뜻과 묘한 글귀로써 혹은 술집과 저잣거리에서 읊조

492

렸으며 세속에 빠지지 아니하고 혹 빈산에서 붓을 들되 비바람, 눈보라 휘몰아치는 세간에서 벗어난 것만도 아니어서 종으로 횡으로 끝없이 힘차고, 생소하거나 숙달되었거나 상관없이 문장마다 선이요 구절마다 법이어서, 그 법칙의 여하를 막론하고 실로 일대 기이한 문장이며 기이한 시송(詩頌)이로다.(『경허선사문집』)

조선불교가 친일화의 길을 걸으면서 무너져 내릴 때 그의 가르침과 행동은 새 바람을 일으켰고, 제자 송만공, 방한암, 전전강으로 선맥이 이어졌다는 평가를 받았다.

─ 정토종에 대한 경계

1902년 대한제국에서는 사사관리서를 새로 설치하여 궁내부에 소속시키고 사찰과 승려의 관리를 맡게 했다. 사찰 관리를 궁내부에 소속시킨 것은 그만한 이유가 있었을 것이다. 본래 사찰 관리는 예조에 소속시켜 왔었고 이에 많은 구속을 받은 승려들이 예조를 좋게 볼 리가 없었다. 궁중의 내명부들은 거의 불교 신도였으며 궁중의 원찰들은 거의 왕비 또는 공주, 옹주의 지원을 받았다. 그런 탓으로 사찰 관리를 예조에서 분리하여 궁내부로 이관시켜서 처우를 개선하려는 의지를 보였다.

더욱이 일본불교가 침투하는 시대 사정에서 종래의 불교 탄압 또는 방임정책을 지양하고 적극적으로 국가의 틀 안에 끌어들여 불교 발전을 도모하겠다는 의지를 보인 것이다. 이에 따라 사찰령(寺刹

원흥사

슈)을 공포했다. 그 조직은 대법산(大法山), 중법산을 골간으로 했다.
그리하여 동대문 밖 성동에 원흥사(元興寺)를 창건하여 총본산격인
대법산으로 지정했으며 전국의 16개 사찰을 중법산으로 삼아 승직
을 임명했다. 그러니 중법산은 본산 사찰인 셈이다. 여기에 가입한
승려들은 은장(銀章) 무늬가 찍힌 승려증을 발급받았으며 일정한 회
비를 납부했다.

사사관리서를 두고 사찰령을 공포하고 원흥사를 창건한 조치
는 한국불교의 한 전환점이 될 수 있었다. 여러 복잡한 종파를 통합
하고 승려 조직을 일원화했으며 산중불교를 도시불교로 전환하는
계기가 되었던 것이다. 원흥사를 창건할 때 20만 냥의 자금이 소요
되었으며 그 개당식(開堂式)에는 승려 500여 명, 신도 300여 명이 참
석하여 기세를 올렸다. 더욱이 정부에서는 승려를 압제하기보다 교

도하려는 의지를 표방했던 것이다. 출가하려는 자를 공식적으로 인정하여 돈 두 냥을 본사에 납부하면 도첩을 주어 삭발하게 했다. 또 승적이 없는 승려에게 다시 승적을 주게 했으며 가짜로 승려가 되려는 자를 가려내 출가를 막게 했다. 이는 승려의 자질을 높이고 불교를 보호하려는 정책의 일환이었다.

그런데 정부에서는 나라가 뒤숭숭한 사정에서 그 관리를 제대로 하지 못해 사사관리서는 기본 골격만을 구성하고 1904년 폐지되고 말았다. 정부의 불교 개혁 의지는 이렇게 좌절되었다. 1905년 을사조약이 맺어져 조선통감부가 들어선 뒤 이른바 정치 승려들은 시세의 변화에 재빨리 편승하려 했다. 1906년 봉원사의 승려 이보담과 화계사의 승려 홍월초가 불교연구회를 조직하고 원흥사에 본부를 두어 최초의 불교 학교인 명진학교를 그 안에 설립했다. 그런데 두 승려는 일본 정토종의 사주를 받아 불교연구회를 조직했고 명진학교를 설립하여 불교의 근대적 교육을 제창하면서 정토종을 종지로 삼았다. 이것이 친일불교의 단초였다.

하지만 이런 일은 불교 재산을 지키려는 몸부림이었다. 당시 관립·공립·사립학교가 설립되면서 사찰의 토지가 학교 부지로 들어가고 학자금의 자산으로 삼으려는 분위기를 막으려는 의도가 깔려 있었다. 곧 사찰의 토지는 서울을 중심으로 공적 소유라는 개념이 있어서 불교계의 의견을 듣거나 허락을 받아 결정하지 않고 마음대로 학교 재정으로 삼으려는 정부의 계획이 있었다. 그리하여 명진학교에서는 서울 주변의 청년 승려를 모집하여 불교 관련 과목 이외에 역사, 지리, 산수, 일어 등 근대식 교육을 시켰던 것이다. 이를 본받아 지방 사찰에서도 보통학교를 설립하여 운영했다.

이를 계기로 조선불교를 일본 정토종에 편입하려는 움직임이 일어났다. 이 무렵 일본 정토종 승려가 교사로 통도사에 잠입하여 실권을 거머쥐고 통도사를 정토종 말사로 편입하려다가 쫓겨나기도 했다. 많은 조선 승려들은 정토종에 대한 경계를 높였다. 1907년 불교 대표자 50여 명이 원흥사에 모여 총회를 열어 이보담의 불교연구회 회장직과 명진학교 교장직을 사임하게 하고 해인사 주지 이회광을 그 후임자로 추대했다.

원종 창시의 배경

이회광은 다음 해 다시 원흥사에서 총회를 열어 원종(圓宗)을 창시, 원종 종무원을 설립하고 그 자신이 대종정으로 취임했다. 이 때부터 이회광은 뛰어난 정치적 수완을 보이며 한국불교를 친일불교로 재편하는 화려한 활동을 벌였다. 종단 이름을 원종이라 한 것을 원융무애(圓融無礙)나 선교겸수(禪教兼修), 참선·간경·염불을 원수(圓修)한다는 데서 나왔다고 한다. 원종의 창시는 수백 년 동안 압박받아온 불교 대중에게 근대화의 새 바람을 일으키게 하려 했다는 변명이 있을지 모르겠지만 결국 나라를 팔아먹는 하나의 도정을 걷게 된 계기가 된 셈이다.

그런데 이회광의 배후에는 친일 단체인 일진회와 일진회를 조종하는 다케다[武田範之]가 도사리고 있었다. 또 원종 창시의 배경은 그리 단순치 않았다. 1905년 이른바 을사조약으로 대한제국의 외교권이 일본으로 넘어갔고, 이에 따라 조선통감부가 설치되어 반식민지 상태로 전락했다. 초대 통감 이토 히로부미[伊藤博文]는 불교, 기독교, 천주교의 교도를 회유하여 황민(皇民)으로 만드는 정책을 썼는데, 이는 1906년 11월에 제정·공포한 "종교의 선포에 관한 규칙"에 잘 드러난다. 이토가 종교정책을 펴면서 선교사들과 타협하는 과정에서 승려들을 소외시켜 일방적으로 불교정책을 결정하여 폈고, 유사종교(근래에 신흥종교 또는 민족종교라 부름)에 대해서는 강압정책을 쓰기로 했다. 따라서 초기에 기독교는 강권에서 벗어난 가운데 제한된 통제를 받으며 선교의 자유를 누렸으나 불교는 보호와 예속, 무속과 유사종교는 미신으로 취급받았던 것이다.

통감부의 불교정책은 일본불교를 매개로 하여 조선불교를 식민지 지배 안으로 포섭하는 것이었다. 통감부 당국에서도 침투해오는 일본불교를 방치하면 통제 밖에 놓일 위험성이 있었다. 그래서 일본불교를 적당한 선에서 견제하고 조선 승려들을 회유하여 점진적으로 친일화의 길로 끌어들이려 했다. 이토는 조선시대 내내 압박을 받아 불만에 차 있는 승려들이 좋은 '먹잇감'으로 보였다. 따라서 겉보기로는 불교 포교의 자유를 허용한 것처럼 보였다.

한편 일본불교는 여러 갈래와 단계를 거쳐 침투해왔다. 다케다는 조동종(曹洞宗)의 승려로 전봉준을 회유하려들기도 하고 낭인패에 끼여 민비 시해에 앞장서기도 했으며 조선통감부의 일급 하수인이기도 했다. 그는 한일합방을 주장한 일진회의 상담역이 되기도 하고 시천교의 고문이 되기도 했다. 그런 과정에서 친일 주구 송병준, 이용구와 한 무리의 패거리를 만들었으며 더욱이 원종의 고문이 되어 이회광과도 야합했다. 이렇게 하여 이회광이 그의 손에서 놀아났던 것이다.

이런 배경에서 원종이 창시될 수 있었고 각황사가 창건되었다.

원종은 이회광이 종정으로 대표성을 가지고 있었으나 속내로는 다케다와 송병준, 이용구의 턱짓에 놀아났던 것으로 이회광은 주요 문제를 다케다의 지시를 받거나 상의하여 결정했다. 원종이 창시된 지 4개월 뒤 종무원 창립 기념 승려대회를 평안도 보현사에서 가졌다. 그때 다케다는 자축하는 시를 지어 참석한 승려들을 고무했다.

__ 개종역조의 논쟁

1908년 전국 유명 사찰의 주지 48명의 이름으로 불교 개선을 위한 청원서가 내무대신 송병준 앞으로 올려졌다. 거기에는 다음과 같은 구절이 있다.

> 한국의 승려는 아직도 인권을 가지지 못하고 불교는 여전히 자유를 보장받지 못하고 있으며 사찰 재산의 횡령과 국보의 손실이 날로 심해져가고 있다. 금년 4월에 54인의 유지 승려들이 원종 종무원을 원흥사에 설립했지만 내외 사정에 어둡고 제도상의 지식이 부족하여 일본의 조동종 종무원에 보호를 요청하여 조동종 관장으로 하여금 통감부에 이첩하기에 이르렀다.(최병헌, 『일제의 침략과 불교』)

이를 통해 이 무렵부터 조동종과 긴밀한 관계를 유지했음을 알 수 있겠다.

한편 1909년 여러 승려들이 힘을 합해 모연하여 다음 해 전동(지금의 수송동 일대)에 각황사를 창건했다. 이 절의 규모는 크지 않았다. 그러나 승려의 도성 출입이 금지된 이후 도성 안에 절을 짓지 못했는데 이 절이 도성 안에 절을 짓는 최초를 기록했다. 그래서 서울에 들어온 승려들은 이 절을 숙소나 휴식처로 삼기도 했다. 더욱이 원흥사에 두었던 원종 종무원을 이 절로 옮기기도 했다.

이회광은 조선불교의 존립을 위해 일본불교와 연합해야 한다는 뜻에 따라 그 연합의 대상을 다케다와 상의한 끝에 조동종으로 결정했다. 조동종은 정토종이나 정토진종과는 달리 조선의 선종과 맥을 같이하는 계열이라는 것이 그 표면적인 이유였다. 그리하여 원종과 조동종의 합병을 기도하는 음모가 진행되었다. 이회광은 72개 사찰의 위임장을 얻어내 한국이 완전히 식민지로 전락한 뒤인 1910년 종정 자격으로 일본 도쿄에 가서 조동종 관장인 이시카와[石川素童]와 교섭을 벌였다. 그들은 이회광의 연합 제의를 거절하고 부속(附屬)으로 관계 맺자고 제의했다. 하지만 끝내 이회광의 연합 주장이 관철되어 조동종 종무 대표와 연합 조약을 맺었다. 그 연합의 대가는 일본 조동종에서 원종의 인가를 조선총독부로부터 받아내주는 것이었고 또 조동종에서 고문과 포교사를 파견하여 원종을 지원해주는 것이었다.

이회광은 흡족한 기분으로 귀국하여 전국의 큰 사찰을 돌며 찬성 서명을 받았는데 대등한 연합이라고 얼버무리며 그 자세한 협약 내용은 알려주지 않았다. 마침 통도사에서 그 자세한 내용을 알게 되자 조선불교가 임제종을 법통으로 하는 선종을 표방해왔는데 이를 팔아먹었다고 하여 여기저기 비판적 소리가 일어났다. 이것이 개종역조(改宗易祖)의 논쟁이다. 불교 내부에서 벌인 이 논쟁은 나라가 완전히 병합된 문제보다도 오히려 더 치열했다. 논쟁의 중심 인물은 진진응(陳震應), 박한영(朴漢永), 한용운(韓龍雲) 등이었다.

그리하여 비판 세력은 임제종을 창시하여 순천 송광사에 종무원을 두고 원종에 맞섰다. 한용운이 임시 관장 대리로 일을 보았으며 지리산을 중심으로 전라도·경상도 승려들의 호응이 있었다. 두 종단은 치열한 싸움을 벌였으나 조선총독부는 방관하는 자세로 일관했다. 임제종은 종무원을 범어사로 옮겨 어렵게 일을 보았다. 원종은 조선총독부로부터 인가를 받지 못했으나 여러 승려를 일본에 유학 보내는 길을 열었다.

아무튼 이회광과 원종 승려들은 통감부와 총독부로부터 인가를 받으려고 무리한 노력을 기울이다가 친일불교로 기울어져 비난을 받았다. 원종이 비록 근대 학교를 설립하고 조선 후기 최초로 서울에 절을 지었으며 10곳의 포교당을 설치하여 도시로 진출하는 업적을 쌓았으나 친일불교로 돌았다는 역사적 비난을 면할 수 없을 것이다. 그리하여 식민지 시기 민족불교와 끊임없이 충돌했던 것이다.

제12부
식민지 시기 불교와
해방 이후의 불교

56
식민지 초기 불교의 친일화 과정

— **악의 법령, '사찰령'**

조선총독부에서는 한국에 있는 모든 종교를 규제하기 위해 새 법령을 공포했다. 우선 1911년 경학원규정(經學院規定)과 사찰령을 공포했다. 경학원규정에 따라 성균관과 지방의 향교는 총독부 산하 기구가 되었으며 경학원의 최고 책임자인 대제학을 총독이 임명했다. 이로써 유교는 완전히 총독부 통제 아래에서 지휘·감독을 받았다. 또 1915년에는 한국 내의 기독교를 규제하기 위해 포교규칙(布教規則)을 공포했다. 그리고 일본의 불교와 신사를 보호하기 위하여 같은 해 특별히 신사사원규칙(神社寺院規則)을 공포했다. 식민지의 종교를, 내지의 신사와 사찰을 차별적으로 구별한 것이다.

아무튼 조선 사찰은 사찰령에 따라 조선총독부로부터 직접 통제를 받았다. 따라서 친일적인 원종 종무원과 조선불교의 전통을 지키려는 임제종도 폐지되었다. 일본불교와의 연합이나 지원 따위의 연결 고리도 끊게 했다. 사찰령은 민족적 관점에서 말할 나위도 없이 종교의 자유를 제한하는, 도첩제보다 더한 '압제의 법령'이었다.

503

친일불교는 초기에 불교진흥회라는 이름으로 이회광이 회주가 되고 강대련이 부회주가 되어 이끌어갔는데 사찰령 공포 뒤에도 두 사람은 조선총독부의 정책을 충실히 따랐다.

먼저 사찰령의 내용을 알아보면 이러하다.

〈제1조〉 사찰을 병합·이전하거나 또는 폐지하고자 할 때에는 조선총독의 허가를 받음이 가함. 그 터나 또는 명칭을 변경하고자 할 때에도 또한 같음.

〈제2조〉 사찰의 터와 가람은 지방장관의 허가를 받지 아니하면 전법, 포교, 법요 집행과 승려 거주의 목적 이외에 사용하거나 사용하게 함을 얻지 못함.

〈제3조〉 사찰의 본말 관계, 승규(僧規) 법식, 기타 필요한 사법(寺法)은 각 본사에서 정하여 조선총독의 인가를 받음이 가함.

〈제4조〉 사찰에는 주지를 둠이 필요함. 주지는 그 사찰에 속하는 일체의 재산을 관리하여 절의 사무와 법요 집행의 책임을 맡아 사찰을 대표함.

〈제5조〉 사찰에 속하는 토지, 삼림, 건물, 불상, 석물, 고문서, 고서화, 기타 귀중품은 조선총독의 허가를 받지 아니하면 이를 처분함을 얻지 못함.

〈제6조〉 앞 조목의 규정을 위반한 자는 2년 이하의 징역이나 또는 500원 이하의 벌금에 처함.

〈제7조〉 본 사찰령에 규정한 것 외에 사찰에 필요한 사항은 조선총독이 정함.

(현대어로 고쳤음)

마지막 7조에 따라 세부 규정을 정한 「시행 규칙」을 아울러 공포했다. 쉽게 말해 승려들에게 사찰의 통폐합 또는 재산 처분권을 앗아가 총독부로 귀속시킨 것이다. 특히 본산 주지의 임명은 총독, 말사 주지의 임명권은 관할 도지사에게 주어 완전히 통제할 수 있었다. 또 각 본사가 사법(寺法)을 제정하여 총독의 허가를 받아야 했다. 조선총독부에서는 본산의 사법을 미리 작성하여 보낸 탓으로 사법이 통일되어 특성을 살리지 못했을 뿐만 아니라 총독부의 정책을 철저히 반영했다.

한편 사찰 법식에는 사찰 고유의 행사 이외에 일본 천왕의 생일 또는 일본의 축제일인 기원절(紀元節)이나 천장절(天長節) 등 여러 행사를 지키게 했다. 전통 불교에서는 임금이나 왕세자의 생일에 "천세 만세(千歲 萬歲)"라 써 붙이고 빌었는데 이를 일본 천황 생일과 축제일에 맞추어 벌이게 한 것이다. 절에서는 이런 행사 때 일장기가 펄럭이고 "천황폐하만세"라고 쓴 종잇조각이 휘날리게 되었다.

주지 전단 시대

사찰령과 그 시행 세칙에 따라 조선총독부에서는 새로 30본산을 지정하고 주지를 친일적 승려로 임명했다. 30본산은 용주사, 전등사, 봉은사, 법주사, 마곡사, 동화사, 금룡사, 고운사, 은해사, 기림사, 범어사, 통도사, 해인사, 위봉사, 부석사, 선암사, 송광사, 건봉사, 월정사, 유점사, 성불사, 패엽사, 법흥사, 영명사, 보현사, 석왕사, 대흥사, 백양사, 봉선사, 귀주사이다. 1924년에 화엄사가 본산으로 지정되어 31본산이 되었다.

본산 주지는 총독부의 보호를 받으면서 비록 재산 처분 등에 제한을 받았으나 막강한 권력을 틀어쥐고 부호처럼 살았다. 주지들은 한번 임명되면 해당 절의 인사권을 움켜쥐고 하급 관리의 통제에서 벗어나 떵떵거릴 수가 있었다. 곧 "충량한 천황의 신민"이 되었던 것이다. 더욱이 많은 승려들은 불교가 국가의 보호를 받게 되었다고 하여 사찰령을 지지하거나 불교정책을 찬양하는 분위기에 들떠 있었다. 사찰령대로라면 왕조시대처럼 승려들이 국가 공사에 부역 노동자로 동원되거나 승군으로 나가지 않아도 되었다. 또 비록 재산 처분 등 일부 권한이 제약되었으나 사찰 재산에 대해서는 학교나 공공 건물의 부지로 사용되는 등 외부 세력들이 손댈 수도, 넘볼 수도 없었다.

조선총독부에서는 불교 세력을 더욱 옥죄기 위해 본산 주지와 유력 인사들에게 당근을 주어 우대정책을 폈다. 이들을 몇십 명씩 모아 조선총독부의 신년 하례식에 참석시켜 총독과 면담하게 하기도 하고 일본 시찰을 주선하여 일본의 사찰과 명승지를 돌아보게 하기도 했다. 더욱이 일본 천황을 알현하게 하여 천황의 친절한 훈시를 듣게도 했다. 그러자 이들은 이씨 조선에서는 볼 수 없는 우대라 하여 감격의 눈물을 흘렸다. 천박한 의식을 보인 일이었으나 그들의 처지로 보면 함부로 나무랄 수 없는 대목이다.

1910년대의 한국불교를 흔히 "주지 전단 시대"라 부른다. 본사 주지들이 총독에게만 굽신거리면 다른 관료들에게 별 간섭을 받지 않아도 되었고, 재산 처분도 '로비'를 잘 벌이고 충성도가 높으면 주지가 마음먹은 대로 주무를 수가 있었다. 그러니 주지들은 많은 재산을 가지고 호화롭게 살면서 속화(俗化)의 길을 걸었다. 이는 두 가지로 나타났다.

초기의 사법에는 "아내를 얻고 고기를 먹는 자에게는 비구계를 허가하지 않는다"는 규정을 두었다. 하지만 이는 헛문서였다. 주지들은 버젓이 아내를 얻어 경내에 살림을 차리고 고기와 술을 먹으며 파계를 거듭하는 등 예전 무뢰승들이 벌인 파계와 다름없는 생활을 했다. 이런 풍조가 만연했으나 총독부에서는 별로 간섭하지 않고 방임했다. 이에 주지들은 일본 승려들처럼 아내를 거느리고 생활하기 위해 이 조항을 삭제해 달라고 청원했고 총독부에서는 1926년 마침내 이 요구를 들어주어 조선불교를 완전히 세속화시켰다.

이들은 머리를 깎았으나 평상시에는 법복을 벗고 세속의 옷을 입었으며 중절모를 쓰고 돌아다녔다. 교사 등 직장에 다니는 승려들은 거의 양복을 입었고, 또 더러 머리나 수염을 길렀다. 이런 복장은 비구에게도 영향을 미쳐 지금도 전해지는 송만공의 사진을 보면 머리를 기른 모습이었다. 한용운은 아내를 얻고 두루마기를 즐겨 입었다. 한말의 선승 김경허도 수염을 길렀으니 굳이 선례가 없는 것은 아닐 것이지만 너무 세속화하여 이들을 "비승비속"이라 불렀다.

친일 승려들은 총독부정책에 적극 협조하여 다른 종교 단체의 성직자들보다 더욱 친일화의 길을 걸었다. 이들은 하나를 얻으면 하나를 잃는다는 평범한 역사의 진리를 모르고 있었다.

── 「조선불교개혁론」의 등장

한편 이들 친일불교에 맞서 1912년 한용운의 주도로 서울 대사동(현재 인사동)에 조선 임제종 중앙포교당을 설립했으나 총독부에서는 원종과 함께 이를 폐지시켰다. 그런 뒤 총독부의 보호를 받은 30본산에 맞서 조선불교회를 조직하려 했으나 뜻을 이루지 못했다. 식민지 시대 초기, 친일불교가 자리를 잡아가는 상황에서 「조선불교개혁론」이 등장했다.

먼저 권상로의 개혁론을 알아보자. 권상로는 명진학교 출신으로 강원 교육과 근대 교육을 함께 받은 인물이다. 그는 1912년부터 1913년까지 『조선불교월보』에 12회에 걸쳐 「조선불교개혁론」을 연재했다. 이 글에서 조선불교가 대중에게 뛰어들지 못하고 폐쇄된 가운데 자기 발전을 도모하지 못했다는 기조에서 불교 개혁을 주창했다. 그는 부처가 가르친 평등에 최고의 이상을 두면서 철저한 믿음을 통한 정신 개혁이 이루어져야 한다고 했다. 이어 재단을 만들어 재정 자립을 도모하고 단합해야 한다고 했으며 교리 연마를 위한 교육제도의 개량을 주장했다.

부제를 "진화자료"라고 단 것으로 보아도 사회진화론에 따라 종교 경쟁을 통해 불교가 발전해야 한다는 인식에서 출발했으며, 재단과 근대 교육을 강조한 것도 일본불교와 기독교의 전도 방식에서 시사를 얻은 것으로 보인다. 그러나 권상로의 개혁론은 실천운동이 따르지 않고 그가 친일적 성향을 지닌 탓으로 현실에 거의 영향을 끼치지 못했다. 더욱이 처절한 민족 모순을 외면하여 한용운과 길을 달리했다.

57

민족불교와 친일불교의 갈등

― 정신문화 혁명, '유신론'

권상로의 뒤를 이어 한용운이 1913년 「조선불교유신론」을 발표했다. 이 글은 그가 20대 후반의 나이로 만주 등지를 돌아다니며 독립 투쟁을 벌이려다가 뜻을 이루지 못하고 귀국한 뒤 3년쯤 불교 개혁을 구상하고 집필한 것이다. 한용운은 만주에서 "나의 입산한 동기가 단순한 신앙만을 위한 것이 아니었다"(한용운, 「북대륙의 하룻밤」)고 밝힌 바 있다. 따라서 한용운은 중이기 이전에 혁명적 거사였고 투사였다. 그는 불교가 친일화의 길을 본격적으로 걷자 이를 책으로 묶어 간행했다.

『조선불교유신론』 |
1913년 발행된 『조선불교유신론』

이 글은 사회진화론에 입각하여 우승열패(優勝劣敗), 약육강식(弱肉强食)의 이론을 도입, 경쟁을 통해 살아남아야 한다는 주장을 기저에 깔고 있다. 따라서 불교의 개혁 없이는 살아남지 못한다는 관점에서 출발하여 철저한 자기반성과 현실 비판을 도모했다. 그가 제시한 이상은 부처의 평등주의와 구세주의였다.

좀 더 구체적으로 알아보자. 그는 이 글의 서문에서 이렇게 쓰고 있다.

내가 일찍이 불교를 유신할 뜻을 품고 조금 마음속에 그려보았으나 모든 일이 뜻대로 되지 아니하여 당장 실천에 옮기지 못하고 시험 삼아 하나의 형적 없는 불교의 신세계를 구구하게 글자로써 얽어서 풀어, 스스로 아무 소리 없는 적막한 세상에 위로로 삼을 뿐이다. 무릇 갈증을 느낄 때 신 매실(매화나무)을 바라보고 침이 고여 잠시 갈증을 푸는 것도 또한 양생의 한 방법이다. 이 논의야말로 실로 매화의 그림자이며 나의 갈증으로 내 몸을 태우는 것이다. 그러니 스스로 어쩔 수 없이 하나의 매화 그림자에 펄펄 솟는 맑은 샘물을 퍼부으려는 것이다. 요즈음 불가는 너무나 가문데 우리 무리들 속에 갈증이 나는 사람이 있는지 모르겠다. 과연 있다면 이 매화 그림자로써 서로 비추어보기 바란다. 들으니 6바라밀 가운데 보시가 첫째라 한다. 나 또한 이 매화 그림자를 보시하는 공덕으로 지옥을 면할 수 있을지?

시작은 조용하게 작은 보시를 하겠다고 천명했다. 옛 보조국사가 '땅에 엎어진 자는 땅을 짚고 일어난다'고 했던 비유를 방불케 한다. 하지만 곧바로 법 방망이를 들이댄다.

유신이란 무엇인고, 파괴의 자손이요, 파괴란 무엇인고, 유신의 어머니라. 천하에 어미 없는 자식이 없다고 말하되 파괴 없는 유신이 없다고 말하면 더러 알아먹지 못하니 어찌 그 비유의 학에 이렇게 어두울 수 있는가? 무릇 파괴란 것은 헐어서 없애는 것을 말하는 것이 아니라 다만 그 시세에 맞지 아니하는 구습을 고쳐서 새로운 것으로 향하게 하는 것뿐이다. 이름은 비록 파괴이나 실은 파괴가 아니다. 유신을 보다 잘하는 것은 파괴를 더욱 잘하는 것이니 파괴에 느린 자는 유신이 느리고 파괴에 빠른 자는 유신이 빠르고 파괴가 작은 자는 유신이 작고 파괴가 큰 자는 유신이 크다. 유신의 정도는 파괴로써 비례하거나 차이가 난다.

한용운은 파괴를 혁명의 첫 발걸음에 비유했다. 그는 당면 과제로 여러 가지를 제시했다. 절을 산속에 두고 중들이 산속에 사는 것은 염세(厭世)에 적합하고 구세(救世)를 외면하는 것이니 도시와 민간 속으로 들어가 다른 종교와 경쟁해야 한다고 했다. 다시 말해 승려에서 대중으로, 산간에서 가두로 나와 상인, 농군, 공무원, 학생이 참불교를 주워 자기 것으로 만들도록 해야 한다는 것이다. 곧 중생을 구제하는 대승불교를 실천하라는 것이다. 또 만행의 하나로 구걸 행각하는 짓은 금지해야 한다고 했으며 예불 격식도 하루 한 번 정도로 줄여 간소화해야 하며 염불당, 칠성각, 산신각은 불교와 관계없이 미신을 조장하는 것이니 헐어내라고 주장했다.

더욱이 승려는 구구한 계율에 얽매이지 말고 자유의사에 따라 장가를 가서 세속 안으로 들어와야 한다고 주장했다. 이는 승려들이 총독부에 취처(娶妻)를 허락받기 최소 13년 앞선 주장이다. 그는 개신교 목사와 일본 승려가 아내를 두고 생활하는 모습을 보고 이를 수용했을 것이다. 결론적으로 말해 유신론은 불교의 평등주의를 토대로 하여 중생 제도에 앞장서야 한다는 것이다. 불교학자요 시인인 조종현은 유신론이 정신문화의 혁명을 제창했다고 평가하고 이렇게 요약했다.

> 첫째, 소극적인 면으로는 당시 조선불교의 정신 풍토에 깔려 있는 비종교적·비합리적·비시대적·비사회적 내지 토속적·미신적인 부자연스러운 요소의 인습과 형해(形骸)를 근본적으로 두들겨 부수자고 박차를 가한 것이요,
> 둘째, 적극적인 면으로는 불교 본연의 자세로 복귀하고 순수한 신앙의 새 윤리를 확립하여서 불타의 근본정신을 체득하자고 강조·역설한 것이요,
> 셋째, 건설적인 면으로는 시대적·사회적인 요청에 부응할 역사적인 대중불교를 실시하자는 사명감을 고취·촉구한 것이다.
> (『한국의 사상가 12인』 중 만해 한용운 편 참고)

— 한용운의 왕성한 활동

한편 한용운이 일본불교와 개신교를 모델로 제시했다는 비판이 따랐고, 지나치게 전통을 무시하고 세속화를 주장했으며, 제국

일제감시대상인물카드-한용운 | 서대문형무소에 수감 당시 한용운의 모습.

주의적 발전 논리인 진화론을 수용했다는 한계를 지적하기도 한다. 하지만 이는 그 절실한 시대 사정과 시대정신에 비추어보아 긍정적인 면을 애써 외면하려 한 느낌이 없지 않다. 조선시대 이후 불교 개혁을 이토록 강렬하게 주장한 승려가 없었다는 점에 유의해야 할 것이다.

「조선불교유신론」은 국한문 혼용으로 4만 2,000자쯤 되는 방대한 논문이었다. 이 글이 발표되자 민족불교의 성향을 가진 승려, 진보적인 지식인 등이 열띤 호응을 보였으며 한용운의 인기는 치솟았다. 그는 이에 멈추지 않고 불경을 번역하거나 요약하여 대중들이 쉽게 접근할 수 있게 했으며 1918년에는 불교 교양지 『유심』을 간행했다. 그의 불교유신운동과 불교실천운동은 잠시도 멈추지 않았다.

이후 식민지 시대의 불교 역사는 『조계종사-근현대편』(대한불교조계종 교육원, 2001)에 자세히 기술되어 있다. 그러므로 앞으로 이 시기의 사실은 대략만을 설명하기로 한다.

1919년 3·1운동을 앞두고 한용운의 활동이 왕성하게 전개되었다. 천도교에서 3·1만세운동을 주도할 때 한용운은 자발적으로 참여하고, 민족 대표 33인의 한 사람으로 서명하면서 마침 서울에 올라와 있는 백용성을 불교 대표로 추천했다. 한용운은 민족 대표를 지정할 때 박한영, 진진웅, 도진호, 오성월 등을 참여시키기로 했다. 하지만 이들은 전보와 전화가 닿지 않는 산속에 머물고 있어서 연락이 닿지 않았다. 그리하여 마침 서울에 머물고 있는 백용성의 동의를 구했다. 불교계는 천도교, 기독교와 달리 두 사람만이 참여하게 되었다. 하지만 백용성과 한용운은 어느 대표보다도 강경한 노선을 표방했다.

  한용운은 당시 계동에 있던 『유심』의 사무실로 중앙학림의 학생인 신상완, 백성욱, 김법린 등을 불러 독립선언서 3,000여 장을 주고 여러 절로 내려보내 만세 시위에 참여하게 했다. 그리하여 이들은 범어사, 해인사, 통도사를 비롯하여 전라도, 경상도로 내려가 승려들이 만세 시위에 참여하게 공작했다. 그 결과 위의 사찰과 동화사, 표충사, 석왕사 등에서 만세 시위에 참여할 수 있었다.

  상해 임시정부가 수립되자 한용운의 지시를 받은 신상완, 백성욱, 김대용, 김법린 등 네 명은 상해로 건너가 요인들과 접촉하고 귀국하여 지하신문 『혁신공보』를 발간했다. 그리하여 독립지사들의 소식과 해외 독립운동 사정을 전달했다. 1920년 들어 조선불교청년회와 조선여자불교청년회가 결성되어 30본산의 독단적 사찰 운영을 부정하고 사찰령 철폐운동을 벌였다. 1929년에는 이들이 주축이 되어 비밀 결사체인 만당(卍黨)을 결성했다. 만당은 정교 분립과 불교의 대중화를 지향했으며 당수는 한용운이 추대되었다. 당원은 80

여 명이었고 도쿄와 석왕사, 동화사, 선암사, 통도사, 고운사, 건봉사 등에 지부를 두어 사법 개정운동을 벌이는 등 비밀 활동을 했다. 만당은 총독부의 탄압과 내부 갈등으로 1933년에 해산하고 말았다.

친일 승려들의 야단법석

한편 원로 승려들은 전통 선을 선양하기 위해 새로운 활로를 모색했다. 1920년 김남전, 백용성, 송만공, 오성월 등이 주축이 되어 서울에 선학원을 설립했다. 범어사 주지였던 오성월이 범어사 포교당을 처분하기도 하고 보살계단을 만들어 자금을 모으기도 하여 절을 세웠다. 절 이름을 "사"나 "암"으로 하지 않고 "원(院)"이라 한 것은 사찰령에 예속되지 않으려는 의도였다. 교묘하게 법망을 벗어나려는 것으로 당시 사찰령이 발동된 뒤에는 절을 하나도 창건하지 못

선학원 중앙선원 | 한국불교 자주성 회복을 위해 1920년 창건되었다.

했으나 선학원만이 창건될 수 있었던 것이다.

선학원은 지방 사찰에 19개의 지부를 두고 청정 비구를 회원으로 모았지만 아내를 두고 고기와 술을 마시는 주지들은 선학원 활동을 배척했다.

선객들은 주지들에게서 밥을 얻어먹으며 선방에서 정진했으나 식량이 떨어지고 선방마저 구할 수 없는 처지에 몰렸다. 이에 선학원도 건물만 남게 되자 1926년 다시 범어사 포교소로 바뀌었다. 선학원은 침술과 의술로 많은 돈을 번 적음이 인수하여 운영하고 이사장에 송만공, 부이사장에 방한암 등이 참여해 겨우 명맥을 유지할 수 있었다.

백용성은 대각사를 대각교당으로 이름을 바꾸면서 대중 포교에 열중했고 친일불교에도 맞섰다. 또 북간도에 진출해 대각교당의 이름으로 농장을 개설하고 과수나무를 심어 여기에서 얻은 수익을 임시정부 등의 독립자금으로 사용했다. 한용운과는 달리 만주로 진출해 항일운동을 벌였다.

한편 중앙학림이 전문학교로 승격되었다. 1920년대 이른바 문화 정치에 따라 기독교계인 연희전문학교와 이화여자전문학교, 그리고 보성전문학교(뒤에 천도교계로 전환)가 인가되었다. 하지만 중앙학림은 3·1운동 때 학생들이 많이 참여했다고 하여 쉽게 승격 허가를 내주지 않았다. 그러나 학생들이 승격을 청원하면서 들어주지 않으면 동맹휴학에 들어가겠다고 엄포를 놓았고 31본산 주지들은 그 재원 마련을 위해 5년 간 휴교를 결의했다. 이리하여 5년의 준비를 거친 끝에 1928년 불교전수학교의 설립 인가를 받았으며 꾸준히 승격을 준비한 끝에 1930년 마침내 중앙불교전문학교(현 동국대학교의 전신)의 인가를 받았다.

　일제는 1931년 만주사변을 일으키고 이어 상해를 점령한 뒤 위만(僞滿, 일제가 세운 가짜 만주 제국)을 세우는 따위 중일전쟁을 도발했다. 조선총독부에서는 조선을 병참 기지로 만들어 자원 수탈을 가중시키면서 정신 통일을 도모했다. 1935년부터 시행한 심전개발운동(心田開發運動)은 국제 관념을 명확하게 할 것, 경신숭조(敬神崇祖)의 사상 및 신앙심을 함양할 것, 보은·감사·자립의 정신을 양성할 것 등 3대 요목을 내걸었다. 이에 따라 불교계를 첫 먹잇감으로 삼았다.

　불교계는 여기에 간담회를 여는 일 따위로 적극 동조하고 나섰다. 누구보다도 이 운동에 적극적으로 가담한 자는 학승인 권상로와 김태흡이었다. 김태흡은 1935년 최초의 불교 신문인 『불교시보』를 창간하여 자신이 「심전개발과 교화운동」이라는 논문을 써서 게재했다. 그 창간사에서는 "심전개발운동의 한 팔이 되고 한 다리가 되어서"라고 떠벌렸다. 이 신문은 심전개발운동의 첨병이 되어서 이와 관련된 선전 활동에 앞장섰다. 김태흡은 이를 선전하는 『심전독본』, 『불교의 근본정신』 등의 책을 내 '심전개발의 포교 총서'라 떠들었다.

　권상로는 이에 뒤질세라 자신이 경영하는 『조선불교월보』에 심전개발운동을 선전했으며 『심전』, 『신앙』이라는 책을 간행하여 돌렸는데 그 책자의 광고에 "심전개발의 성전과 같다"는 문구를 넣기도 했다. 두 사람은 심전운동을 위해 전국 사찰과 관공서에 강연도 열심히 다녔다. 31본사 주지 대표인 이종욱이나 교무원의 간부인 임석진 등 승려들도 덩달아 법석을 떨었으며 다른 많은 승려들도 정도의 차이는 있으나 이에 동참했다.(임혜봉, 「불교계의 친일인맥」 참고)

불교계의 '자발적 친일'

한편 1930년대 중반기에 조선총독부는 중국 대륙을 침략하면서 본산제라는 "보호 치마"로만 불교를 감싸둘 수 없다고 보고 불교계의 통일 역량을 이용하기 위해 어느 정도 자율을 주는 총본사를 설치하려 했다. 이에 본산 주지들도 적극적으로 참여했다. 1935년 본산주지회의에서 불교선교양종 종무원의 발족을 결의하고 이어 1937년 본산주지회의에서 총본사 대웅전 건설을 결정했다. 이때 총본사 건물은 한국 전통 양식으로 짓기로 결정했는데 일제는 친일불교에 민족종교라는 허울을 씌우려 한 것이다.

당시 정읍에 본부를 둔 보천교(普天敎)는 교주 차경석이 '천자'를 표방하기도 하고 은밀히 독립 자금을 대주기도 하여 일제의 탄압을 받았다. 일제는 보천교를 말살하는 방법으로 거대한 조선식 양식으로 지은 십일전(十一殿)을 뜯어 불교의 총본사 건물을 짓게 했다.

보천교 본교 전경 | 전남 정읍에 자리했던 보천교 본교의 모습. 정면에 보이는 가장 큰 건물이 십일전이다.

당시 십일전은 일제가 남산에 지은 조선신궁에 맞서 조선적 미를 살려 지었다는 풍문이 나돌았다. 아무튼 불교계는 경매에 붙여진 십일전을 낙찰 받아 새 절의 뼈대를 만들게 했고, 그 부지는 명성학교와 대자유아원이 있던 수송동으로 결정했다. 1938년 10월 낙성봉불식에는 수많은 사람들이 모여들었으며 승려들은 마치 불교의 새 활로가 열린 듯이 기뻐했다.

절의 이름은 태고 보우의 선맥을 이었다고 표방해 "태고사(太古寺)"로 명명했다. 태고사 대웅전 상량문에는 "심전개발운동을 기념해 대웅전을 지었다"고 써놓았으며 상량식 때는 "국위선양 무운장구 기원문"을 봉독하기도 했다. 또 1937년 중일전쟁이 일어나자 조선신궁에서 벌이는 국위선양 무운장구 기원제에 이종욱, 임석진 등 불교계 지도자들이 달려가 봉축했으며 다음 해 태고사 낙성봉불식 때는 전몰장병 위령법회를 동시에 열기도 했다.

이 시기 친일 어용승들은 전국 사찰에 국위선양 무운장구를 비는 기원제를 봉행하기도 하고 위문금 모금, 각 부대의 송영과 접대, 군인과 그 가족 및 유족의 위문과 격려, 전몰장병의 조문, 전몰 영가의 천도 따위의 일에 전력을 다하라고 지시했다. 이에 따라 전사자의 유골을 영접하면서 분향·독경을 일삼았다. 종무원 주도로 국방헌금을 열심히 벌였는데 조위금을 거두어 전달하기도 하고 헌 신문지를 모아 전달하거나 사금을 채취하여 팔아 전달하기도 했다. 특히 시국 강연회에는 권상로 등이 불교계를 대표하여 발 벗고 나섰으며 그의 발길은 경상도에서 함경도까지 미치지 않는 곳이 없었다.

이런 와중에도 1941년에는 조선불교선교양종이라는 종명을 버리고 조선불교조계종으로 고치는 사법을 제정·공포했다. 곧 원조

(遠祖)를 도의로, 종조(宗祖)를 지눌로 계승한 태고로 정했음을 알린 것으로 조선총독부가 이를 방조하여 이루어졌다. 종정에는 방한암, 종무원장에 이종욱, 재무부장에 박원찬, 교무부장에 임석진 등이 임명되었다.

그런데 이 무렵 창씨개명이 강요되었고 불교계 지도자들과 종립학교의 교수, 교사들이 다투어 성을 바꾸었다. 곧 유명한 선승인 방한암은 야마가와 주켄[山川重遠], 이종욱은 히로다 쇼이쿠[廣田鍾郁], 통도사 주지인 박원찬은 아라이 엔산[新井圓讚], 송광사 주지인 임석진은 히야시 긴기치[林原吉], 혜화전문학교 교수인 권상로는 안도 소로[安東相老], 중앙불교전문학교 도서관 직원인 조명기는 이와미이키[以和明基]로 바꾸었다. 이들은 해방 뒤에도 본산 주지를 하거나 동국대 교수, 총장 등을 역임했다. 하지만 백용성, 송만공, 박한영, 한용운 등은 이에 결코 굴하지 않고 꿋꿋이 자기 이름을 지켰다.

1941년 일제가 태평양전쟁을 도발한 뒤 불교의 친일화는 정도를 더해갔다. 총본산인 태고사에서는 태평양전쟁이 일어난 바로 그날, 전 조선 1,500여 사찰에 연전연승을 위해 성심성의로 기도 법회를 열어서 무운장구를 빌라는 통고문을 보냈다. 승려·신도들이 일본군 전승을 위한 합동기도회에 참여하기도 하고 조일 승려들이 합동으로 황군의 전승을 비는 기도회를 열기도 했다.

한편 국방헌금을 활발하게 모아 냈다. 31본산 주지들이 결의하여 모든 사찰과 승려가 5만 3,000원을 모금해 군용기를 헌납했다. 1942년 이종욱 등 두 명이 "조선불교호"라 명명한 전투기 1대를 용산 소재 조선군 사령부에 헌납한 이래 묘향산 보현사에서 해군기 1대, 통도사에서 비행기 1대, 여기에 여러 절이 연합하여 바친 비행기 등 모두 5대를 헌납했다. 또 1942년 태고사 주재로 싱가포르 함락 전승축하 봉고기원식을 거행한 뒤 전국 사암에 축하 행사를 하라고 지시했다. 그 외 불기(佛器), 촛대, 향로, 종 등 금속 제품을 바치고 승려의 군사 훈련, 학도병 권유, 종립학교 학생들과 승려들의 출전 종용, 조선불교보국대 결성 등 일제 정책에 적극적으로 협조했다.(친일 관련 내용은 임혜봉의 위의 논문 참고)

물론 이 일련의 친일 부역 행위는 강요에 의한 것이지만 거의 저항하지 않고 자발적으로 받아들여졌다는 점에서 역사에 큰 오점이 되고 있다. 물론 다른 종교단체도 예외가 아니었으나 그 정도를 따졌을 때 불교계가 심했다는 비난을 면치 못할 것이다.

고군분투, 선학원과 송만공

한편 이에 맞서 선학원 구성원들은 선학원 안에 선우공제회를 조직해 항일운동을 지원하고 독립운동의 근거지로 제공했다. 따라서 선학원은 불교계 항일의 상징이 되었으며 때로는 독립운동가들의 은신처가 되었다. 이 운동에 만공은 누구보다도 열성을 보였다.

조선총독부에서는 선학원 구성원들과 만공을 회유하려는 공작을 벌였다. 그런 끝에 1937년 충남도지사의 추천으로 마곡사 주지를 맡게 되었다. 당시 마곡사는 사기꾼에 걸려 산판을 팔아먹었다. 이를 수습키 위해 만공을 주지로 추천한 것이다. 만공은 어쩔 수 없이 주지 자리는 받았다.

당시 미나미 지로[南次郎] 총독은 본산주지회의를 소집하고 조선불교와 일본불교가 하나 되는 방안을 찾아달라고 요청했다. 그 무렵 일본은 중일전쟁을 도발한 뒤 전세 체제를 꾸리고 새롭게 불교의 협조를 얻으려는 속셈이었다.

그때 만공은 벌떡 일어나서 총독부 회의실이 떠나갈 정도로 일갈하면서 "내 말을 잘 들어라. 부처님이 이르시기를 청정 비구 하나를 파계시키는 것도 무간지옥에 떨어진다고 하셨거늘 조선 승려 7,000명을 파계시킨 데우라찌[寺內正毅] 전임 총독은 과연 지금 어디에 가 있겠는가? 무간아비지옥에서 한량없는 고통을 받고 있을 것을 어찌 모르는가?"라고 소리치고 주장자를 세 번 쾅쾅 내리쳤다.(윤청광, 『고승열전 14. (만공 큰스님) 사랑하는 사람 못 만나 외롭네』 참고) 미나미는 분노해 부들부들 떨었고 참석한 주지들은 놀라 어쩔 줄 몰라 했다.

이 얘기를 들은 평생의 도반인 한용운은 만공의 숙소로 달려와 그의 손을 잡고 "잘했어! 잘하고 말고"를 연발했다 한다. 미나미 총독은 만공을 감옥에 보내기보다 회유 작전을 써서 일본 유람을 시키려 했으나 한 마디로 거절했다. 그는 여느 친일 승려와는 근기가 달랐다.

그런 뒤 만공은 마곡사 주지직을 미련 없이 버리고 다시 덕숭산 정혜사로 돌아왔다. 만일 만공이 그때 총독부의 회유에 넘어가 일제에 협조했더라면 한국불교는 또 하나의 오욕을 남겼을 것이다. 만공은 친일 승려들이 판을 휩쓸 때 비구승들에게 미치는 하나의 등불이었다.

58

해방 뒤 비구-대처의 분쟁

─ 미군정의 종교 차별

해방 뒷시기의 사실은 『조계종사-근현대편』 등 다른 책에서 상세히 기술되었으므로 독자의 이해를 위해 개괄적으로 서술하는 정도에 그치려 한다.

해방이 되자 말할 나위 없이 친일 승려들은 위축되어 숨도 제대로 쉬지 못했다. 뜻있는 승려들은 종단의 인수인계를 추진하면서 조선불교혁신 준비위원회를 결성했다. 그 위원장은 김법린, 위원은 유엽·정두석 등, 고문은 송만공 등이 추대되었다. 마침내 1945년 9월 태고사에서 전국승려대회가 개최되어 대표 60여 명이 참가했다. 이 자리에서 친일불교 잔재를 청산한다는 원칙을 천명하고 사찰령을 전면 부정하는 결의를 다졌다. 또 중앙에 중앙종무원을 두고 교단 집행부의 교정에 박한영, 총무원장에 김법린을 추대했다.

한편 젊은 승려, 진보적인 대처승, 재가 불자, 불교 청년 등이 일어나 식민지 불교의 청산과 교단 개혁을 제창했다. "혁신 단체"라 불린 이들은 각기 여러 단체를 구성하여 활동했는데, 1946년 말 무렵 이런 분열적인 활동을 지양하고 마침내 통합 조직인 조선불교혁신 총동맹을 발족시켰다. 총동맹은 대중불교의 실현, 민족 통일 완수, 균등 사회의 건설 등을 강령으로 내걸었으며 더욱이 비구 중심의 교단 재건을 주장했다. 중앙 종무원은 이와 달리 대처승이 끼어 있었고 온건 친일 인사가 참여했다. 총동맹은 중앙 종무원과 완전히 노선을 달리하는 조직이었다. 또 토지 개혁이 제기되자 무상 몰수, 무상 분배를 주장했으나 종무원은 유상 몰수, 유상 분배를 주장했다.

당연히 두 단체는 충돌하게 마련이었다. 총동맹은 종무원의 지도자를 친일 반역자로 규정했으며 종무원은 총동맹 간부들을 사회주의 사상에 물든 인사로 규정했다. 총동맹 측은 조선불교총본원(이하 총본원)을 발족시켜 종무원에 맞섰고 두 개의 종단 조직은 사사건건 충돌했다. 더욱이 토지 개혁이 추진될 때 총동맹 측은 급진적 노선을 표방했고 남북 협상이 진행될 때 총동맹의 간부 10여 명이 참가하여 평양으로 갔다. 종무원 측은 총본원이 사회주의 노선을 걷는다고 공세를 퍼부었고, 이런 과정은 미군정 당국의 주목을 끌었다.

미군정 당국의 종교정책은 기본적으로 기독교를 두둔·옹호하는 것이었고, 따라서 불교는 여러 가지로 피해를 받았다. 군정 당국은 개신교, 천주교, 불교를 공인했으나 천도교 등 민족종교와 신흥종교는 공인하지 않았다. 그러면서 기독교를 보호·육성하는 정책을 폈다. 당시 남한의 기독교인은 국민의 3퍼센트 정도였는데, 군정청 국장 자리에 기독교도가 54퍼센트를 차지했으며 그 외 통역관 등 요직을 거의 독차지했다.

군정 당국은 크리스마스를 공휴일로 지정했으며 원조 물자를 받아 교회가 여기저기 새로 들어섰다. 이에 고무된 기독교도들은 일요일에는 국가 행사를 금해달라고 청원했다. 이런 종교정책은 그대로 이승만 정권의 제1공화국으로 이어졌다. 그 보기를 들어보자. 남한의 단독 선거일은 본래 5월 9일로 예정되었는데 그날이 마침 일요일이었다. 기독교 목사들은 일요 예배에 방해가 된다고 변경을 요구했고 이에 5월 10일로 바꾸었다.

무엇보다 미군정은 사찰령을 그대로 존속시켰다. 불교계에서 이를 철폐해달라고 요구했으나 들은 체도 하지 않았다. 하지만 불교계의 작용으로 입법의원에서 사찰령과 함께 불교 관련 네 개 법령을 폐기, '사찰재산 임시보호법'을 만장일치로 통과시켰다. 그런데도 군정 당국은 이를 보류시켰다. 보류 의도는 일본 사찰이 두고 간 재산이 불교 재산으로 귀속되는 것을 저지하려는 것이었다. 실제로 당시 종무원에서는 43개 일본 사찰을 인수했다. 어쨌든 불교계의 항의가 세차게 일어났음에도 군정 당국은 끝까지 들어주지 않았다.

― 감리교 신자 이승만

이승만 정권은 군정 당국의 불교정책을 이어받았다. 이승만은 개화기 시기부터 '조선을 문명의 길로 이끄는 지름길'은 기독교적 문화와 제도의 수용이라는 의식을 가지고 있었다. 그래야만 근대 국가를 이룩할 수 있다고 본 것이다. 이승만은 그 자신이 감리교도가 되어 이를 실천운동으로 벌여나갔다. 귀국하여 단독 정권을 세운 뒤 대통령 취임식에서 하나님에게 직무를 성실하게 수행하겠다고 맹세했으며 내각 42퍼센트를 기독교인으로 채웠다. 그들 속에 백성욱, 김법린 등 두세 사람의 불교도가 입각했을 뿐이다.

1951년 군종제도를 도입할 때 천주교, 개신교는 군신부, 군목 등을 두었으나 승려는 제외했으며 1954년에는 기독교 방송을 인가해주었다. 이승만은 기독교도와 친일파를 주축으로 정권을 유지하고 자기의 정치 세력으로 삼았다. 그런 속에서 불교계에도 이종욱 등 친일파들이 다시 등장했다.

이승만 정권은 1949년 토지 개혁을 단행했다. 토지 개혁은 불교계의 불란을 조장했고, 불교계는 농지개혁법에 따라 막대한 재산을 잃었다. 곧 사찰을 지주로 인정하여 사찰 소유의 농지를 수용한 것이다. 그리하여 사찰들은 절을 관리할 재간이 없었으며 승려들은 생계를 잃을 지경이었다. 승려들은 강력하게 반발했다. 그런 끝에 이승만도 이를 인정하여 농림부·내무부·문교부 장관의 이름으로 사찰 농지의 반환을 결정했다. 곧 사찰의 승려, 국보, 건물을 농지 보유의 기준으로 삼았던 것이다. 이승만 정권이 벌인 일 가운데 지주제를 억제하는 농지 개혁으로 소작 농민의 농토 소유가 이루어지고 사찰의 농지 소유를 인정한 것이 그나마 업적으로 평가받는다.

이렇게 하여 일부 사찰은 농지를 확보하여 절을 유지할 수 있었고, 일부 큰 사찰은 토지 보상금을 받아 회사, 양조장, 공장, 극장 등을 경영하기도 하였으며, 학교를 설립하기도 했다. 그 보기로 해인사에서 마산에 해인대학을 설립했고, 부산의 해동학교, 광산(오늘날 광주시로 편입)의 정광학교, 대전의 보문학교 등이 설립되었다. 그러나 경영이 부실하고 승려 개인이 재산을 착복하여 거의 유실되고 말았다.

한국전쟁은 사찰에 재앙을 안겨주었다. 산속의 절들은 막대한 피해를 입었고, 지리산과 설악산 주변의 절들은 거의 불에 탔다. 비행기가 폭격하기도 하고 미군과 국군, 그리고 인민군이 후퇴하면서 불을 지르기도 했다. 건물들만 불에 탄 것이 아니라 무수한 문화재가 오유(烏有)로 돌아갔다. 이와 달리 도시에는 미국 기독교계의 원조로 연달아 교회가 곳곳에 들어섰다.

이승만은 1954년 불교계 정화를 지시했다. 겉으로는 승려들이 장가가고 사유 재산을 축적하는 등의 타락을 바로잡고 사찰을 청정 비구의 손에 넘겨주어야 한다고 표방했으나 그 속내는 달랐던 것으로 보인다. 그의 불교에 대한 기본 인식은 '미신'이라는 것이다. 불교를 점이나 치고 관상, 사주나 보며 복을 비는 저열한 종교라고 본 것이며, 이런 인식의 기반 위에서 '정화'를 지시했던 것이다.

이승만은 가끔 서울의 경국사, 계룡산의 갑사 등 절을 찾았다. 어느 날 그가 감회어린 눈으로 절 건물을 돌아보니 절의 요사(寮舍, 절에 있는 승려 숙소) 옆에 여자의 속옷과 기저귀 따위의 빨랫감이 널려 있었다. 그는 한동안 빨래를 바라보면서 무슨 생각에 잠겼다가 발길을 돌렸다고 한다. 이승만은 개신교인 감리교 신자였으므로 법당에 들어가 무릎을 꿇고 부처에게 참배하지 않았다. 아마도 그의 머릿속에서는 불교를 기독교와 길을 달리하는 이단으로 생각했거나 무당들이 꼬이는 장소쯤으로 여겼을 것이다.

— 분쟁과 정화의 시작

1954년 5월 21일은 제3대 민의원 총선거가 실시된 다음 날이었다. 이승만은 엉뚱한 담화를 발표했다. 그 요지는 왜색불교의 잔재인 대처승(帶妻僧)을 사찰에서 몰아내라는 것이다. 대처승들에게는 폭탄선언이었지만 비구승들은 여기저기 몰려다니면서 대응책을 세우기에 골몰했다. 국민들은 온통 부정으로 치러진 선거판보다 이 담화와 그 뒤에 벌어진 비구-대처 싸움에 더 관심을 기울였다.

다시 한 번 부연하면 그동안 친일 승려들은 일제의 정책에 협조하면서 일본불교 흉내를 냈다. 승려들은 사판승으로 사찰 재산을 주무르면서 사찰에서 아내를 두고 살았다. 또 그들은 일제의 협력으로 일본에 유학을 다녀온 뒤 철저히 일본불교 예속화의 길을 걸었다. 비구들은 큰 사찰을 대처승에게 내주고 떠돌면서 영락의 삶을 살았고 활로를 모색하려 서울에 선학원을 설립했다. 선학원은 작은 절이었으나 비구승들이 모여 참선을 하고 때로는 친일불교를 배격하는 장소로도 이용되었다. 그러나 한줌밖에 안 되는 보잘것없는 존재였다.

8·15해방 후 미군정과 이승만 정권 아래에서 친일 부역배들이 다시 날뛰는 속에 불교계도 다를 바가 없었다. 친일 승려들은 여전히 불교의 교권과 재산을 쥐고 비구승들과 불교계의 민족주의자들이 활동할 공간을 제약했다. 1950년대 첫 무렵, 대처승의 숫자가 7,000여 명인데 비해 비구승의 숫자는 그 10분의 1도 못되는 400여 명이었으며 본산 사찰의 주지는 거의 대처승들이 장악하고 있었다.

비구승들은 이런 처지에서 자신들이 공부하고 거처할 수행 도량을 양도해달라고 요구했지만 기득권을 누리고 있는 대처승들은 거들떠보지도 않았다. 비구승들은 한숨만 쉴 뿐 뾰족한 대책이 없었다.

사실 비구들은 그동안 대처, 음주, 육식을 하는 파계승들을 지탄해왔으나 이를 타파할 결정적 계기를 잡지 못했다. 대처승들은 사찰 재산을 관리하면서 비구들이 수좌 전용 사찰을 요구하자 마지못해 동화사, 직지사, 보문사, 신륵사, 월정사 등 18개 사찰을 지정해주었다. 하지만 삼보 사찰이 포함되지 않았고 재정 형편도 열악한 절들을 골라 지정하여 수좌들의 불만이 가라앉지 않았다.

이런 상황에서 이승만의 '유시'는 하나의 방아쇠 구실을 했다. 비구들은 이에 동조하여 그동안 친일불교로부터 푸대접받고 대처승으로부터 소외당한 불만을 하루아침에 폭발시켰다. 비구들은 연일 대회를 열고 종헌을 제정하고 집행부를 구성하여 이른바 정화운동에 나섰다.

대처승들은 1954년 6월에 불국사에서 법규위원회를 열고 종헌을 개정하여 교화단과 수행단으로 구분해 대처했다. 곧 수행하는 승려와 포교를 위주로 하는 승려로 갈라 현실에 적응하려는 대책이었다. 어떤 점에서 보면 불교가 산중의 총림불교 중심에서 현실 사회에 접근하는 긍정적 측면이 있는 개선이었다.

비구승들도 이해 9월에 들어 전국비구승대회를 열고 새 종단을 구성하여 적극 대응에 나섰다. 이때에 하동산(河東山), 이효봉(李曉峰), 이청담(李靑潭) 등이 전면에 등장했다. 비구승들 사이에서는 대처승들이 소유한 절을 모조리 차지하지 않으면 뒷날 화근이 된다는 주장이 힘을 얻고 있었다. 비구승들은 정권의 지원을 등에 업고 일거에 대처승들을 요절내겠다는 전술을 세웠다.

이해 11월에 이승만은 2차 유시를 내려 "전국의 승려는 일본식 정신과 습관을 버리고 불교의 빛나는 전통을 살리라"고 강조했다. 비구승들은 더욱 고무되었고 구체적 행동을 위해 자금을 끌어모았다. 일부 브로커들은 비구승들이 힘을 얻을 것이라는 판단을 재빨리 내리고 많은 이권을 염두에 두면서 자금을 대주었다. 이 자금은 주

1954년 9월 29일 제2차 전국비구승대회 기념 사진 | 이 대회에서 '대처승은 교단 밖으로 나가야 한다'는 원칙이 수립되었다. 한편 종정에 송만암, 부종정에 하동산, 도총섭에 이청담이 선출되었다.

로 이른바 '깡패' 동원에 쓰였다.

이승만의 유시가 있고 난 다음 날 비구승들은 태고사를 접수하기 위해 선학원을 출발했다. 동행한 승복을 입은 '깡패'들은 총무원이 있는 태고사로 난입했다. 이들은 몽둥이와 쇠파이프, 자전거 줄 등으로 중무장을 하고 총무원 건물을 공격했다. 이 공방전이야말로 불교 분쟁의 시작이었고 이들의 함성은 부처님을 돌아앉게 만든 조종이었다. 이어 전국의 비구·비구니들은 대회를 열고 불교 정화를 외쳤다. 비구승 측은 태고사를 차지하고 태고사 간판 대신 불교조계종중앙종무원의 간판을 달았으며, 또 태고사를 "조계사"로 바꾸었다.

폭력 분쟁, 법정 분쟁

대처승 측은 사세가 어쩔 수 없다고 판단하여 종권을 비구승 측에 이양하고 대처승들에게 전국 사찰을 비워주라는 공문을 보냈다. 그러나 대처승 측은 일시 후퇴를 한 뒤 불법 점거한 조계사를 비워달라고 요구했다. 이를 계기로 양측에서는 전국에 걸쳐 '깡패'를 동원해 강제로 사찰을 빼앗고 사찰 소유권을 확보하기 위한 법정 싸움을 벌였다.

'깡패'들과 젊은 승려들이 사찰 아래에 있는 여관에 들면 사찰을 차지하고 있던 대처승들은 인근의 다른 '깡패'를 총동원해 절의 요사에 집어넣었다. 이들의 몽둥이는 절간을 난장판으로 만들었는데, 힘의 우위는 비구승 쪽에 있었다. 이승만은 이런 일이 벌어질 때마다 유시를 내려 비구승들에게 힘을 실어주었다. 이승만의 유시는 우연찮게 국회에서 초대 대통령에 한해 중임제를 철폐해야 한다는 논의가 활발히 일어나거나 무리하게 대통령의 3선 개헌을 추진해 끝내 사사오입이라는 기묘한 숫자 놀음을 선포할 즈음에 발표되었다.

이런 폭력 분쟁은 문교부와 내무부의 개입을 불러왔다. 당국은 타협점을 모색하는 모임을 주선했으나 유리한 고지를 차지한 비구승들은 배짱을 내밀었고 수세에 몰린 대처승들은 불리한 타협을 거부했다. 이제 대처승들은 더욱 많은 폭력배를 동원해 조계사에서 단식 농성을 벌이던 비구승들을 마구잡이로 폭행하는 사태가 있었고 이를 계기로 테러는 전국의 절로 확산되었다.

그 현장에는 늘 정화의 맹장인 이청담이 있었고, 김지효 같은 열혈 청년 승려는 할복까지 하면서 강한 의지를 드러냈다. 정부 당국에서도 주지 자리는 정부의 승인을 받아야 한다는 행정 조치를 내리기도 했다. 이승만은 다음 해 6월, 마침내 "대처승은 물러가라"는 노골적인 담화를 발표했다. 이에 힘입어 비구승들은 다음 해 8월 조계사에서 승려대회를 열어 일방적으로 주지를 임명했고 정부 당국에서는 이를 승인했다. 그리하여 정화운동은 일단락되었다.

이렇게 해서 전국의 사찰은 하나씩 비구승들의 손아귀에 들어갔다. 하지만 법보다 주먹이 가까운 법. 대처승들은 사찰을 접수하려고 몰려간 비구승들을 몽둥이로 몰아냈다. 그러나 대세는 기울어졌다. 대처승들은 마지막 수단으로 소송을 제기했고 이제 법정 분쟁으로 치달았다. 절의 재산은 '깡패' 동원 경비에서 차츰 변호사 비용으로 탕진되었다. 법정 분쟁은 1960년대까지 계속되었으나 완전히 해결된 것은 아니었다.

그 결과 많은 불교 재산이 '깡패' 동원과 소송 비용으로 날아갔고 후유증은 오늘날에도 그 잔재로 남아 있다. 하지만 정화운동은

1960년 11월, 비구 측 승려들과 신도들의 시위 행진 모습

시대 사정으로 보아 전체적으로 긍정적인 면을 지니고 있을 것이다. 그 의의와 과정, 결과는 『불교신문』에서 연재된 「다시 세운 정법당간」에 상세히 서술되어 있다.

대처승들은 본산 사찰을 거의 비구승들에게 내주었고 유래 있는 사찰로는 겨우 서울의 봉원사나 순천의 선암사(2018년 현재 조계종-태고종 분쟁 중) 정도를 고수하고 있을 뿐이다. 그들은 일부 절에서 명맥을 유지하고 있지만 친일불교의 업보라 하기에는 종교의 자유를 크게 침해받았다.

— 한국불교의 제 갈 길

1962년 비구 측의 종헌이 확정되었다. 이에 따라 종단 이름을 "대한불교조계종", 종조를 도의, 지눌을 중천조(重闡祖), 보우를 중흥조(重興祖)로 삼았다. 중국 조계의 선풍을 우리나라에 최초로 들여온 도의를 받들고 그 법맥을 계승한다는 의미를 지녔으므로 환부역조(換父易祖)의 시비를 막으려는 의도가 개재되어 있다. 대처 측에서는 종로 경복궁 옆에 있는 법륜사에 종무원을 두고 "태고종"이라 했다. 곧 태고를 종조로 받든다고 표방한 것이다. 이로 보면 그 종지는 조계종이나 태고종이 크게 다를 바가 없을 것이다.

이승만은 군인, 경찰 등 많은 친일파를 등장시켜 하수인으로 부려먹으면서 정치적 입지를 넓히려 한 인물이다. 그런데 왜 하필 불교계에서만은 친일불교를 배척했을까? 이 문제를 연구한 조명제는 "일반 국민의 반일 감정을 이용한 반일 이데올로기를 선동·확산하여 반이승만 세력을 배척하는 데 활용했던 것으로 생각된다"(조명제,

「1950년대 비구와 대처승의 갈등」)고 진단했다.

　　아무튼 반대급부로 한국불교는 종교의 자유를 침해받았고 폭력과 소송이라는 반불교적 짐을 지고 살아야 했다. 과거 한국불교는 자율성을 상실하여 권력에 의존하는 행태를 보였고 승려의 질적 저하를 가져왔다. 오늘날 한국불교는 여러 과제를 안고 있다. 근래에는 조계종 내부에서 종권 투쟁을 놓고 폭력이 동원되어 양식 있는 승려와 신도 그리고 일반 국민에게 크나큰 실망을 안겨주었다. 이제 한국불교는 폭력이나 소송이라는 짐을 벗고 부처의 참평등을 구현하고 중생을 구제하는 일에 매진해야 할 것이다.

　　오늘날 두 종단은 한국불교 두 축의 역할을 한다. 특히 조계종의 젊은 승려들은 역사적 유래가 깊은 어용성을 탈피하고 진보적 의식을 갖고 대중 속으로 파고드는 모습을 보인다. 또 여러 종단이 설립되어 있으나 서로 갈등을 보이지 않고 제 갈 길을 가고 있다.

59
오늘날의 한국불교

불교계의 시련과 고난

군사 정권이 30여 년 남짓 이어진 현실에서 불교계도 많은 시련과 고난을 겪으며 일정하게 의식의 성장을 보여왔다. 5·16 군사 쿠데타 뒤 군사 정권은 불교계의 비구-대처 분쟁을 정화운동으로 보지 않고 혼란으로 인식했다. 그리하여 이를 해결할 기구로 비구-대처의 승려 수를 같게 한 불교재건위원회의 구성을 강요했다. 이는 바로 두 파의 통합을 도모하겠다는 의미였다.

비구 측에서는 이에 이의를 제기하며 대처승을 승려로 인정할 수 없다고 버텼다. 국가재건최고회의 의장인 박정희는 1961년 담화를 발표하여, 불교계의 반성을 촉구하고 분규의 종식과 대법원에 계류된 소송의 중지를 요구했다. 대처 측은 이에 찬동했으나 비구 측은 여전히 이의를 제기했다. 그러나 서슬 퍼런 군사 정권에 정면으로 맞설 처지는 아니었고, 1962년 1월 불교재건위원회가 결성되어 두 종단은 이 기구를 통해 분규를 해결하려 했다.

비구 종단은 대처승을 승려로 인정하지 않으려는 끈질긴 주장을 폈지만 문교부의 종용으로 마침내 1962년 3월 통합 종단인 대한불교조계종이 탄생되었다. 조계종은 종정에 비구승 이효봉, 총무원장에는 대처승 임석진을 임명하고 두 계열이 책임 부서에 혼재한 체제로 출범했다. 기름과 물을 뒤섞어놓은 잡탕식 종단 체제였다. 그러나 비구 측에서 군사 정권의 의도에 따라 주도권을 잡아나갔고, 그런 탓으로 결국 4개월도 못되어 두 계열 간에는 갈등이 노출되었다.

대처승들은 별도로 총무원을 창설하고 소송을 제기하여 승소하는 지경에 이르렀고, 이어 전국에 걸쳐 사찰 재산의 소유권을 두고 두 측의 소송이 제기되었다. 동시에 다시 깡패들이 동원되어 사찰을 폭력으로 빼앗고 빼앗기는 지경이 되었다. 이에 우월한 지위에 있던 비구 종단에서 화동(和同)을 추진하여 일부 사찰의 운영권을 대처승에게 주기도 하고 종회의원을 할애하기도 했다. 비슷한 때에 비구 측의 강경파인 이청담 등은 조계종단을 탈퇴하여 불만을 드러냈다. 한편 대다수 대처승들은 독자적인 길을 걸으면서 1970년 5월 태고종을 창설했다.

최대 종파인 조계종은 대처승들이 제풀에 떨어져나간 현실 조건에서, 이번에는 1970년부터 자체의 모순과 갈등을 연달아 겪었다. 종단 운영을 종정 중심 체제로 할 것이냐, 총무원장 중심 체제로 할 것이냐를 두고 끊임없이 대립을 보였다. 종정과 총무원장은 종권을 두고 다툼질을 일삼았으니, 이는 주지 임명권 등 잿밥에 마음을 두고 벌인 종권 다툼이었다. 1976년 종정 이서옹이 종정 중심 체제를 염두에 둔 불교 유신을 선언하자 재야 측은 종정직 해임 소송을 내면서 개운사를 근거지로 삼아 조계사 측과 대결했다. 더욱이 개운사

측은 새로운 임시 총무원을 출범시키기도 했다. 두 계열은 정통성을 두고 소송으로 날을 세웠으며, 1980년 4월 여러 과정을 겪은 끝에 마침내 종단 수습 방안으로 총선거를 실시했다. 이때 송월주를 총무원장으로 추대하여 재야 측이 종권을 잡는 계기가 되었지만 오랜 대립에 지친 나머지 회합의 분위기가 감돌았다.

　　1980년 신군부의 등장은 또 한 번 불교계를 뒤집어놓았다. 광주민주화운동이 발발하자 조계종단에서는 구호봉사단과 진상조사단을 파견했다. 이 무렵 불교 발전을 저해하는 관련 법의 개정을 요구하는 등 자율 정화를 도모했다. 유신 체제를 반대하는 열띤 민주화운동에 힘입은 바가 컸을 것이다. 더욱이 총무원이 용감하게도 전두환 지지 성명을 거부하고 나섰다. 예전에 볼 수 없는 결단이었다.

　　그런데 전두환의 하수인인 신군부의 계엄군들은 1980년 10월 27일 새벽, 총을 꼬나들고 전국의 사찰에 들이닥쳐 군홧발로 마구 법당을 짓밟고 승려들을 연행했다. 이어 간첩을 소탕한다는 이름으로 절 수색을 벌이고 신도들을 연행했다. 다음 날 계엄사령부에서는 "폭력배들이 난동하는 사찰을 사회 정화 차원에서 철퇴를 가한다"는 성명을 발표했다. 이때 이서옹, 송월주 등 원로와 일반 승려, 신도 등 55명이 연행되었으며 98명이 조사를 받았고, 심한 고문을 받아 죄 아닌 죄를 자백했다. 끝내 18명이 구속되었고 나머지는 대부분 삼청교육대로 보내지기도 하였으며 일부는 홍국사에 연금시켜 강제로 참선 교육을 받게 했다. 이런 무도한 짓은 일찍이 일제도 저지른 적이 없었다.

　　이를 "10·27 법난(法難)"이라 부른다. 이는 순전히 불교계를 깔보고 신군부를 반대한 사실을 빌미로 탄압을 가한 것이다. 천주교와 개신교를 건드리지 않고 만만한 불교계를 본보기로 삼았다고밖에 볼 수 없을 것이다.

＿ 세속의 길을 지나 개혁으로

그런데도 불교계는 뼈저리게 자기반성을 하기보다 여전히 신군부 정권 아래에서 분규를 계속했다. 불국사, 월정사, 신흥사의 주지 임명을 두고 몽둥이를 휘둘렀으며, 1987년에는 이른바 봉은사 사태가 벌어졌다. 봉은사 주지 변밀운이 "노태우 대통령 당선 기원 법회"를 열자 이에 정토구현전국승가회 등 다섯 개 단체 회원들이 몰려가 법회 취소를 요구했고 마침내 충돌을 빚어 경찰이 동원돼 강제로 해산하는 불상사로 번졌다. 불교 승려의 어용성과 권력욕을 보여주는 치사스런 사건이었다.

그 뒤 서의현과 변밀운은 총무원장 자리를 두고 암투를 벌여 불교계를 타락의 길로 이끌었으며 성철과 월산의 종정 추대를 두고도 싸움질을 벌였다. 더욱이 서의현과 변밀운은 종권을 두고 돈과 자리로 흥정을 벌여 더욱 더러운 세속의 길로 내달았다.

1998년 겨울에는 또 하나 씻을 수 없는 오점을 남겼다. 총무원장 선거를 앞두고 현임 원장 송월주를 반대하는 250여 명의 승려들이 동원되어 시정의 깡패보다 못한 폭력을 휘둘렀다. 마침내 5,000여 명의 경찰이 투입되어 총무원 건물을 점거한 승려들을 쫓아냄으로써 사태는 진정되었다.

이 사태는 사회에 엄청난 반향을 불러일으켰다. 사태가 진행되는 43일 동안 텔레비전과 신문에는 폭력 장면이 연일 비쳐지고 게재되어 일반 국민들로부터 한숨과 개탄을 자아냈다. 오랜 폭력 분규의 여파였으나 신도들과 국민들은 그런 상황에 정나미가 떨어져 발길을 돌렸다. 그 뒤 현재는 종권이 합법적인 선거를 통해 승계되고 있다. 태풍이 지나고 난 뒤 일시의 정적일까?

한편 군사 독재 아래에서도 불교계는 나름의 변화가 있었다. 그 보기로 1968년 군승 장교 선발 규정에 따라 군승이 군부대에서 포교를 시작했으며, 1975년 부처님 오신 날이 공휴일로 지정되어 국민적 축하 의식으로 거행되고 있다. 천주교와 개신교의 선교 활동과 크리스마스에 치여 활동 영역이 좁았던 불교계로서 두 가지 국가적 공인은 나름의 의미를 던져준다.

더욱이 불교계는 정치적 격변기를 겪거나 내부의 모순이 노정될 때 자체의 개혁운동이 일부 불자에 의해 세차게 일어났다. 유신 정권 아래에서는 대학생불교연합회를 주축으로 민중불교운동이 세차게 일어나 소장승려들에게 영향을 끼쳤으며 그 이론적 정립에도 힘을 기울여왔다. 또 신군부 정권 아래에서 여러 통로를 거쳐 민주화운동에도 동참했다. 민중불교연합, 정토구현승가회, 대승불교승가회, 실천불교전국승가회, 선우도량 등의 단체가 그 중심적 역할을 했다. 이들은 불교 개혁을 위해, 민중의 자유 평등을 위해, 사부대중의 복지와 인권을 위해 실천운동을 벌이고 있다. 하지만 아직도 미진한 대목이 많을 것이다.

이제 민주화 시대와 통일 시대가 전개되고 있다. 이런 현실에서 한국불교는 많은 과제를 안고 나아가야 할 것이다. 또 정신문화가 황폐해지고 물질적 이기주의가 팽배하며 세계 곳곳에서 인종 분쟁, 지역 갈등, 종교 전쟁이 횡행하는 현대 사회에서 불교의 평화주의와 평등사상은 하나의 대안이 될 것이다. 특히 허식과 낭비로 일관하는 현대 한국 사회에서 불교적 의례문화와 생활문화는 하나의 전범이 될 수 있을 것이다.

서울 조계사

주요 참고문헌

자료
- 『고려사』
- 『고려사절요』
- 『삼국유사』
- 『삼국사기』
- 『연려실기술』
- 『조선개교 50년지』(조선개교 감독부)
- 『조선불교통사』(이능화 편)
- 『조선왕조실록』
- 『추안급국안』
- 『포도청 등록』
- 『해동고승전』

저서
- 김동화, 『삼국시대 불교사상』, 아세아연구, 1960.
- 김영태, 『삼국시대 불교신앙연구』, 불광출판부, 1990.
- 김삼룡, 『한국 미륵신앙의 연구』, 동화출판공사, 1983.
- 대한불교조계종 교육원 불학연구소, 『조계종사-근현대편』, 조계종출판사, 2001.
- 선우도량, 『22인의 증언을 통해 본 근현대 불교사』, 한국불교근현대사연구회, 2002.
- 조종현, 『한국의 사상가 12인-만해 한용운』, 현암사, 1975.

논문·기사
- 「통합종단 40돌 기념실록 정화 연재-다시 세운 정법 당간」, 『불교신문』, 2002.
- 김용태 외, 「기획: 조선 건국 다시 보기, 연속성의 관점에서 본 왕조 교체-④ 불교, 유불 교체의 파고를 넘다」, 『역사비평』 123호, 역사비평사, 2018.
- 김익한, 「1910년 전후 산현 이등계의 대한정책 기조와 종교정책」, 『한국사연구』 114집, 한국사연구회, 2011.
- 남동신, 「조선 후기 불교계 동향과 『상법명의경』의 성립」, 『한국사 연구』 113집, 한국사연구회, 2001.
- 임혜봉, 「불교계의 친일인맥」, 『역사비평』 22호, 역사비평사, 1993.
- 정광호, 「일제의 종교정책과 식민지 불교」, 불교사학회, 『근대한국불교사론』, 민족사, 1988.
- 최병헌, 「일제의 침략과 불교」, 『한국사연구』 114집, 한국사연구회, 2001.

도판 출처

- **문화재청** 37, 128, 130, 163, 185, 211, 217, 259, 289, 319, 336, 354, 359, 363, 364, 366, 368, 382, 407, 411, 412, 422, 432, 433, 434, 454, 457
- **국립문화재연구소** 31, 58, 202, 255-1, 283, 285, 312
- **국립중앙박물관** 44, 84, 114, 149, 207, 254, 261-1, 262, 270, 308, 311, 325, 329, 371, 382, 385, 388, 392, 397, 486
- **국립민속박물관** 416, 430, 435, 437, 482
- **국립경주박물관** 71, 89, 118, 124
- **국립미륵사지유물전시관** 57
- **국사편찬위원회** 513
- **불교중앙박물관** 116
- **전주어진박물관** 344
- **박수천** 532
- **최배문** 79, 107, 111, 113, 121, 131, 136, 152, 155, 160, 194, 225, 228, 238, 253, 255-2, 257, 261-2, 261-3, 263, 291, 314, 335, 418, 452, 455, 540

이이화의
이야기
한국불교사

© 이이화, 2018

2018년 9월 3일 초판 1쇄 발행

지은이 이이화
발행인 박상근(至弘) • 편집인 류지호 • 상무 이영철
책임편집 김재호 • 편집 김선경, 이상근, 양동민, 주성원, 김소영
디자인 쿠담디자인 • 제작 김명환 • 마케팅 허성국, 김대현, 최창호, 양민호 • 관리 윤정안
펴낸 곳 불광출판사 (03150) 서울시 종로구 우정국로 45-13, 3층
　　　　대표전화 02) 420-3200 편집부 02) 420-3300 팩시밀리 02) 420-3400
　　　　출판등록 제300-2009-130호(1979. 10. 10.)

ISBN 978-89-7479-442-2 (03910)

값 18,000원

이 도서의 국립중앙도서관 출판예정도서목록(CIP)은
서지정보유통지원시스템 홈페이지(http://seoji.nl.go.kr)와
국가자료공동목록시스템(http://www.nl.go.kr/kolisnet)에서 이용하실 수 있습니다.
(CIP제어번호: CIP2018024656)